2022

全国监理工程师（水利工程）学习丛书

建设工程投资控制

（水利工程）

中国水利工程协会　组织编写

·北京·

内 容 提 要

根据全国监理工程师职业资格考试水利工程专业科目考试大纲，中国水利工程协会在《建设工程投资控制（水利工程）》（第三版）的基础上组织修订了本教材。全书共六章，主要内容包括建设项目投资控制基础、投资控制合同依据、前期工作阶段投资控制、招投标阶段投资控制、施工阶段投资控制、竣工财务决算和项目后评价等。

本书具有较强的实用性，可作为全国监理工程师（水利工程）职业资格考试辅导用书，也可作为其他水利工程技术管理人员的培训教材和大专院校相关专业师生的参考用书。

图书在版编目（CIP）数据

建设工程投资控制 : 水利工程 / 中国水利工程协会组织编写. -- 北京 : 中国水利水电出版社, 2022.2
（全国监理工程师（水利工程）学习丛书）
ISBN 978-7-5226-0472-5

Ⅰ. ①建… Ⅱ. ①中… Ⅲ. ①基本建设投资－控制－监理工作－资格考试－自学参考资料 Ⅳ. ①F283

中国版本图书馆CIP数据核字(2022)第024534号

书　名	全国监理工程师（水利工程）学习丛书 **建设工程投资控制（水利工程）** JIANSHE GONGCHENG TOUZI KONGZHI (SHUILI GONGCHENG)
作　者	中国水利工程协会　组织编写
出版发行	中国水利水电出版社 （北京市海淀区玉渊潭南路1号D座　100038） 网址：www.waterpub.com.cn E-mail：sales@waterpub.com.cn 电话：(010) 68367658（营销中心）
经　售	北京科水图书销售中心（零售） 电话：(010) 88383994、63202643、68545874 全国各地新华书店和相关出版物销售网点
排　版	中国水利水电出版社微机排版中心
印　刷	清淞永业（天津）印刷有限公司
规　格	184mm×260mm　16开本　20.5印张　486千字
版　次	2022年2月第1版　2022年2月第1次印刷
定　价	**76.00**元

建设工程投资控制（水利工程）（第四版）

编 审 委 员 会

序

（第四版）

当前，在以水利高质量发展为主题的新阶段，无论是完善流域防洪减灾工程体系，实施国家水网重大工程，还是复苏河湖生态环境，推进智慧水利建设，工程建设都是目标落地的重要支撑。水利工程建设监理行业需要积极适应新阶段的要求，提供高质量的监理服务。

全国监理工程师考试是监理工程师上岗执业的入口，而监理工程师学习丛书是系统掌握监理工作需要的法律法规、技术标准和专业知识的基础资料，其重要性不言而喻。中国水利工程协会作为水利工程行业自律组织，始终把水利工程监理行业自律管理、编撰专业书籍作为重要业务工作。自2007年编写出版“水利工程建设监理培训教材”第一版以来，已陆续修订了三次。近两年来，水利工程建设领域的一些规范性文件和技术标准陆续出台或修订，因此，适时进行教材修订十分必要。

本版学习丛书主要是在第三版水利工程建设监理培训教材的基础上编写而成的，不再单列《建设工程监理法规汇编》和《建设合同管理（水利工程）》，前者相关内容主要融入《建设工程监理概论（水利工程）》分册中，后者相关内容分别融入《建设工程质量控制（水利工程）》《建设工程进度控制（水利工程）》《建设工程投资控制（水利工程）》3本分册中，并增加《水利工程建设安全生产管理》。调整后，本版丛书总共6分册，包括：《建设工程监理概论（水利工程）》《建设工程质量控制（水利工程）》《建设工程进度控制（水利工程）》《建设工程投资控制（水利工程）》《建设工程监理案例分析（水利工程）》《水利工程建设安全生产管理》。

希望本版学习丛书能更好地服务于全国监理工程师（水利工程）学习、培训、职业资格考试备考，便于从业人员系统、全面和准确掌握监理业务知识，提升解决实际问题的能力。

中国水利工程协会

2021年12月6日

序

（第一版）

建设监理制度推行20多年来，在水利工程建设中发挥了重要作用，取得了显著成绩。工程建设监理事业已引起全社会的广泛关注和重视，赢得了各级政府领导的普遍认可和支持。目前，我国已形成了水利工程建设监理的行业规模，建立了比较完善的水利工程建设监理制度和法规体系，培养了一批水平较高的监理人才，积累了丰富的水利工程建设监理经验。实践证明，水利工程实行建设监理制度完全符合我国市场经济发展的要求。

为了规范水利工程建设监理活动，加强水利工程建设监理单位的资质管理和水利工程建设监理工程师管理，水利部于2006年11月颁发了《水利工程建设监理规定》《水利工程建设监理单位资质管理办法》《水利工程建设监理工程师注册管理办法》。随着我国市场经济的发展和完善，对水利工程建设监理行业提出了更高的要求，监理行业必须适应这种新形势的要求，大力增强自身实力，提高自身素质，在水利工程建设中发挥重要作用。

随着我国政府职能的转变，中国水利工程协会按水利部要求对水利工程建设监理人员实施行业自律管理。因此，为了提高水利工程建设监理人员整体素质和建设监理水平，中国水利工程协会组织有关专家编写了一套水利工程建设监理培训教材，作为举办水利工程建设监理培训班的指定教材，也可以作为从事水利工程建设管理有关人员、项目法人（建设单位）、施工单位及各级水行政主管部门有关人员的业务参考书。本套教材也是全国水利工程建设监理工程师执业资格考试的主要参考书。

本套教材包括《水利工程建设监理概论》、《水利工程建设合同管理》、《水利工程建设质量控制》、《水利工程建设进度控制》和《水利工程建设投资控制》，共5册。

本套教材依据我国现行的法律法规、部门规章和中国水利工程协会行规，结合水利工程建设监理的业务特点，系统地阐述了水利工程建设监理的理论、内容和方法，以及从事水利工程建设监理业务所必需的基础知识。

编写本套教材时，虽经反复斟酌，仍难免有一些不妥之处，恳请广大读者批评指正。

中国水利工程协会

2007年5月28日

序

（第二版）

为配合水利部转变行政职能，自2005年以来，中国水利工程协会开始对水利工程建设监理人员资格施行行业自律管理。五年多来，水利工程建设监理行业人员在新的管理模式下得到了长足的发展。目前，在我国加快经济发展方式转变、水利建设进入新一轮高峰期的背景下，水利工程建设项目点多、面广、量大，建设任务艰巨，水利工程建设监理队伍又面临着新的挑战。随着水利工程建设监理队伍和规模不断壮大，如何提高工程建设监理人员专业技术水平、规范建设监理行为，是深化落实科学发展观、严格执行水利工程建设“三项制度”、保障工程建设质量和安全的一项重要而紧迫的任务。

根据水利工程建设监理行业的实际需要，中国水利工程协会于2007年5月组织行业内有关专家编写了水利工程建设监理培训教材，在监理业务培训中得到了广泛的应用，并取得了良好的效果。随着我国水利工程建设法律、法规和行业规章的不断完善，该教材有些内容已不再适应新形势的需要，据此，中国水利工程协会于2010年6月组织相关作者对本套教材进行了修订。在修订过程中，尽量保持原教材的结构形式以及章节原貌，主要结合现行的法律、法规、规章、技术标准和水利水电工程标准施工招标方面的文件等，并根据本套教材在使用中发现的问题作了有针对性的修改。

相信修订后的水利工程建设监理培训教材更适用于水利行业工程建设监埋的专业培训，也可作为从事水利工程建设管理有关人员、水利工程建设参建单位技术人员的业务参考书。

中国水利工程协会

2010年10月28日

序

（第三版）

近年来，随着水利建设投入大幅增长，水利工程建设对监理的需求进一步加大，水利建设监理市场进一步开放，监理行业竞争更加激烈。同时，在“水利工程补短板、水利行业强监管”的水利改革发展总基调下，如何打造经济技术力量雄厚且富有竞争力的现代监理企业，对监理从业人员总体素质和能力提出了新要求。

2005年，为配合水利部转变行政职能，中国水利工程协会按照水利部要求，开始对水利工程建设监理人员实施行业自律管理。2007年，根据水利工程建设监理行业的实际需要，中国水利工程协会组织编写了“水利工程建设监理培训教材”。2010年，为进一步提高建设监理人员专业技术水平、规范建设监理行为，中国水利工程协会组织相关作者对“水利工程建设监理培训教材”进行了第一次修订。

随着国家、行业有关法律法规、规章及技术标准的更新以及水利工程建设监理工作的要求不断提高，原有教材有些内容已不再适应新形势的需要。因此，中国水利工程协会于2018年起组织行业有关单位和专家对原有的5册教材进行第二次修订。在修订过程中，尽量保持原教材的结构形式及章节原貌，主要结合现行的法律、法规、规章、技术标准及相关规范性文件等，并根据原有教材在使用中发现的问题作了有针对性的修改。同时，根据最新的监理工程师职业资格制度，将“水利工程建设监理培训教材”更名为“全国监理工程师（水利工程）培训教材”，并补充编写了《建设工程监理案例分析（水利工程）》和《建设工程监理法规汇编》。

相信新版的“全国监理工程师（水利工程）培训教材”可更好地应用于全国监理工程师（水利工程）职业资格考试以及水利行业工程建设监理的专业培训，也更适于作为从事水利工程建设管理人员的业务参考用书。

中国水利工程协会

2020年6月10日

前　言

（第四版）

本册《建设工程投资控制（水利工程）》是全国监理工程师（水利工程）学习丛书的组成分册。本版是根据全国监理工程师职业资格考试水利工程专业科目考试大纲《建设工程目标控制》，在第三版水利工程建设监理培训教材的基础上编写而成的。本次编写主要依据现行法律、法规、部门规章和行政规范性文件，更新了法律法规依据，优化了前期投资控制内容，扩充了招投标及施工阶段投资控制内容，补充了合同及定额管理知识。全书共六章，主要介绍了水利工程建设投资控制基础、控制依据、控制要点和控制效果。编写中注重知识的合法性、完整性和实践性，既介绍知识的历史演进，又拓展知识的广度，有一定的前瞻性。

本书由安徽安兆工程技术咨询服务有限公司何建新主编、统稿，第一章、第三章由上海宏波工程咨询管理有限公司谢仄平、吴红梅、吴晶、顾凯、顾曦和长江委人才资源开发中心朱波修订；第二章由南通通源建设监理有限公司陶小东、周子成、刘小来修订；第四章、第五章由安徽安兆工程技术咨询服务有限公司何建新、谢文金、蔡白修订；第六章由上海宏波工程咨询管理有限公司黄靓修订。全书由中水淮河规划设计研究有限公司伍宛生、华北水利水电大学聂相田主审。

本书编写中参考和引用了参考文献中的部分内容，谨向这些文献的作者致以衷心的感谢！

限于作者水平，书中难免有不妥之处，恳请读者批评指正。

编　者

2021年12月6日

前　言

（第一版）

随着我国建设管理体制改革的不断深化以及社会主义市场经济的需要，建设管理正在逐步制度化、规范化、科学化，项目建设投资管理也更加科学和规范，《水利工程建设投资控制》一书正是在这样的前提下，依据现行的法规和政策文件，在多期水利建设监理工程师培训教学的基础上，结合水利工程建设管理的特点，本着理论联系实际、规范项目建设资金的使用、提高投资效益的原则，着重介绍了水利工程建设项目投资控制的基础知识和实际要求，对设计概算的编制结合《水利工程设计概（估）算编制规定》（水总［2002］116号）文件进行编写，对合同价的确定和变更及索赔费用的管理，从全新的角度进行阐述，使其更具有可操作性，是水利工程建设监理工程师执业资格考试的参考用书。

本书由刘秋常、陈书香担任主编，其中第一章、第三章、第五章、第七章由刘秋常编写，第二章、第四章、第六章由陈书香编写，全书由聂相田主审。

本书编写中引用了所列参考文献中的某些内容，谨向文献的作者致以衷心的感谢！

受作者水平所限，书中难免有不妥之处，恳请批评指正。

编　者

2007年5月27日

前　言

（第二版）

建设监理制是水利工程建设管理体制改革的一项重大举措。水利工程建设监理经过近30年的实践，正在向规范化、制度化、科学化方向深入发展。面对水利工程建设项目的特殊性、复杂性以及对社会、经济影响的重要性，对从事工程建设监理人员的素质提出了更高的要求。因此，对所有从事水利工程建设监理工作的技术、经济、管理等人员进行系统的法律法规、监理理论和实践能力的培训，是一项重要的工作。

2007年5月，中国水利工程协会组织编写了本套教材的第一版。本套教材共5个分册，出版后被广泛用于全国水利工程建设监理人员的岗位培训中，培训效果较好。同时，许多专业院校也很重视水利工程建设监理方面的教育，选用本套教材作为相关的专业教材，以提高学生的实际工作能力。经过这几年的教学实践，很有成效。随着水利工程监理工作的深入和完善，随着相关的国家法律、法规和政策的修订和健全，为了进一步提高水利工程监理方面的教学质量，及时完善充实相关的教学内容，中国水利工程协会于2010年初开始，再次组织相关作者和专家对本套教材进行修订。

本书是全国水利工程建设监理培训系列教材之一。本次修订时本书共七章。在编写上，主要依据国家和水利部等有关部门颁发的现行法律、法规和规章等有关政策文件，结合水利工程建设管理的特点，本着理论联系实际，规范项目建设资金的使用，提高投资效益的原则，着重介绍了建设项目投资控制的基础知识和实际要求，对设计概算的编制结合《水利工程设计概（估）算编制规定》（水总［2002］116号）文件进行编写，对合同价的确定和变更及索赔费用的管理，从全新的角度，依据水利部2010年2月实施的《水利水电工程标准施工招标文件》（2009年版）进行阐述，使其更具有可操作性。对建设项目竣工财务决算，依据《水利基本建设项目竣工财务决算编制规程》（SL 19—2008），进行了全面阐述。对建设项目后评价，依据国家发展改革委《中央政府投资项目后评价管理办法（试行）》（发改投资［2008］2959号）和水利部《关于印发〈水利建设项目后评价管理办法（试行）〉的通知》（水规计［2010］51号），以及《水利工程建设项目后评价报告编制规程》进行了阐述，使其具有适用性。

本书由刘秋常、季祥山主编。其中，刘秋常编写第一章、第三章、第五章，季祥山编写第二章、第四章、第六章，李文义编写第七章。全书由聂相田主审。

本书编写中引用了所列参考文献中的某些内容，谨向文献的作者致以衷心的感谢！

受作者水平所限，书中难免有不妥之处，恳请批评指正。

编 者

2010 年 6 月 30 日

前　言

（第三版）

为统一、规范监理工程师职业资格设置和管理，2020年2月28日，《住房和城乡建设部 交通运输部 水利部 人力资源和社会保障部关于印发〈监理工程师职业资格制度规定〉〈监理工程师职业资格考试实施办法〉的通知》（建人规〔2020〕3号）明确国家设置监理工程师准入类职业资格，水利工程建设监理工程师被纳入其中实施全国统一管理。

为配合全国监理工程师（水利工程）职业资格考试，进一步提高监理工程师职业素养和业务水平，中国水利工程协会组织行业有关单位和专家在原有“水利工程建设监理培训教材”的基础上，修编了全新的“全国监理工程师（水利工程）培训教材”。本套教材包括《建设工程监理法规汇编》、《建设工程质量控制（水利工程）》（第三版）、《建设工程进度控制（水利工程）》（第三版）、《建设工程投资控制（水利工程）》（第三版）、《建设工程监理案例分析（水利工程）》、《建设工程监理概论（水利工程）》（第三版）、《建设工程合同管理（水利工程）》（第三版），共7册。

本书根据全国监理工程师职业资格考试水利工程专业科目考试大纲，在《水利工程建设投资控制》（第二版）的基础上进行了修订。全书共七章，主要依据国家和水利部等有关部门颁发的现行法律、法规和规章等有关政策文件，结合水利工程建设管理的特点，按照强化水利工程建设项目投资控制的基础知识，提高现场操作和管理能力的原则进行编写。在投资决策阶段，依据《关于下放政府出资水利项目审批事项的通知》（发改农经〔2017〕2296号）等文件进行修编，使其更符合当前市场化形势。对设计概算的编制，结合《水利工程设计概（估）算编制规定》（水总〔2014〕429号）、《水利工程营业税改征增值税计价依据调整办法》（办水总〔2016〕132号）等文件进行编写。从实操角度出发，参考《水利水电工程标准施工招标文件》（2009年版）、《水利水电工程标准施工招标文件补充文本》（2015年版）等文件，详细阐述工程计量方法以及计量支付控制要点。在施工投资控制阶段，采用构图、对比、穷举等方式，对工程款支付、变更、索赔、结算等内容进行详细释义，使其条理更加清晰。

本书由上海宏波工程咨询管理有限公司吴红梅统稿，李松、吴晶、顾凯、阚世伟、谢仄平、黄靓、陶晓慧、杨丽娟、赵玲玲参与修订；由华北水利水电大学刘秋常、吕艺生主审。

本书编写中参考和引用了参考文献中的部分内容，谨向这些文献的作者致以衷心的感谢！

限于作者水平，书中难免有不妥之处，恳请读者批评指正。

编　者

2020年5月30日

目 录

第一章　投资控制基础

随着我国社会主义市场经济体制的建立和不断完善，在建设领域推行以项目法人责任制、建设监理制、招标投标制和合同管理制等为主要内容的建设管理制度已日趋规范，对工程建设管理起到了积极作用。建设项目投资控制正是在这一体制形成和发展过程中产生和发展起来的一门新兴的经济管理学科。

建设项目投资控制系统地论述了建设项目投资控制的理论，阐述了建设项目实施的各个阶段投资控制的内容和任务，掌握这些理论知识，运用于建设项目管理，将使建设项目获得最佳的投资效益。

第一节　投资控制基本知识

一、投资的基本概念

（一）投资

1. 投资的概念

投资，指国家或企业以及个人，为了特定目的与对方签订协议，促进社会发展，实现互惠互利，输送资金的过程；又是特定经济主体为了在未来可预见的时期内获得收益或是资金增值，在一定时期内向一定领域投放足够数额的资金或实物的货币等价物的经济行为。投资可分为实物投资、资本投资和证券投资等。实物投资、资本投资是以货币投入企业，通过生产经营活动取得一定利润；证券投资等是以货币购买企业发行的股票和公司债券，间接参与企业的利润分配。

2. 投资的种类

（1）按投资回收期限分类。按投资回收期限的长短，投资可分为短期投资和长期投资。短期投资是指回收期在一年以内的投资，主要包括现金、应收款项、存货、短期有价证券等投资；长期投资是指回收期在一年以上的投资，主要包括固定资产、无形资产、对外长期投资等。

（2）按投资行为的介入程度分类。按投资行为的介入程度，投资可分为直接投资和间接投资。直接投资包括企业内部直接投资和对外直接投资，前者形成企业内部直接用于生产经营的各项资产，后者形成企业持有的各种股权性资产，如持有子公司或联营公司股份等。间接投资是指通过购买被投资对象发行的金融工具而将资金间接转移交付给被投资对象使用的投资，如企业购买特定投资对象发行的股票、债券、基金等。

（3）按投资的方向分类。按投资的方向不同，投资可分为对内投资和对外投资。从企业的角度看，对内投资就是项目投资，是指企业将资金投放于为取得供本企业生产经营使用的固定资产、无形资产、其他资产和垫支流动资金而形成的一种投资。对外投资是指企业为购买国家及其他企业发行的有价证券或其他金融产品（包括期货与期权、信托、保险），或以货币资金、实物资产、无形资产向其他企业（如联营企业、子公司等）注入资金而发生的投资。

（二）工程投资

1. 工程投资相关概念

建设工程项目总投资是指为完成工程项目建设并达到使用要求或生产条件，在建设期内预计或实际投入的全部费用总和。生产性建设工程项目总投资包括建设投资、建设期利息和流动资金三部分；非生产性建设工程项目总投资包括建设投资和建设期利息两部分，其中建设投资和建设期利息之和对应于固定资产投资。

2. 工程投资分类

（1）按照工程投资是否考虑资金时间价值分类。按照工程投资是否考虑资金时间价值分为静态投资和动态投资。静态投资是指不考虑物价上涨、建设期融资利息等影响因素的工程投资；动态投资除包括静态投资外，还包括建设期贷款利息、价差预备费等。动态投资更符合市场价格运行机制，使投资计划和控制更符合实际。

静态投资与动态投资密切相关，动态投资包含静态投资，静态投资是动态投资最主要的组成部分。

（2）按照工程投资形成资产的性质分类。按其形成资产的性质可分为固定资产投资和流动资产投资。固定资产投资是指用于购置和建造固定资产的投资，包括建筑工程、机电设备及安装工程、金属结构设备及安装工程、施工临时工程、独立费用和建设期融资利息。流动资产投资即用于流动资产的投资，是指投资主体用以获得流动资产的投资，即项目在投产前预先垫付、在投产后生产经营过程中周转使用的资金。

实施固定资产投资的同时，必须具备与其相配套的流动资金。两者之间客观上应有一个相对稳定的比例关系。一般来看，生产力水平和管理水平越高，流动资金占用的投资率越小。

二、建设项目投资控制常用工具

建设项目投资控制是工程建设项目管理的重要组成部分，是指在建设项目的前期工作阶段（项目建议书、可行性研究报告、初步设计）、施工准备阶段、建设实施阶段，项目法人采取有效措施，把建设项目实际投资控制在计划目标（批准限额）内，及时纠正将发生和已发生的偏差，把各项费用控制在计划投资的范围之内，保证投资目标的实现。上述投资控制概念是从项目法人角度而言的。对监理工程师来说，投资控制是微观的、具体的，其投资控制工作主要集中于施工准备阶段和建设实施阶段（由于依据及监理行业自身发展水平的原因，设计监理目前在水利工程建设领域尚未普遍开展），其工作内容是受项目法人委托，依据监理规范开展的、以合同为依据的投资控制管理活动。

（一）价值工程

价值工程（Value Engineering，VE），又称价值分析，是运用集体智慧和有组织的活动，着重对产品进行功能分析，使之以最低的总成本，可靠地实现产品的必要功能，从而提高产品价值的一套科学的技术经济分析方法。从价值工程的概念来说，价值工程是研究产品功能和成本之间关系问题的管理技术。功能属于技术指标，成本则属于经济指标，它要求从技术和经济两方面来提高产品的经济效益。价值工程常用于工程建设项目设计阶段投资控制。

1. 价值工程的基本概念

（1）价值。价值工程中所说的价值，是指产品功能与成本之间的比值，即

$$价值(V)=\frac{功能(F)}{成本(C)} \tag{1-1}$$

简写为

$$V=\frac{F}{C}$$

从式（1－1）可以看出，价值是产品功能与成本的综合反映。价值的高低是评价产品好坏的一种标准。

（2）功能。所谓功能，是指产品所具有的特定用途，即产品所满足人们某种需要的属性。由于产品的功能只有在使用过程中才能最终体现出来，所以某一产品功能的大小、高低，是由用户所承认、决定的。价值工程所说的功能，是指用户所承认、接受的产品的必要功能。

（3）成本。所谓成本，指产品寿命周期的成本，即一个产品使用价值从设计、制造、使用，最后到报废的全部过程。产品寿命周期成本构成见表 1－1。

表 1－1　产品寿命周期成本构成

设　计	制　造	使　用
制造成本 C_1		使用成本 C_2
产品寿命周期成本 $C=C_1+C_2$		

从表 1－1 可以看出，产品寿命周期成本包括两部分，即企业付出的制造成本和用户付出的使用成本。用户在购买一个产品时，既要考虑产品的售价（即制造成本），也要考虑使用成本。

2. 价值工程的主要特征

价值工程的目标是以实现最低的总成本，使某产品或作业具有它所必须具备的功能。总成本是指寿命周期成本，包括制造成本和使用成本。在价值工程里，强调的是总成本的降低，即整个系统的经济效果（见图 1－1）。从图 1－1 可以看出，对应于功能 F，产品寿命周期总成本有一个最低点，从价值工程的角度来看，功能 F 和寿命周期成本最小

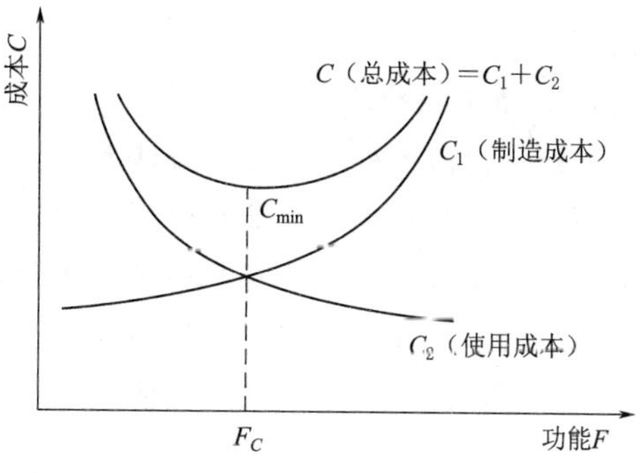

图 1－1　功能与成本的关系

值 C_{min} 是一种技术与经济的最佳结合。

价值工程的核心是对产品或作业进行功能分析，在保证产品或作业质量的前提下，对产品的结构和零部件的功能进行分析研究，排除那些与质量无关的多余功能，从而达到降低成本、提高经济效益的目的。

价值工程是利用有组织的集体智慧来实现其总目标。一种产品从设计到产成出厂，要通过企业内部的许多部门。一个改进方案，从方案提出到进行试验，再到最后付诸实现，是依靠集体智慧和力量，通过许多部门的配合，才能体现到产品上，达到提高产品功能和降低成本的目的。

价值工程侧重在产品或作业研制（或设计）阶段开展工作。实践证明，无论新产品开发或老产品改造，设计研制阶段的工作对生产阶段产品的质量和成本影响最大。

价值工程理论作为项目设计阶段投资控制的主要方法，可靠地实现产品的必要功能，从而提高产品价值。

3. 价值工程提高产品价值的基本途径

全面正确地认识价值工程的特征，有助于把握其本质，发挥其优势，在设计阶段有效地控制投资。从价值与功能、费用的关系式中可以看出，有 5 条基本途径可以提高产品的价值：

(1) 功能不变，成本降低。在保证产品原有功能不变的情况下，通过降低产品成本来提高产品的价值。

(2) 成本不变，功能提高。在不增加产品成本的前提下，通过提高产品功能来提高产品的价值。

(3) 成本小增加，功能大提高。通过增加少量的成本，使产品功能有较大幅度的提高，从而来提高产品的价值。

(4) 功能小降低，成本大降低。根据用户的需要，通过适当降低产品的某些功能，使产品成本有较大幅度的降低，从而提高产品的价值。

(5) 功能提高，成本降低。运用新技术、新工艺、新材料，在提高产品功能的同时，又降低了产品的成本，使产品的价格有大幅度的提高。

显然，上述 5 条途径，都是从用户角度来考虑的，体现了开展价值工程用户第一原则，因为一项产品的价值最终要由用户作出评价，企业必须从用户角度出发去提高产品的价值。

4. 价值工程的应用

了解了价值工程的意义、方法和特点，便很容易看出，进行建设的大、小工程项目，都需要投入资金，也都要求获得项目功能，进行项目建设管理的目的就是要以最低的项目总成本，来实现项目所必要的功能，从而获得较高的经济效益。所以，建设项目都可以应用价值工程。在许多经济发达的国家，在进行工程建设中，价值工程已成为一种比较成熟的管理方法，并取得了较好的经济效果。目前，价值工程已在世界各国的工程建设中广泛采用。

通过各国在工程建设上应用价值工程，进行功能与成本分析、功能与投资之间的关系分析，获得较好的投资效果的实践来看，价值工程在设计阶段的应用，具有重大的现实意义。

(二) 投资偏差

投资偏差作为项目施工阶段的主要控制手段，在建设工程中找出引起项目偏差的原因，从而采取有针对性的措施进行纠偏，以实现投资的动态控制。投资偏差分析可以采用不同的方法，常用的方法有横道图法、表格法和投资曲线法。

在投资控制中，把投资的实际值与计划值的差值称为投资偏差，即

$$投资偏差 = 已完工程实际投资 - 已完工程计划投资 \tag{1-2}$$

结果为正表示投资超支，结果为负表示投资节约。但是，必须特别指出，进度偏差对投资偏差分析的结果有重要影响，如果不加考虑就不能正确反映投资偏差的实际情况。例如，某一阶段的投资超支，可能是由于进度超前导致的，所以，必须引入进度偏差的概念，即

$$进度偏差 = 已完工程实际时间 - 已完工程计划时间 \tag{1-3}$$

为了与投资偏差联系起来，进度偏差也可表示为

$$进度偏差 = 工程计划投资 - 已完工程计划投资 \tag{1-4}$$

工程计划投资，是指根据进度计划安排在某一确定时间内所应完成的工程内容的计划投资，即

$$工程计划投资 = 计划工程量 \times 计划单价 \tag{1-5}$$

$$已完工程计划投资 = 已完工程量 \times 计划单价 \tag{1-6}$$

进度偏差结果为正值，表示工期拖后；进度偏差结果为负值，表示工期提前。上述公式表示进度偏差，其思路是可以接受的，但表达并不十分严格。在实际应用时，为了便于工期调整，还需将用投资差额表示的进度偏差转换为所需要的时间。

1. 投资偏差参数

(1) 局部偏差和累计偏差。所谓局部偏差，有两层含义：一是对于整个项目而言，指各单项工程、单位工程及分部分项工程的投资偏差；二是对于整个项目已经实施的时间而言，是指每个控制周期所发生的投资偏差。累计偏差是一个动态的概念，其数值总是与具体的时间联系在一起，第一个累计偏差在数值上等于局部偏差，最终的累计偏差就是整个项目的投资偏差。

局部偏差的引入，可使项目投资管理人员清楚地了解偏差发生的时间、所在的单项工程，这有利于分析其发生的原因。而累计偏差所涉及的工程内容较多、范围较大，且原因也较复杂，因而累计偏差分析必须以局部偏差分析为基础。另外，因为累计偏差分析是建立在对局部偏差进行综合分析的基础上，所以其结果更能显示出代表性和规律性，对投资控制工作具有指导作用。

(2) 绝对偏差和相对偏差。绝对偏差是指投资实际值与计划值比较所得到的差额，绝对偏差的结果很直观，有助于投资管理人员了解项目投资出现偏差的绝对数额，并依此采取一定措施，制定或调整投资支付计划和资金筹措计划。但是，绝对偏差有其不容忽视的局限性，如同样是 1 万元的投资偏差，对于总投资 10 万元的项目和总投资 1000 万元的项

目而言，其影响显然是不同的。相对偏差是指投资偏差的相对数或比例数，通常是用绝对偏差与投资计划值的比值来表示。相对偏差和绝对偏差的符号相同，正值表示投资超支，负值表示投资节约。

2. 投资曲线法分析投资偏差

投资曲线法是用投资累计曲线来进行投资偏差分析的一种方法，如图 1-2 所示。

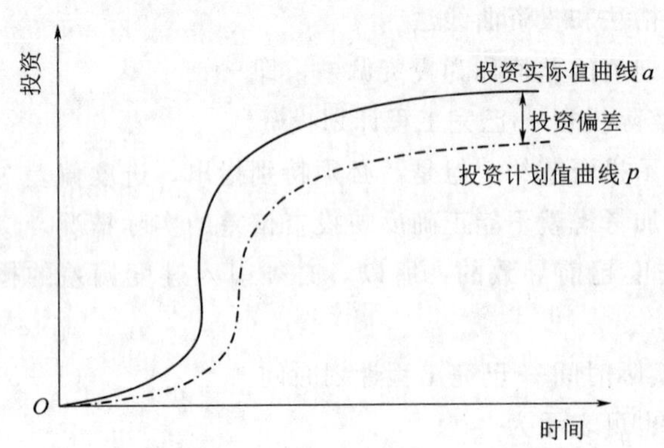

图 1-2 投资计划值与实际值

其中曲线 a 代表投资实际值，曲线 p 代表投资计划值，两条曲线之间的竖向距离表示投资偏差。

投资实际值曲线在投资计划值曲线上方，表明实际投资已超过计划投资，在某一时刻的差值就是增加的投资数额；反之就是节约的投资数额。

用投资曲线进行投资偏差分析的步骤如下：

(1) 先绘制工程计划投资（计划工程量×计划单价）曲线 p。

(2) 在工程计划投资曲线图上，绘制已完工程实际投资（已完工程量×实际单价）曲线 a 和已完工程计划投资（已完工程量×计划单价）曲线 c。

(3) 利用投资曲线分析投资偏差和进度偏差，分析方法如图 1-3 所示。

随着项目计划的实施，在加强施工监督和必要的施工检测的同时，收集和掌握实施中各种现场实际信息，经整理统计，就可在绘有计划控制曲线的进度与费用控制图上，对应绘制实际进度与费用支出曲线，见图1-3。

首先，根据计划完成的各项作业的计划费用支出（计划工作量乘以计划单价），绘制计划费用曲线 p；其次，根据实际完成或部分完成的各项作业的原计划费用支出（完成工作量乘以计划单价），绘制已完工和部分完工作业的计划费用曲线 c；最后，根据实际完成或部分完成的各项作业的实际费用支出（完成工作量乘以实际单价），绘制已完工和部分完工作业的实际支出费用曲线 a。

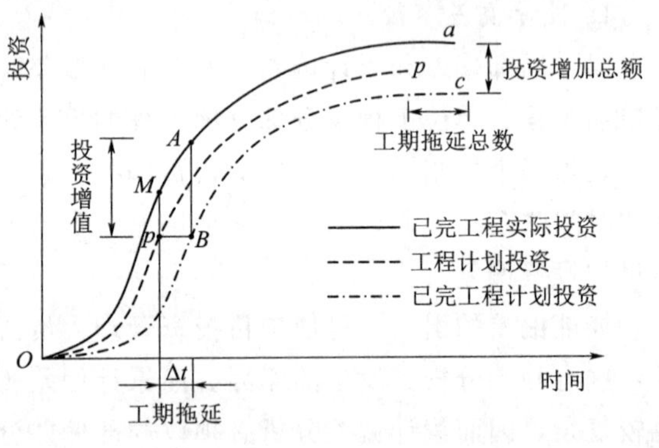

图 1-3 用三条投资曲线进行投资偏差和进度偏差分析

从图 1-3 上进行对比分析可以看出，随着工程的开展，a、c 曲线不断延伸。如果 c、p、a 三条曲线彼此接近或重合，则说明工程按计划进行。实际上，这三条曲线通常是会发生偏离的。当工程进展到某一时刻时，a、p 两曲线发生了纵向偏离，其差值说明该项工程实际已超支。c、p 两曲线的横向偏离说明实际完成计划工作量的时间比计划推迟了。应指出的是，这种推迟并不一定说明工程拖期。如果是横道图，要查出这种推迟是否会影响总工期是比较麻烦的。若采用网络计划技术，只要检查出关键作业按计划进行，或者非关键作业未超越允许的浮动时间，则说明这种推迟不会影响总工期。如果检查结果说明工程进度与费用已偏离计划，就应分析并找出产生费用超支和工程拖期的原因。

3. 投资偏差原因分析

偏差分析的一个重要目的就是要找出引起偏差的原因，从而采取有针对性的措施进行纠偏，以实现投资的动态控制。一般情况，产生投资偏差的原因有以下几种：

（1）物价上涨，包括人工、材料、设备涨价和利率、汇率变化等。

（2）设计原因，包括设计错误、设计漏项、设计标准变化等。

（3）发包人原因，包括增加项目内容、未及时提供施工场地、组织管理不当、投资规划不当等。

（4）施工原因，包括施工方案不当、赶进度、工期拖延等。

（5）客观原因，包括社会因素、自然因素、地质条件、法规变化等。

4. 提出对未完工程进度与费用的改进措施

如果检查结果说明工程进度与费用已偏离计划，就应分析并找出产生费用超支和工程拖期的原因。查清了造成工程拖期和费用超支的原因，就要对已开工的未完作业和未开工的作业重新研究降低费用和加速进度的措施。例如，采取提高工效或加大施工力量或改变施工方法等措施来压缩后续作业的工期，提高工效与机械效率，减少材料损耗，节约管理费及其间接费开支，确定新的计划参数，修改未完工程的进度计划。

三、建设项目投资控制的主要内容、手段和措施

（一）建设项目投资控制的主要内容

项目建设过程中，在各个阶段投资控制的主要工作内容如图 1－4 所示。其中，设计概算、施工图预算和竣工决算在投资控制中比较重要，也就是基本建设常说的“三算”制度。

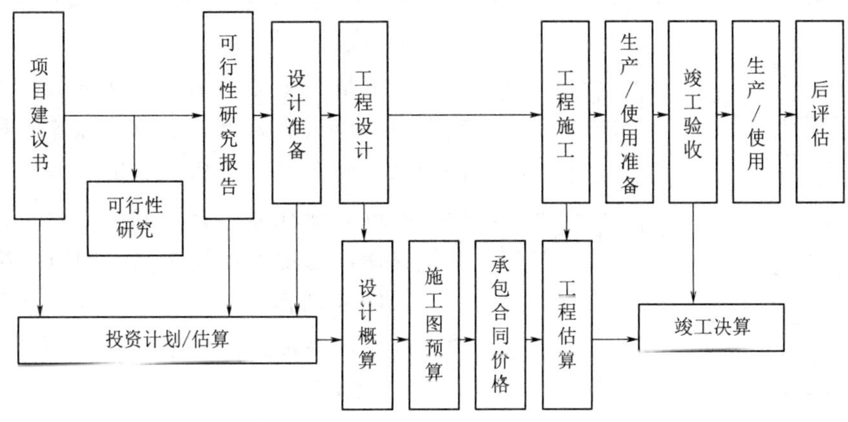

图 1－4　不同阶段投资工作及主要内容

1. 建设项目决策阶段的投资控制

在建设项目决策阶段投资控制的主要工作内容是：针对建设项目在技术、经济和施工上是否可行，进行全面分析、论证和方案比较，确定项目的投资估算数，将投资估算的误差率控制在允许的范围内。可行性研究报告投资估算一经批准，就是建设项目决策和开展工程设计的依据。同时，可行性研究报告投资估算即作为控制该建设项目初步设计概算静态总投资的最高限额，不得任意突破。由于建设项目基本条件发生变化，引起工程规模、工程标准、设计方案、工程量的改变，如静态总投资超过可行性研究报告相应估算静态投资10%以内时，需对工程变化内容和增加投资提出专题报告，报原审批部门复审同意；超过可行性研究报告估算静态投资10%（含10%）以上时，必须重编可行性研究报告，重新按原程序报批。

2. 设计阶段的投资控制

在项目设计阶段投资控制的主要工作内容是：应用价值工程理论、实行限额设计管理，以可行性研究报告中批准的投资估算控制初步设计概算，不应突破。

3. 项目施工招标阶段的投资控制

在项目施工招标阶段投资控制的主要工作内容是：以工程设计文件（包括概算）为依据，结合工程的具体分标情况，编制完善的招标文件，依据招标文件合理编制最高投标限价或标底，选择合理的合同计价方式，合理确定工程承包合同价格。

4. 项目施工阶段的投资控制

在项目施工阶段投资控制的主要工作内容是：根据施工合同有关条款、施工图纸，对工程项目投资目标进行风险分析，并制定防范性对策；控制工程计量与支付，控制工程变更，防止和减少索赔，预防和减少风险干扰；按照合同规定付款，使实际投资额不超过项目的计划投资额。

（二）建设项目投资控制管理手段

1. 计划与决策

计划作为投资控制的手段，是指在充分掌握信息资料的基础上，把握未来的投资前景，正确决定投资活动目标，提出实施目标的最佳方案，合理安排投资资金，以争取最大的投资效益。

决策是为了达到更有效地进行资源（包括物资资源、人力资源、货币资源等）配置和利用的目的而在可供选择的方案中做出有利的抉择。决策必须在多方案基础上进行。仅一个方案供选择，也就无所谓决策。同时，决策不是一个瞬间的动作，而是一个过程，一个合理的决策过程包含的基本步骤如图1-5所示。

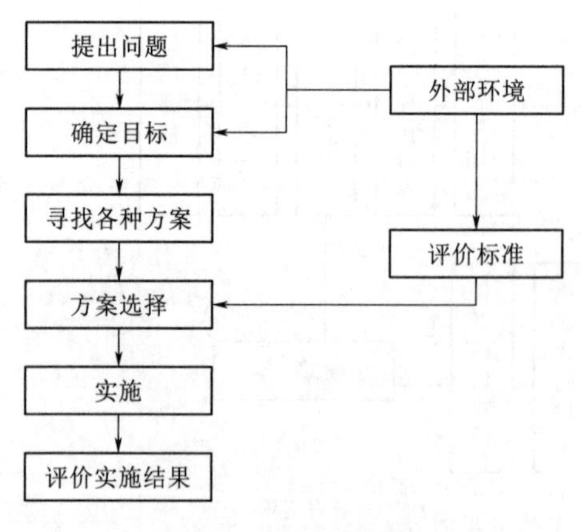

图1-5 决策步骤图

2. 组织与指挥

组织手段包括：控制制度的确立、控制机构的设置、控制人员的选配、控制环节的确定、责权利的合理划分及管理活动的组织等。充分发挥投资控制的组织手段，能够使整个投资活动形成一个具有内在联系的有机整体。组织与指挥紧密相连，有组织就必须有相应的指挥。指挥就是上级组织或领导对下属的活动所进行的布置安排、检查调度、指示引导，以使下属的活动沿着一定的轨道通向预定的目标。指挥是保证投资活动取得成效的重要条件。

3. 调节与控制

调节是指投资控制机构和控制人员对投资过程中所出现的新情况做出的适应性反应。控制是指控制机构和控制人员为了实现预期的目标，对投资过程进行的疏导和约束。调节和控制是控制过程的重要手段。

4. 监督与考核

监督是指投资控制人员对投资过程进行的监察和督促。考核是指投资控制人员对投资过程和投资结果的分析比较。通过投资过程的监督与考核，可以进一步提高投资的经济效益。

5. 激励与惩戒

激励是指用物质利益和精神鼓励去调动人的积极性和主动性的手段。惩戒则是对失职者或有不良行为的人进行的惩罚教育，其目的在于加强人们的责任心，从另一个侧面来确保计划目标的实现。激励和惩戒二者结合起来用于投资控制，对投资效益的提高有极大的促进作用。

上述各种控制手段是相互联系、相互制约的。在建设项目投资控制活动中，只有各种手段协调一致发挥作用，才能有效地管理投资活动。

（三）建设项目投资控制的措施

要有效地控制项目投资，应从组织、技术、经济和合同等多方面采取措施。

1. 组织措施

从组织上采取措施，包括明确项目组织结构，明确项目投资控制者及其任务，以使项目投资控制有专人负责，明确管理职能分工。

2. 技术措施

从技术上采取措施，包括重视设计多方案选择，严格审查初步设计、技术设计、施工图设计、施工组织设计，深入技术领域研究节约投资的可能性。

3. 经济措施

从经济上采取措施，包括动态地分析比较项目投资的实际值和计划值，严格审核各项费用支出，采取节约投资的奖励措施等。

4. 合同措施

从合同上采取措施，确定对投资控制有利的承发包模式和合同结构、并参与各类合同谈判，处理合同执行过程中的问题以及防止和处理索赔的工作等。

应该看到，技术与经济相结合是控制项目投资最有效的手段。在工程建设过程中把技术与经济有机结合，通过技术比较、经济分析和效果评价正确处理技术先进与经济合理两者之间的对立统一关系，力求在技术先进条件下的经济合理，在经济合理基础上的技术先进，把控制工程项目投资观念渗透到项目建设各阶段之中。

(四) 建设项目投资控制注意事项

1. 重视项目投资决策和设计阶段的投资控制

投资控制贯穿于项目建设的全过程，这一点是毫无疑义的，但是必须重点突出。统计资料表明，对项目投资影响最大的阶段，是约占工程项目建设周期 1/4 的前期工作阶段。项目建议书、可行性研究报告等投资决策阶段，影响项目投资的可能性为 90%～95%；在初步设计阶段，影响项目投资的可能性为 75%～90%；在招标设计阶段，影响项目投资的可能性为 35%～75%；在施工图设计阶段，影响项目投资的可能性则为 10%～35%；在施工阶段，影响项目投资的可能性约为 10%。很显然，项目投资控制的重点在于施工以前的投资决策和设计阶段，而在项目作出投资决策后，控制项目投资的关键就在于设计。

2. 正确处理好建设投资、工期及质量三者的关系

建设项目的投资、工期与质量三者是辩证统一的关系，它们是相互依存和影响的。投资的节约应是在满足工程项目建设的质量（功能）和合理工期的前提下的节约。任何牺牲工程安全和质量的所谓节约，其结果可能会付出更大的代价。

3. 正确处理好建设项目投资与整个寿命周期费用的关系

工程项目投资控制考虑的是项目整个寿命周期的费用，既包括工程建设投资，也包括营运费用、报废拆除费用。建设项目投资控制工作应正确处理好它们之间的关系，工程造价的降低不能以导致营运费用的大量增加为前提。建设项目投资控制工作的目标应是在满足功能要求的前提下，使工程项目整个寿命周期投资总额最小。

四、建设项目工程经济基本知识

(一) 资金的时间价值

1. 资金时间价值的概念

把资金投入生产或流通领域，作为一种生产要素用于投资，将获得一定的收益，资金得到一定量的增值，这就说明资金在时间推移中，具有增值属性，资金的这种增值属性就是资金的时间价值。

资金的时间价值是客观存在的，是符合经济规律的。正确理解货币资金的时间价值，有利于从资金运动的时间观念上，即从贷款期和投资周期上选择筹资方式，在资金的使用上合理分配资金，有效地利用资金，减少资金成本，提高资金的利用率。但是，货币具有时间价值并不意味着货币本身能够增值，而是因为货币代表着一定量的物化劳动，并在生产和流通中与劳动相结合，才产生增值。只有作为社会生产资金（或资本）参与再生产过程，才会带来利润，得到增值。因此，货币时间价值也称资金时间价值。

2. 资金时间价值的表现形式

资金时间价值是以利息、利润和收益的形式来反映的，通常以利息和利息率（简称“利率”）两个指标表示。

(1) 利息。利息是资金投入生产后在一定时期内所产生的增值，或使用资金的回报。利息是衡量资金时间价值的绝对尺度。

（2）利率（利息率）。利率是一定时期内的利息与产生这一利息所投入的资金的本金的比值。利率反映了资金随时间变化的增值率或报酬率，是衡量资金时间价值的相对尺度。

$$i=\frac{I}{P}\times 100\% \tag{1-7}$$

式中 i——利率；

I——利息；

P——本金。

3. 资金的时间价值计算

计算资金时间价值的基本方法有两种：单利法和复利法。

（1）单利法。单利法是每期的利息均按原始本金计算利息的方法，不论计息期数为多少，只有本金计利息，利息不再计利息，每期的利息相等。单利计息的计算公式为

$$I=Pin \tag{1-8}$$

式中 I——第 n 期末利息；

P——本金；

n——计息期数；

i——利率。

n 个计息期后的本利之和 F_n 为

$$F_n=P+nPi=P(1+ni) \tag{1-9}$$

（2）复利法。用复利法计算资金的时间价值时，不仅要考虑本金产生的利息，而且要考虑利息在下一个计息周期产生的利息，以本金与各期利息之和为基数逐期计算本利和。

设本金为 P，每个计息周期利率为 i，计息期数为 n，每期末产生的利息为 I，本金与利息之和为 F。

第 1 期末：本金 P 产生利息为

$$I_1-Pi$$

本利和为

$$F_1=P+Pi=P(1+i)$$

第 2 期末：由第 2 期的本金 $P(1+i)$ 产生的利息为

$$I_2=P(1+i)i$$

本利和为

$$F_2=P+Pi+P(1+i)i=P(1+i)^2$$

以此类推，第 n 期末本利和为

$$F_n-P(1+i)^n \tag{1-10}$$

第 2 期末，本金 P 产生的利息为

$$I_2-P(1+i)^2-P$$

第 n 期末，本金 P 产生的利息为

$$I_n=P(1+i)^n-P \tag{1-11}$$

4. 现金流量

(1) 现金流量的概念。所谓现金流量是指拟建项目在某一时间点上发生的现金流入、现金流出以及流入与流出的差额（又称为净现金流量）。现金流量一般以计息期（年、季、月等）为时间单位，用现金流量表或现金流量图表示。

(2) 现金流量图。资金具有时间价值，即使两笔金额相等的资金，如果发生在不同时期，其实际价值量是不相等的，所以说一定金额的资金必须注明其发生时间，才能确切表达其准确的价值。在项目经济评价中，为了简单、明了地反映各方案投资、运营成本、收益等的大小和它们相应发生的时间，一般用一个数轴图形来表示各现金流入流出与相应时间的对应关系，它就称为现金流量图，如图 1-6 所示。

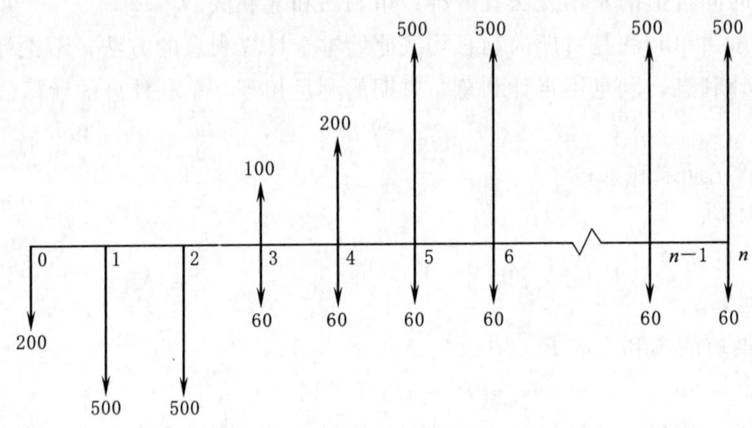

图 1-6 现金流量图（单位：万元）

图中横轴表示一个从 0 开始到 n 的时间序列，每个刻度表示一个时间单位。时间单位可以取年、半年、季或月等。0 表示时间序列的起点，从 1 至 n 分别代表各时间单位的终点，第 1 个时间单位的终点，也就是第 2 个时间单位的起点。相对于时间坐标的垂直线代表不同时间点的现金流量大小，箭头向上表示现金流入，箭头向下表示现金流出。同时还需在图上注明每笔现金流量的金额。图 1-6 表明，第一年初（建设期初）投资 200 万元，第一年末、第二年末各投资 500 万元，第三年流入 100 万元，第四年流入 200 万元，第五年至第 n 年每年流入 500 万元，从第三年到第 n 年每年支出 60 万元。

(3) 项目计算期。项目计算期是指项目经济评价中为进行动态分析所设定的期限，包括项目的建设期和运行期，对一般的工程项目，由于折现计算时，把 20 年后的收益金额折算为现值，为数甚微，对评价结论不会发生关键性的影响，所以运行期一般不宜超过 20 年。对水利工程，由于其服务年限很长，根据相关规范可适当延长，如 25 年、30 年、50 年。

(4) 计算期的年序问题。建设开始年作为计算期的第一年，年序为 1。为了与复利系数表的年序相对应，在折现计算中，采用了年末标注法。通常，在项目建设期以前发生的费用占总费用的比例不大，为简化计算，这部分费用可列入年序 1。这样计算的净现值或内部收益率，比在建设期以前计算的略小一些，但一般不会影响评价的结论。有些项目，如老厂改造、扩建项目，需要计算改、扩建后效益，且原有固定资产净值占改、扩建后总投资的比例较大，或新建项目前期工作投入较大，需要单独列出时，可在建设期以前另加一栏“建设起点”，将建设期以前发生的现金流出填入该栏，计算净现值时不予折现。

5. 资金等值变换

资金等值变换是指在考虑资金时间价值的情况下，将某一时间点的资金按一定的利率折算成另一时间点与之等价的资金的过程，所用的利率称为折现率。在资金等值变换计算中，涉及如下一些概念：

(1) 现值（记为 P），指资金发生在（或折算为）某一特定时间序列起点时的价值。

(2) 终值（记为 F），指资金发生在（或折算为）某一特定时间序列终点时的价值。

(3) 等额年金（等额系列资金，记为 A），指一定时期内每期都有相等金额的资金发生。

例如在图 1-7 中，从 1～n 期末的资金流量都相等就为等额年金。

图 1-7　等额年金流量图

(4) 利率（折现率，记为 i）。在工程经济分析中把根据未来的现金流量求现在的现金流量时所使用的利率称为折现率。本书中对利率和折现率一般不加以区别，都用 i 来表示，并且 i 一般指年利率（年折现率）。

(5) 计息次数（记为 n），指投资项目在从开始投入资金（开始建设）到项目的寿命周期终结为止的整个期限内，计算利息的次数。通常以“年”为单位。

(6) 资金的等值，指在特定利率条件下，在不同时间点的两笔绝对值不相等的资金具有相同的价值。

(二) 建设项目经济评价

1. 建设项目经济评价的概念

建设项目经济评价是在建设项目投资决策前，通过对拟建项目方案各种有关技术经济因素和项目投入与产出的有关财务、经济资料数据进行调查、分析、预测，对项目的财务、经济、社会效益进行分析、计算和评估，分析比较各项目方案的优劣，从而确定和推荐最佳项目方案的一系列分析、计算和研究的工作。建设项目经济评价是项目前期工作的重要内容，对于加强固定资产投资宏观控制，提高投资决策的科学化水平，引导和促进各类资源合理配置，优化投资结构，减少和规避投资风险，充分发挥投资效益，具有重要作用。

项目的经济评价是建设项目决策阶段的核心内容和进行项目决策的主要依据。但决策工作的不同阶段，如项目建议书阶段和可行性研究阶段，其经济评价的要求是不同的。也就是说，在不同的决策工作阶段，应该按照其相应的经济评价方法与参数，进行相应的项目经济评价工作。项目建议书阶段的经济评价重点是围绕项目立项建设的必要性和可能性，分析论证项目的经济条件及经济状况，采用的基础数据、评价指标和经济参数可适当简化。可行性研究阶段则必须按照建设项目经济评价方法和建设项目经济评价参数的要求，对项目建设的必要性和可能性做出全面、详细、完整的经济评价。做好项目经济评价其目的在于最大限度地避免风险，提高投资效益。经济评价的任务是在完成市场需求预测、建设地点选择、技术方案比较等可行性研究的基础上，运用定量分析与定性分析相结合、动态分析与静态分析相结合、宏观效益分析与微观效益分析相结合等方法，计算项目投入的费用和产出的效益，通过多方案的比较，对拟建项目的经济可行性、合理性进行分析论证，做出全面经济评价，提出投资决策的经济依据，确定推荐最佳投资方案。

2. 建设项目经济评价内容

建设项目经济评价内容包括财务评价和国民经济评价。

财务评价是在国家现行财税制度和价格体系的条件下，计算项目范围内的效益和费用，分析项目的盈利能力、清偿能力，以考察项目自身在财务上的可行性。财务评价是建设项目经济评价中的微观层次，它主要从微观投资主体的角度分析项目可以给投资主体带来的效益以及投资风险。作为市场经济微观主体的企业进行投资时，一般都进行项目财务评价。

国民经济评价是在合理配置国家资源的前提下，从国家整体的角度分析计算项目对国民经济的净贡献，以考察项目的经济合理性。国民经济评价是项目评价的关键环节，是经济评价的重要组成部分，也是项目投资决策的主要依据。从原则上讲，所有项目一般都应进行国民经济评价，并以国民经济评价作为决策的主要依据。但是国民经济评价是一件较复杂的工作。根据我国目前的情况，仅对某些对国民经济有重大影响和作用的大中型项目以及特殊行业及基础性、公益性的建设项目开展国民经济评价。

财务评价和国民经济评价是相互联系的。它们之间既有共同之处，又有区别。其共同点有：第一，评价目的相同，两者都要寻求以最小的投入获得最大的产出；第二，评价基础相同，两者都是在完成产品需求预测、工程技术方案、资金筹措等可行性研究的基础上进行评价的；第三，计算期相同，两者都要计算包括建设期、生产期全过程的费用和效益。

其区别如下：

(1) 评价角度不同。财务评价是从项目自身财务角度考察项目的盈利状况及借款偿还能力，以确定投资行为的财务可行性。国民经济评价是从国家整体的角度考察项目对国民经济的贡献以及需要国民经济付出的代价，以确定投资行为的经济合理性。

(2) 效益与费用的含义及划分范围不同。财务评价是根据项目的实际收支确定项目的效益和费用，补贴计为效益，税金和利息均计为费用。国民经济评价是着眼于项目对社会提供的有用产品和服务及项目所耗费的全社会有用资源，来考察项目的效益和费用，故补贴不计为项目的效益，税金和国内借款利息均不计为项目的费用。财务评价只计算项目直接发生的效益与费用，国民经济评价对项目引起的间接效益与费用，即外部效果，也要进行计算和分析。

(3) 评价采用的价格不同。财务评价对投入物和产出物采用以市场价格体系为基础的预测价格，国民经济评价采用影子价格。

（4）评价参数不同。财务评价采用行业统一测定并发布的财务评价参数，国民经济评价采用国家统一测定并发布的国民经济评价参数。

由于上述区别，两种评价有时可能导致相反的结论。例如，某项目所用原料可以出口，其产品也可以出口。由于该原料的国内价格低于国际市场价格，其产品的国内价格又高于国际市场价格，从财务评价考虑，企业利润很高，项目是可行的；如果进行国民经济评价，采用以国际市场价格为基础的影子价格来计算，该项目就可能对国民经济没有那么大的贡献。又如，某些矿产品国内价格偏低，企业利润很少，财务评价的结果可能不易通过；如果用影子价格对这些国计民生不可缺少的物资生产项目进行国民经济评价，该项目对国民经济的贡献可能很大，就能通过。

建设项目经济评价内容，应根据项目性质、项目目标、项目投资者、项目财务主体以及项目对国民经济与社会的影响程度等具体情况确定。对于费用效益计算比较简单、建设期和运营期比较短、不涉及进出口平衡等一般项目，如果财务评价的结论能够满足投资决策需要，可以不进行国民经济评价；对于关系公共利益、国家安全和市场不能有效配置资源的经济和社会发展项目，除应进行财务评价外，还应进行国民经济评价。

3. 工程经济评价应遵循的原则

（1）效益与费用计算口径对应一致的原则。将效益与费用限定在同一个范围内，才有可能进行比较。因此，财务评价只计算项目本身的直接效益和直接费用，国民经济评价还应计算项目的间接效益和间接费用，即项目的外部效果，这样计算的净效益才是项目投入的真实回报。

（2）动态分析与静态分析相结合，以动态分析为主的原则。动态分析是指利用资金时间价值的原理对现金流量进行折现分析。静态分析是指不对现金流量进行折现分析。如果不考虑投入和产出这一过程中资金的时间价值，其评价指标很难反映未来时期的变动情况。所以项目经济评价应该强调考虑资金时间价值因素，进行动态的价值判断。项目经济评价的核心是折现，分析评价要以折现（动态）指标为主。非折现（静态）指标只能作为辅助指标。

4. 财务评价

（1）财务评价步骤。建设项目财务评价又称财务分析，可分为融资前分析和融资后分析。所谓融资前分析是指在考虑融资方案前就开始进行的财务分析，它排除了融资方案变化的影响，从项目投资总获利能力的角度，考察项目方案设计的合理性。融资前分析计算的相关指标，应作为初步投资决策与融资方案研究的依据和基础。在规划和机会研究阶段，可以只进行融资前评价。融资后分析是在融资前分析结果可以接受的前提下，初步设定融资方案后进行的财务分析。融资后分析包括项目的盈利能力分析、偿债能力分析以及财务生存能力分析，进而判断项目方案在融资条件下的合理性。融资后分析是比选融资方案，进行融资决策和投资者最终决定出资的依据。可行性研究阶段必须进行融资后分析。财务评价一般宜先进行融资前分析。财务评价步骤如图 1－8 所示。

（2）财务评价的内容。

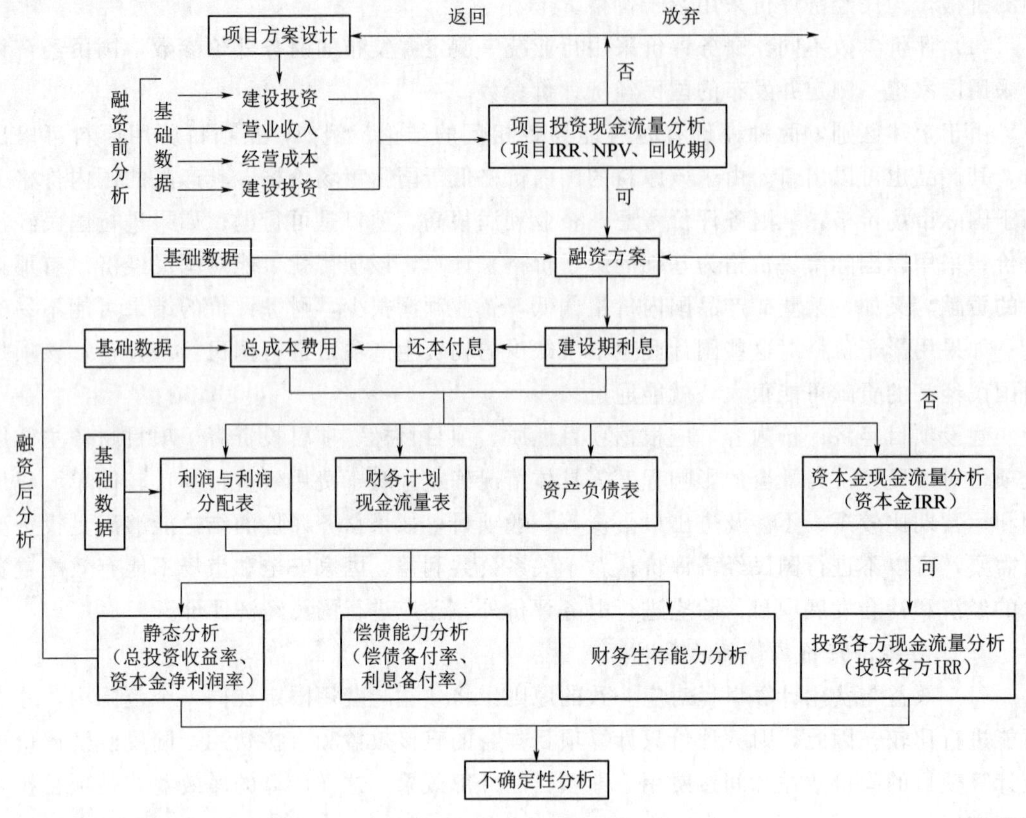

图 1-8　财务评价步骤图

1）盈利能力分析。分析测算项目的财务盈利能力和盈利水平。

2）偿债能力分析。分析测算项目偿还贷款能力。

3）财务生存能力分析。分析项目是否有足够的净现金流量维持正常运营，以实现财务可持续性。

4）不确定性分析。分析项目在计算期内不确定性因素可能对项目产生的影响和影响程度。

财务评价应在项目财务效益与费用估算的基础上进行，其分析内容应根据项目的性质和目标确定。对于经营性项目，财务评价应通过编制财务分析报表，计算财务指标，分析项目的盈利能力、偿债能力和财务生存能力，判断项目的财务可接受性，为项目决策提供依据。对于非经营性项目，财务评价主要分析项目的财务生存能力。

5. 国民经济评价

（1）国民经济评价的意义。项目的国民经济评价是将建设项目置于整个国民经济系统之中，从国家经济整体利益的角度出发，按照合理配置社会资源的原则，分析项目的经济效益、经济效果和对社会的影响，评价项目在宏观经济上的合理性。在国民经济评价中，不仅要分析项目本身所产生的直接效果，而且还要分析项目建设所引起的有关行业和企业所产生的经济效果（间接效果）；同时，在评价时不仅要分析项目建设与生产中的投入物的经济费用（直接费用），而且还要分析由于项目的建设所引起的国民经济相关行业或企业增加的投入物的经济费用（间接费用）。所以，国民经济评价能够客观地估算出投资项目对国民经济的贡献和国民经济为其付出的代价。

运用国民经济评价方法对投资项目进行评价能够对资源和投资的合理流向起到导向的作用。在现实经济中，由于市场本身的原因及政府不恰当的干预，都可能导致市场配置资源的失灵，致使有些项目财务价格扭曲，财务成本不能包含项目对资源的全部消耗，财务效益不能包含项目产出的全部经济效果，市场价格难以反映建设项目的真实经济价值，通过国民经济评价可以反映建设项目的真实经济价值。在国民经济评价中采用了影子价格和社会折现率。影子价格是在资源最优分配状态下的边际产出的价值，它不仅能够起市场信号反馈的作用，而且能够对资源合理分配加以引导，达到宏观控制的目的。不论哪一行业，都采用统一的社会折现率，可以使投资最终流向投资效率高、资金回收比率大的行业或生产部门，无疑也会促进资源高效利用，使社会整体效益提高。

（2）国民经济评价的范围。国民经济评价是经济评价方法体系的重要组成部分。国民经济评价是从资源合理配置的角度，分析项目投资的经济效益和对社会福利所作出的贡献，评价项目的经济合理性。国民经济评价是项目投资决策的主要依据。对于财务价格不能真实反映项目产出的经济价值、财务成本不能包含项目对资源的全部消耗、财务效益不能包含项目产出的全部经济效果的项目需要进行国民经济评价。

1）从社会资源优化配置的角度。国家规定下列类型项目需要进行国民经济评价：①具有垄断特征的项目；②产出具有公共产品特征的项目；③外部效果显著的项目；④资源开发项目；⑤涉及国家经济安全的项目；⑥受过度行政干预的项目。

2）从投资管理的角度。现阶段需要进行国民经济评价的项目有以下几类：①政府预算内投资（包括国债资金）的用于关系国家安全、国土开发和市场不能有效配置资源的公益性项目和公共基础设施建设项目、保护和改善生态环境项目、重大战略性资源开发项目；②政府各类专题建设基金投资的用于交通运输、农林水利等基础设施、基础产业建设项目；③利用国际金融组织和外国政府贷款，需要政府主权信用担保的建设项目；④法律、法规规定的其他政府性资金投资的建设项目；⑤企业投资建设的涉及国家经济安全、影响环境资源、公共利益、可能出现垄断、涉及整体布局等公共性问题，需要政府核准的建设项目。

（3）国民经济效益与费用识别。项目的经济效益是指项目对国民经济所作的贡献，分为直接效益和间接效益。项目的经济费用是指国民经济为项目付出的代价，分为直接费用和间接费用。项目经济效益和费用的识别应符合下列要求：①遵循有无对比的原则；②对项目所涉及的所有成员及群体的费用和效益做全面分析；③正确识别正面和负面外部效果，防止误算、漏算或重复计算；④合理确定效益和费用的空间范围和时间跨度；⑤正确识别和调整转移支付，根据不同情况区别对待。

1）直接费用与直接效益。直接费用是指项目使用投入物所产生并在项目范围内计算的经济费用。一般表现为其他部门为供应本项目投入物而扩大生产规模所耗用的资源费用；减少对其他项目（或最终消费）投入物的供应而放弃的效益；增加进口（或减少出口）所耗用（或减收）的外汇等。

直接效益是指由项目产出物产生的并在项目范围内计算的经济效益。一般表现为增加该产出物数量满足国内需求的效益；替代其他相同或类似企业的产出物，使被替代企业减产以减少国家有用资源耗费（或损失）的效益；增加出口（或减少进口）所增收（或节支）的国家外汇等。

2）间接费用和间接效益。间接费用和间接效益是指国民经济为项目付出的代价与项目对国民经济作出的贡献在项目的直接费用与直接效益中未得到反映的那部分费用与效益。

3）转移支付。转移支付代表购买力的转移行为，接受转移支付的一方所获得的效益与付出方所产生的费用相等，转移支付行为本身没有导致新增资源的发生。在项目的建设和生产经营过程中，某些财务收益和支出，从国民经济角度看，并没有造成资源的实际增加或减少，而是国民经济内部的转移支付。在国民经济评价中一般应剔除这些转移支付。转移支付的主要内容有：①国家和地方政府的税收；②国内银行借款利息；③国家和地方政府给予项目的补贴。

（4）国民经济评价参数。国民经济评价参数是国民经济评价的基础。正确理解和使用评价参数，对正确计算经济费用、效益和评价指标，判定项目经济合理性具有重要作用。国民经济评价参数有两类：一类是必须采用参数，如社会折现率和影子汇率换算系数等，这类参数由国家行政主管部门统一测定并发布，在各类建设项目的国民经济评价中必须采用；另一类是供参考选用参数，如影子工资换算系数和土地影子价格等，这类参数也由国家行政主管部门统一测定并发布，但在各类建设项目的国民经济评价中可参考选用。

第二节 水利工程定额

一、定额基本知识

（一）定额的概念

广义的定额是指规定的额度、标准。建设工程定额是指在正常的施工条件下，完成单位合格产品所必须消耗的劳动力、材料、施工机具台班（台时）数量标准。这种量的规定，反映出完成建筑工程中的某项合格产品与各种生产消耗之间特定的数量关系。狭义的定额是指完成单位产品的消耗标准。定额是由定额水平决定的。

定额水平是规定完成单位合格产品所需消耗的资源数量的多少。定额水平是一定时期社会生产力水平的反映，它与操作人员的技术水平、机械化程序、新材料、新工艺、新技术的发展和应用有关，与企业的组织管理水平和全体技术人员的劳动积极性有关。

（二）工程定额的分类

工程定额是一个综合概念，是建设工程造价计价和管理中各类定额的总称，包括许多种类的定额，可以按照不同的原则和方法对它进行分类。

1. 按定额反映的生产要素消耗内容分类

（1）劳动消耗定额。劳动消耗定额简称劳动定额（也称为人工定额），是在正常的施工技术和组织条件下，完成规定计量单位合格的建筑安装产品所消耗的人工工日的数量标准。劳动定额的主要表现形式是时间定额，但同时也表现为产量定额。时间定额与产量定额互为倒数。

（2）材料消耗定额。材料消耗定额简称材料定额，是指在正常的施工技术和组织条件下，完成规定计量单位合格的建筑安装产品所消耗的原材料、成品、半成品、构配件、燃料，以及水、电等动力资源的数量标准。

（3）机具消耗定额。机具消耗定额由机械消耗定额与仪器仪表消耗定额组成，机械消耗定额是以一台机械一个工作班（时）为计量单位，所以又称为机械台班（台时）定额。机械消耗定额是指在正常的施工技术和组织条件下，完成规定计量单位合格的建筑安装产品所消耗的施工机械台班（台时）的数量标准。机械消耗定额的主要表现形式是机械时间定额，同时也以产量定额表现。仪器仪表消耗定额的表现形式与机械消耗定额类似。

2. 按定额编制的程序和用途分类

按定额编制的程序和用途分类，工程定额可以分为：①投资估算指标；②概算定额；③预算定额；④施工定额。

上述各种定额的相互联系可参见表 1 - 2。

表 1 - 2　　各种定额间的相互联系

定额分类	投资估算指标	概算定额	预算定额	施工定额
定额标准	行业标准	行业标准	行业标准	企业标准
对象	建设项目、单项工程、单位工程	扩大的分项工程或扩大的结构构件	分项工程或结构构件	施工过程或基本工序
用途	编制投资估算	编制扩大初步设计概算	编制施工图预算	编制施工预算
项目划分	很粗	较粗	细	最细
定额水平	平均			平均先进
定额性质	计价性定额			生产性定额

3. 按专业分类

由于工程建设涉及众多专业，不同的专业所含的内容也不同，因此就确定人工、材料和机具台班消耗数量标准的工程定额来说，分为全国通用定额、行业通用定额、专业专用定额。

行业定额分为：水利水电工程定额、国家人防工程定额、石油化工定额、公路工程定额、矿井建设工程定额、铁路建设工程定额等。

水利水电定额按专业分为：土方定额、石方定额、模板定额、混凝土定额等。

4. 按主编单位和管理权限分类

按主编单位和管理权限分类，工程定额可以分为：①全国统一定额；②行业统一定额；③地区统一定额；④企业定额；⑤补充定额等。

上述各种定额虽然适用于不同的情况和用途，但它们是一个相互联系的、有机的整体，在实际工作中应注意配合使用。

（三）工程定额编制的原则

1. 水平合理

定额水平应反映社会平均水平，体现社会必要劳动量，也就是在正常施工条件下多数工人和企业能够达到和超过的水平，既不能采用少数先进生产者、先进企业所达到的水平，也不能以落后的生产者和企业的水平为依据。

定额水平要与建设阶段相适应。前期阶段（如可行性研究、初步设计）定额水平宜反映社会平均水平。而用于投标报价的定额水平则宜具有竞争力，合理反映本企业的技术、装备和经营管理水平，如施工定额应按企业平均先进水平确定。

2. 基本准确

定额是对各个千差万别的实践进行概括，抽象出一般的数量标准。从这里可以看出，定额的“准”是相对的，定额的“不准”是绝对的。不能要求定额编得与实际完全相符，而只能要求其基本准确。定额（项目、子目）按影响定额的主要参数划分，粗细应恰当，步距要合理。定额计量单位、调整系数及附注的设置应科学。

3. 简明适用

在保证基本准确的前提下，定额项目不宜过细过繁，步距不宜太小、太密，对于影响定额的次要参数可采用调整系数等办法简化定额项目，做到粗而准确、细而不繁，便于使用。

（四）工程定额编制的方法

定额编制的方法较多，常用的有以下几种。

1. 技术测定法

技术测定法是深入施工现场，应用计时观察和材料消耗测定的方法，对各个工序进行实测、查定、取得数据，然后对这些资料进行科学的整理分析，拟定成定额。这种方法有较充分的科学依据，有较强的说服力，但工作量较大。它适用于产品品种少、经济价值大的定额项目。

2. 统计分析法

统计分析法是根据施工实际中的人工、材料、机械台时消耗和产品完成数量的统计资料，经科学地分析、整理，剔去其中不合理的部分后，拟定成定额。

3. 调查研究法

调查研究法是和参加施工实践的工人、班组长、技术人员座谈讨论，利用他们在施工实践中积累的经验和资料，加以分析整理而成定额。

4. 计算分析法

计算分析法大多用于材料消耗定额和一些机械（如开挖、运输机械）的作业定额。其方法为拟定施工条件，选择典型施工图，计算工程量，拟定定额参数，计算定额数量。

（五）工程定额的作用

建筑工程、安装工程定额是建筑安装企业实行科学管理的必备条件。无论是设计、计划、生产、分配、估价和结算等各种工作，都必须以它作为衡量工作的尺度。定额主要有以下几方面的作用。

(1) 定额是编制计划的基础。无论是国家计划还是企业计划；无论是中长期计划，还是短期计划；无论是综合性的技术经济计划，还是施工进度计划，都直接或间接地以各种定额为依据来计算人力、物力、财力等各种资源需要量，所以定额是编制计划的基础。

(2) 定额是确定基本建设产品成本的依据，是评比设计方案合理性的尺度。基本建设产品的价格是由其产品生产过程中所消耗的人力、材料、机械台班数量以及其他资源、资金的数量所决定的，而他们的消耗量又是根据定额计算的，因此定额是确定产品成本的依据。同时，同一基本建设产品的不同设计方案的成本，反映了不同设计方案的技术经济水平的高低。因此，定额也是比较和评价设计方案是否经济合理的尺度。

(3) 定额是提高企业经济效益的重要工具。定额作为一种标准，具有严格的经济监督作用，它要求每一个执行定额的人，都必须严格遵守定额的要求，并在生产过程中尽可能有效地使用人力、物力、资金等资源，使之不超过定额规定的标准，从而提高劳动生产率，降低生产成本。

企业在计算和平衡资源需要量、组织材料供应、编制施工进度计划和作业计划、组织劳动力、签发任务书、考核工料消耗、实行承包责任制等一系列管理工作时，都要以定额作为标准。因此，定额是加强企业管理，提高企业经济效益的工具。

(4) 定额是贯彻按劳分配原则的尺度。由于工时消耗定额反映了生产产品与劳动量的关系，因此可以根据定额来对每个劳动者的工作进行考核，从而确定其所完成的劳动量的多少，并以此来支付其劳动报酬。多劳多得、少劳少得，体现了社会主义按劳分配的基本原则，这样企业的效益就同个人的物质利益结合起来了。

(5) 定额是总结推广先进生产方法的手段。定额通过对生产和施工过程的观察、实测、分析而综合制定，它可以准确地反映出生产技术和劳动组织的先进合理程度。因此，可以用定额标定的方法，对同一产品在同一操作条件下的不同生产方法进行观察、分析，从而总结比较完善的生产方法，并经过试验、试点，在生产过程中予以推广，使生产效率得到提高。

（六）工程定额的内容

1. 施工定额

施工定额有人工定额、材料定额、机械使用定额三种。

施工定额基本上是按工序制定的定额。以混凝土工程为例，现行《水利水电建设工程施工定额》分模板工程、混凝土工程两册。模板工程又按木材加工、模板制作、安装、拆除、运输等工序分别设节。混凝土工程又按配运骨料、水泥运输、凿毛、清仓、混凝土拌和、运输、浇筑、养护等工序分别设节。

施工定额是施工企业管理工作的基础，主要用于施工企业内部经济核算，编制施工预算、施工作业计划，是实行内部经济核算（或承包）的依据。施工定额也是编制预算定额和编制补充单价表的基础。

2. 预算定额

预算定额将完成单位分部分项工程项目所需的各个工序综合在一起，以混凝土工程为例，将完成 $100m^3$ 混凝土浇筑所需的混凝土配料、拌和、运输、浇筑、养护等综合在一起，按其部位、结构类型分别设节，如板、墙、墩、梁等。模板制作、安装、拆卸、运输另有定额。

预算定额是编制预算的依据，是编制最高投标限价（或标底）、报价的参考定额，也是编制概算定额的基础。

3. 概算定额

概算定额是在预算定额的基础上进一步综合而成的。以水闸混凝土工程为例，概算定额将预算定额中的导水墙、阻滑板、溢流堰、护坦、闸墩、胸墙、工作桥等定额综合在一起，以适应概算编制的需要。概算定额是编制初设概算和修改概算的依据，是编制估算指标的基础，也是施工组织设计确定劳动力、材料、施工机械用量的依据之一。

4. 概算指标

概算指标是概算定额的扩大与合并，它是以整个建筑物和构筑物为对象，以更为扩大的计量单位来编制的。概算指标的内容包括劳动、机械台班、材料定额三个基本部分，同时还列出了各结构分部的工程量及单位建筑工程（以体积计或面积计）的造价，是一种计价定额。

概算指标的设定与初步设计的深度相适应，一般是在概算定额和预算定额的基础上编制，比概算定额更加综合扩大。它是设计单位编制工程概算或建设单位编制年度任务计划、施工准备期间编制材料和机械设备供应计划的依据，也可供国家编制年度建设计划参考。

5. 估算指标

估算指标是在项目建议书和可行性研究阶段编制投资估算时使用的一种定额。它往往以独立的单项工程或完整的工程项目为计算对象，编制内容是所有项目费用之和。它的概略程度与可行性研究阶段相适应。投资估算指标往往根据历史的预、决算和价格变动等资料编制，但其编制基础仍然离不开预算定额、概算定额。

二、工程定额的使用

（一）定额的使用方法

定额是编制和控制水利工程投资的重要依据，要准确地使用定额，必须做到以下几点：

（1）要认真阅读定额的总说明和章节说明。对说明中指出的编制原则、依据、适用范围、使用方法、已经考虑和没有考虑的因素以及有关问题的说明等，都要通晓和熟悉。

（2）要熟悉定额项目的工作内容。根据工程部位、施工方法、施工机械和其他施工条件正确选用定额项目，做到不错项、不漏项、不重项。

（3）要学会使用定额的各种附录。例如，对于建筑工程，要掌握土壤与岩石分级、砂浆与混凝土配合比用量确定等；对于安装工程，要掌握安装费调整和各种装置性材料用量的确定等。

（4）要注意定额调整的各种换算关系。当施工条件与定额项目条件不符时，应按定额说明与定额表附注中的有关规定进行换算调整。例如，各种运输定额的运距换算、各种调整系数的换算等。除特殊说明外，一般系数换算均按连乘计算，使用时还要区分调整系数是全面调整系数，还是对人工工时、材料消耗或机械台时的某一项或几项进行调整。

(5) 要注意定额单位与定额中数字的适用范围。工程项目单价的计量单位要和定额项目的计量单位一致。要区分土石方工程的自然方和压实方，砂石备料中的成品方、自然方与堆方码方，砌石工程中的砌体方与石料方，沥青混凝土的拌和方与成品方等。定额中凡数字后用“以上”“以外”表示的都不包括数字本身；凡数字后用“以下”“以内”表示的都包括数字本身；凡用数字上下限表示的，如1000～2000，相当于1000以上至2000以下，即大于1000，小于或等于2000的范围内。

(6) 安装工程概、预算定额，应根据安装设备种类、规格，选用定额子目。

(二) 定额使用总体要求

1. 水利建筑工程定额

(1) 概、预算的项目及工程量的计算应与定额项目的设置、定额单位相一致。

(2) 现行概算定额中，已按现行施工规范和有关规定，计入了不构成建筑工程单价实体的各种施工操作损耗，允许的超挖及超填量，合理的施工附加量及体积变化等所需人工、材料及机械台时消耗量。编制设计概算时，工程量应按设计结构几何轮廓尺寸计算。而现行预算定额中均未计入超挖超填量、合理施工附加量及体积变化等，使用预算定额应按有关规定进行计算。

2. 水利水电设备安装工程定额

(1) 定额中人工工时、材料、机械台时等以实物量表示。其中材料和机械仅列出主要品种的型号、规格及数量，如品种、型号、规格不同，均不做调整。其他材料和一般小型机械及机具分别按占主要材料费和主要机械费的百分率计列。

(2) 安装费率定额中以设备原价作为计算基础，安装工程人工费、材料费、机械使用费和装置性材料费均以费率（%）形式表示，除人工费用外，使用时均不做调整。

(3) 装置性材料根据设计确定的品种、型号、规格和数量计算，并计入规定的操作损耗量。

(4) 使用电站主厂房桥式起重机进行安装工作时，桥式起重机台时费不计基本折旧费和安装拆卸费。

(5) 定额中零星材料费，以人工费、机械使用费之和为计算基数。

3. 注意事项

(1) 专业专用。水利水电工程除水工建筑物和水利水电设备安装外，一般还有房屋建筑、公路、铁路、输电线路、通信线路等永久性设施。水工建筑物和水利水电设备安装应采用水利、电力主管部门颁发的定额。其他永久性工程应分别采用所属主管部门颁发的定额，如铁路工程应采用国家铁路局颁发的铁路工程定额，公路工程应采用交通运输部颁发的公路工程定额。

(2) 工程定额与费用定额配套使用。在计算各类永久性设施工程投资时，采用的工程定额应执行专业专用的原则，其费用定额也应遵照专业专用的原则，与工程定额相配套。如采用公路工程定额计算永久性公路投资，应相应采用交通运输部颁发的费用定额。

(3) 定额的种类应与设计阶段相适应。可行性研究阶段编制投资估算应采用估算指标；初步设计阶段编制设计概算应采用概算定额；施工图设计阶段编制施工图预算应采用预算定额。如因本阶段定额缺项，需采用下一阶段定额，应按规定乘阶段系数。如采用概算定额编制投资估算，应乘以 1.10 的投资估算调整系数；采用预算定额编制概算时，应乘以 1.03～1.05 的概算调整系数。

(4) 准确理解把握定额的有关规定。由于各行业、各系统之间的标准、习惯有差异，故使用定额前应先阅读总说明和有关章节说明、工作内容、适用范围，切忌主观臆断。

(三) 水利建筑工程概算定额的具体使用说明

2002 年水利部以水总〔2002〕116 号文发布了《水利建筑工程预算定额》《水利建筑工程概算定额》和《水利机械施工台时费定额》，配套使用《水利工程设计概（估）算编制规定》(2014 年，水利部以〔2014〕429 号文替代了该规定，但相关定额并未更新)。2005 年，水利部发布《水利工程概预算补充定额》(水总〔2005〕389 号)。《水利建筑工程概算定额》是在《水利建筑工程预算定额》的基础上进行编制的，包括土方开挖工程、石方开发工程、土石填筑工程、混凝土工程、模板工程、砂石备料工程、钻孔灌浆及锚固工程、疏浚工程、其他工程共九章节及附录。《水利建筑工程概算定额》相关说明如下：

(1) 适用于大中型水利工程项目，是编制初步设计概算的依据。

(2) 适用于海拔高程小于或等于 2000m 地区的工程项目。

(3) 不包括冬季、雨季和特殊地区气候影响施工的因素及增加的设施费用。

(4) 按一日三班作业施工，每班八小时工作制拟定。

(5)“工作内容”仅扼要说明各章节的主要施工过程及工序。次要的施工过程、施工工序和必要的辅助工作所需的人工、材料、机械也已包括在定额内。

(6) 计量，按工程设计几何轮廓尺寸计算。

(7) 人工以“工时”、机械以“台（组）时”为计量单位。

(8) 人工是指完成该定额子目工作内容所需的人工耗用量。

(9) 材料是指完成该定额子目工作内容所需的全部材料耗用量、包括主要材料及其他材料、零星材料。其计算基数为：其他材料费以主要材料费之和为计算基数；零星材料费以人工费、机械费之和为计算基数。

(10) 机械是指完成该定额子目工作内容所需的全部机械耗用量，包括主要机械和其他机械。其他机械费以主要机械费之和为计算基数。

(11) 其他材料费、零星材料费、其他机械费均以费率（%）形式表示。

(12) 表头用数字表示的使用范围：①只用一个数字表示的，仅适用于该数字本身，当需要选用的定额介于两子目之间时，可用插入法计算；②数字用上下限表示的，如 2000～2500，适用于大于 2000、小于或等于 2500 的数字范围。

(13) 挖掘机定额，均按液压挖掘机拟定。

(14) 汽车运输定额，适用于水利工程施工路况 10km 以内的场内运输；超过 10km 时，超过部分按增运 1km 台时数乘 0.75 系数计算。

(四) 水利建筑工程预算定额的具体使用说明

预算定额是在正常的施工条件下，完成一定计量单位合格分项工程或结构构件所需消耗的人工、材料、施工机具台班（台时）数量及其费用标准。预算定额是一种计价性定额。从编制程序上看，预算定额是以施工定额为基础综合扩大编制的，同时它也是编制概算定额的基础。1999 年，水利部以《关于发布〈水利水电设备安装工程预算定额〉和〈水利水电设备安装工程概算定额〉》（水建管〔1999〕523 号）发布了水利水电设备安装工程定额；2002 年，水利部以《关于发布〈水利建筑工程预算定额〉、〈水利建筑工程概算定额〉、〈水利工程施工机械台时费定额〉及〈水利工程设计概估算编制规定〉的通知》（水总〔2002〕116 号）发布了水利建筑工程预算定额；2005 年，水利部发布《水利工程概预算补充定额》（水总〔2005〕389 号）。上述预算定额是现行水利工程施工中常用的主要定额。除此之外，施工内容涉及环境保护、水文、水土保持方面的，还要应用其相应预算定额。

《水利建筑工程预算定额》（2002 年版）总说明如下：

(1) 包括土方工程、石方工程、砌石工程、混凝土工程、模板工程、砂石备料工程、钻孔灌浆及锚固工程、疏浚工程、其他工程，共九章节及附录。

(2) 适用于大中型水利工程项目，是编制《水利建筑工程概算定额》的基础，可视为编制水利工程施工预算、招标最高投标限价（或标底）和投标报价的参考。

(3) 适用于海拔高程小于或等于 2000m 地区的工程项目。

(4) 不包括冬季、雨季和特殊地区气候影响施工的因素及增加的设施费用。

(5) 按一日三班作业施工，每班八小时工作制拟定。

(6) “工作内容”仅扼要说明各章节的主要施工过程及工序。次要的施工过程、施工工序和必要的辅助工作所需的人工、材料、机械也已包括在定额内。

(7) 定额中人工、机械用量是指完成一个定额子目内容所需的全部人工和机械，包括基本用工和辅助用工，并按其所需技术等级，分别列出工长、高级工、中级工、初级工的工时及其合计数。

(8) 材料消耗定额（含其他材料费、零星材料费），是指完成一个定额子目内容所需的全部材料耗用量。材料定额中，未列明品种、规格的，可根据设计选定的品种、规格计算，但定额数量不做调整。凡材料已列示品种、规格的，编制预算单价时不予调整。

材料定额中，凡一种材料名称之后，同时并列了几种不同型号规格的，如石方工程导线的火线和电线，表示这种材料只能选用其中一种型号规格的定额进行计价；凡一种材料分几种型号规格与材料名称同时并列的，如石方工程中同时并列导火线和导电线，则表示这些名称相同、规格不同的材料都应同时计价。机械定额相似情况以此类推（如运输定额中的自卸汽车）。

其他材料费和零星材料费是指完成一个定额子目的工作内容所必需的未列量材料费。如工作面内的脚手架、排架、操作平台等的摊销费，地下工程的照明费，混凝土工程的养护用材料费，石方工程的钻杆、空心钢等以及其他用量较少的材料费。

材料从分仓库或相当于分仓库材料堆放地至工作面的场内运输所需的人工、机械及费用，已包括在各定额子目中。

(9) 机械台时定额（含其他机械费用），是指完成一个定额子目工作内容所需的主要机械及次要辅助机械使用费。其他机械费是指完成一个定额子目工作内容所必需的次要机械使用费，如混凝土浇筑现场运输中次要机械、疏浚工程中的油驳等辅助生产船舶等。

(10) 其他材料费、零星材料费、其他机械费，均以费率形式表示，其计算基数如下：

1) 其他材料费，以主要材料费之和为计算基数。

2) 零星材料费，以人工费机械费之和为计算基数。

3) 其他机械费，以主要机械费之和为计算基数。

(11) 表头用数字表示的使用范围：①只用一个数字表示的，仅适用于该数字本身，当需要选用的定额介于两子目之间时，可用插入法计算；②数字用上下限表示的，如 2000～2500，适用于大于 2000、小于或等于 2500 的数字范围。

(12) 挖掘机定额，均按液压挖掘机拟定。

(13) 汽车运输定额，适用于水利工程施工路况 10km 以内的场内运输；超过 10km 时，超过部分按增运 1km 台时数乘 0.75 系数计算。

(14) 定额均按不含超挖填量制定。

(五) 主要专业工程预算定额的具体使用说明

1. 土方工程定额的使用要求

适用于水利建筑工程的土方工程，包括土方开挖、运输、压实等定额。土方工程定额应用应注意下述规定：

(1) 土方工程定额的计量单位，除注明外，均按自然方计算。自然方指未经扰动的自然状态的土方。松方指自然方经人工或机械开挖而松动过的土方。实方指填筑（回填）并经过压实后的成品方。

(2) 土方工程定额，除定额规定的工作内容外，还包括挖小排水沟、修坡、清除场地草皮杂物、交通指挥、安全设施及取土场和卸土场的小路修筑与维护工作。

(3) 挖掘机、装载机挖土定额系按挖装自然方拟定的，如挖装松土时，人工及挖装机械乘 0.85 调整系数。砂砾（卵）石开挖和运输，按Ⅳ类土定额计算。

(4) 推土机的推土距离和铲运机的铲运距离是指取土中心至卸土中心的平均距离。推土机推土定额是按自然方拟定的，如推松土时，定额乘 0.80 调整系数。

(5) 挖掘机、轮斗挖掘机或装载机挖装土（含渠道土方）自卸汽车运输定额，适用于Ⅲ类土。Ⅰ、Ⅱ类土的人工、机械调整系数均取 0.91；Ⅳ类土的人工、机械调整系数均取 1.09。

(6) 压实定额均按压实成品方计。根据技术要求和施工必需的损耗，在计算压实工程的备料量和运输量时，按式（1-12）计算：

每 100 压实成品方需要的自然方量＝（100＋A）设计干密度/天然干密度　　(1-12)

其中，A 为土料损耗综合系数，包括开挖、上坝运输、雨后清理、边坡削坡、接缝削坡、施工沉陷、取土坑、试验坑和不可避免的压坏等损耗因素。土料损耗综合系数根据不同的施工方法和坝料按规定取值，使用时不再调整。

2. 混凝土工程定额的使用要求

混凝土工程定额包括现浇混凝土、碾压混凝土、预制混凝土、沥青混凝土等定额。混凝土工程定额的计量单位除注明外，均为建筑物或构筑物的成品实体方。使用混凝土工程定额应注意：

(1) 现浇混凝土包括：冲（凿）毛、冲洗、清仓、铺水泥砂浆、平仓浇筑、振捣、养护、工作面运输及辅助工作。预制混凝土包括：预制场冲洗、清理、配料、拌制、浇筑、振捣养护，模板制作、安装、拆除、修整，预制场内运输，材料场内运输和辅助工作，预制场内吊移、堆放。

(2) 现浇混凝土定额不含模板制作、安装、拆除、修整；预制混凝土定额中的模板材料均按预算消耗量计算，包括制作（钢模为组装）、安装、拆除、维修的消耗，并考虑了周转和回收。

(3) 钢筋制作安装定额，不分部位、规格型号综合计算。

(4) 混凝土浇筑的仓面清洗及养护用水、地下工程混凝土浇筑施工照明用电，已分别计入浇筑定额的用水量及其他材料费中。

(5) 预制混凝土构件（吊）安装定额仅系（吊）安装过程中所需的人工、材料、机械使用量。制作、运输的费用按预制构件制作和运输定额计算。

(6) 关于混凝土材料的规定。

1) 材料定额中的“混凝土”一项，系指完成单位产品所需的混凝土半成品量，其中包括冲（凿）毛、干缩、施工损耗、运输损耗和接缝砂浆等的消耗量在内。

2) 混凝土半成品的单价，只计算配制混凝土所需水泥、砂石骨料、水、掺和料及其外加剂等的用量及价格。各项材料的用量，应按试验资料计算；没有试验资料时，可采用定额附录中的混凝土材料配合比例示量。

3) 混凝土的配料和拌制损耗已含在配合比材料用量中。定额中的混凝土用量，包括了运输、浇筑、凿毛、模板变形、干缩等损耗。

(7) 关于混凝土拌制的规定。

1) 浇筑定额中单独列出“混凝土及砂浆拌制”项目，编制混凝土浇筑单价时，应先根据施工组织设计选定的搅拌机或搅拌楼的容量，选用拌制定额，编制拌制单价（只计直接费）。

2) 混凝土拌制定额按拌制常态混凝土拟定，若拌制加冰、加掺和料等其他混凝土以及碾压混凝土等，则按定额调整系数对拌制定额进行调整。

3) 混凝土拌制定额均以半成品方为单位计算，不含施工损耗和运输损耗所消耗的人工、材料、机械的数量和费用。混凝土拌制及浇筑定额中，不包括加冰、骨料预冷、通水等温控所需的费用。

(8) 关于混凝土运输的规定。混凝土运输是指混凝土自搅拌楼（机）出料口至浇筑现场工作面的全部水平运输和垂直运输。运输方式与运输机械由施工组织设计确定。

1) 混凝土水平运输，指混凝土从搅拌楼（机）出料口至浇筑仓面（或至垂直吊运起吊点）水平距离的运输；混凝土垂直运输，指混凝土从垂直吊运起点至浇筑仓面垂直距离的运输。

2) 混凝土运输定额均以半成品方为单位计算，不含施工损耗和运输损耗所消耗的人工、材料、机械的数量和费用。

3）编制混凝土综合单价时，一般应将运输定额中的人工、材料、机械用量分类合并到浇筑混凝土定额中统一计算综合单价，也可按混凝土运输数量乘以每立方米混凝土运输单价（只计直接费）计入混凝土浇筑综合单价。

4）预算定额各节现浇混凝土定额中的“混凝土运输”数量，已包括完成每一定额单位（通常为 $100m^3$）有效实体混凝土所需增加的超填量及施工附加量等的数量。

3. 模板工程定额使用要求

（1）模板定额的计量单位“$100m^2$”为立模面面积，即混凝土与模板的接触面积。

（2）立模面面积的计量，除有其他说明外，应按满足建筑物体形及施工缝要求所需的立模面计算。立模面面积实践中可依据立模面系数计算。水闸立模面系数参考值见表1－3。

表1－3　水闸立模面系数参考值

序号	建筑物名称	立模面系数 /(m^2/m^3)	各类模板参考比例/%			说明
			平面	曲面	牛腿	
1	水闸闸室（综合）	0.65～0.85	92～96	4～7	0.5～0.9	
2	闸墩	1.15～1.75	91～95	5～8	0.7～1.2	含中边墩
3	闸底板	0.16～0.3	100			

4. 钻孔灌浆及锚固工程的使用要求

（1）灌浆工程定额中的水泥用量系预算基本量。如有实际资料，可按实际消耗量调整。

（2）锚杆（索）定额中的锚杆（索）长度是指嵌入岩石的设计有效长度。按规定应留的外露部分及加工过程中的损耗，均已计入定额。

（3）喷浆（混凝土）定额的计量，以喷后的设计有效面积（体积）计算，定额已包括了回弹及施工损耗量。

（4）混凝土防渗墙浇筑定额未包括施工附加量及超填量。计算施工附加量时接头系数 K_1、墙顶系数 K_2 及因扩孔增加的超填系数 K_3 如下：

1）接头系数 K_1。液压开槽机及射水成槽机造孔，$K_1=1.00$。冲击钻造孔时，采用钻凿法，$K_1=1+D/(L_1-D)$；采用接头管（套接）法，$K_1=1+\pi D/4L_1$。

2）墙顶系数 $K_2=1+0.5/H$。

3）扩孔系数 K_3，液压开槽机及射水成槽机造孔 $K_3=1.05\sim1.1$。冲击钻造孔时，漂石、卵石地层采用1.2，砂、砾石地层采用1.15，其他地层采用1.1。

4）综合系数 $K=K_1\times K_2\times K_3$。

上述式中，D 为墙厚；L_1 为槽孔长度；H 为槽深；L 为防渗墙长。

5. 疏浚工程定额的使用要求

（1）疏浚工程定额的计量单位，除注明外，均按水下自然方计算。

（2）按风浪、水位、流速、行船避让、障碍物等自然条件和客观原因，直接影响正常施工生产和增加施工难度的时间，疏浚工程施工工况分为五级，绞吸式挖泥船定额按一级工况制定，见表 1-4。

表 1-4 绞吸式挖泥船不同工况定额调整系数

工况级别	平均每班客观影响时间/h	工况系数	工况级别	平均每班客观影响时间/h	工况系数
一	≤1	1	四	≤2.6	1.34
二	≤1.5	1.1	五	≤3.0	1.5
三	≤2.1	1.21			

（3）挖泥船定额的人工是指从事辅助工作用工，不包括陆上排泥管线的安装、拆除、排泥场围堰填筑和维修用工。

（4）绞吸式挖泥船排泥管包括水上浮筒管（含浮筒一组、钢管及胶套管各一根，简称“浮筒管”）及陆上排泥管（简称“岸管”），分别按管径、组长或根长划分。

排泥管线长度是指挖泥区中心至排泥区中心，浮筒管、潜管、岸管各管线长度之和。其中，浮筒管因受水流影响，与挖泥船、岸管连接而需要弯曲，按浮筒管中心长度乘以 1.4 的系数。岸管如受地形、地物影响，可据实计算其长度。如所需排泥管线介于两定额子目之间，按插入法计算。各种排泥管线的组（根）时定额＝排泥管线长÷每（组）根长×挖泥船艘时定额。使用潜管时，应根据设计长度、所需管径及构成，按前式计算。

（5）挖泥船定额均按非潜管制定，如使用潜管时，按该定额子目的人工、挖泥船及配套船舶定额均乘以 1.04 的系数。但潜管潜浮所需的动力装置及充水、充气、控制设备等应根据管径、长度等，另行计列。

三、水利工程工程量清单计价

“定额计价”模式是我国传统的计价模式，在整个计价过程中，计价依据是固定的，法定的“定额”指令性过强，不利于竞争机制的发挥。而工程量清单计价是在招标投标实施阶段中与国际通行惯例接轨所采取的计价模式，与定额计价模式截然不同。该模式主要由市场定价，由建设市场的建设产品买卖双方根据供求状况、信息状况自由竞价，签订工程合同价格的方法。

长期以来，我国水利工程招标投标中普遍采用分组工程量清单模式，虽然约定了计量和支付方法，但不具体，工程量清单各组子目与计量支付规则的对应性不强，缺乏项目特征、计量单位、工作范围的描述，给合同管理工作带来不便。2007 年，在充分考虑水利工程建设的特殊性，总结长期以来我国水利工程招标投标工程量清单编制、投标报价和施工合同计量支付经验的基础上，水利部组织有关部门编制了《水利工程工程量清单计价规范》（GB 50501—2007）。《水利工程工程量清单计价规范》（GB 50501—2007）遵循了建设工程工程量清单计价规范的编制原则、方法和表现形式，统一了水利工程工程量清单的编制和计价方法，规范了水利工程招标投标的工程量清单编制和计价行为及合同价款的确定与调整、工程价款的结算，对健全和维护水利建设市场秩序具有重要意义。在水利工程招标投标中推行工程量清单计价规范，符合“政府宏观调控、部门动态监管、企业自主报价、市场形成价格”的目标，体现了市场概念，已广泛应用于水利工程施工招标工程量清单、标底、最高投标限价的编制。计划行为与市场行为以工程施工招标为分界点，不同计价方式的区别如图1-9所示。

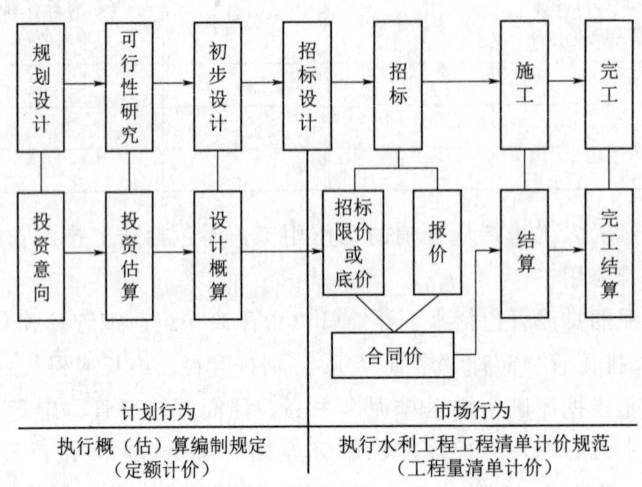

图1-9 不同计价方式的区别

（一）工程量清单的定义

工程量清单是表现招标工程的分类分项工程项目、措施项目、其他项目和零星工作项目的名称和相应数量的明细清单。

分类分项工程量清单表明招标工程招标范围的全部分类分项工程名称、计量单位和相应数量。措施项目清单表明了为完成工程项目施工，发生于该项目施工前和施工过程中不要求列示工程量并按总价结算的施工措施项目。其他项目清单主要体现了为完成工程项目施工，发生于该工程施工过程中招标人要求计列的费用项目。零星工作项目清单表明了工程实施过程中可能发生的变更或新增加的零星项目。上述项目和内容，编制时应力求全面，合规合法，避免错项、漏项和重复，努力提高编制质量。

工程量清单应由具备编制招标文件能力的招标人，或受其委托具有相应资质的中介机构进行编制，是招标文件的组成部分。

（二）清单计价规范的内容及适用范围

1. 清单计价规范的内容

《水利工程工程量清单计价规范》（GB 50501—2007）共分为五章和两个附录，包括总则、术语、工程量清单编制、工程量清单计价、工程量清单及其计价格式、附录A水利建筑工程工程量清单项目及计算规则、附录B水利安装工程工程量清单项目及计算规则等内容。

2. 清单计价规范的适用范围

《水利工程工程量清单计价规范》（GB 50501—2007）的适用范围，共包括了三个方面的内容：一是就建设项目的功能而言，包括了水利枢纽工程，水力发电工程，引水、调水、供水、灌溉工程，河湖疏浚工程，堤防填筑工程等；二是就建设项目的性质而言，包括了新建工程、扩建工程、改建工程、加固工程等；三是就资金来源和投资主体而言，全部使用国有资金投资或以国有资金投资为主的水利工程，是从水利工程招标投标阶段开始到工程竣工。

思 考 题

1－1　简述投资及建设项目投资概念。

1－2　简述价值工程概念。

1－3　什么是投资偏差？投资偏差的参数有哪些？

1－4　简述建设项目投资控制的主要内容及措施。

1－5　简述资金时间价值的概念及表现形式。

1－6　简述建设项目经济评价概念。

1－7　简述定额及工程定额概念。

1－8　简述工程定额的分类、编制原则、编制方法及编制内容。

第二章　投资控制合同依据

第一节　勘察设计合同

勘察是指勘察人对工程的地理状况进行调查研究，包括对工程进行测量，对工程建设地址的地质、水文地质进行调查等工作。设计是指设计人对工程结构进行设计。构成勘察合同的主体是发包人和勘察人，构成设计合同的主体是发包人和设计人。

《中华人民共和国民法典》（简称《民法典》）第七百九十四条规定，勘察、设计合同的内容一般包括提交有关基础资料和概预算等文件的期限、质量要求、费用以及其他协作条件等条款。

2017年，国家发展和改革委员会会同住房和城乡建设部、水利部等九部委下发了《关于印发〈标准设备采购招标文件〉等五个标准招标文件的通知》（发改法规〔2017〕1606号），发布了《标准勘察招标文件》《标准设计招标文件》。在水利工程勘察设计招标与合同签订过程中，应采用标准文件。标准文件中的“投标人须知”（投标人须知前附表和其他附表除外）、“评标办法”（评标办法前附表除外）、“通用合同条款”，应当不加修改地引用。招标人可根据招标项目的具体特点和实际需要，在“专用合同条款”中对《标准勘察招标文件》《标准设计招标文件》中的“通用合同条款”进行补充、细化和修改，但不得违反法律、行政法规的强制性规定，以及平等、自愿、公平和诚实信用原则，否则相关内容无效。

勘察、设计的质量不符合要求或者未按照期限提交勘察、设计文件，拖延工期，造成发包人损失的，勘察人、设计人应当继续完善勘察、设计，减收或者免收勘察、设计费并赔偿损失。因发包人变更计划，提供的资料不准确，或者未按照期限提供必需的勘察、设计工作条件而造成勘察、设计的返工、停工或者修改设计，发包人应当按照勘察人、设计人实际消耗的工作量增付费用。

一、勘察合同要点

《标准勘察招标文件》适用于工程勘察招标，第一卷主要包括招标公告（投标邀请书）、投标人须知、评标办法（综合评估法）、合同条款及格式；第二卷主要为发包人要求；第三卷主要包括投标文件格式。

（一）勘察合同组成

《标准勘察招标文件》中明确了勘察合同的组成，一般应包括下列内容：

（1）合同协议书。

（2）中标通知书。

（3）投标函及投标函附录。

（4）专用合同条款。

（5）通用合同条款。

（6）发包人要求。

（7）勘察费用清单。

（8）勘察纲要。

（9）其他文件。

组成合同的各项文件应互相解释，互为说明。除专用合同条款另有约定外，应按上述优先顺序解释。

（二）双方权利和义务

1. 发包人权利

（1）发包人对勘察人的勘察工作有权依照合同约定实施监督，并对勘察成果予以验收。发包人在不妨碍勘察人正常作业的情况下，可以随时对作业进度、质量进行检查。

（2）发包人对勘察人无法胜任工程勘察工作的人员有权提出更换。

（3）发包人拥有勘察人为其项目编制的所有文件资料的使用权，包括投标文件、成果资料和数据等。

2. 发包人义务

（1）发包人应以书面形式向勘察人明确勘察任务及技术要求。

（2）发包人应提供开展工程勘察工作所需要的图纸及技术资料，包括总平面图、地形图、已有水准点和坐标控制点等，若上述资料由勘察人负责搜集时，发包人应承担相关费用。

（3）发包人应提供工程勘察作业所需的批准及许可文件，包括立项批复、占用和挖掘道路许可等。

（4）发包人应为勘察人提供具备条件的作业场地及进场通道（包括土地征用、障碍物清除、场地平整、提供水电接口和青苗赔偿等），并承担相关费用。

（5）发包人应为勘察人提供作业场地内地下埋藏物（包括地下管线、地下构筑物等）的资料、图纸，没有资料、图纸的地区，发包人应委托专业机构查清地下埋藏物。若因发包人未提供上述资料、图纸，或提供的资料、图纸不实，致使勘察人在工程勘察工作过程中发生人身伤害或造成经济损失时，由发包人承担赔偿责任。

（6）发包人应按照法律法规规定为勘察人安全生产提供条件并支付安全生产防护费用，发包人不得要求勘察人违反安全生产管理规定进行作业。

（7）若勘查现场需要看守，特别是在有毒、有害等危险现场作业时，发包人应派人负责安全保卫工作；按国家有关规定，对从事危险作业的现场人员进行保健防护，并承担费用。发包人对安全文明施工有特殊要求时，应在专用合同条款中另行约定。

（8）发包人应对勘察人满足质量标准的已完工作，按照合同约定及时支付相应的工程勘察合同价款及费用。

（9）其他义务。发包人应履行合同约定的其他义务。

3. 勘察人权利

（1）勘察人在工程勘察期间，根据项目条件和技术标准、法律法规规定等方面的变化，有权向发包人提出增减合同工作量或修改技术方案的建议。

（2）除建设工程主体部分的勘察外，根据合同约定或经发包人同意，勘察人可以将建设工程其他部分的勘察分包给其他具有相应资质等级的建设工程勘察单位。

（3）勘察人对其编制的所有文件资料，包括投标文件、成果资料、数据和专利技术等拥有知识产权。

4. 勘察人义务

（1）遵守法律。勘察人在履行合同过程中应遵守法律，并保证发包人免于承担因勘察人违反法律而引起的任何责任。

（2）依法纳税。勘察人应按有关法律规定纳税，应缴纳的税金（含增值税）包括在合同价格之中。

（3）完成全部勘察工作。勘察人应按合同约定以及发包人要求，完成合同约定的全部工作，并对工作中的任何缺陷进行整改、完善和修补，使其满足合同约定的目的。勘察人应按合同约定提供勘察文件，以及为完成勘察服务所需的劳务、材料、勘察设备、实验设施等，并应自行承担勘探场地临时设施的搭设、维护、管理和拆除。

（4）保证勘察作业规范、安全和环保。勘察人应按法律、规范标准和发包人要求，采取各项有效措施，确保勘察作业操作规范、安全、文明和环保，在风险性较大的环境中作业时应当编制安全防护方案并制定应急预案，防止因勘察作业造成的人身伤害和财产损失。

（5）避免勘探对公众与他人的利益造成损害。勘察人在进行合同约定的各项工作时，不得侵害发包人与他人使用公用道路、水源、市政管网等公共设施的权利，避免对邻近的公共设施产生干扰，保证勘探场地的周边设施、建构筑物、地下管线、架空线和其他物体的安全运行。勘察人占用或使用他人的施工场地、影响他人作业或生活的，应承担相应责任。

（6）其他义务。勘察人应履行合同约定的其他义务。勘察人应按勘察任务书和技术要求并依据有关技术标准进行工程勘察工作。

（三）监理人职责

发包人可以根据工程建设需要确定是否委托监理人进行勘察监理。如果委托监理，则监理人享有合同约定的权利，其所发出的任何指示应视为已得到发包人的批准。监理人的监理范围、职责权限和总监理工程师信息，应在专用合同条款中指明。未经发包人批准，监理人无权修改合同。

合同约定应由勘察人承担的义务和责任，不因监理人对勘察文件的审查或批准以及为实施监理作出的指示等职务行为而减轻或解除。

（四）合同价格和费用

签约合同价，指签订合同时合同协议书中写明的勘察费用总金额。

合同价格，指勘察人按合同约定完成了全部勘察工作后，发包人应付给勘察人的金额，包括在履行合同过程中按合同约定进行的变更和调整。

费用，指为履行合同所发生的或将要发生的所有合理开支，包括管理费和应分摊的其他费用，但不包括利润。

勘察费用实行发包人签证制度，即勘察人完成勘察项目后通知发包人进行验收，通过验收后由发包人代表对实施的勘察项目、数量、质量和实施时间签字确认，以此作为计算勘察费用的依据之一。

合同的价款确定方式、调整方式和风险范围划分，在专用合同条款中约定。除专用合同条款另有约定外，合同价格应当包括收集资料，踏勘现场，制定纲要，进行测绘、勘探、取样、试验、测试、分析、评估、配合审查等，编制勘察文件，设计施工配合，青苗和园林绿化补偿，占地补偿，扰民及民扰，占道施工，安全防护，文明施工，环境保护，农民工工伤保险等全部费用和国家规定的增值税税金。

发包人要求勘察人进行外出考察、试验检测、专项咨询或专家评审时，相应费用不含在合同价格之中，由发包人另行支付。

二、设计合同要点

《标准设计招标文件》适用于工程设计招标，第一卷主要包括招标公告（投标邀请书）、投标人须知、评标办法（综合评估法）、合同条款及格式；第二卷主要为发包人要求；第三卷主要包括投标文件格式。

（一）设计合同组成

《标准设计招标文件》中明确了设计合同的组成，一般应包括下列内容：

（1）合同协议书。

（2）中标通知书。

（3）投标函及投标函附录。

（4）专用合同条款。

（5）通用合同条款。

（6）发包人要求。

（7）设计费用清单。

（8）设计方案。

（9）其他文件。

组成合同的各项文件应互相解释，互为说明。除专用合同条款另有约定外，应按上述优先顺序解释。

（二）双方权利和义务

1. 发包人权利

（1）发出开始设计通知。符合专用合同条款约定的开始设计条件的，发包人应提前7天向设计人发出开始设计通知。设计服务期限自开始设计通知中载明的开始设计日期起计算。

（2）发包人对设计人的设计工作有权依照合同约定实施监督，并对设计成果予以验收。发包人在不妨碍设计人正常作业的情况下，可以随时对作业进度、质量进行检查。

（3）对设计人的设计工作、设计项目和（或）设计文件作出处理决定。发包人对设计人无法胜任工程设计工作的人员有权提出更换。发包人拥有设计人为其项目编制的所有文件资料的使用权，包括投标文件、设计成果资料和数据等。

2. 发包人义务

（1）遵守法律，并办理法律规定由其办理的许可、核准或备案。法律规定和（或）合同约定由发包人负责办理的工程建设项目必须履行的各类审批、核准或备案手续，发包人应当按时办理，设计人应给予必要的协助。法律规定和（或）合同约定由设计人负责办理设计所需的证件和批件，发包人应给予必要的协助。

（2）发包人应按约定的数量和期限交给设计人包括基础资料、勘察报告、设计任务书等设计作业所需的批准及许可文件。由于发包人未按时提供文件造成设计服务期限延误的，应当延长设计服务期限并增加设计费用，具体方法在专用合同条款中约定。

（3）发包人应当负责工程设计的所有外部关系的协调（包括但不限于当地政府主管部门等），为设计人履行合同提供必要的外部条件。

（4）发包人应对设计人满足质量标准的已完工作，按照合同约定及时支付相应的工程设计合同价款及费用。

（5）发包人不得以任何理由要求设计人违反法律和工程质量、安全标准进行设计服务，降低设计质量。

（6）发包人应履行合同约定的其他义务。

3. 设计人权利

（1）设计人应遵守法律和有关技术标准的强制性规定，完成合同约定范围内的专业建设工程初步设计、施工图设计，提供符合技术标准及合同要求的工程设计文件，提供施工配合服务。

（2）设计人对其编制的所有文件资料，包括投标文件、成果资料、数据和专利技术等拥有知识产权。

4. 设计人义务

（1）遵守法律。设计人在履行合同过程中应遵守法律，并保证发包人免于承担因设计人违反法律而引起的任何责任。

（2）依法纳税。设计人应按有关法律规定纳税，应缴纳的税金（含增值税）包括在合同价格之中。

（3）完成全部设计工作。设计人应按合同约定以及发包人要求，完成合同约定的全部工作，并对工作中的任何缺陷进行整改、完善和修补，使其满足合同约定的目的。设计人应按合同约定提供设计文件及相关服务等。

（4）设计人应履行合同约定的其他义务。

（三）监理人职责

发包人可以根据工程建设需要确定是否委托监理人进行设计监理。如果委托监理，则监理人享有合同约定的权力，其所发出的任何指示应视为已得到发包人的批准。监理人的监理范围、职责权限和总监理工程师信息，应在专用合同条款中指明。未经发包人批准，监理人无权修改合同。

合同约定应由设计人承担的义务和责任，不因监理人对设计文件的审查或批准，以及为实施监理作出的指示等职务行为而减轻或解除。

（四）合同价格和费用

签约合同价，指签订合同时合同协议书中写明的设计费用总金额。

合同价格，指设计人按合同约定完成了全部设计工作后，发包人应付给设计人的金额，包括在履行合同过程中按合同约定进行的变更和调整。

费用，指为履行合同所发生的或将要发生的所有合理开支，包括管理费和应分摊的其他费用，但不包括利润。

设计费用实行发包人签证制度，即设计人完成设计项目后通知发包人进行验收，通过验收后由发包人代表对实施的设计项目、数量、质量和实施时间签字确认，以此作为计算设计费用的依据之一。

合同的价款确定方式、调整方式和风险范围划分，在专用合同条款中约定。除专用合同条款另有约定外，合同价格应当包括收集资料，踏勘现场，进行设计、评估、审查等，编制设计文件，施工配合等全部费用和国家规定的增值税税金。

发包人要求设计人进行外出考察、试验检测、专项咨询或专家评审时，相应费用不含在合同价格之中，由发包人另行支付。

第二节 货物采购合同

与工程建设有关的货物是指构成工程不可分割的组成部分，且为实现工程基本功能所必需的设备、材料等。因此，构成与工程建设有关的货物需要同时满足两个要件：一是与工程不可分割；二是为实现工程基本功能所必需。工程建设所称货物通常指用于工程上的材料和构成永久工程的设备。

2017 年，国家发展和改革委员会会同住房和城乡建设部、水利部等九部委下发了《关于印发〈标准设备采购招标文件〉等五个标准招标文件的通知》（发改法规〔2017〕1606 号），发布了《标准设备采购招标文件》和《标准材料采购招标文件》。

一、材料采购合同要点

《标准材料采购招标文件》适用于材料采购招标，第一卷主要包括招标公告（投标邀请书）、投标人须知、评标办法（综合评估法、经评审的最低投标价法）、合同条款及格式；第二卷主要为供货要求；第三卷主要包括投标文件格式。

（一）材料采购合同的组成

建设工程材料采购合同属于买卖合同，是出卖人转移标的物的所有权于买受人，买受人支付价款的合同。买卖合同是转移标的物的所有权的合同，是双务合同、有偿合同以及诺成合同。其主体是出卖人和买受人，转移标的物的一方为出卖人，也就是卖方；受领买卖标的，支付价款的一方是买受人，也就是买方。买卖合同的内容一般包括标的物的名称、数量、质量、价款、履行期限、履行地点和方式、包装方式、检验标准和方法、结算方式、合同使用的文字及其效力等条款。建筑材料采购可由发包人采购，也可包含在工程施工合同中，由承包人采购。《标准材料采购招标文件》中明确了材料采购合同的组成，一般应包括下列内容：

（1）合同协议书。

（2）中标通知书。

（3）投标函。

（4）商务和技术偏差表。

（5）专用合同条款。

（6）通用合同条款。

（7）供货要求。

（8）分项报价表。

（9）中标材料质量标准的详细描述。

（10）相关服务计划。

（11）其他合同文件。

材料采购招标结束并签订合同后，宜将构成合同文件的各项文件进行汇编装订成册，方便查阅和管理。同时，还应仔细梳理招标文件及投标文件，对不在上述构成文件中的内容，且对合同履行有影响的，应纳入合同组成文件中，避免产生疏漏，导致合同纠纷。

（二）保证

（1）卖方保证其具有完全的能力履行本合同项下的全部义务。

（2）卖方保证其所提供的合同材料及对合同的履行符合所有应适用的法律、行政法规、地方性法规、自治条例和单行条例、规章及其他规范性文件的强制性规定。

（3）卖方保证其对合同材料的销售不损害任何第三方的合法权益和社会公众利益。任何第三方不会因卖方原因而基于所有权、抵押权、留置权或其他任何权利或事由对合同材料主张权利。

（4）卖方保证合同材料符合合同约定的规格、质量标准，并且全新、完整，能够安全使用，除非专用合同条款和（或）供货要求等合同文件另有约定。

（5）卖方保证，卖方所提供的技术资料完整、清晰、准确，符合合同约定并且能够满足买方使用合同材料的需要。

（6）卖方保证，在合同材料使用寿命期内，如果卖方发现合同材料存在足以危及人身、财产安全的缺陷，卖方将及时通知买方并及时采取修补、更换等措施消除缺陷。

（三）监理人职责

买方可以安排监理等相关人员作为买方人员，核查材料品种、技术要求、规格、数量和供货时间是否符合合同约定，并核验材料和中间产品等质量证明文件。

（四）合同价格与支付

1. 合同价格

签约合同价是签订合同时合同协议书中写明的合同总金额。合同协议书中载明的签约合同价包括卖方为完成合同全部义务应承担的一切成本、费用和支出以及卖方的合理利润。

合同价格指卖方按合同约定履行了全部合同义务后，买方应付给卖方的金额。除专用合同条款另有约定外，供货周期不超过 12 个月的签约合同价为固定价格。供货周期超过 12 个月且合同材料交付时材料价格变化超过专用合同条款约定幅度的，双方应按照专用合同条款中约定的调整方法对合同价格进行调整。

2. 合同价款的支付

材料采购合同中，为了减轻卖方的资金压力，顺利准备原材料、设备等，宜向卖方支付一定比例的预付款。

合同生效后，买方在收到卖方开具的注明应付预付款金额的财务收据正本一份并经审核无误后 28 日内，向卖方支付签约合同价的 10%（具体比例可根据实际情况作出调整）作为预付款。买方支付预付款后，如卖方未履行合同义务，则买方有权收回预付款；如卖方依约履行了合同义务，则预付款抵作合同价款。

卖方按照合同约定的进度交付合同材料并提供相关服务后，买方在收到卖方提交的下列单据并经审核无误后 28 日内，应向卖方支付进度款，进度款应按合同约定比例支付：

（1）卖方出具的交货清单正本一份。

（2）买方签署的收货清单正本一份。

（3）制造商出具的出厂质量合格证正本一份。

（4）合同材料验收证书或进度款支付函正本一份。

（5）合同价格 100%金额的增值税发票正本一份。

3. 结清款

全部合同材料质量保证期届满后，买方在收到卖方提交的由买方签署的质量保证期届满证书并经审核无误后 28 日内，向卖方支付剩余的结清款。

4. 买方扣款的权利

当卖方应向买方支付合同项下的违约金或赔偿金时，买方有权从上述任何一笔应付款中予以直接扣除和（或）兑付履约保证金。

二、工程设备采购合同要点

《标准设备采购招标文件》适用于设备采购招标，第一卷主要包括招标公告（投标邀请书）、投标人须知、评标办法（综合评估法、经评审的最低投标价法）、合同条款及格式；第二卷主要为供货要求；第三卷主要包括投标文件格式。

（一）设备采购合同的组成

（1）合同协议书。

（2）中标通知书。

（3）投标函。

（4）商务和技术偏差表。

（5）专用合同条款。

（6）通用合同条款。

（7）供货要求。

（8）分项报价表。

（9）中标设备技术性能指标的详细描述。

（10）技术服务和质保期服务计划。

（11）其他合同文件。

设备采购招标结束并签订合同后，宜将构成合同文件的各项文件进行汇编装订成册，方便查阅和管理。同时，还应仔细梳理招标文件及投标文件，对不在上述构成文件中的内容，且对合同履行有影响的，应纳入合同组成文件中，避免产生疏漏，导致合同纠纷。

（二）保证

（1）卖方保证其具有完全的能力履行本合同项下的全部义务。

（2）卖方保证其所提供的合同设备及对合同的履行符合所有应适用的法律、行政法规、地方性法规、自治条例和单行条例、规章及其他规范性文件的强制性规定。

（3）卖方保证其对合同设备的销售不损害任何第三方的合法权益和社会公众利益。任何第三方不会因卖方原因而基于所有权、抵押权、留置权或其他任何权利或事由对合同设备主张权利。

（4）卖方保证合同设备符合合同约定的规格、标准、技术性能考核指标等，能够安全和稳定地运行，且合同设备（包括全部部件）全新、完整、未使用过，除非专用合同条款和（或）供货要求等合同文件另有约定。

（5）卖方保证，卖方所提供的技术资料完整、清晰、准确，符合合同约定并且能够满足合同设备的安装、调试、考核、操作以及维修和保养的需要。

（6）卖方保证合同范围内提供的备品备件能够满足合同设备在质量保证期结束前正常运行及维修的需要，如在质量保证期结束前因卖方原因出现备品备件短缺影响合同设备正常运行的，卖方应免费提供。

（7）除专用合同条款和（或）供货要求等合同文件另有约定外，如果在合同设备设计使用寿命期内发生合同项下备品备件停止生产的情况，卖方应事先将拟停止生产的计划通知买方，使买方有足够的时间考虑备品备件的需求量。根据买方要求，卖方应：

1）以不高于同期市场价格或其向任何第三方销售同类产品的价格提供合同设备正常运行所需的全部备品备件。

2）免费提供可供买方或第三方制造停产备品备件所需的全部技术资料，以便买方持续获得上述备品备件以满足合同设备在寿命期内正常运行的需要。卖方保证买方或买方委托的第三方制造及买方使用这些备品备件不侵犯任何人的知识产权。

（8）卖方保证，在合同设备设计使用寿命期内，如果卖方发现合同设备由于设计、制造、标识等原因存在足以危及人身、财产安全的缺陷，卖方将及时通知买方并及时采取修正或者补充标识、修理、更换等措施消除缺陷。

（三）设备监造

买方可以安排监理等相关人员作为买方人员，与卖方进行联络或参加合同设备的监造

(如有)、交货前检验(如有)、开箱检验、安装、调试、考核、验收等，但应按照合同约定事先书面通知卖方。

(1) 在合同设备的制造过程中，买方可派出监造人员，对合同设备的生产制造进行监造，监督合同设备制造、检验等情况。监造的范围、方式等应符合专用合同条款和(或)供货要求等合同文件的约定。

(2) 除专用合同条款和(或)供货要求等合同文件另有约定外，买方监造人员可到合同设备及其关键部件的生产制造现场进行监造，卖方应予配合。卖方应免费为买方监造人员提供工作条件及便利，包括但不限于必要的办公场所、技术资料、检测工具及出入许可等。除专用合同条款另有约定外，买方监造人员的交通、食宿费用由买方承担。

(3) 卖方制订生产制造合同设备的进度计划时，应将买方监造纳入计划安排，并提前通知买方；买方进行监造不应影响合同设备的正常生产。除专用合同条款和(或)供货要求等合同文件另有约定外，卖方应提前7日将需要买方监造人员现场监造事项通知买方；如买方监造人员未按通知出席，不影响合同设备及其关键部件的制造或检验，但买方监造人员有权事后了解、查阅、复制相关制造或检验记录。

(4) 买方监造人员在监造中如发现合同设备及其关键部件不符合合同约定的标准，则有权提出意见和建议。卖方应采取必要措施消除合同设备的不符部分，由此增加的费用和(或)造成的延误由卖方负责。

(5) 买方监造人员对合同设备的监造，不视为对合同设备质量的确认，不影响卖方交货后买方依照合同约定对合同设备提出质量异议和(或)退货的权利，也不免除卖方依照合同约定对合同设备所应承担的任何义务或责任。

(四) 合同价格与支付

1. 合同价格

合同价是签订合同时合同协议书中写明的合同总金额。合同协议书中载明的签约合同价包括卖方为完成合同全部义务应承担的一切成本、费用和支出以及卖方的合理利润。除专用合同条款另有约定外，签约合同价为固定价格。

合同价格，指卖方按合同约定履行了全部合同义务后，买方应付给卖方的金额。

2. 合同价款的支付

预付款的支付流程为：合同生效后，买方在收到卖方开具的注明应付预付款金额的财务收据正本一份并经审核无误后28日内，按专用条款约定向卖方支付预付款。买方支付预付款后，如卖方未履行合同义务，则买方有权收回预付款；如卖方依约履行了合同义务，则预付款抵作合同价款。

对于设备采购合同，卖方按照合同约定的进度交付合同设备并提供相关服务后，买方在收到卖方提交的相关设备先支付部分设备款，设备经过到货验收后再支付一部分，质保期满后支付最终剩余部分合同款(结清款)。

在《标准设备采购文件》的合同条款中约定：

(1) 交货款。卖方按合同约定交付全部合同设备后，买方在收到卖方提交的下列全部单据并经审核无误后28日内，按专用合同约定向卖方支付交货款：

1）卖方出具的交货清单正本一份。

2）买方签署的收货清单正本一份。

3）制造商出具的出厂质量合格证正本一份。

4）合同价格100%金额的增值税发票正本一份。

（2）验收款。买方在收到卖方提交的买卖双方签署的合同设备验收证书或已生效的验收款支付函正本一份并经审核无误后28日内，按合同约定向卖方支付验收款。

（3）结清款。买方在收到卖方提交的买方签署的质量保证期届满证书或已生效的结清款支付函正本一份并经审核无误后28日内，按合同约定向卖方支付结清款。

第三节 施工合同

一、施工合同概念

《民法典》所称建设工程合同，是承包人进行工程建设，发包人支付价款的合同；建设工程合同的客体是工程，主体是发包人和承包人。发包人，一般为建设工程的建设单位，即投资建设该项工程的单位，通常也称作“业主”，主要义务是按照合同约定支付工程价款；建设工程的承包人，即实施建设工程施工业务的单位，主要义务是按质按期进行工程建设。建设工程合同主要包括工程勘察、设计、施工合同。建设工程施工合同是工程建设质量控制、进度控制、投资控制的主要依据。

二、施工合同类型

对于施工承包合同来说，合同的类型按其计价方式主要有单价合同、总价合同以及成本加酬金合同等。不同的合同类型适用不同的条件，对于合同当事人来讲，又有不同的合同权利、义务、责任和风险。

（一）单价合同

单价合同是指工程量变化幅度在合同规定范围之内，合同双方按认可的工程单价和实际完成且经质量认证合格的工程量，进行工程价款结算的承包合同。

单价合同适用于招标时尚无详细图纸或设计内容尚不十分明确、工程量尚不准确的工程。单价合同中，承包人承担单价的风险，发包人承担工程量的风险，既体现了公平合理的原则，也符合风险管理原理。

在施工图不完整或当准备发包的建设项目内容、技术经济指标尚不能明确、具体地予以规定时，往往要采用单价合同形式。单价合同是以工程量清单为基础，以工程项目单价表为依据来计算合同项目价格。在支付时则以实际完成的且符合合同规定的工程量为准结算工程款，这样，在不能较精确地计算工程量的情况下，可以避免凭运气而使发包人或承包人任何一方承担过大的风险。这种合同形式在国际大型工程中使用最为普遍。水利水电工程通常规模大、施工期长、涉及面广，施工招标时工程的具体内容还不够详尽，故多采用单价合同。世界银行贷款的水利水电工程承包合同也多采用单价合同。这种合同，合同双方依据合同承担合同规定的风险，如实际工程量的改变、物价的波动等。为明确工程量改变对合同价款结算的影响，一般在合同中规定，当实际工程量与合同工程量相差较大时，可以根据合同中规定的或双方协商的调价方式来调整单价和总价。对发包人而言，这种合同形式的优点是可以减少招标准备工作，发包人无需对工程作出完整、详尽的设计，因而可以缩短招标时间；能鼓励承包人提高工作效率，节约工程成本，增加承包人的利润；发包人按工程量清单规定和合同条款的规定支付工程款，只需对少量在工程量清单和计日工项目中未预见的项目再协商价格，结算较简单，减少了意外开支。但是，对于某些不易计算工程量的项目或工程费应分摊在许多工程的复杂工程项目，单价合同易引起争议。

单价合同又分为以下 3 种形式。

1. 估算工程量单价合同

这种合同是以工程量表和工程单价表为基础和依据来计算合同价格的，亦可称为计量估价合同。通常是由发包人委托设计单位或专业机构提出总工程量估算表，即“工程量概算表”或“暂估工程量清单”，列出分部分项工程量，由承包人以此为基础填报单价。最后工程的总价应按照实际完成且符合合同规定的工程量计算支付工程量，由合同中分部分项工程单价乘以支付工程量得出该项工程结算的总价。

采用这种合同时，要求实际完成的工程量与原估计的工程量不能有实质性的变更，因为承包人给出的单价是以相应的工程量为基础的，如果工程量大幅度增减可能影响工程成本。不过在实践中往往很难确定工程量究竟在多大范围内的变更才算是实质性变更，这就使这种合同形式在实际管理中对工程量变化后的单价确定容易产生分歧，增加了监理人协调的难度。为方便管理，有些估算工程量的单价合同规定，如果实际工程量与工程量清单中的工程量相差超过±20%时，允许合同双方依据合同中关于价格变更的规定，协商确定调整合同变更项目的单价。此外，当材料价格变动较大时允许承包人调整相应的单价。

采用估算工程量单价合同可以使承包人对其投标的工程范围有一个明确的估计。这种合同一般适用于工程性质比较清楚，但任务、范围及其要求标准不能完全确定的情况。

采用这种合同时，工程量是按统一的标准计算出来的，承包人只要经过复核并填上适当的单价就可以了，承担风险较小；发包人也只要审核单价是否合理即可。采用这种合同形式对双方都方便，目前在国际上采用较多。

实施这种合同时要求建立施工日志，监理人要建立监理日志，施工过程中及时测量并建立各个分部分项工程项目的计量明细账目，对合同规定的计量方式要严格遵守，变更工程量要按合同规定或合同双方协商的方式计量。

2. 纯单价合同

采用这种形式的合同时，发包人只向承包人给出发包工程的有关分部分项工程以及工程范围，不需对工程量作出具体的规定和准确的计算。承包人在投标时只需要对这种给定范围的分部分项工程作出报价即可，而工程量则按实际完成且符合合同规定的数量结算。这种合同形式主要适用于没有施工图或图纸不详细、工程量不明但却急需开工的紧迫工程。当然，对于纯单价合同来说，发包人必须对工程的计量方式作出明确的规定，以使承包人能够合理地确定工程量，以确定单价。

对于项目的工作内容极其复杂、工程费分摊在许多工种中的复杂工程，或有一些不易计算工程量的项目，采用纯单价合同时，每一个项目的工作范围一定要描述清楚，否则容易引起一些合同理解上的分歧。

3. 单价与总价包干混合式合同

这种合同也称单价与总价项目混合合同，主要项目以单价合同为基础，对其中某些不易计算工程量的分项工程（如施工导流、小型设备购置与安装调试），采用总价包干的办法；对可以相对精确地计算工程量的项目均采用单价方式承包，按实际完成的且符合合同规定的工程量及合同工程量清单上的单价结算。

对于采用总价包干报价的项目，一般在合同条件中规定，在开工后数周内，由承包人向监理人递交一份包干项目分析表，在分析表中将总价包干项目分解为若干子项，列出每个子项的合理价格。该分析表经监理人批准后即可作为总价包干项目实施时支付的依据。

由此可见，单价合同的优点是可以减少招标准备工作，缩短招标准备时间，能鼓励承包人通过提高工效等手段从成本节约中提高利润，发包人只按工程量表的项目开支，可减少意外开支，只需对少量遗漏的项目在执行合同过程中依据合同规定确定其单价，结算程序比较清晰。

（二）总价合同

总价合同是指支付给承包人的款项在合同中是一个“规定的金额”，即总价。它是以图纸以及工程量清单和说明书为依据，由承包人与发包人经过商定或承包人依据招标文件进行报价确定。

1. 总价合同的特点

（1）合同价格是根据事先确定的由承包人实施的全部任务，按承包人在投标报价中提出的总价或合同双方协商的价格确定。

（2）需要实施的工程性质和工程量事先已明确商定。

（3）总价合同对承包人来说具有一定的风险，如物价波动、气候条件恶劣、水文地质条件恶劣以及其他意外情况等，因此承包人在投标报价时要仔细分析各类风险因素，在报价中考虑并计入一定的风险费。此外，发包人也必须考虑到承包人承担的风险是可以承受的，而不应该把一个有经验的承包人所不可能预见的风险也转移给承包人，只有这样才能招来有竞争力且合格的投标者。

（4）在固定工程量总价合同中，承包人不需测算工程量，只需计算在实际施工中工程量的变更。因此，只要实际工程量变动不大，这种形式的合同就较易于管理。

（5）总价合同在招标前要计算各分部分项工程量，因此，要求设计要达到一定的深度。

2. 总价合同的种类

（1）固定总价合同。这种合同的价格计算是以设计图纸、工程量及现行规范等为依据，发承包双方就承包工程协商一个固定的总价，即承包方按投标时发包方接受的合同价格实施工程，并一笔包死，无特定情况不作变化。

采用这种合同，合同总价只在设计和工程范围内有所变更且变更超过了合同规定的情况下才能随之作相应的变更，除此之外，合同总价是不能变动的。因此，作为合同价格计算依据的图纸及规定、规范，应对工程作出详尽的描述。这就意味着承包人要承担实物工程量、工程单价、地质条件、气候和其他一切客观因素造成亏损的风险。在合同执行过程中，发承包双方均不能因为工程量、设备、材料价格、工资等变动和地质条件恶劣、气候恶劣等理由，提出对合同总价调值的要求，因此承包人要在投标时对一切费用的上升因素作出估计并包含在投标报价之中。因为承包人将要为许多不可预见的因素付出代价，所以承包人往往加大不可预见费用，致使这种合同一般报价都较高，不利于降低工程造价。

这种形式的合同适用于工期较短（一般不超过 1 年）、对最终产品的要求又非常明确的建设项目，这就要求项目设计图纸完整齐全，项目工作范围及工程量计算依据确切。

（2）可调值总价合同。这种合同的总价一般也是以图纸及规定、规范为计算基础，但它是按“时价”进行计算的。这是一种相对固定的价格，在合同执行过程中，由于物价上涨而使所用的工料成本增加，因而要对合同总价进行相应的调值。

可调值总价合同均明确列出有关调值的特定条款，往往是在合同特别说明书（亦称特别条款）中列明。调值工作必须按照这些特定的调值条款进行。这种合同与固定总价合同的不同之处在于，它对合同实施中出现的风险做了分摊，发包人承担了物价上涨这一不可预测费用因素的风险，而承包人只承担了实施中实物工程量、管理成本和工期等因素的风险。

可调值总价合同适用于工程内容和技术经济指标规定很明确的项目，由于合同中列明调值条款，所以工期在 1 年以上的项目较适于采用这种合同形式。

（3）固定工程量总价合同，即发包人要求投标者在投标时按单价合同办法分别填报分项工程单价，从而计算出工程总价，并据之签订合同。原定工程项目全部完成后，根据合同总价付款给承包人。

如果改变设计或增加类似项目，则用合同中已确定的单价来计算新的工程量和调整总价，这种方式适用于工程量变化不大的项目。

这种方式对发包人有利：一是可以了解承包人投标时的总价是如何计算得来的，便于发包人审查标价，特别是对投标者过度的不平衡报价，可以在评标时发现，避免实施过程中不必要的变更给发包人造成费用增加；二是在物价上涨情况下，增加的类似项目可利用合同中已确定的单价，由承包人承担物价上涨的风险。

总之，总价合同适用于设计深度满足精确计算工程量的要求，图纸和规范中对工程作出了详尽的描述，工程范围明确，施工条件稳定，结构不甚复杂，规模不大，工期较短，且对最终产品要求很明确，而发包人也愿意以较大富裕度的价格发包的工程项目。总价合同不随工程量变化而变化，因此承包人要承担单价和工程量的双重风险，而发包人管理方便，风险较小，合同双方结算也较简单。但在招标时，承包人考虑到风险较大，一般报价也偏高。

（三）成本加酬金合同

成本加酬金合同也称成本补偿合同，是以实际成本加上双方商定的酬金来确定合同总价。发包人向承包人支付实际工程成本中的直接费，按事先协议好的某一种方式支付管理费以及利润的一种合同方式。由于这种合同应用受到很大限制，所以主要适用于以下几种情况：①开工前工程内容不十分明确，如设计尚未全部完成即要求开工，或工程内容估计变化很大等；②质量要求高或采用新技术、新工艺，无法确定价格的工程；③时间紧急的抢险、救灾等工程；④带有研究、开发性质的工程。

因此，这种合同形式主要适用于工程内容及其技术经济指标尚未全面确定、投标报价的依据尚不充分的情况下，或发包人因工期要求紧迫（如应急抢险项目）、在没有完成设计的情况下必须发包的工程，或者发包人与承包人之间具有高度的信任，或承包人在某些方面具有独特的技术、特长和经验的工程。这种合同，发包人承担着全部工程量和价格的风险，而承包人不承担风险，一般获利较小，但能确保获利。

以这种形式签订的承包合同，有两个明显的缺点：一是发包人对工程总价不能实施实际的控制；二是承包人对降低成本也不太感兴趣。因此，采用这种合同形式，其条款必须非常严格。发包人应加强对工程的控制，在合同中应规定工程成本开支范围，规定发包人有对成本进行决策、监督和审查的权利。

成本加酬金合同有多种类型，现仅介绍如下 4 种。

1. 成本加固定百分比酬金合同

采用这种合同，发包人对承包人支付的人工、材料和施工机械使用费、其他直接费、施工管理费等按实际直接成本全部据实补偿，同时按照实际直接成本的固定百分比付给承包人一笔酬金，作为承包人的利润。

采用这种合同，建筑安装工程总造价及付给承包人的酬金随工程成本而水涨船高，不利于鼓励承包人降低成本。这也是此种合同形式的弊病所在，因而很少被采用。

2. 成本加固定酬金合同

这种合同与成本加固定百分比酬金合同相似，其不同之处仅在于所增加费用是一笔固定金额的酬金。酬金一般是按估算的工程成本的一定百分比确定，数额是固定不变的。如果设计变更或增加新项目，即直接费用超过原定估算成本的 10%左右时，固定的报酬也要增加。

在工程总成本一开始估计不准、可能变化较大的情况下，可采用此合同形式，有时可分几个费用阶段，通过谈判确定支付的固定报酬。

这种方式虽不能鼓励承包人关心降低成本，但为了尽快得到酬金，承包人会关心缩短工期。有时也可在固定费用之外根据工程质量、工期和节约成本等因素，给承包人另加奖金，以鼓励承包人节约资金，降低成本。

3. 成本加奖罚合同

采用这种形式的合同，首先要确定一个目标成本，这个目标成本是根据粗略估算的工程量和单价表编制出来的。在此基础上，根据目标成本来确定酬金的数额，可以是百分数的形式，也可以是一笔固定酬金。然后，根据工程实际成本支出情况，另外确定一笔奖金，当实际成本低于目标成本时，承包人除从发包人处获得实际成本、酬金补偿外，还可根据成本降低额得到一笔奖金；当实际成本高于目标成本时，承包人仅能从发包人处得到成本和酬金的补偿。此外，根据实际成本高出目标成本情况，若超过合同规定的限额，还要处以一笔罚金，最大罚款限额不超过原先议定的最高酬金值。除此之外，还可设工期奖罚。

采用成本加奖罚合同，在合同签订时双方事先约定该工程的预期成本和固定酬金，以及实际发生的成本与预期成本比较后的奖罚计算办法。在合同实施后，根据工程实际成本的发生情况，承包商得到的金额分以下几种情况：

（1）实际成本＝预期成本：承包商得到实际发生的工程成本，同时获得酬金。

（2）实际成本＜预期成本：承包商得到实际发生的工程成本，获得酬金，并根据成本节约额的多少，得到预先约定的奖金。

（3）实际成本＞预期成本：承包方可得到实际成本和酬金，但根据实际成本高出预期成本的情况，被处以一笔罚金。

成本加奖罚合同形式可以促使承包方关心降低成本和缩短工期，而且预期成本可以随着设计的进展加以调整，所以发承包双方都不会承担太大的风险，故这种合同形式在本类型合同中应用较多。

4. 最高限额成本加固定最大酬金合同

在这种形式的合同中，首先要确定最高限额成本、报价成本和最低成本。当实际成本没有超过最低成本时，承包人花费的成本费用及应得酬金等都可得到发包人的支付，并与发包人分享节约额；如果实际工程成本在最低成本和报价成本之间，承包人实际成本和合同规定的酬金都可以得到支付；如果实际工程成本在报价成本与最高限额成本之间，则只有全部成本可以得到支付，报酬部分不能得到支付；实际工程成本超过最高限额成本，则超过部分的成本发包人不予支付，且没有报酬。

这种合同形式有利于控制工程造价，并能鼓励承包人最大限度地降低工程成本，但最高限额成本、报价成本和最低成本的确定对内容和技术成熟的项目可以预测，对内容和技术复杂的项目较难预测，实际应用不易控制。

对于以上各种合同形式，从承担风险的角度考虑，总价合同主要是由承包人承担风险，报价总体水平比较高；单价合同是由发包人和承包人分别承担风险；成本加酬金合同则主要是由发包人承担风险。

大中型水利水电工程一般采用单价合同，可以降低报价的总体水平，也便于进行监督和管理。但对于设计很成熟、能预知将来风险的工程，如一般的房屋建筑工程，可以采用总价合同。如果项目的设计深度不够、风险也难以估计，以及工程的特殊性等，则可以采用成本加酬金合同的形式。

在一项合同中各项工作的计价方式一定要明确，应注意尽量避免某一项工作内容、范围和计价方式含糊、矛盾，造成支付结算的分歧。但当一项工程仓促上马，准备工作不够充分时，发包人经充分考虑各方面的情况后，很可能在不同建设阶段发包不同建设项目，有的采取总价合同方式，有的采取单价合同或成本加酬金合同方式。

一般来说，发承包双方签订的工程承包合同，从法律上讲，生效之时，建筑安装工程承包合同的价格就算确定下来了。确定的建筑安装工程承包合同价就是通过合同中有关价格条款按合同计价方式具体表现出来的。

（四）按合同计价阶段分类

合同价格按合同的计价阶段分类，有招投标时形成的合同签约价、结算时的合同结算价。合同签约价是指在招投标时合同双方按有关规定形成的合同项目造价的预测，一般在合同协议书中明确的暂列金额，只是发包人的一个预测费用，是否动用，需在项目实施过程中依据实际情况确定。合同结算价是指在合同工作完成结算时合同双方依据合同规定对完成各项工作进行清算所需的费用，这时的费用应是按合同规定已经发生或承包人应该得到的金额。

（1）对固定总价合同，合同签约价与合同结算价一般是一致的。因此，这种合同在评标时采用合理的低报价中标对发包人是有利的。但报价必须是合理最低，如果低于合理成本，对发包人也是有较大风险的。

（2）对可调值总价和固定工程量的总价合同，因其结算价有可能由于物价因素或工程量改变而改变，合同结算价不一定是合同签约价。但由于只有物价和工程量改变才可以调价，评标时采用合理低价中标，对发包人也是有利的。但要注意合同中报价单价的合理性，特别是有可能要变更的工作项目的单价，防止因变更项目的报价单价不合理而造成合同实施困难。

（3）对单价合同、单价总价混合合同，合同结算价与合同签约价一般是不一致的。因此，这类合同在评标时采用最低报价中标就不尽合理，特别是项目实施过程中存在大量的合同变更内容、投标报价中有不平衡报价时，要对不平衡报价项目的报价水平进行必要的测算；在其他技术标准一致的情况下，采用合理低价中标才合理。

（4）对成本加酬金合同，一般无合同签约价，合同结算价按完成工作来确定。这种合同一般不需招标，直接委托有良好资信的承包人实施。

将合同的计价方式与计价阶段联系，分析合同价，就会发现不同的计价发式在合同实施的不同阶段，其价格是不同的。造价管理工作必须结合合同的计价方式，在合同实施的不同阶段采用相应的管理手段和措施，以实现合同投资目标。此外，合同技术和其他商务条款的严密性以及合同双方的诚信也是合同投资目标实现的关键。

（五）合同类型选择

合同类型的选择主要是依据项目的设计深度、难易程度、风险分担等因素，选择是采用总价合同、单价合同还是成本加酬金合同。合同类型的选择在编制招标文件时由发包人在工程量清单和相应的技术条款中明确，实际的合同价并非单一的总价或单价合同，往往是混合型合同，且水利工程通常是采用以单价为主、总价为辅的混合型合同。发包人在选择合同类型时，应当考虑以下主要因素：

（1）发包人的意愿。

（2）工程的设计深度。

（3）项目的规模及其复杂程度。

（4）工程项目的技术先进性。

（5）承包人的意愿和能力。

(6) 工程进度的紧迫程度。

(7) 市场情况。

(8) 发包人的管理能力。

(9) 外部因素或风险，如政治形势、通货膨胀、恶劣气候等。

采用何种类型合同不是固定不变的，有时一个项目中的各个不同工程部分或不同阶段可能采取不同类型的合同，必须根据实际情况，全面、反复地权衡利弊，选定有利于项目顺利实施又方便管理的合同类型。

三、施工合同要点

2009 年，水利部在国家七部委联合发布的《标准施工招标资格预审文件》和《标准施工招标文件（2007 年版）》的基础上，结合水利工程施工特点，编制、发布了《水利水电工程标准施工招标资格预审文件》（2009 年版）和《水利水电工程标准施工招标文件》（2009 年版）。

《水利水电工程标准施工招标文件》（2009 年版）适用于一定规模以上，且设计和施工不是由同一承包商承担的水利工程施工招标。第一卷主要包括招标公告（投标邀请书、代资格预审通过通知书）、投标人须知、评标办法（经评审的最低投标价法、综合评估法）、合同条款及格式、工程量清单；第二卷主要为图纸（招标图纸）；第三卷主要为技术标准和要求（合同技术条款）；第四卷主要为投标文件格式。其中“投标人须知”（投标人须知前附表及附件格式除外）、“评标办法”（评标办法前附表及附件格式除外）、“通用合同条款”，应不加修改地引用。

（一）合同组成

水利工程合同文件是指由发包人和承包人签订的为完成合同约定的各项工作所需的全部文件和图纸，以及在协议书中明确列入的其他文件和图纸，合同文件简称合同。我国《民法典》规定，建设工程合同应当采用书面形式。根据《水利水电工程标准施工招标文件》（2009 年版），水利水电工程施工合同通常包括下列内容。

1. 合同协议书

合同协议书是由承包人按中标通知书规定的时间与发包人签订的。除法律另有规定或合同另有约定外，发包人和承包人的法定代表人或其委托代理人在合同协议书上签字并盖单位章后，合同生效。

2. 中标通知书

中标通知书指发包人通知承包人中标的函件，是接受承包人投标函的意思表示。

3. 投标函

投标函是指构成合同文件组成部分的由承包人填写并签署的投标函。投标函是投标人提交的组成投标文件最重要的单项文件。在投标函中承包人要确认他已阅读了招标文件并理解了招标文件的要求，并声明他为了承担和完成合同规定的全部义务所需的投标金额。这个金额必须与工程量清单中所列的总价相一致。同时，承包人应声明，所递交的投标文件及有关资料内容完整、真实和准确。

4. 投标函附录

投标函附录指附在投标函后构成合同文件的投标函附录。其中应明确项目经理、工期、质量标准等内容。

5. 合同条款

合同条款指由发包人拟定和选定，经双方同意采用的条款，它规定了合同双方的责任、权利和义务。合同条款一般包含两部分：第一部分通用条款和第二部分专用条款。《水利水电工程标准施工招标文件》（2009 年版）中规定，对通用合同条款应原文不动地引用，需要补充说明的，应在专用条款中进行明确。专用条款的效力高于通用条款。

6. 技术标准和要求（或合同技术条款）

技术标准和要求（或合同技术条款）指构成合同文件组成部分的名为技术标准和要求的文件，包括合同双方当事人约定对其所作的修改或补充。技术条款应规定合同的工作范围和技术要求。合同条款划清了发包人和承包人双方在合同中各自的责任、权利和义务，而技术条款则是双方责任、权利和义务在工程施工中的具体工作内容，也是合同责任、权利和义务在工程安全和质量管理等实物操作领域的具体延伸，是发包人委托监理人进行合同管理的实物标准，是发包人和监理人在工程施工过程中实施进度、质量和费用控制的操作程序和方法。同时，也是承包人进行投标报价和发包人进行合同支付的实物依据。

7. 图纸

图纸指列入合同的招标图纸、投标图纸和发包人按合同约定向承包人提供的施工图纸和其他图纸（包括配套说明和有关资料）。图纸应足够详细，以便承包人在参照了技术条款和工程量清单后，能确定合同所包括的工作性质和范围。主要包括：

（1）列入合同的招标图纸和发包人按合同规定向承包人提供的所有图纸，包括配套说明和有关资料。列入合同的招标图纸已成为合同文件的一部分，具有合同效力，主要用于在履行合同中作为衡量变更的依据，但不能直接用于施工。

（2）列入合同的投标图纸和承包人提交并经监理人批准的所有图纸，包括配套说明和有关资料。经发包人确认进入合同的投标图纸也是合同文件的一部分，用于在履行合同中检验承包人是否按其投标时承诺的条件进行施工的依据，也不能直接用于施工。

（3）由发包人按合同约定向承包人提供的施工图纸和其他图纸，包括配套说明和有关资料。

8. 已标价工程量清单

标价工程量清单指构成合同文件组成部分的由承包人按照规定的格式和要求填写并标明价格的工程量清单，一般包括按照合同应实施的工作的说明、估算的工程量以及由承包人填写的单价和总价。它是投标文件的组成部分。

9. 其他合同文件

其他合同文件指经合同双方当事人确认构成合同文件的其他文件，如明确列入中标通知书或合同协议书中的其他文件。

（二）合同双方权利和义务

《水利水电工程标准施工招标文件》（2009 年版）通用合同条款规定了合同双方当事

人的一般义务和责任。主要包括以下内容。

1. 发包人的一般义务和责任

(1) 遵守法律。发包人在履行合同过程中应遵守法律、法规和规章，并保证承包人免于承担因发包人违反法律、法规和规章而引起的任何责任。

(2) 发出开工通知。发包人应委托监理人按合同规定的日期前向承包人发出开工通知。

(3) 提供施工场地。施工场地（或称工地、现场）指用于合同工程施工的场所，以及在合同中指定作为施工场地组成部分的其他场所，包括永久占地和临时占地。永久占地指发包人为建设本合同工程永久征用的场地，临时占地指发包人为建设本合同工程临时征用，承包人在完工后须按合同要求退还的场地。

发包人应在合同双方签订合同协议书后的 14 天内，将本合同工程的施工场地范围提交给承包人，该施工用地范围在专用合同条款中约定。发包人提供的施工场地范围图应标明场地范围内永久占地和临时占地的范围和界限，以及指明提供给承包人用于施工场地布置的范围和界限及其有关资料。

除专用合同条款另有约定外，发包人应按合同技术条款的约定，向承包人提供施工场地内的工程地质图纸和报告，以及地下障碍物图纸等施工场地有关资料，并保证资料的真实、准确、完整。

施工用地范围内的征地移民工作由发包人负责办理（特殊条件下，临时征地也可由承包人负责实施，但责任仍旧是发包人的），并应按合同约定的施工进度要求提供给承包人。发包人应在招标文件中标明施工用地的范围及其可提供给承包人使用的期限。发包人应按合同约定及时提供，避免由于发包人原因而造成工程延误。

(4) 协助承包人办理证件和批件。发包人应协助承包人办理法律规定的有关施工证件和批件。

(5) 组织设计交底。发包人应根据合同进度计划，组织设计单位向承包人进行设计交底。

(6) 支付合同价款。发包人应按合同约定向承包人及时支付合同价款。

(7) 组织竣工验收（组织法人验收）。发包人应按合同约定及时组织法人验收。

合同条款中竣工验收概念与水利水电工程行业管理体系不完全一致，发包人在验收方面的义务为承担法人验收职责。根据《水利水电建设工程验收规程》（SL 223—2008），法人验收包括分部工程验收、单位工程验收、水电站（泵站）中间机组启动验收和合同工程完工验收，法人验收应由项目法人组织成立的验收工作组负责。水利水电工程竣工验收是政府验收范畴，政府验收应由验收主持单位组织成立的验收委员会负责。验收的具体要求在合同条款中约定。

(8) 其他义务。发包人应履行合同约定的其他义务，例如，按合同规定的期限提供部分施工准备工程给承包人使用；按合同有关条款和技术条款的有关规定，委托监理人向承包人提供现场测量基准点、基准线和水准点及其有关资料；按合同规定负责办理由发包人投保的保险；委托监理人在合同规定的期限内向承包人提供应由发包人负责提供的图纸；

统一管理工程的文明施工，并应按法律及合同的有关规定履行其治安保卫和施工安全职责；按环境保护的法律、法规和规章的有关规定统一筹划本工程的环境保护工作等。

2. 承包人的一般义务

承包人的基本义务是保证工程质量，按时完成各项承包工作，并保证工程施工和人员的安全。为此，承包人应及时进场工作，认真编制施工组织设计、施工措施计划和其他各项文件，进行文明施工，做好保护环境和自身责任范围内的治安保卫工作，避免施工对公众与他人的利益造成损害，并按合同约定进行完工清场和撤退施工队伍。承包人应在通过合同工程完工验收或投入使用验收后30个工作日内，与发包人组织工程交接，负责移交前工程的维护和照管（移交后应承担工程质量保修期内的缺陷修复工作），直至合同工程完工证书颁发。水利水电工程合同管理环节不宜过多，工程所需材料、常规工程设备、施工设备、临时设施宜由承包人自行采购和完成；由发包人另行招标采购的特殊工程设备需划清设备采购与安装的合同界面（如卸货、验收、预埋件及安装配合等）。

承包人的一般义务和责任如下：

（1）遵守法律。承包人在履行合同过程中应遵守法律、法规和规章，并保证发包人免于承担因承包人违反法律、法规和规章而引起的任何责任。

（2）依法纳税。承包人应按有关法律规定纳税，应缴纳的税金包括在合同价格内。

（3）完成各项承包工作。承包人应按合同约定以及监理人在职责和权限范围内作出的指示，实施、完成全部工程，并修补工程中的任何缺陷。除合同条款另有约定外，承包人应提供为完成合同工作所需的劳务、材料、施工设备、工程设备和其他物品，并按合同约定负责临时设施的设计、建造、运行、维护、管理和拆除。

（4）对施工作业和施工方法的完备性负责。承包人应按合同约定的工作内容和施工进度要求，编制施工组织设计和施工措施计划，并对所有施工作业和施工方法的完备性和安全可靠性负责。

（5）保证工程施工和人员的安全。承包人应按合同约定认真采取施工安全措施，确保工程及其人员、材料、设备和设施的安全，防止因工程施工造成的人身伤害和财产损失。

（6）负责施工场地及其周边环境与生态的保护工作。承包人应按照合同有关约定负责施工场地及其周边环境与生态的保护工作，遵守有关环境保护的法律，履行合同约定的环境保护义务，并对违反法律和合同约定义务所造成的环境破坏、人身伤害和财产损失负责。

（7）避免施工对公众与他人的利益造成损害。承包人在进行合同约定的各项工作时，不得侵害发包人与他人使用公用道路、水源、市政管网等公共设施的权利，避免对邻近的公共设施产生干扰，并应采取有效措施防止工地附近建筑物和居民的生命财产遭受损害。承包人占用或使用他人的施工场地，影响他人作业或生活的，应承担相应责任。

（8）为他人提供方便。承包人应按监理人的指示为他人在施工场地或附近实施与工程有关的其他各项工作提供可能的条件。除合同另有约定外，提供有关条件的内容和可能发生的费用，由监理人按合同有关约定商定或确定。

（9）工程的维护和照管。除合同另有约定外，合同工程完工证书颁发前，承包人应负责照管和维护工程。合同工程完工证书颁发时尚有部分未完工程的，承包人还应负责该未完工程的照管和维护工作，直至完工移交给发包人为止。

（10）其他义务。承包人应履行合同约定的其他义务，比如应在接到开工通知后及时调选人员和调配施工设备、材料进入工地；按施工总进度要求完成施工准备工作，应认真执行监理人发出的与合同有关的任何指示；按合同规定的内容和时间完成全部承包工作；按合同规定的内容和时间要求，编制施工组织设计、施工措施计划和由承包人负责的施工图纸，报送监理人审批；按合同规定负责办理由承包人投保的保险；按国家有关规定文明施工，并应在施工组织设计中提出施工全过程的文明施工措施计划。还有一些其他义务，可在专用合同条款中补充约定。

（三）监理人职责

监理人是受发包人委托在施工现场实施合同管理的执行者，发包人应在合同条款中写明对监理人的授权范围和内容，监理人应按发包人与承包人签订的施工合同进行监理。《水利水电工程标准施工招标文件》（2009 年版）通用合同条件规定了监理人的职责和权力。监理人员在实施监理的过程中，应严格按合同的约定，履行监理人的职责，行使监理人的权力。

1. 监理人的职责和权力

（1）监理人受发包人委托，享有合同约定的权力。监理人的权力范围在专用合同条款中明确。当监理人认为出现了危及生命、工程或毗邻财产等安全的紧急事件时，在不免除合同约定的承包人责任的情况下，监理人可以指示承包人实施为消除或减少这种危害所必须进行的工作，即使没有发包人的事先批准，承包人也应立即遵照执行。监理人应按合同关于变更的约定增加相应的费用，并通知承包人。

（2）监理人发出的任何指示应视为已得到发包人的批准，但监理人无权免除或变更合同约定的发包人和承包人的权利、义务和责任。

（3）合同约定应由承包人承担的义务和责任，不因监理人对承包人提交文件的审查或批准，对工程、材料和设备的检查和检验，以及为实施监理作出的指示等职务行为而减轻或解除。

2. 总监理工程师

发包人应在发出开工通知前将总监理工程师（以下简称“总监”）的任命通知承包人。总监理工程师更换时，应在更换 14 天前通知承包人。总监理工程师短期离开施工场地的，应委派代表代行其职责，并通知承包人。

3. 监理人员

（1）总监理工程师可以授权其他监理人员负责执行其指派的一项或多项监理工作。总监理工程师应将被授权监理人员的姓名及其授权范围通知承包人。被授权的监理人员在授权范围内发出的指示视为已得到总监理工程师的同意，与总监理工程师发出的指示具有同等效力。总监理工程师撤销某项授权时，应将撤销授权的决定及时通知承包人。

（2）监理人员对承包人的任何工作、工程或其采用的材料和工程设备未在约定的或合理的期限内提出否定意见的，视为已获批准，但不影响监理人在以后拒绝该项工作、工程、材料或工程设备的权利。

(3) 承包人对总监理工程师授权的监理人员发出的指示有疑问的，可向总监理工程师提出书面异议，总监理工程师应在48小时内对该指示予以确认、更改或撤销。

(4) 除专用合同条款另有约定外，总监理工程师不应将有关规范规定和合同约定应由总监理工程师作出确定的权力授权或委托给其他监理人员。

4. 监理人的指示

(1) 监理人应按合同有关约定向承包人发出指示，监理人的指示应盖有监理人授权的现场监理机构公章，并由总监理工程师或总监理工程师按合同约定授权的监理人员签字。

(2) 承包人收到监理人按合同约定作出的指示后应遵照执行。指示构成变更的，应按合同关于变更的约定处理。

(3) 在紧急情况下，总监理工程师或被授权的监理人员可以当场签发临时书面指示，承包人应遵照执行。承包人应在收到上述临时书面指示24小时内，向监理人发出书面确认函。监理人在收到书面确认函后24小时内未予答复的，该书面确认函应被视为监理人的正式指示。

(4) 除合同另有约定外，承包人只从总监理工程师或按合同约定被授权的监理人员处取得指示。

(5) 由于监理人未能按合同约定发出指示、指示延误或指示错误而导致承包人费用增加和（或）工期延误的，由发包人承担赔偿责任。

5. 商定或确定

(1) 合同约定总监理工程师对任何事项进行商定或确定时，总监理工程师应与合同当事人协商，尽量达成一致。不能达成一致的，总监理工程师应认真研究后审慎确定。

(2) 总监理工程师应将商定或确定的事项通知合同当事人，并附详细依据。对总监理工程师的确定有异议的，构成争议，按照合同有关约定处理。在争议解决前，双方应暂按总监理工程师的确定执行，按照合同有关约定对总监理工程师的确定作出修改的，按修改后的结果执行。

6. 监理人应公正地履行职责

监理人应公正地履行职责，在按合同要求由监理人发出指示、表示意见、审批文件、确定价格以及采取可能涉及发包人或承包人的义务和权利的行动时，应认真查清事实，并与双方充分协商后作出公正的决定。

(四) 合同价格

签约合同价，是指发包人和承包人在合同协议书中确定的总金额，包括安全文明施工费、暂估价及暂列金额等。暂估价是指发包人在工程量清单或预算书中提供的用于支付必然发生但暂时不能确定价格的材料、工程设备的单价、专业工程以及服务工作的金额。暂列金额是指发包人在工程量清单或预算书中暂定并包括在合同价格中的一笔款项，用于工程合同签订时尚未确定或者不可预见的所需材料、工程设备、服务的采购，施工中可能发生的工程变更、合同约定调整因素出现时的合同价格调整，以及发生的索赔、现场签证确认等的费用。

合同价格，是指发包人用于支付承包人按照合同约定完成承包范围内全部工作的金额，包括合同履行过程中按合同约定发生的价格变化。

(1) 出现下列情形之一时，发包人应予以修正，并相应调整合同价格：

1) 工程量清单存在缺项、漏项的。

2) 工程量清单偏差超出专用合同条款约定的工程量偏差范围的。

3) 未按照国家现行计量规范强制性规定计量的。

(2) 除专用合同条款另有约定外，市场价格波动超过合同当事人约定的范围，合同价格应当调整。合同当事人可以在专用合同条款中约定合同价格调整方式。

第四节　工程总承包合同管理

一、工程总承包基本知识

(一) 工程总承包的基本概念

工程总承包 (Engineering Procurement Construction，EPC)，即“设计采购和施工”模式，又称交钥匙工程总承包模式。工程总承包是国际通行的建设项目组织实施方式。

水利工程总承包是指承包人按照与发包人签订的合同，对工程项目的设计、采购、施工或者设计、施工等阶段实行全过程或若干阶段的承包，并对工程的质量、安全、工期和造价等全面负责的工程建设组织实施方式。发包人根据项目情况和自身管理能力等，合理选择工程建设组织实施方式，可以实行整体项目总承包，也可以对其中的单项工程或专业工程实行总承包。建设内容明确、技术方案成熟的项目，适宜采用工程总承包方式。工程总承包一般采用设计—采购—施工总承包或者设计—施工总承包模式。发包人也可以根据项目特点和实际需要，按照风险合理分担原则和承包工作内容采用其他工程总承包模式。发包人在选择建设项目实施方式时，应当本着质量可靠、效率优先的原则，优先采用工程总承包模式。

早在 1984 年，国务院《关于改革建筑业和基本建设管理体制若干问题的暂行规定》中就提出了建立工程总承包企业的设想，随着 2004 年建设部《建设工程项目管理试运行办法》的出台，进一步加快了培育工程总承包企业和工程项目管理公司的进程。2016 年 5 月，住房城乡建设部印发《关于进一步推进工程总承包发展的若干意见》，要求开展工程总承包试点，并明确了联合体投标、资质准入、工程总承包商承担的责任等问题。2017 年 2 月，国务院办公厅印发《关于促进建筑业持续健康发展的意见》，要求加快推行工程总承包，并指出我国建筑行业发展组织方式落后，提出采用推行工程总承包和培育全过程咨询的方式来解决上述问题。

2017 年国家标准《建设项目工程总承包管理规范》(GB/T 50358—2017) 发布，对总承包相关的承发包管理、合同和结算、参建单位的责任和义务等方面作出了具体规定，随后又相继出台了针对总承包施工许可、工程造价等方面的政策法规。

2018 年 1 月 1 日，新的工程总承包国家标准《建设项目工程总承包管理规范》(GB/T

50358—2017）开始实施。

2019 年 12 月，住房和城乡建设部、国家发展改革委联合印发《房屋建筑和市政基础设施项目工程总承包管理办法》，2020 年 3 月 1 日起正式施行。

工程总承包企业对承包工程的质量、安全、工期、造价全面负责。工程总承包可以是全过程的承包，也可以是分阶段的承包。工程总承包的范围、承包方式、权责利等由合同约定。工程总承包有下列方式：

（1）设计-采购-施工（EPC）/交钥匙工程总承包，即工程总承包企业依据合同约定，承担设计、采购、施工和试运行工作，并对承包工程的质量、安全、费用和进度等全面负责。

（2）设计-施工总承包（D－B），即工程总承包企业依据合同约定，承担工程项目的设计和施工，并对承包工程的质量、安全、费用、进度、职业健康和环境保护等全面负责。

（3）根据工程项目的不同规模、类型和项目发包人要求，工程总承包还可以采用设计-采购总承包（E－P）和采购-施工总承包（P－C）等方式。

（二）工程总承包的优点

与发包人将工程项目建设的全部任务采用平行发包或陆续发包的方式比较，工程总承包方式对发包人而言，在实施项目的管理方面有较为突出的优点。

1. 单一的合同责任

发包人与承包人签订总承包合同后，合同责任明确，对设计、招标、实施过程的管理均仅进行宏观控制，简化了管理的工作内容。

2. 固定工期、固定费用

国际工程总承包合同通常采用固定工期、固定费用的承包方式，项目建设的预期目标容易实现。我国的标准设计施工总承包合同，分别给出可以补偿或不补偿两种合同条款的示范文本格式供发包人选择。

3. 可以缩短建设周期

由于承包人对项目实施的全过程进行一体化管理，不必等工程的全部设计完成后再开始施工，单位工程的施工图设计完成并通过评审后即可开始该单位工程的施工。设计与施工在时间上可以进行合理的搭接，缩短项目实施的总时间。

4. 减少设计变更

承包的范围包括设计、招标、施工、试运行的全部工作内容，设计在满足招标人要求的前提下，可以充分体现施工的专利技术、专有技术的应用，做到设计与施工的紧密衔接。

5. 减少承包人的索赔

在履行常规的施工承包合同过程中，发包人承担了较多自己主观无法控制的不确定因素发生的风险，承包人的索赔将分散双方管理过程中的很多精力，而总承包合同发包人仅承担签订合同阶段承包人无法合理预见的重大风险，单一的合同责任减少了大量的索赔处理工作，使投资和工期得到保障。

（三）工程总承包的缺点

总承包方式对发包人而言也有一些不利的因素。

1. 设计不一定是最优方案

由于在招标文件中发包人仅对项目的建设提出总体要求，实际方案由承包人提出，设计可能受到实施者利益影响，对工程实施成本的考虑往往会影响到设计方案的优化。工程选用的质量标准只要满足发包人要求即可，不会采用更高的质量标准。

2. 减弱实施阶段发包人对承包人的监督和检查

虽然在设计和施工过程中，发包人也聘请监理人（或发包人代表），但由于设计方案和质量标准均出自承包人，监理人对项目实施的监督力度比发包人委托设计再由承包人施工的管理模式弱，对设计的细节和施工过程的控制能力降低。

由于设计施工总承包合同与标准施工合同的条款结构基本一致，施工阶段的很多条款在用词、用语方面与标准施工合同完全相同，因此本节仅针对总承包合同的特点，对有区别的规定予以说明。

（四）总承包管理的组织

工程总承包单位应当具备与工程规模相适应的勘察资质、设计资质和施工总承包资质，或者由具备上述资质的勘察设计单位和施工单位组成联合体。工程总承包单位应当具有相应的项目管理体系和项目管理能力、财务和风险承担能力，以及与发包工程相类似的设计、施工或者工程总承包业绩。

设计单位和施工单位组成联合体的，应当根据项目的特点和复杂程度，合理确定牵头单位，并在联合体协议中明确联合体成员单位的责任和权利。联合体各方应当共同与发包人签订工程总承包合同，对工程总承包项目承担连带责任。

工程总承包单位应建立与工程总承包项目相适应的项目管理组织，并行使项目管理职能，实行项目经理负责制，明确项目目标和项目经理的职责、权限和利益，并由项目经理对工程总承包项目自项目启动至项目收尾，实行全过程管理。

总承包企业应根据工程特点，确定组织形式，组建项目部。项目部应在项目初始阶段开展项目策划工作，并编制项目管理计划和项目实施计划。项目策划应结合项目特点，根据合同和工程总承包企业管理的要求，明确项目目标和工作范围，分析项目风险以及采取的应对措施，确定项目各项管理原则、措施和进程。项目策划的范围宜涵盖项目活动的全过程所涉及的全要素。

（五）工程总承包管理要求

1. 工程总承包项目的发包阶段管理

发包人应当根据项目情况和自身管理能力等，合理选择工程建设组织实施方式。发包人应当在发包前完成项目审批、核准或者备案程序。采用工程总承包方式的企业投资项目，应当在核准或者备案后进行工程总承包项目发包。采用工程总承包方式的政府投资项目，原则上应当在初步设计审批完成后进行工程总承包项目发包。其中，按照国家有关规定简化报批文件和审批程序的政府投资项目，应当在完成相应的投资决策审批后进行工程总承包项目发包。

2. 发包人的项目管理

发包人应当加强工程总承包项目全过程管理，督促承包人履行合同义务。发包人根据自身资源和能力，可以自行对工程总承包项目进行管理，也可以委托勘察设计单位、代建单位、项目管理单位等，赋予相应权利，依照合同对工程总承包项目进行管理。

3. 工程总承包企业的选择

发包人可以依法采用招标或者直接发包的方式选择工程总承包企业。工程总承包项目范围内的设计、采购或者施工中，有任一项属于依法必须进行招标的项目范围且达到国家规定规模标准的，应当采用招标的方式选择工程总承包单位。工程总承包单位不得是工程总承包项目的代建单位、项目管理单位、监理单位、造价咨询单位、招标代理单位。政府投资项目的项目建议书、可行性研究报告、初步设计文件编制单位及评估单位，一般不得成为该项目的工程总承包单位。政府投资项目招标人公开已经完成项目建议书、可行性研究报告、初步设计文件的，上述单位可以参与该工程总承包项目的投标，经依法评标、定标，成为工程总承包单位。

企业投资项目的工程总承包宜采用总价合同，政府投资项目的工程总承包应当合理确定合同价格形式。采用总价合同的，除合同约定可以调整的情形外，合同总价一般不予调整。发包人和工程总承包单位可以在合同中约定工程总承包计量规则和计价方法。依法必须进行招标的项目，合同价格应当在充分竞争的基础上合理确定。合同的制定可以采用《中华人民共和国标准设计施工总承包招标文件》。

4. 工程总承包企业的基本条件

工程总承包单位应当同时具有与工程规模相适应的工程设计资质和施工资质，或者由具有相应资质的设计单位和施工单位组成联合体。

设计单位和施工单位组成联合体的，应当根据项目的特点和复杂程度，合理确定牵头单位，并在联合体协议中明确联合体成员单位的责任和权利。联合体各方应当共同与发包人签订工程总承包合同，就工程总承包项目承担连带责任。工程总承包单位应当具有相应的项目管理体系和项目管理能力、财务和风险承担能力，以及与发包工程相类似的设计、施工或者工程总承包业绩。

5. 工程总承包项目经理的基本要求

工程总承包项目经理应具备以下条件：

(1) 取得工程建设类注册执业资格或高级专业技术职称。取得相应工程建设类注册执业资格，包括注册建筑师、勘察设计注册工程师、注册建造师或者注册监理工程师等；未实施注册执业资格的，应取得高级专业技术职称。

(2) 具备决策、组织、领导和沟通能力，能正确处理和协调与项目发包人、项目相关方之间及企业内部各专业、各部门之间的关系。

(3) 具有工程总承包项目管理及相关的经济、法律法规和标准化知识。

(4) 具有类似项目的管理经验。担任过与拟建项目相类似的工程总承包项目经理、设计项目负责人、施工项目负责人或者项目总监理工程师。

(5) 具有良好的信誉。

(6) 工程总承包项目经理不得同时担任其他工程项目的工程总承包项目经理或施工工程总承包项目经理（含施工总承包工程、专业承包工程）。

6. 工程总承包项目的分包

工程总承包单位可以采用直接发包的方式进行分包，但以暂估价形式包括在总承包范围内的工程、货物、服务分包时，属于依法必须进行招标的项目范围且达到国家规定规模标准的，应当依法招标。

7. 发包人的义务和责任

发包人不得迫使工程总承包单位以低于成本的价格竞标，不得明示或者暗示工程总承包单位违反工程建设强制性标准、降低建设工程质量，不得明示或者暗示工程总承包单位使用不合格的建筑材料、建筑构配件和设备。发包人不得对工程总承包单位提出不符合建设工程安全生产法律、法规和强制性标准规定的要求，不得明示或者暗示工程总承包单位购买、租赁、使用不符合安全施工要求的安全防护用具、机械设备、施工机具及配件、消防设施和器材。发包人应当加强设计、施工等环节的管理，确保建设地点、建设规模、建设内容等符合项目审批、核准、备案要求。政府投资项目所需资金应当按照国家有关规定确保落实到位，不得由工程总承包单位或者分包单位垫资建设。政府投资项目建设投资原则上不得超过经核定的投资概算。发包人不得设置不合理工期，不得任意压缩合理工期。

8. 工程总承包企业的义务和责任

工程总承包单位应当建立与工程总承包相适应的组织机构和管理制度，形成项目设计、采购、施工、试运行管理以及质量、安全、工期、造价、节约能源和生态环境保护管理等工程总承包综合管理能力。工程总承包单位应当对其承包的全部建设工程质量负责，分包单位对其分包工程的质量负责，分包不免除工程总承包单位对其承包的全部建设工程所负的质量责任。工程总承包单位、工程总承包项目经理依法承担质量终身责任。工程总承包单位对承包范围内工程的安全生产负总责。分包单位应当服从工程总承包单位的安全生产管理，分包单位不服从管理导致生产安全事故的，由分包单位承担主要责任，分包不免除工程总承包单位的安全责任。工程总承包单位应当依据合同对工期全面负责，对项目总进度和各阶段的进度进行控制管理，确保工程按期竣工。

9. 工程总承包项目管理

在工程总承包项目实施过程中，对项目的各方面进行策划、组织、监测和控制，并把项目管理知识、技能、工具和技术应用于项目活动中，以达到项目目标的全部活动，称之为项目管理。

工程总承包项目管理一般包括设计管理，项目采购管理，项目施工管理，项目试运行管理，项目风险管理，项目进度管理，项目治理管理，项目费用管理，项目安全、职业健康与环境管理，项目资源管理，项目沟通与信息管理，项目合同管理等。

工程总承包项目的设计应由具备相应设计资质和能力的企业承担。工程总承包项目的施工应由具备相应施工资质和能力的企业承担。施工管理应由施工经理负责，并适时组建施工组，施工经理应负责组织编制施工执行计划，经项目经理批准后实施，并报项目发包人确认。施工组应根据施工执行计划组织编制施工进度计划，并组织实施和控制；施工组应根据项目施工执行计划，估算施工费用，确定施工费用控制基准；施工组应根据施工执行计划的要求，进行施工开工前的各项准备工作，并在施工过程中协调管理；施工组应监督施工过程的质量，并对特殊过程和关键工序进行识别与质量控制；施工组应根据项目安全管理实施计划进行施工阶段安全策划，编制施工安全计划，建立施工安全管理制度，明确安全职责，落实施工安全管理目标。

项目进度、质量、费用管理应贯穿项目管理的全过程，按策划、实施、检查、处置循环的工作方法进行全过程的控制。

项目风险管理应贯穿于项目实施全过程，宜分阶段进行动态管理。项目部应在项目策划的基础上，依据合同约定对设计、采购、施工和试运行阶段的风险进行识别，形成项目风险识别清单，输出项目风险识别结果；在项目风险识别的基础上进行项目风险评估，并应输出评估结果；根据项目风险识别和评估结果，制定项目风险应对措施或专项方案。发包人承担的风险主要包括：①主要工程材料、设备、人工价格与招标时基期价相比，波动幅度超过合同约定幅度的部分；②因国家法律法规政策变化引起的合同价格的变化；③不可预见的地质条件造成的工程费用和工期的变化；④因发包人提出的工期、建设标准或者工程规模的调整产生的工程费用和工期的变化；⑤因工程建设征地补偿和移民安置等发生重大变化引起的调整；⑥不可抗力造成的工程费用和工期的变化。鼓励发包人和工程总承包单位运用保险手段增强防范风险能力。

10. 项目收尾

项目收尾工作应由项目经理负责，项目收尾工作宜包括下列主要内容：①依据合同约定，项目承包人向项目发包人移交最终产品、服务或成果；②依据合同约定，项目承包人配合项目发包人进行竣工验收；③项目结算；④项目总结；⑤项目资料归档；⑥项目剩余物资处置；⑦项目考核与审计。

11. 质量保修

工程保修书由发包人与工程总承包单位签署，保修期内工程总承包单位应当根据法律法规规定以及合同约定承担保修责任，工程总承包单位不得以其与分包单位之间的保修责任划分而拒绝履行保修责任。

二、工程总承包合同要点

（一）合同组成

《标准设计施工总承包招标文件》（2012 年版）所称工程总承包合同，指项目承包人与项目发包人签订的对建设项目的设计、采购、施工和试运行实行全过程或若干阶段承包的合同。分包合同，指项目承包人与项目分包人签订的合同。工程总承包合同和分包合同以及项目实施过程的合同变更和协议，应以书面形式订立，并成为合同的组成部分。合同组成文件中中标通知书、投标函及投标函附录等含义与标准施工合同的规定基本相同。发包人要求、承包人建议书、价格清单等是工程总承包合同所特有的内容，通用合同条款与标准施工合同类似。

1. 发包人要求

发包人要求是承包人进行工程设计、采购和施工的基础文件，应尽可能清晰准确，对于可以进行定量评估的工作，发包人要求不仅应明确规定其产能、功能、用途、质量、环境、安全，并且要规定偏离的范围和计算方法，以及检验、试验、试运行的具体要求。对于承包人负责提供的有关设备和服务，对发包人人员进行培训和提供一些消耗品等，在发包人要求中应一并明确规定。发包人要求通常包括下列内容：

(1) 功能要求。包括：工程的目的、工程规模、性能保证指标（性能保证表）和产能保证指标。

(2) 工程范围。

1) 承包工作范围：永久工程的设计、采购、施工范围，临时工程的设计与施工范围，竣工验收工作范围，技术服务工作范围；培训工作范围和保修工作范围。

2) 工作界区说明。

3) 发包人的配合工作：提供现场条件（施工用电、用水和施工排水），提供技术文件（发包人的需求任务书和已完成的设计文件）。

(3) 工艺安排或要求。

(4) 时间要求。包括：开始工作时间、设计完成时间、进度计划、竣工时间、缺陷责任期和其他时间要求。

(5) 技术要求。

1) 设计阶段和设计任务。

2) 设计标准和规范。

3) 技术标准和要求。

4) 质量标准。

5) 设计、施工和设备监造、试验（如有）。

6) 样品。

7) 发包人提供的其他条件，如发包人或其委托的第三人提供的设计、工艺包、用于试验检验的工器具等，以及据此对承包人提出的予以配套的要求等。

(6) 竣工试验。

1) 第一阶段，如对单车试验等的要求，包括试验前准备。

2) 第二阶段，如对联动试车、投料试车等的要求，包括人员、设备、材料、燃料、电力、消耗品、工具等必要条件。

3) 第三阶段，如对性能测试及其他竣工试验的要求，包括产能指标、产品质量标准、运营指标、环保指标等。

(7) 竣工验收。

(8) 竣工后试验（如有）。

(9) 文件要求。包括：设计文件及其相关审批、核准、备案要求；沟通计划；风险管理计划；竣工文件和工程的其他记录；操作和维修手册和其他承包人文件。

(10) 工程项目管理规定。包括：质量、进度、支付、健康、安全与环境管理体系、沟通、变更等。

(11) 其他要求。包括：对承包人的主要人员资格要求，相关审批、核准和备案手续的办理，对项目发包人的操作培训，分包，设备供应商，缺陷责任期的服务要求。

2. 承包人建议书

承包人建议书指构成合同文件组成部分的名为承包人建议书的文件。承包人建议书由承包人随投标函一起提交。承包人建议书应包括承包人的设计图纸及相应说明等设计文件。发包人认为承包人实施计划中的有关内容应列入承包人建议书的，应在承包人建议书中载明。

3. 价格清单

设计施工总承包合同的价格清单指构成合同文件组成部分的由承包人按规定的格式和要求填写并标明价格的清单，是承包人完成所提投标方案计算的勘察设计、施工、竣工、试运行、缺陷责任期各阶段的计划费用，价格清单包括勘察设计费、工程设备费、必备的备品备件费、建筑安装工程费、技术服务费、暂列金额、暂估价、其他费用。清单价格的总和为签约合同价。

价格清单列出的任何数量，不视为要求承包人实施的工程的实际或准确的工作量。在价格清单中列出的任何工作量和价格数据应仅限用于合同约定的变更和支付的参考资料，而不能用于其他目的。

4. 通用合同条款

《标准设计施工总承包招标文件》（2012 年版）的通用合同条款中的权利与义务、监理人的职责与权力、变更、索赔、材料与设备、施工设备与临时设施、交通运输、测量放样、工程质量、试验与检验、暂停工作、违约、争议等与标准施工合同的规定类似，增加了工程设计。此外，根据我国目前进行工程总承包的实际情况，借鉴 FIDIC 经验，在通用合同条款中设置了相同的条款号，用（A）、（B）表示，供招标人根据实际需要选择使用。这样设计可使合同条款更加适用于各种各样的情况，既有一定的标准性，又有一定的灵活性。其合同条款包括：①发包人要求中的错误；②不可预见物质条件；③发包人提供的材料和工程设备；④发包人提供的施工设备和临时设施；⑤道路通行权和场外设施；⑥计日工；⑦暂估价；⑧物价波动引起的调整；⑨竣工后试验。

（二）合同双方的主要义务

1. 发包人的主要义务

（1）发包人在履行合同过程中应遵守法律，并保证承包人免于承担因发包人违反法律而引起的任何责任。

（2）发包人应委托监理人按合同约定向承包人发出开始工作通知。

（3）发包人应按专用合同条款约定向承包人提供施工场地及进场施工条件，并明确与承包人的交接界面。

（4）法律规定和（或）合同约定由发包人负责办理的工程建设项目必须履行的各类审批、核准或备案手续，发包人应按时办理。

（5）法律规定和（或）合同约定由承包人负责的有关设计、施工证件和批件，发包人应给予必要的协助。

（6）发包人应按合同约定向承包人及时支付合同价款。专用合同条款对发包人工程款支付担保有约定的，从其约定。

(7) 发包人应按合同约定及时组织竣工验收。

(8) 发包人应履行合同约定的其他义务。

2. 承包人的主要义务

(1) 承包人在履行合同过程中应遵守法律，并保证发包人免于承担因承包人违反法律而引起的任何责任。

(2) 承包人应按有关法律规定纳税，应缴纳的税金包括在合同价格内。

(3) 承包人应按合同约定以及监理人根据合同作出的指示，完成合同约定的全部工作，并对工作中的任何缺陷进行整改、完善和修补，使其满足合同约定的目的。除专用合同条款另有约定外，承包人应提供合同约定的工程设备和承包人文件，以及为完成合同工作所需的劳务、材料、施工设备和其他物品，并按合同约定负责临时设施的设计、施工、运行、维护、管理和拆除。

(4) 承包人应按合同约定的工作内容和进度要求，编制设计、施工的组织和实施计划，并对所有设计、施工作业和施工方法，以及全部工程的完备性和安全可靠性负责。

(5) 承包人应按合同约定采取施工安全措施，确保工程及其人员、材料、设备和设施的安全，防止因工程施工造成的人身伤害和财产损失。

(6) 承包人应按照合同约定负责施工场地及其周边环境与生态的保护工作。

(7) 承包人在进行合同约定的各项工作时，不得侵害发包人与他人使用公用道路、水源、市政管网等公共设施的权利，避免对邻近的公共设施产生干扰。承包人占用或使用他人的施工场地，影响他人作业或生活的，应承担相应责任。

(8) 承包人应按监理人的指示为他人在施工场地或附近实施与工程有关的其他各项工作提供可能的条件。除合同另有约定外，提供有关条件的内容和可能发生的费用，由监理人按合同相关条款商定或确定。

(9) 工程接收证书颁发前，承包人应负责照管和维护工程。工程接收证书颁发时尚有部分未竣工工程的，承包人还应负责该未竣工工程的照管和维护工作，直至竣工后移交给发包人。

(10) 承包人应履行合同约定的其他义务。

(三) 监理人

1. 监理人的职责和权力

(1) 监理人受发包人委托，享有合同约定的权力，其所发出的任何指示应视为已得到发包人的批准。监理人在行使某项权力前需要经发包人事先批准而通用合同条款没有指明的，应在专用合同条款中指明。未经发包人批准，监理人无权修改合同。

(2) 合同约定应由承包人承担的义务和责任，不因监理人对承包人文件的审查或批准，对工程、材料和工程设备的检查和检验，以及为实施监理作出的指示等职务行为而减轻或解除。

2. 监理人员

(1) 总监理工程师。发包人应在发出开始工作通知前将总监理工程师的任命通知承包人。总监理工程师更换时，应提前 14 天通知承包人。总监理工程师超过 2 天不能履行职责的，应委派代表代行其职责，并通知承包人。

（2）总监理工程师可以授权其他监理人员负责执行其指派的一项或多项监理工作。总监理工程师应将被授权监理人员的姓名及其授权范围通知承包人。被授权的监理人员在授权范围内发出的指示视为已得到总监理工程师的同意，与总监理工程师发出的指示具有同等效力。总监理工程师撤销某项授权时，应将撤销授权的决定及时通知发包人和承包人。

（3）总监理工程师授权的监理人员对承包人文件、工程或其采用的材料和工程设备未在约定的或合理的期限内提出否定意见的，视为已获批准，但不影响监理人在以后拒绝该项工作、工程、材料或工程设备的权利。监理人的拒绝应当符合法律规定和合同约定。

（4）承包人对总监理工程师授权的监理人员发出的指示有疑问的，可在该指示发出的48小时内向总监理工程师提出书面异议。总监理工程师应在48小时内对该指示予以确认、更改或撤销。

（5）除专用合同条款另有约定外，总监理工程师不应将合同约定应由总监理工程师作出确定的权力授权或委托给其他监理人员。

3. 监理人的指示

（1）监理人应按约定向承包人发出指示，监理人的指示应盖有监理人授权的项目管理机构章，并由总监理工程师或总监理工程师约定授权的监理人员签字。

（2）承包人收到监理人作出的指示后应遵照执行。指示构成变更的，应按合同执行。

（3）在紧急情况下，总监理工程师或其授权的监理人员可以当场签发临时书面指示，承包人应遵照执行。监理应在临时书面指示发出后24小时内发出书面确认函，监理人在24小时内未发出书面确认函的，该临时书面指示应被视为监理人的正式指示。

（4）除合同另有约定外，承包人只从总监理工程师或按被授权的监理人员处取得指示。

（5）由于监理人未能按合同约定发出指示、指示延误或指示错误而导致承包人费用增加和（或）工期延误的，发包人应承担由此增加的费用和（或）工期延误，并向承包人支付合理利润。

（四）合同价格与支付

1. 合同价格

（1）合同价格包括签约合同价以及按照合同约定进行的调整。

（2）合同价格包括承包人依据法律规定或合同约定应支付的规费和税金。

（3）价格清单列出的任何数量仅为估算的工作量，不得将其视为要求承包人实施的工程的实际或准确的工作量。在价格清单中列出的任何工作量和价格数据应仅限用于变更和支付的参考资料，而不能用于其他目的。

合同价格形式为总价合同，除根据合同约定的在工程实施过程中需进行增减的款项外，合同价格不予调整，但合同当事人另有约定的除外。合同约定工程的某部分按照实际完成的工程量进行支付的，应按照合同约定进行计量和估价，并据此调整合同价格。

2. 工程进度付款

（1）付款支付时间及分解表。工程进度付款按月支付。承包人应根据价格清单的价格构成、费用性质、计划发生时间和相应工作量等因素，按照以下分类和分解原则，结合约定的合同进度计划，汇总形成月度支付分解报告。

1）勘察设计费。按照提供勘察设计阶段性成果文件的时间、对应的工作量进行分解。

2）材料和工程设备费。分别按订立采购合同、进场验收合格、安装就位、工程竣工等阶段和专用条款约定的比例进行分解。

3）技术服务培训费。按照价格清单中的单价，结合约定的合同进度计划对应的工作量进行分解。

4）其他工程价款。除合同价格约定按已完成工程量计量支付的工程价款外，按照价格清单中的价格，结合约定的合同进度计划拟完成的工程量或者比例进行分解。

承包人应当在收到经监理人批复的合同进度计划后 7 天内，将支付分解报告以及形成支付分解报告的支持性资料报监理人审批，监理人应当在收到承包人报送的支付分解报告后 7 天内给予批复或提出修改意见，经监理人批准的支付分解报告为有合同约束力的支付分解表。合同进度计划进行了修订的，应相应地修改支付分解表，并按规定报监理人批复。

（2）进度付款申请。承包人应在每笔进度款支付前，按监理人批准的格式和专用合同条款约定的份数，向监理人提交进度付款申请单，并附相应的支持性证明文件。除合同另有约定外，进度付款申请单应包括下列内容：

1）当期应支付金额总额，以及截至当期期末累计应支付金额总额、已支付的进度付款金额总额。

2）当期根据支付分解表应支付金额，以及截至当期期末累计应支付金额。

3）当期根据合同约定计量的已实施工程应支付金额，以及截至当期期末累计应支付金额。

4）当期合同约定应增加和扣减的变更金额，以及截至当期期末累计变更金额。

5）当期应增加和扣减的索赔金额，以及截至当期期末累计索赔金额。

6）当期约定应支付的预付款和扣减的返还预付款金额，以及截至当期期末累计返还预付款金额。

7）当期约定应扣减的质量保证金金额，以及截至当期期末累计扣减的质量保证金金额。

8）当期根据合同应增加和扣减的其他金额，以及截至当期期末累计增加和扣减的金额。

（3）进度付款审批及支付。

1）监理人在收到承包人进度付款申请单以及相应的支持性证明文件后的 14 天内完成审核，提出发包人到期应支付给承包人的金额以及相应的支持性材料，经发包人审批同意后，由监理人向承包人出具经发包人签认的进度付款证书。监理人未能在前述时间完成审核的，视为监理人同意承包人进度付款申请。监理人有权核减承包人未能按照合同要求履行任何工作或义务的相应金额。

2）发包人最迟应在监理人收到进度付款申请单后的 28 天内，将进度应付款支付给承包人。发包人未能在前述时间内完成审批或不予答复的，视为发包人同意进度付款申请。发包人不按期支付的，按专用合同条款的约定支付逾期付款违约金。

3）监理人出具进度付款证书，不应视为监理人已同意、批准或接受了承包人完成的该部分工作。

4）进度付款涉及政府投资资金的，按照国库集中支付等国家相关规定和专用合同条款的约定执行。

（4）工程进度付款的修正。在对以往历次已签发的进度付款证书进行汇总和复核中发现错、漏或重复的，监理人有权予以修正，承包人也有权提出修正申请。经监理人、承包人复核同意的修正，应在本次进度付款中支付或扣除。

第五节　全过程咨询合同管理

一、全过程咨询概述

全过程工程咨询，是指工程咨询方综合运用多学科知识、工程实践经验、现代科学技术和经济管理方法，采用多种服务方式组合，为委托人在项目投资决策、建设实施乃至运营维护阶段持续提供局部或整体解决方案的智力性服务活动。全过程工程咨询可分为投资决策综合性咨询和工程建设全过程咨询。其中，工程建设全过程咨询又可分为工程勘察设计咨询、工程招标采购咨询、工程监理与项目管理服务。咨询人还可根据委托人需求提供其他专项咨询服务。咨询人可提供的专项咨询服务包括但不限于：项目融资咨询、政府和社会资本合作咨询、工程造价咨询、信息技术咨询、风险管理咨询、项目后评价咨询、建筑节能与绿色建筑咨询、工程保险咨询。

改革开放以来，我国工程咨询服务市场化快速发展，形成了投资咨询、招标代理、勘察、设计、监理、造价、项目管理等专业化的咨询服务业态，部分专业咨询服务建立了执业准入制度，促进了我国工程咨询服务专业化水平提升。随着我国固定资产投资项目建设水平逐步提高，为更好地实现投资建设意图，投资者或建设单位在固定资产投资项目决策、工程建设、项目运营过程中，对综合性、跨阶段、一体化的咨询服务需求日益增强。这种需求与现行制度造成的单项服务供给模式之间的矛盾日益突出。

2017年，随着国务院办公厅《关于促进建筑业持续健康发展的意见》（国办发〔2017〕19号）的出台，全过程工程咨询的理念和概念逐步在行业内出现，有关部门相继出台了住房和城乡建设部《关于开展全过程工程咨询试点工作的通知》（建市〔2017〕101号）、住房和城乡建设部等部门《关于印发贯彻落实促进建筑业持续健康发展意见重点任务分工方案的通知》（建市〔2017〕137号）、国家发展改革委、住房和城乡建设部《关于推进全过程工程咨询服务发展的指导意见》（发改投资规〔2019〕515号）等文件。2020年8月28日，住房和城乡建设部、教育部、科学技术部、工业和信息化部等九部门联合印发《关于加快新型建筑工业化发展的若干意见》，意见提出：要发展全过程工程咨询，大力发展以市场需求为导向、满足委托方多样化需求的全过程工程咨询服务，培育具备勘察、设计、监理、招标代理、造价等业务能力的全过程工程咨询企业。地方政府及其部门也相继出台了大量的鼓励和指导性文件。

二、水利行业全过程咨询

水利行业项目基本都是政府投资，大型项目的项目法人多是临时组建，极易导致人才队伍匮乏、技术力量薄弱、政策把握不准等一系列问题，严重影响水利工程顺利推进。水利行业全过程咨询模式的提出是政策导向和行业进步的体现。

现阶段委托人通常按照服务的专业来委托咨询任务，咨询服务往往处于项目某一个阶段，各阶段各自为政，对工作缺乏整体谋划和统筹。要改变此种局面，唯有将“专业的事交给专业的人办”。将委托人承担的事务性工作和勘察设计、咨询、监理等单位承担的技术性、专业性工作委托全过程咨询单位承担。咨询服务内容包括：初步设计、招标设计、施工图设计、工程造价咨询、工程施工监理、招标代理、项目管理等。从项目阶段而言，服务期限从初步设计阶段到项目验收完成。该项目的实施将打破传统的分散放委托模式，转变为综合性、跨阶段、一体化的咨询服务。充分发挥全过程工程咨询价值；可以克服阶段性、片段性服务的不足，实现通盘考虑。水利行业实行全过程工程咨询，其高度整合的服务内容在节约投资成本的同时也有助于缩短项目工期，提高服务质量和项目品质，有效地规避风险，推动水利行业高质量发展。因此，在重大水利项目中推行全过程工程咨询势在必行。

三、全过程工程咨询组织模式

（一）服务实施方式

工程建设全过程咨询服务应当由一家具有综合能力的咨询单位实施，也可由多家具有招标代理、勘察、设计、监理、造价、项目管理等不同能力的咨询单位组成联合体联合实施。由多家咨询单位联合实施的，应当明确牵头单位及各单位的权利、义务和责任。

（二）委托方式

委托人可通过招标或直接委托方式委托全过程工程咨询业务。按现行招标投标相关规定，全过程工程咨询业务中包含依法必须招标项目的，应通过招标方式优选工程咨询单位。

（三）咨询单位的选择

全过程咨询单位提供勘察、设计、监理或造价咨询服务时，应当具有与工程规模及委托内容相适应的资质条件。全过程咨询服务单位应当自行完成自有资质证书许可范围内的业务，在保证整个工程项目完整性的前提下，按照合同约定或经建设单位同意，可将自有资质证书许可范围外的咨询业务依法依规择优委托给具有相应资质或能力的单位，全过程咨询服务单位应对被委托单位的委托业务负总责。建设单位选择具有相应工程勘察、设计、监理或造价咨询资质的单位开展全过程咨询服务的，除法律法规另有规定外，可不再另行委托勘察、设计、监理或造价咨询单位。

（四）服务人员要求

工程建设全过程咨询项目负责人应当取得工程建设类注册执业资格且具有工程类、工程经济类高级职称，并具有类似工程经验。对于工程建设全过程咨询服务中承担工程勘察、设计、监理或造价咨询业务的负责人，应具有法律法规规定的相应执业资格。全过程咨询服务单位应根据项目管理需要配备具有相应执业能力的专业技术人员和管理人员。设计单位实施全过程咨询的，应充分发挥主导作用。

四、全过程咨询合同要点

（一）合同组成

（1）本协议书。

（2）中标通知书（如有）。

（3）投标函及其附录（如有）。

（4）专用合同条件及其附件。

（5）通用合同条件。

（6）技术标准和要求。

（7）其他合同文件。

上述各项合同文件包括双方就该项合同文件所做出的补充和修改，属于同一类内容的文件，应以最新签署的为准。

（二）委托人

1. 委托人一般义务

（1）委托人应遵守法律，并办理法律规定由其办理的许可、核准或备案，并将与咨询服务有关的相应结果书面通知咨询人。因委托人原因未能及时办理完毕前述许可、核准或备案手续，导致服务费用增加和（或）服务期限延长时，由委托人承担责任，但因咨询人未能根据合同约定协助委托人办理前述许可、核准或备案手续而导致的除外。

（2）除合同另有约定外，委托人应向咨询人提供咨询服务时所涉及的所有外部关系的协调以及与其他组织相联系的渠道，以便咨询人收集需要的信息，为咨询人履行职责提供外部条件。委托人应在工程合同中或根据工程合同的规定及时向相关承包商、供应商、全过程咨询合同之外的其他咨询方等提供咨询人及咨询项目总负责人的名称或姓名、管理范围、内容和权限以及其他必要信息，并负责就咨询人与委托人以及委托人的相关承包商、供应商、全过程咨询合同之外的其他咨询方等之间职权相重叠或不明确的情况予以协调和明确。

（3）为了咨询服务的需要，委托人应在不影响咨询人根据服务进度计划开展服务的时间内，按照专用合同条件的约定，免费向咨询人提供相关资料、设备和设施。如果咨询人履行服务时另需其他人员的服务，委托人应按照专用合同条件的约定，及时提供其他人员的服务，以保证咨询服务能够按服务进度计划进行。除合同另有约定外，其他人员的服务与咨询人的服务之间的界面管理责任应由委托人承担。咨询人应与此类服务的提供者合作，但不对此类人员的行为负责。

（4）合同当事人可在专用合同条件约定委托人应承担的其他义务。

2. 委托人决定

除合同另有明确约定外，委托人应根据专用合同条件的约定，在不影响咨询人根据服务进度计划开展咨询服务的时间内，对咨询人以书面形式提出的事项做出书面决定。对咨询人在贯彻落实委托人意见时提出的有关问题，委托人应及时予以解答。因委托人原因未能答复或答复不及时导致服务费用增加和（或）服务期限延长的，由委托人承担。

3. 支付担保

除专用合同条件另有约定外，委托人要求咨询人提供履约担保的，委托人应当向咨询人提供支付担保。支付担保可以采用银行保函或保证保险保单或担保公司担保等形式，具体由双方在专用合同条件中约定。

4. 委托人代表

委托人应指定一位有适当资格和经验的管理人员作为委托人代表，并在专用合同条件中明确其姓名、职务、联系方式及授权范围等事项。委托人代表在委托人的授权范围内，负责处理合同履行过程中与委托人有关的具体事宜。委托人代表在授权范围内的行为由委托人承担法律责任。委托人更换委托人代表的，应在专用合同条件约定的期限内提前书面通知咨询人。

5. 委托人人员

委托人应在与咨询人协商后，按照专用合同条件的要求，自费从其雇员中为推进项目安排、选择及提供有适当资格和经验的人员。咨询人可对上述人员的选择和替换提出合理异议，且在与相关法律法规不发生冲突的前提下，上述人员应就与咨询服务有关的事项接受咨询人的指示。

如委托人无法按照专用合同条件的要求提供相关人员，或咨询人合理认为委托人提供的人员存在不能胜任岗位责任、存在严重过失或不当行为或专用合同条件约定的其他情形的，则咨询人有权另行安排替代人员，其费用应由委托人承担，且应视为构成服务变更。

（三）咨询人

1. 咨询人一般义务

（1）咨询人应根据合同约定的咨询服务内容和要求提供咨询服务。如合同中未详细描述咨询人的工作，则咨询人应为满足合同中描述的所有功能和目的而履行咨询服务。

（2）咨询人应按照合同组建能够满足咨询服务需要的咨询服务机构，并按照合同的约定完成咨询服务。

（3）委托人需要咨询人提供履约担保的，应当按照相关规定在专用合同条件中明确约定，咨询人应按照约定的形式、金额及期限等向委托人提供履约担保。

（4）咨询人在履行合同义务时，应严格按照国家法律法规、强制性国家标准以及合同约定履行职责，维护委托人的合法利益，保证服务成果的质量，运用合理的专业技术和经验知识，按照有经验的咨询人为同等规模、性质和复杂程度的项目提供同等咨询服务时应有的职业标准，谨慎、勤勉地履行其在合同中的责任和义务。

（5）法律、法规、规章有相应规定的，咨询人及其咨询人员应具有履行咨询服务所需的资质或资格。由咨询人按照合同的约定将相应的咨询服务转让给第三方或交由其他咨询单位实施的，该第三方和其他咨询单位应具有相应资质或资格。

（6）在履行合同期间，咨询人应使委托人保持对咨询服务进展的了解，并按照合同的约定，定期向委托人报告咨询服务工作进展。

(7) 任何由委托人支付费用并提供给咨询人使用的物品都是属于委托人的财产。咨询人有权无偿使用由委托人提供的设备、设施和人员提供的服务。咨询人应采取合理的措施来保护委托人的财产，直至咨询服务完成并将其退还给委托人。保护委托人的财产所产生的费用应由委托人承担。

(8) 合同当事人可在专用合同条件约定咨询人应承担的其他义务。

2. 咨询项目总负责人

(1) 咨询项目总负责人应为合同协议书及专用合同条件中约定的人选，并应具有履行相应职责的资格、能力和经验。咨询服务仅涉及投资决策阶段的，咨询项目总负责人的资格要求由双方在专用合同条件中约定。咨询服务涉及工程建设阶段的，咨询项目总负责人应当具有工程建设类注册执业资格且具有工程类、工程经济类高级职称。双方应在合同协议书及专用合同条件中明确咨询项目总负责人的基本信息及授权范围等事项，咨询项目总负责人经咨询人授权后代表咨询人负责履行合同。

(2) 除专用合同条件另有约定外，咨询人需要更换咨询项目总负责人的，应在专用合同条件约定的期限内提前书面通知委托人，并征得委托人书面同意。未经委托人书面同意，咨询人不得擅自更换咨询项目总负责人。咨询人擅自更换咨询项目总负责人的，应按照专用合同条件的约定承担违约责任。对于咨询项目总负责人确因患病、与咨询人终止劳动关系、工伤、去世等原因导致咨询人更换咨询项目总负责人的，委托人无正当理由不得拒绝更换。

(3) 委托人有权书面通知咨询人更换不称职的咨询项目总负责人，通知中应当载明要求更换的理由。对于委托人有正当理由的更换要求，咨询人应在收到书面更换通知后在专用合同条件约定的期限内将新任命的咨询项目总负责人信息报送委托人，并征得委托人同意后更换。咨询人无正当理由拒绝更换咨询项目总负责人的，应按照专用合同条件的约定承担违约责任。

3. 咨询人员

(1) 咨询人应按照合同约定，根据项目管理需要配备和派遣能胜任本职工作及具备相应能力和经验的各单项咨询负责人，以及其他专业技术人员和管理人员。对于承担投资决策综合性咨询业务的单项咨询负责人和相关咨询人员，应具有为委托人提供决策依据和建议的能力。对于承担工程勘察、设计、监理或造价咨询业务的单项咨询负责人和相关咨询人员，应具有法律法规规定的相应执业资格。咨询人根据合同派遣的咨询人员应取得委托人认可，对于已包含在投标文件、非招标项目响应文件和全过程咨询合同中的咨询人员，除委托人明确提出异议外，均应视为已被委托人认可。

(2) 合同履行过程中，咨询人委派的咨询人员应相对稳定，以保证咨询工作的顺利进行。咨询人更换单项咨询负责人、有执业资格要求的主要咨询人员时，应提前 7 天书面通知委托人，除主要咨询人员客观上无法正常履职情形外，还应征得委托人书面同意，由咨询人负责安排具有同等资格和能力的人员代替，同时承担更换费用。委托人对咨询人的主要咨询人员资格或能力有异议而提出更换的，应提出书面要求并须阐述更换理由，咨询人无正当理由拒绝撤换的，应按照专用合同条件的约定承担违约责任。

(3) 若咨询人认为其咨询人员的健康或安全保障将受到不可抗力或双方在专用合同条件中约定的其他事件的影响，则咨询人有权在将相应事件告知委托人后，暂停全部或部分咨询服务，并将其咨询人员转移，直至不可抗力或其他事项影响消失。

4. 转让和交由其他咨询单位实施咨询服务

(1) 除应收款项的转让外，没有委托人的书面同意，咨询人不得转让合同涉及的利益。未经另一方同意，任何一方均不得转让其在全过程咨询合同下的义务。

(2) 咨询人不得将其承担的全部咨询服务转让给第三方，或将全部咨询服务肢解后全部转让给多个第三方。

(3) 咨询人应当自行完成自有资质证书许可范围内的咨询服务。在保证整个项目完整性的前提下，咨询人可按照专用合同条件的约定或经委托人书面同意，将自有资质证书许可范围外的咨询服务依法依规择优委托给具有相应资质或能力的其他咨询单位实施。对于以暂估价形式包括在全过程咨询合同范围内的咨询服务，属于依法必须进行招标的项目范围且达到国家规定规模标准的，可由委托人自行招标，也可由委托人与咨询人共同作为招标人，或者由委托人同意后由咨询人担任招标代理人，根据项目特点和实际需要选择咨询团队或咨询方案招标。

(4) 委托人同意咨询人将部分咨询服务交由其他咨询单位完成，不减轻或免除咨询人就该部分咨询服务应承担的责任和义务。咨询人仍应对该部分咨询服务负总责，并就该其他咨询单位的行为、疏忽和违约承担相应责任。

5. 联合体

(1) 如咨询人为联合体，则联合体各方应共同与委托人签订合同协议书。

(2) 联合体各方应在签订合同协议书前向委托人提交联合体协议，并在其中约定联合体的牵头人和各成员工作分工、权利、义务、责任，经委托人确认后作为合同附件。在履行合同过程中，未经委托人同意不得变更联合体成员、各成员履行的咨询服务以及联合体的法律性质。

(3) 联合体各方应根据法律规定和合同约定向委托人承担相应责任，并应在专用合同条件中明确联合体各方为履行合同应向委托人承担责任的方式。专用合同条件中没有约定的，联合体各方应向委托人承担连带责任。

(4) 联合体牵头人应根据专用合同条件的约定对咨询服务成果承担责任，并负责组织联合体各成员全面履行合同以及与委托人联系并接受委托人指示。

(5) 委托人向联合体支付服务费用的方式及其他关于联合体的约定在专用合同条件中约定。

(四) 服务要求和服务成果

1. 咨询服务的依据

(1) 委托人应根据合同的约定，在不影响咨询人根据服务进度计划开展服务的时间内，向咨询人提供与咨询服务有关的一切资料和信息，包括但不限于项目的相关情况以及相关承包商、供应商和咨询人的名录和信息。委托人提供上述资料超过约定期限，导致服务费用增加和（或）服务期限延长的，由委托人承担。

(2) 委托人应对所提供资料的真实性、准确性、合法性与完整性负责。委托人未按照约定提供必要的资料和信息，影响服务成果的质量或导致服务费用增加和（或）服务期限延长的，由委托人承担。任何一方发现资料中存在错误、疏漏或问题的，应当及时通知另一方；但对上述错误、疏漏或问题的纠正应经委托人确认。

(3) 委托人应当遵守法律和技术标准，不得以任何理由要求咨询人违反法律法规，压缩合理服务期限，降低技术标准和工程质量、安全标准提供咨询服务。有关的特殊标准和要求由双方在专用合同条件中约定。

(4) 委托人要求进行主要技术指标控制的，经委托人与咨询人协商一致后应在合同中进行约定。委托人应当严格遵守主要技术指标控制的前提条件，由于委托人的原因导致变更主要技术指标控制值的，委托人承担相应责任。咨询人应当严格执行其双方书面确认的主要技术指标控制值，由于咨询人的原因导致超出约定的主要技术指标控制值比例的，咨询人应当承担相应的违约责任。

2. 对服务成果的要求

(1) 服务成果应符合法律、技术标准、现行规范的强制性规定及合同约定。具体的服务成果内容和要求在合同中约定。

(2) 咨询人应对其所提供的服务成果的真实性、有效性和科学性负责。因咨询人原因造成服务成果不合格的，包括由于服务成果的质量问题、数据不实、计算方法错误所导致的决策失误，委托人有权要求咨询人采取补救措施，直至达到合同要求的质量标准，并按照合同约定承担相应违约责任。

(3) 因委托人原因造成服务成果不合格的，咨询人应当采取补救措施，直至达到合同要求的质量标准，由此导致服务费用增加和（或）服务期限延长的，由委托人承担。

3. 服务成果的交付

(1) 咨询人应按照合同约定的服务成果交付时间向委托人交付服务成果，委托人应当出具书面签收单。

(2) 委托人要求咨询人提前交付服务成果的，应向咨询人下达提前交付的书面通知并明确提前交付的内容，但委托人不得压缩合理的服务期限。咨询人应向委托人提交提前交付服务成果建议书，该建议书应包括实施的方案、缩短的时间、增加的服务费用等内容。委托人接受该建议书的，咨询人应按照该建议书修订咨询服务进度计划，由此增加的服务费用由委托人承担。咨询人认为提前交付服务成果无法执行的，应向委托人提出书面异议，委托人应在收到异议后 7 天内予以答复，7 天内未予答复的，视为委托人认可咨询人的书面异议。

(3) 委托人要求咨询人提前交付服务成果的，或咨询人提出提前交付服务成果的建议能够给委托人带来效益的，合同当事人可以在合同中约定对提前交付服务成果的奖励。

4. 服务成果的审查

(1) 咨询人的服务成果应报委托人审查同意。审查的范围和标准在合同中约定。审查的具体标准应符合法律规定、技术标准要求和合同约定。

除合同对期限另有约定外，委托人收到咨询人的服务成果后，应在 21 天内做出审查结论或提出异议。委托人对服务成果有异议的，应以书面形式通知咨询人，并说明不符合合同要求的具体内容。咨询人应根据委托人的书面说明，进行修改后重新报送委托人审查，上述 21 天的答复期限应重新起算。

合同约定的答复期限届满，委托人没有做出审查结论也没有提出异议的，除服务成果需经政府部门审查和批准外，视为咨询人的服务成果已获委托人同意。

（2）如果委托人的修改意见超出或更改了所约定的服务范围，应适用合同的约定。

（3）服务成果需政府有关部门审查或批准的，委托人应在审查同意咨询人的服务成果后在专用合同条件约定的期限内，向政府有关部门报送服务成果，咨询人应予以协助。咨询人需按政府有关部门的审查意见修改服务成果。如上述审查意见构成了对合同所约定的服务范围的变更的，委托人应当根据合同向咨询人另行支付费用。

（4）委托人需要组织审查会议对服务成果进行审查的，审查会议的形式、组织方和时间安排，应在专用合同条件中约定。服务成果审查会议的会议费用及委托人的上级单位、政府有关部门参加审查会议的费用由委托人承担。

咨询人有义务参加委托人组织的审查会议，向审查者介绍、解答、解释其服务成果，并提供有关补充资料。

委托人有义务向咨询人提供审查会议的批准文件和纪要。咨询人有义务按照相关审查会议批准的文件和纪要，并依据合同约定及相关技术标准，对服务成果进行修改、补充和完善。

（5）因咨询人原因，未能按合同约定的时间向委托人提交服务成果，致使审查无法进行或无法按期进行，造成服务进度计划延误、窝工损失及委托人费用增加的，咨询人应按合同的约定承担责任。

因委托人原因，致使服务成果审查无法进行或无法按期进行，导致服务费用增加和（或）服务期限延长的，由委托人承担。

（6）因咨询人原因造成服务成果不合格致使文件审查无法通过的，委托人有权要求咨询人采取补救措施，直至达到合同要求的质量标准，并按合同的约定承担责任。

因委托人原因造成服务成果不合格致使文件审查无法通过，导致服务费用增加和（或）服务期限延长的，相关责任由委托人承担。

（7）委托人对服务成果的审查，不减轻或免除咨询人依据法律应当承担的责任。

5. 管理和配合服务

（1）咨询人应根据合同以及相关法律法规的规定，对工程合同相关的承包商、供应商、其他咨询方或委托人在工程合同下的其他相对方进行管理和提供配合。此类管理和配合服务包括但不限于：

1）作为投资决策咨询人，就相关影响投资项目可行性的要素与项目各相关方进行联系和沟通，提供科学的决策依据和建议。

2）作为招标代理人，根据招标采购的需要，与投标人、评标人、相关政府机构等相关方进行联系协调。

3）作为勘察人，积极提供勘察配合服务，进行勘察技术交底，委派专业人员配合及时解决与勘察有关的问题，参与基坑基底验收和工程竣工验收等工作。

4）作为设计人，积极提供设计配合服务，进行设计技术交底、施工现场服务、参与施工过程验收、参与投产试车（试运行）、参与工程竣工验收等工作。

5）作为监理人，根据法律法规、工程建设标准、勘察设计文件及合同，在施工阶段对建设工程质量、造价、进度进行控制，对合同、信息进行管理，对工程建设相关方的关系进行协调，并履行建设工程安全生产管理法定职责。

6）作为造价咨询人，与承包商等项目各参与方就项目资金使用、竣工结算等工程造价相关事宜进行联系与沟通，协调项目参与各方的关系。

7）作为项目管理人，对招标代理、勘察、设计、监理、造价等服务及相关活动进行统筹管理工作。

（2）咨询人根据合同提供管理和配合服务时，应当根据委托人的授权以及合同约定代表委托人进行。具体授权范围在专用合同条件中约定，且委托人应将对咨询人的授权和对权限的限制在工程合同中写明或书面告知委托人在工程合同下的相对方。如咨询人或咨询项目总负责人在合同下的授权权限与工程合同下的职责存在歧义或矛盾，咨询人应通知委托人，且委托人应尽快给出指示以纠正该歧义或矛盾，必要时应根据合同约定签发服务变更的通知。

（3）在委托人和工程合同相对方之间提供证明、行使决定权或处理权时，咨询人应当作为独立的专业人员，根据自己的专业技能和判断进行工作，并提供必要的证明资料。在咨询人做出任何影响该工程合同相对方义务的指示和决定前，对于可能对费用、质量或时间产生重大影响的任何变更，须事先得到委托人的批准。因情况紧急，难以和委托人取得联系的，咨询人应当妥善处理委托事务，但事后应尽快将该情况通知委托人。

（五）变更和服务费用调整

1．变更情形

除专用合同条件另有约定外，合同履行过程中发生以下情形的，应按照合同约定进行服务变更：

（1）因非咨询人原因导致项目的内容、规模、功能、条件、投资额发生变化。

（2）委托人提供的资料以及根据合同应提供的设备、设施和人员发生变化。

（3）委托人改变咨询服务的范围、内容、方式。

（4）委托人改变咨询服务的履行顺序和服务期限。

（5）基准日期后，因项目所在地及提供咨询服务所在地的法律法规发生变动、强制性技术标准的颁布和修改而引起服务费用和（或）服务期限的改变。

（6）委托人或委托人的承包商、供应商、其他咨询方等使咨询服务受到障碍或延长的。

（7）专用合同条件约定的其他服务变更情形。

上述服务变更不应实质性地改变咨询服务的程度或性质，如发生此类改变的应由委托人和咨询人协商一致，以对合同相关内容进行修订。

2．变更程序

（1）咨询服务完成前，委托人可通过签发服务变更通知随时发起对咨询服务的变更。

委托人也可先要求咨询人就即将采取的服务变更拟定建议书，委托人接受此建议书后应签发服务变更通知以确认该服务变更。

（2）若咨询人认为委托人发出的指示或其他事件构成了服务变更，则应在合理可行的情况下尽快将该事件对服务进度计划、相关服务费用的影响通知委托人。除专用合同条件另有约定外，委托人应当在收到通知14天内签发服务变更通知或取消该指示，或签发该指示或事件不会导致服务变更的通知解释。咨询人可在收到进一步的通知后7天内根据合同将该事件作为争议提交，否则咨询人应遵守该委托人的进一步通知。委托人逾期签发服务变更通知、进一步通知或其他意见的，视为委托人认可该指示或事件构成服务变更。

（3）委托人签发服务变更通知后，咨询人应受到该通知的约束，除非咨询人向委托人发出以下有证据支持的通知：

1）咨询人不具备实施服务变更的技术和资源。

2）咨询人认为服务变更将实质性地改变咨询服务的程度或性质。

3）委托人签发的服务变更通知存在违反法律法规或技术标准前置性规定的情形。

（六）价格调整和变更影响

若服务变更可能影响其他部分的咨询服务、服务进度计划和服务期限或增加咨询人工作量的，委托人和咨询人应对此服务变更引起的价格调整和计算方式，包括对其他部分的服务的影响、服务进度计划和服务完成日期的影响以及增加工作量的影响达成一致。

服务变更引起的价格调整应根据合同中的取费标准确定，若合同中的取费标准不适用于该服务变更，则双方应达成新的取费标准。

服务变更引起的价格调整和其对服务进度计划的影响需经委托人的书面同意和确认。委托人同意价格调整和服务变更的影响后，应向咨询人发出指令，以开始执行服务变更。

以下情况委托人可直接向咨询人发出开始执行服务变更的指令：咨询人收到服务变更通知14天后，双方未能确认服务变更的所有影响并达成一致；

在服务变更工作开始前，双方无法确认服务变更的所有影响并达成一致。

在此情况下，咨询人应基于其付出的时间，根据合同的取费标准获得补偿。若该取费标准不适用于该服务变更，则委托人应按照合理的费率或价格对咨询人进行补偿，直至双方就服务变更引起的价格调整和影响达成一致。

（七）知识产权

1. 知识产权归属和许可

（1）委托人创造、开发和拥有的知识产权，包括但不限于委托人提供给咨询人的资料、文件，委托人为实施项目自行编制或委托编制的技术规范以及反映委托人要求的或其他类似性质文件的知识产权，均属于委托人。但委托人应向咨询人授予咨询人提供咨询服务而合理必需的，使用上述知识产权的免许可费、可转许可的普通许可。

（2）咨询人独立于合同之外而创造、开发和拥有的知识产权均属于咨询人。除专用合同条件另有约定外，咨询人为提供咨询服务而创造或开发的知识产权，包括但不限于咨询人编制的各类书面文件，均属于咨询人。但咨询人应向委托人授予委托人利用咨询服务或项目而合理必需的，使用上述知识产权的相关许可，除专用合同条件另有约定外，许可费用视为包含在服务费用中，不再另行计取。咨询人转让为提供咨询服务而创造或开发的知识产权的，委托人享有以同等条件优先受让的权利。

2. 知识产权保证

咨询人和委托人保证，己方是拥有所提供的服务成果或资料的知识产权权利人，或已获得知识产权权利人的相关许可。如咨询人或委托人因使用对方提供的服务成果或资料而导致侵犯第三方的知识产权或其他权利，则提供方须与该第三方交涉并承担由此而引起的一切法律责任和费用，并应在法律允许的情况下自担费用确保合法的权利人将相关权利转让或授予委托人或咨询人。

3. 知识产权许可的撤销

(1) 如委托人根据合同的约定，或者咨询人根据合同的约定正当地终止合同，则其有权撤销所授予的知识产权许可，但双方另有约定的除外。

(2) 如委托人未能履行合同到期的任何付款义务，则咨询人有权通过提前 28 天发出通知的方式撤销根据合同授予委托人的任何知识产权许可。

(八) 不可抗力

1. 不可抗力的通知

(1) 任何一方遇到不可抗力事件，使其履行合同义务受到阻碍时，应立即通知合同另一方，书面说明不可抗力和受阻碍的详细情况，并在合理期限内提供必要的证明。

(2) 不可抗力持续发生的，合同一方当事人应及时向合同另一方当事人提交书面中间报告，说明不可抗力和履行合同受阻的情况，并于不可抗力事件结束后 28 天内提交最终书面报告及有关资料。

2. 不可抗力的后果

(1) 不可抗力引起的后果及造成的损失由合同当事人按照法律规定及合同约定各自承担。

(2) 不可抗力发生后，合同当事人均应采取措施尽量避免和减少损失的扩大，任何一方当事人没有采取有效措施导致损失扩大的，应对扩大的损失承担责任。

(3) 不可抗力发生前已完成的咨询服务应当按照合同约定进行支付。

(4) 因一方迟延履行合同义务，在迟延履行期间遭遇不可抗力的，不免除该方的违约责任。

(九) 服务费用和支付

1. 服务费用

(1) 委托人和咨询人应当在合同中明确约定服务费用的组成部分和计取方式，包括变更和调整的计取方式。

(2) 除合同另有约定外，合同约定的服务费用均已包含国家规定的增值税税金。

(3) 委托人和咨询人应当在合同中明确约定咨询人为履行合同发生的差旅费、通信费、复印费、材料和设备检测费等服务开支是否已包含在服务酬金内，以及服务酬金中未包括的服务开支的计取和支付方法。

(4) 对于咨询人在服务过程中提出合理化建议并被委托人采纳，以及咨询人提供咨询服务节约本项目投资额、咨询人提前交付服务成果等使委托人获得效益或规避潜在风险的情形，双方可在合同中约定奖励金额的计取和支付方法。

2. 支付程序和方式

(1) 咨询人应在合同中约定的每个应付款日的至少 7 天前，向委托人提交支付申请书。支付申请书应包括下列款项的金额及明细：

1) 当期已经完成的咨询服务对应的服务酬金。

2) 根据合同约定，咨询人为提供咨询服务所产生的、不包含在服务酬金内的合理服务开支。

3) 根据合同的约定和咨询人提供咨询服务节约的投资额等标准对咨询人进行的奖励金额。

4) 根据合同约定应增加或扣减的变更调整金额。

5) 根据合同约定应增加或扣减的索赔或违约金额。

6) 对已付款中出现的错误、遗漏或重复的修订，应在当期付款中支付或扣除的金额。

7) 根据合同约定应增加和扣减的其他金额。

(2) 在对已付款进行汇总和复核过程中发现错误、遗漏或重复的，委托人和咨询人均有权提出修正申请。经委托人和咨询人同意的修正，应在下期付款中支付或扣除。

(3) 委托人未能按期支付款项的，应按照专用合同条件的约定向咨询人支付逾期付款违约金。委托人支付逾期付款违约金不影响咨询人按合同约定行使暂停或终止咨询服务的权利。

(4) 未经咨询人书面同意，委托人不应以存在针对咨询人的索赔等为原因，扣留其应付的款项，除非仲裁庭或法院根据合同约定将应付款项判给委托人。

(5) 对于按月或按阶段支付的服务费用，应由咨询人提交该月或该阶段的支付申请书、费用说明及合理必要的证明材料复印件，服务酬金、服务开支和奖励金额等款项应分列，报送委托人审核并支付。除此之外，对于约定的服务费用以外发生的费用，应随费用发生的该月或该阶段的服务费用一并提交支付申请书和支付。

(6) 在合同终止的情况下，即使未到支付服务费用的日期，咨询人有权得到已完成的咨询服务的付款。

(7) 除专用合同条件另有约定外，服务费用均以人民币支付。涉及其他货币支付的，所采用的货币种类、比例和汇率在专用合同条件中约定。

3. 有争议部分的付款

委托人对咨询人提交的支付申请书有异议时，应当在收到咨询人提交的支付申请书后 7 天内，以书面形式向咨询人发出异议通知，并说明有异议部分款项的数额及理由。无异议部分的款项应按期支付，有异议部分的款项按合同约定办理。

第六节　特许经营项目合同管理

一、特许经营概述

欧洲特许经营联合会（European Franchise Federation）关于特许经营权的定义：特许经营是一种营销产品和服务或技术的体系，基于在法律和财务上分离和独立的当事人——特许人和他的单个受许人之间紧密和持续的合作，依靠特许人授予其单个受许人以权利并附加义务，以便根据特许人的概念进行经营。特许经营是特许人将自己的商标、商号、产品、专利、技术秘密、配方、经营管理模式等无形资产以特许经营合同的形式授予被特许人（受许人）使用，按照特许人统一的经营模式从事经营活动，并向被特许人收取费用的经营形式。

在我国，特许经营又叫特许经营权，通常有两种形式：

（1）由政府机构授权，准许特定企业使用公共财产，或在一定地区享有经营某种特许业务的权利，如政府与社会资本合作建设运营重大水利项目，采用“建设-运营-移交”的运作方式，共同设立项目公司，项目公司与政府签署合同，政府授予项目公司特许经营权，由项目公司负责本项目投资、建设、运营，并在特许经营期届满时将本项目无偿移交给政府指定的其他部门。

（2）一家企业有期限地或永久地授予另一家企业使用其商标、商号、专利权、专有技术等专有权利，按照合同规定，在特许者统一的业务模式下从事经营活动，并向特许人支付相应费用。

基础设施和公用事业特许经营，是指政府采用竞争方式依法授权中华人民共和国境内外的法人或者其他组织，通过协议明确权利义务和风险分担，约定其在一定期限和范围内投资建设运营基础设施和公用事业并获得收益，提供公共产品或者公共服务。

我国第一个采用建设-运营-移交（特许经营）模式运作的项目是广西来宾电厂，20 世纪 90 年代开始，特许经营模式开始在我国实践运用。截至目前，特许经营模式已在污水、供水、垃圾处理、燃气、高速公路、城市轨道交通等基础设施和公用服务领域得到十分广泛的应用，单个项目投资额度从几千万到几十亿不等甚至更高。与此相适应，我国先后出台了关于特许经营模式运作的相关法律法规政策，其中最为主要的有：2004 年 3 月出台的《市政公用事业特许经营管理办法》（建设部令第 126 号），2015 年 4 月出台的《基础设施和公用事业特许管理办法》（发展改革委、财政部、住建部、交通运输部、水利部和中国人民银行令第 25 号）。

《国家发展改革委关于切实做好〈基础设施和公用事业特许经营管理办法〉贯彻实施工作的通知》（发改法规〔2015〕1508 号）要求积极引导，推广特许经营。大力推进特许经营项目建设。各级发展改革部门要根据本地区国民经济和社会发展总体规范、土地利用规划和城乡规划，并结合经济社会发展需求，切实做好特许经营项目统筹规划和协调平衡。根据《基础设施和公用事业特许经营管理办法》规定条件，在能源、交通运输、水利、环境保护、市政工程、社会事业等基础设施和公用事业领域，广泛筛选适宜开展特许经营的项目，深化前期研究，谋划重点推进项目，积极运用建设-运营-移交（BOT）、建设-拥有-运营-移交（BOOT）、建设-移交-运营（BTO）以及设计-建设-融资-运营（DBFO）、改建-运营-移交（ROT）、建设-拥有-运营（BOO）、转让-运营-移交（TOT）、运营管理（O&M）等方式开展特许经营。大力加强宣传推介，并会同有关部门推进项目组织实施。要落实好《基础设施和公用事业特许经营管理办法》规定的各项鼓励支持措施，建立健全项目建设运营服务体系，及时协调解决项目实施过程中的重大问题，加快推进项目建设，促进特许经营项目早日落地、早见成效。

二、水利行业特许经营

国家发展改革委、财政部、水利部《关于鼓励和引导社会资本参与重大水利工程建设运营的实施意见》(发改农经〔2015〕488号)要求合理确定项目参与方式。盘活现有重大水利工程国有资产，选择一批工程通过股权出让、委托运营、整合改制等方式，吸引社会资本参与，筹得的资金用于新工程建设。对新建项目，要建立健全政府和社会资本合作(PPP)机制，鼓励社会资本以特许经营、参股控股等多种形式参与重大水利工程建设运营。其中，综合水利枢纽、大城市供排水管网的建设经营需按规定由中方控股。对公益性较强、没有直接收益的河湖堤防整治等水利工程建设项目，可通过与经营性较强项目组合开发、按流域统一规划实施等方式，吸引社会资本参与。

国家发展改革委和水利部关于印发《政府和社会资本合作建设重大水利工程操作指南(试行)》的通知(发改农经〔2017〕2119号)对新建项目，其中经济效益较好，能够通过使用者付费方式平衡建设经营成本并获取合理收益的经营性水利工程，一般采用特许经营合作方式。社会效益和生态效益显著，向社会公众提供公共服务为主的公益性水利工程，可通过与经营性较强项目组合开发、授予与项目实施相关的资源开发收益权、按流域或区域统一规划项目实施等方式，提高项目综合盈利能力，吸引社会资本参与工程建设与管护。既有显著的社会效益和生态效益，又具有一定经济效益的准公益性水利工程，一般采用政府特许经营附加部分投资补助、运营补贴或直接投资参股的合作方式，也可按照模块化设计的思路，在保持项目完整性、连续性的前提下，将主体工程、配套工程等不同建设内容划分为单独的模块，根据各模块的主要功能和投资收益水平，相应采用适宜的合作方式。对已建成项目，可通过项目资产转让、改建、委托运营、股权合作等方式将项目资产所有权、股权、经营权、收费权等全部或部分转让给社会资本，规范有序盘活基础设施存量资产，提高项目运营管理效率和效益。对在建项目，也可积极探索引入社会资本负责项目投资、建设、运营和管理。

根据《中华人民共和国行政许可法》规定，对于水资源的开发利用、运营管理属于行政许可的范畴，为特许经营项目，须有关单位取得特许经营权方可经营。另根据《中华人民共和国行政许可法》实施特许经营项目许可特许经营权，行政机关应当通过招标、拍卖等公平竞争的方式作出决定。因此，相关单位取得水资源特许经营权必须通过招标等公平竞争方式。根据《基础设施和公用事业特许经营管理办法》中订立特许经营协议的相关规定，水资源行业主管部门或政府授权部门(以下简称“项目提出部门”)首先要提出特许经营项目实施方案(以下简称“方案”)。为完善方案，项目提出部门可以委托第三方机构开展特许经营可行性评估。第二，项目提出部门会同发展改革、财政、环保、水利等相关部门对方案进行审查。经审查认为方案可行的，各部门应根据职责分别出具书面审查意见。项目提出部门综合各部门书面审查意见，报本级人民政府或其授权部门审定方案。第三，经授权负责特许经营项目有关实施工作的实施部门或单位根据经审定的方案，通过招标、竞争性谈判等竞争方式选择特许经营者。如要求成立特许经营项目公司，实施机构应在招标文件或谈判文件中载明。第四，实施机构与依法选定的特许经营者或特许经营项目公司签订特许经营协议予以授权。

三、特许经营项目实施方案

（1）县级以上人民政府有关行业主管部门或政府授权部门可以根据经济社会发展需求，以及有关法人和其他组织提出的特许经营项目建议等，提出特许经营项目实施方案。特许经营项目应当符合国民经济和社会发展总体规划、主体功能区规划、区域规划、环境保护规划和安全生产规划等专项规划、土地利用规划、城乡规划、中期财政规划等，并且明确建设运营标准和监管要求。项目提出部门应当保证特许经营项目的完整性和连续性。

（2）特许经营项目实施方案应当包括以下内容：

1）项目名称。

2）项目实施机构。

3）项目建设规模、投资总额、实施进度，以及提供公共产品或公共服务的标准等基本经济技术指标。

4）投资回报、价格及其测算。

5）可行性分析，即降低全生命周期成本和提高公共服务质量效率的分析估算等。

6）特许经营协议框架草案及特许经营期限。

7）特许经营者应当具备的条件及选择方式。

8）政府承诺和保障。

9）特许经营期限届满后资产处置方式。

10）应当明确的其他事项。

（3）项目提出部门可以委托具有相应能力和经验的第三方机构，开展特许经营可行性评估，完善特许经营项目实施方案。需要政府提供可行性缺口补助或者开展物有所值评估的，由财政部门负责开展相关工作。具体办法由国务院财政部门另行制定。

（4）特许经营可行性评估应当主要包括以下内容：

1）特许经营项目全生命周期成本、技术路线和工程方案的合理性，可能的融资方式、融资规模、资金成本，所提供公共服务的质量效率，建设运营标准和监管要求等。

2）相关领域市场发育程度，市场主体建设运营能力状况和参与意愿。

3）用户付费项目公众支付意愿和能力评估。

（5）项目提出部门依托本级人民政府根据《基础设施和公用事业特许经营管理办法》规定建立的部门协调机制，会同发展改革、财政、城乡规划、国土、环保、水利等有关部门对特许经营项目实施方案进行审查。经审查认为实施方案可行的，各部门应当根据职责分别出具书面审查意见。项目提出部门综合各部门书面审查意见，报本级人民政府或其授权部门审定特许经营项目实施方案。

四、特许经营合同要点

（一）协议的签订

（1）实施机构应当与依法选定的特许经营者签订特许经营协议。需要成立项目公司的，实施机构应当与依法选定的投资人签订初步协议，约定其在规定期限内注册成立项目公司，并与项目公司签订特许经营协议。

特许经营协议应当主要包括以下内容：

1）项目名称、内容。

2）特许经营方式、区域、范围和期限。

3）项目公司的经营范围、注册资本、股东出资方式、出资比例、股权转让等。

4）所提供产品或者服务的数量、质量和标准。

5）设施权属，以及相应的维护和更新改造。

6）监测评估。

7）投融资期限和方式。

8）收益取得方式，价格和收费标准的确定方法以及调整程序。

9）履约担保。

10）特许经营期内的风险分担。

11）政府承诺和保障。

12）应急预案和临时接管预案。

13）特许经营期限届满后，项目及资产移交方式、程序和要求等。

14）变更、提前终止及补偿。

15）违约责任。

16）争议解决方式。

17）需要明确的其他事项。

（2）特许经营协议根据有关法律、行政法规和国家规定，可以约定特许经营者通过向用户收费等方式取得收益。

向用户收费不足以覆盖特许经营建设、运营成本及合理收益的，可由政府提供可行性缺口补助，包括政府授予特许经营项目相关的其他开发经营权益。

（3）特许经营协议应当明确价格或收费的确定和调整机制。特许经营项目价格或收费应当依据相关法律、行政法规规定和特许经营协议约定予以确定和调整。

（4）政府可以在特许经营协议中就防止不必要的同类竞争性项目建设、必要合理的财政补贴、有关配套公共服务和基础设施的提供等内容作出承诺，但不得承诺固定投资回报和其他法律、行政法规禁止的事项。

（5）特许经营者根据特许经营协议，需要依法办理规划选址、用地和项目核准或审批等手续的，有关部门在进行审核时，应当简化审核内容，优化办理流程，缩短办理时限，对于本部门根据《基础设施和公用事业特许经营管理办法》出具书面审查意见已经明确的事项，不再作重复审查。实施机构应当协助特许经营者办理相关手续。

（6）国家鼓励金融机构为特许经营项目提供财务顾问、融资顾问、银团贷款等金融服务。政策性、开发性金融机构可以给予特许经营项目差异化信贷支持，对符合条件的项目，贷款期限最长可达30年。探索利用特许经营项目预期收益质押贷款，支持利用相关收益作为还款来源。

（7）国家鼓励通过设立产业基金等形式入股提供特许经营项目资本金。鼓励特许经营项目公司进行结构化融资，发行项目收益票据和资产支持票据等。国家鼓励特许经营项目采用成立私募基金，引入战略投资者，发行企业债券、项目收益债券、公司债券、非金融企业债务融资工具等方式拓宽投融资渠道。

（8）县级以上人民政府有关部门可以探索与金融机构设立基础设施和公用事业特许经营引导基金，并通过投资补助、财政补贴、贷款贴息等方式，支持有关特许经营项目建设运营。

（二）特许经营协议履行

（1）特许经营协议各方当事人应当遵循诚实信用原则，按照约定全面履行义务。除法律、行政法规另有规定外，实施机构和特许经营者任何一方不履行特许经营协议约定义务或者履行义务不符合约定要求的，应当根据协议继续履行、采取补救措施或者赔偿损失。

（2）依法保护特许经营者合法权益。任何单位或者个人不得违反法律、行政法规和《基础设施和公用事业特许经营管理办法》规定，干涉特许经营者合法经营活动。

（3）特许经营者应当根据特许经营协议，执行有关特许经营项目投融资安排，确保相应资金或资金来源落实。

（4）特许经营项目涉及新建或改、扩建有关基础设施和公用事业的，应当符合城乡规划、土地管理、环境保护、质量管理、安全生产等有关法律、行政法规规定的建设条件和建设标准。

（5）特许经营者应当根据有关法律、行政法规、标准规范和特许经营协议，提供优质、持续、高效、安全的公共产品或者公共服务。

（6）特许经营者应当按照技术规范，定期对特许经营项目设施进行检修和保养，保证设施运转正常及经营期限届满后资产按规定进行移交。

（7）特许经营者对涉及国家安全的事项负有保密义务，并应当建立和落实相应保密管理制度。实施机构、有关部门及其工作人员对在特许经营活动和监督管理工作中知悉的特许经营者商业秘密负有保密义务。

（8）实施机构和特许经营者应当对特许经营项目建设、运营、维修、保养过程中有关资料，按照有关规定进行归档保存。

（9）实施机构应当按照特许经营协议严格履行有关义务，为特许经营者建设运营特许经营项目提供便利和支持，提高公共服务水平。行政区划调整、政府换届、部门调整和负责人变更，不得影响特许经营协议履行。

（10）需要政府提供可行性缺口补助的特许经营项目，应当严格按照预算法规定，综合考虑政府财政承受能力和债务风险状况，合理确定财政付费总额和分年度数额，并与政府年度预算和中期财政规划相衔接，确保资金拨付需要。

（11）因法律、行政法规修改，或者政策调整损害特许经营者预期利益，或者根据公共利益需要，要求特许经营者提供协议约定以外的产品或服务的，应当给予特许经营者相应补偿。

（三）特许经营协议变更和终止

（1）在特许经营协议有效期内，协议内容确需变更的，协议当事人应当在协商一致基础上签订补充协议。如协议可能对特许经营项目的存续债务产生重大影响的，应当事先征求债权人同意。特许经营项目涉及直接融资行为的，应当及时做好相关信息披露。特许经营期限届满后确有必要延长的，按照有关规定经充分评估论证，协商一致并报批准后，可以延长。

（2）在特许经营期限内，因特许经营协议一方严重违约或不可抗力等原因，导致特许经营者无法继续履行协议约定义务，或者出现特许经营协议约定的提前终止协议情形的，在与债权人协商一致后，可以提前终止协议。特许经营协议提前终止的，政府应当收回特许经营项目，并根据实际情况和协议约定给予原特许经营者相应补偿。

（3）特许经营期限届满终止或提前终止的，协议当事人应当按照特许经营协议约定，以及有关法律、行政法规和规定办理有关设施、资料、档案等的性能测试、评估、移交、接管、验收等手续。

（4）特许经营期限届满终止或者提前终止，对该基础设施和公用事业继续采用特许经营方式的，实施机构应当根据本办法规定重新选择特许经营者。因特许经营期限届满重新选择特许经营者的，在同等条件下，原特许经营者优先获得特许经营。新的特许经营者选定之前，实施机构和原特许经营者应当制定预案，保障公共产品或公共服务的持续稳定提供。

（四）监督管理和公共利益保障

（1）县级以上人民政府有关部门应当根据各自职责，对特许经营者执行法律、行政法规、行业标准、产品或服务技术规范，以及其他有关监管要求进行监督管理，并依法加强成本监督审查。县级以上审计机关应当依法对特许经营活动进行审计。

（2）县级以上人民政府及其有关部门应当根据法律、行政法规和国务院决定保留的行政审批项目对特许经营进行监督管理，不得以实施特许经营为名违法增设行政审批项目或审批环节。

（3）实施机构应当根据特许经营协议，定期对特许经营项目建设运营情况进行监测分析，会同有关部门进行绩效评价，并建立根据绩效评价结果、按照特许经营协议约定对价格或财政补贴进行调整的机制，保障所提供公共产品或公共服务的质量和效率。实施机构应当将社会公众意见作为监测分析和绩效评价的重要内容。

（4）社会公众有权对特许经营活动进行监督，向有关监管部门投诉，或者向实施机构和特许经营者提出意见建议。

（5）县级以上人民政府应当将特许经营有关政策措施、特许经营部门协调机制组成以及职责等信息向社会公开。实施机构和特许经营者应当将特许经营项目实施方案、特许经营者选择、特许经营协议及其变更或终止、项目建设运营、所提供公共服务标准、监测分析和绩效评价、经过审计的上年度财务报表等有关信息按规定向社会公开。特许经营者应当公开有关会计数据、财务核算和其他有关财务指标，并依法接受年度财务审计。

（6）特许经营者应当对特许经营协议约定服务区域内所有用户普遍地、无歧视地提供公共产品或公共服务，不得对新增用户实行差别待遇。

（7）实施机构和特许经营者应当制定突发事件应急预案，按规定报有关部门。突发事件发生后，及时启动应急预案，保障公共产品或公共服务的正常提供。

(8) 特许经营者因不可抗力等原因确实无法继续履行特许经营协议的，实施机构应当采取措施，保证持续稳定提供公共产品或公共服务。

思考题

2-1 勘察合同和设计合同分别由哪几部分组成？

2-2 材料和设备采购合同分别由哪几部分组成？

2-3 施工合同按其计价形式分类分几种类型？每种类型合同的优缺点有哪些？如何选择合同类型？

2-4 施工合同由哪几部分组成？合同双方权利和义务有哪些？

2-5 简述工程总承包的概念及优缺点，工程总承包有几种形式？

2-6 简述全过程咨询的定义及分类。

2-7 简述全过程咨询合同的组成及各方义务。

2-8 简述水利工程特许经营管理要点。

第三章　前期工作阶段投资控制

根据《水利工程建设项目管理规定（试行）》（水建〔1995〕128号，2016年8月1日《水利部关于废止和修改部分规章的决定》第二次修正）和《水利工程建设程序管理暂行规定》（水建〔1998〕16号，水利部令第49号进行第三次修改）的规定，水利工程建设程序一般分为项目建议书、可行性研究报告、初步设计、施工准备、建设实施、生产准备、竣工验收、后评价等八个阶段。通常将项目建议书、可行性研究报告、初步设计作为一个阶段，称为项目建设前期工作阶段。本章主要阐述前期工作阶段的投资控制内容。

第一节　投资估算与资金筹措

一、水利工程投资构成

水利工程项目投资是指水利工程达到设计效益时所需的全部建设资金。水利工程投资构成除主体工程外，应根据工程的具体情况，包括必要的附属工程、配套工程、设备购置以及征地移民、水土保持和环境保护等费用。依据《水利工程设计概（估）算编制规定》（水总〔2014〕429号），我国现行水利工程，按照工程性质分为三大类，如图3-1所示。

灌溉工程（1）指设计流量≥$5m^3/s$的灌溉工程，灌溉工程（2）指设计流量<$5m^3/s$的灌溉工程和田间工程。

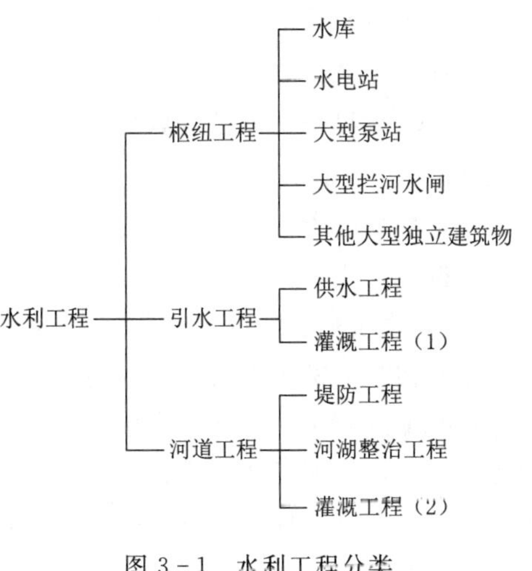

图3-1　水利工程分类

二、投资估算

投资估算是指建设项目在整个投资决策过程中，依据已有的资料，运用一定的方法和手段，对拟建项目全部投资费用进行的预测和估算，是在建设项目的建设规模、建设地区以及建设地点（厂址）、技术方案、设备方案、工程方案、环境保护措施等的基础上，估算建设项目从筹建、施工直至建成投入运行所需全部建设资金总额并测算建设期各年资金使用计划的过程。投资估算是编制项目建议书、可行性研究报告的重要组成部分，是项目决策的重要依据之一。

（一）投资估算的依据

（1）经批准的项目建议书投资估算文件。

（2）水利部《水利工程设计概（估）算编制规定》（水总〔2014〕429号）及水土保持、水文设施专项、环境保护等概（估）算编制规定。

（3）水利部《水利水电工程项目建议书编制规程》（SL/T 617—2021）。

（4）水利部《水利水电工程可行性研究报告编制规程》（SL/T 618—2021）。

（5）水利部《水利建筑工程概算定额》《水利水电设备安装工程概算定额》《水利水电工程施工机械台时费定额》等相关定额。

（6）可行性研究报告提供的工程规模、工程等级、主要工程项目的工程量等资料。

（7）投资估算指标、概算指标。

（8）建设项目中的有关资金筹措的方式、实施计划、贷款利息、对建设投资的要求等。

（9）工程所在地的人工工资标准、材料供应商价格、运输条件、运费标准及地方性材料储备量等资料。

（10）当地政府有关征地、拆迁、安置、补偿标准等文件或通知。

（11）编制可行性研究报告的委托书、合同或协议。

（二）投资估算的作用

（1）项目建议书阶段的投资估算，是项目主管部门审批项目建议书的依据之一，并对项目的规划和规模起参考作用。

（2）项目可行性研究阶段的投资估算是项目投资决策的重要依据，也是研究、分析和计算项目投资经济效果的重要条件。

（3）项目投资估算对工程设计概算起控制作用。

（4）项目投资估算可作为项目资金筹措及制定建设贷款计划的依据，建设单位可根据批准的项目投资估算额，进行资金筹措和申请贷款。

（5）项目投资估算是核算建设项目固定资产投资需要额和编制固定资产投资计划的重要依据。

（6）项目投资估算是进行工程设计招标、优选设计方案的依据之一，也是工程限额设计的依据。

（三）投资估算的内容

投资估算应简述投资估算（包括工程部分、建设征地与移民安置、环境保护、水土保持等）的编制原则、依据和成果，以及与上阶段相比投资变化的情况和原因分析。从费用构成来讲应包括项目从筹建、设计、施工直至竣工投产所需的全部费用，分为建设投资和流动资金两部分。项目可行性研究阶段投资估算的编制原则及内容要求如下：

（1）工程部分投资估算编制应包括以下内容：

1）说明采用的编制规定、定额及其他有关规定、编制投资估算的价格水平年，以及主要材料、次要材料、机电和金属结构设备、砂石料等价格的依据。说明其他行业规定及定额颁发的时间、文号与适用条件等。

2）根据《水利工程设计概（估）算编制规定》（水总〔2014〕429号）和工程类别明确估算项目划分。

3）分析计算主要材料预算价格，确定次要材料价格，依据施工组织设计计算基础单价和工程单价。

4）调查分析确定交通、房屋、供电线路等工程造价指标。

5）调查分析确定机电与金属结构主要设备价格。

6）利用外资工程的估算，应说明利用外资形式和采用的依据，在全内资估算的基础上结合利用外资形式进行编制。

（2）建设征地移民补偿投资估算编制应包括以下内容：

1）说明采用的编制规定、定额及其他有关规定、投资估算价格水平年。

2）分析确定各类土地补偿、补助标准，确定房屋、附属物等补偿单价。

3）确定农村居民点、城（集）镇、专业项目、工矿企业、防护工程和库底清理等主要项目的单价和投资。

4）确定其他费用。

5）按有关规定计列有关税费。

（3）环境保护工程投资估算编制应包括以下内容：

1）说明环境保护工程投资估算编制规定和依据文件。

2）分别估算环境保护措施投资、环境监测措施投资、仪器设备及安装投资、环境保护临时措施投资等。

（4）水土保持工程投资估算编制应包括以下内容：

1）说明水土保持工程投资估算编制规定、定额和相关行业定额。

2）根据编制年价格水平，分析计算主要基础单价和工程单价。

（四）投资估算编制要点

投资估算依据《水土保持工程概（估）算编制规定》（水总〔2003〕67号）、《水利工程设计概（估）算编制规定》（水总〔2014〕429号）、《水利工程营业税改征增值税计价依据调整办法》（办水总〔2016〕132号）、《水利部办公厅关于调整水利工程计价依据增值税计算标准的通知》（办财务函〔2019〕448号）等文件要求编制工程投资总估算及分年度投资。

投资估算组成内容、项目划分和费用构成与设计概算基本相同，但两者设计深度不同。一般依据《水利水电工程可行性研究报告编制规程》（SL/T 618—2021）对设计概算编制规定进行简化、合并或调整。

设计阶段和设计深度决定了可行性研究的投资估算与初步设计概算在编制方法和计算标准上有所不同。

1. 编制基础单价

基础单价编制与设计概算相同。

2. 编制建筑、安装工程单价

建筑、安装工程单价编制与设计概算相同，一般采用概算定额，但考虑投资估算工作深度和精度，应乘以扩大系数。其中，砂石备料工程（自采）扩大系数为0，模板工程、钢筋制安工程扩大系数为5%，土方工程、石方工程等其余建筑、安装工程扩大系数为10%。

3. 编制分部工程估算

（1）建筑工程。主体建筑工程、交通工程和房屋建筑工程编制方法与设计概算基本相同。其他建筑工程可视工程具体情况和规模按主体建筑工程投资的3%～5%计算。

（2）机电设备及安装工程。主要机电设备及安装工程基本同概算。其他机电设备及安装工程原则上根据工程项目计算投资，若设计深度不满足要求，可根据装机规模占主要机电设备费的百分率或单位千瓦指标计算。

（3）金属结构设备及安装工程。编制方法基本与概算相同。

（4）施工临时工程。编制方法及计算标准与概算相同。

（5）独立费用。编制方法及计算标准与概算相同。

4. 分年度投资及资金流量

投资估算由于工作深度仅计算分年度投资而不计算资金流量。

5. 预备费、建设期融资利息、静态总投资、总投资

项目建议书阶段基本预备费率取15%～18%。可行性研究阶段基本预备费率取10%～12%。价差预备费同设计概算。

三、项目资金筹措

（一）项目资本金的来源渠道和筹措方式

1. 项目资本金

项目资本金是指在建设项目总投资中，由投资者认缴的出资额，对建设项目来说是非债务性资金，项目法人不承担这部分资金的任何利息和债务；投资者可按其出资的比例依法享有所有者权益，经营性项目筹集的资本金，在项目建设期间和生产经营期间，投资者除依法转让外，不得以任何方式抽走。法律、法规另有规定的，从其规定。项目资金筹措渠道与方式见表3-1。

为了深化投资体制改革，建立投资风险约束机制，有效地控制投资规模，提高投资效益，促进国民经济持续、快速、健康发展，按照我国有关法规规定，从1996年开始，对各种经营性国内投资项目试行资本金制度，投资项目资本金占总投资的比例，根据不同行业和项目的经济效益等因素确定。非经营性项目筹集建设资金仍按现行制度管理。

2. 资本金筹措的渠道与方式

（1）既有法人项目资本金筹措。既有法人作为项目法人进行项目资本金筹措，不组建新的独立法人，筹资方案与既有法人公司（包括企业、事业单位等）的总体财务安排相协调。既有法人可用于项目资本金的资金来源分为内、外两个方面。

1）内部资金来源主要包括：企业的现金、未来生产经营中获得的可用于项目的资金、企业资产变现、企业产权转让等。

2）外部资金来源主要包括：企业增资扩股、优先股、国家预算内投资等。

表3-1　　项目资金筹措的渠道与方式

<table>
<tr><th>资金筹措类别</th><th colspan="3">筹措渠道</th></tr>
<tr><td rowspan="5">项目资本金</td><td>国家预算内投资</td><td colspan="2">包括：国家预算、地方财政、主管部门和国家专业投资拨给或委托银行贷给建设单位的基本建设拨款及中央基本建设基金，拨给企业单位的更新改造拨款以及中央财政安排的专项拨款中用于基本建设的资金</td></tr>
<tr><td>自筹投资</td><td colspan="2">建设项目自筹资金来源必须正当，应上缴财政的各项资金和国家有指定用途的专款以及银行贷款、信托投资、流动资金不可用于自筹投资；自筹投资必须纳入国家计划，并控制在国家确定的投资总规模以内；自筹投资要符合一定时期国家确定的投资使用方向</td></tr>
<tr><td rowspan="2">发行股票</td><td>种类</td><td>优先股和普通股</td></tr>
<tr><td>特点</td><td>是一种有弹性的融资方式；股票无到期日；可降低公司负债比率；资金成本高（股息和红利需在税后利润中支付）；增发普通股需给新股东投票权和控制权</td></tr>
<tr><td>吸收国外资本直接投资</td><td colspan="2">主要包括与外商合资经营、合作经营、合作开发及外商独资经营等形式。其特点是：不发生债权债务关系，但要让出一部分管理权，并且要支付一部分利润</td></tr>
<tr><td rowspan="8">债务筹资</td><td rowspan="2">银行贷款</td><td>定义</td><td>项目银行贷款是银行利用信贷资金所发放的投资性贷款</td></tr>
<tr><td>特别注意</td><td>银行资金的发放和使用应当遵循效益性、安全性和流动性的原则。效益性、安全性、流动性，即相互联系、相互依存，又相互制约、相互矛盾。一般来说，流动性越高，安全性越高，贷款的效益性就越低；相反，效益性越高，流动性和安全性就越低，这就是所谓的风险和收益的对称原则</td></tr>
<tr><td rowspan="2">发行债券</td><td>定义与种类</td><td>债券是借款单位为筹集资金而发行的一种信用凭证，它证明持券人有权按期取得固定利息并到期收回本金，我国发行的债券又可分为国家债券、地方政府债券、企业债券和金融债券等</td></tr>
<tr><td>特点</td><td>支出固定；企业控制权不变；少纳所得税（合理的债券利息可计入成本，实际上等于政府为企业负担了部分债券利息）；固定利息支出会使企业承受一定的风险；发行债券会提高企业负债比率；债券合约的条款常常对企业的经营管理有较多的限制</td></tr>
<tr><td rowspan="3">设备租赁（方式）</td><td>融资租赁</td><td>融资租赁是设备租赁的重要形式，它将贷款、贸易与出租三者有机地结合在一起</td></tr>
<tr><td>经营租赁</td><td>出租人将自己经营的出租设备进行反复出租，直至设备报销或淘汰为止的租赁业务</td></tr>
<tr><td>服务出租</td><td>主要用于车辆的租赁</td></tr>
<tr><td>借用国外资金（途径）</td><td colspan="2">外国政府贷款；国际金融组织贷款；国外商业银行贷款；在国外金融市场上发行债券；吸收外国银行、企业和私人存款；利用出口信贷</td></tr>
</table>

（2）新设法人项目资本金筹措。新设立法人项目资本金的形成分为两种：一种是在新设人设立时由发起人和投资人按项目资本金额度要求提供足额资金；另一种由新设法人在资本市场上进行融资来形成项目资本金。

按照资本金制度的相关规定，应由投资人就项目发起人认缴或筹集足够的资本金提供给新设法人。至于投资或项目发起人如何筹措这笔资本金，是投资人或项目发起人的自身内部事务。投资人和项目发起人的身份不同（如是政府职能部门或控股的国有公司、民营或外资企业等），其用于资本金投资的资金来源也多种多样，可以使各级政府财政预算内资金、预算外资金及各种专项建设基金，国家授权投资机构提供的资金，也可以是国内外企业、事业单位入股的资金，还可以是社会个人入股的资金等。

新设项目法人项目资本金通常以注册资本的方式投入。有限责任公司及股份公司的注册资本由公司的股东按股权比例认缴，合作制公司的注册资本由合作投资方按预先约定金额投入。如果公司注册资本的额度要求低于项目资本金额度的要求，股东按项目资本金额度要求投入企业的资金超过注册资本的部分，通常以资本公积的形式记账。有些情况下投资者还可以以准资本金方式投入资金，包括优先股、股东借款等。

（二）项目债务资金的来源渠道和筹措方式

1. 项目债务资金

项目债务资金是指项目投资中除项目资本金外，以负债方式取得的资金。债务资金是项目公司一项重要的资金来源。

债务资金具有以下特点：

（1）资金在使用上具有时间性限制，到期必须偿还。

（2）无论项目的融资主体今后经营效果好坏，均需按期还本付息，从而形成企业的财务负担。

（3）资金成本一般比权益资金低，且不会分散投资者对企业的控制权。

2. 项目债务资金的来源渠道和筹措方式

（1）商业银行贷款。商业银行贷款是我国建设项目获得短期、中长期贷款的重要渠道。按照所有制形式不同，我国的商业银行分为国有商业银行和股份制银行。按照经营区域不同，我国的商业银行分为全国性银行和地区性银行。境外的商业银行也是得到银行贷款的来源。

（2）政策性银行贷款。政策性银行贷款是指为了支持一些特殊的生产、贸易、基础设施建设项目，国家政策性银行可以提供政策性银行贷款。政策性银行贷款利率通常比商业银行贷款利率低。我国的政策性银行有中国进出口银行和中国农业发展银行。国家开发银行原来也属于政策性银行，但在 2008 年年底改制后，成为开发性金融机构，为实现国家中长期发展战略提供投融资服务和开发性金融服务。

（3）国际金融组织贷款。国际金融组织贷款是国际金融组织按照章程向其成员国提供的各种贷款。提供项目贷款的主要国际金融组织有世界银行、国际金融公司、欧洲复兴与开发银行、亚洲开发银行、美洲开发银行等全球性或地区性金融组织等。

（4）出口信贷。出口信贷是设备出口国政府为促进本国设备出口，鼓励本国银行向本国出口商或外国进口商（或进口方银行）提供的贷款。贷给本国出口商的称“卖方信贷”，贷给外国进口商（或进口方银行）的称“买方信贷”。贷款的使用条件是购买贷款国的设备。出口信贷利率通常要低于国际上商业银行的贷款利率，但需要支付一定的附加费用，如管理费、承诺费、信贷保险费等。

(5) 银团贷款。银团贷款是指多家银行组成一个集团，由一家或几家银行牵头，采用同一贷款协议，按照共同约定的贷款计划，向借款人提供贷款的贷款方式。

银团贷款除具有一般银行贷款的特点和要求外，由于参加银行较多，需要多方协商，贷款过程周期长。使用银团贷款，除支付利息之外，按照国际惯例，通常还要支付管理费、安排费、代理费、承诺费、杂费等。银团贷款主要适用于资金需求量大、偿债能力较强的建设项目。

(6) 企业债券。企业债券融资是一种直接融资。发行债券融资可以从资金市场直接获得资金，资金成本（利率）一般应低于银行贷款。由于有较为严格的证券监管，只有实力很强并且有很好资信的企业才能有能力发行企业债券。发行债券融资，大多需要有第三方担保，获得债券信用增级，以使债券成功发行，并可降低债券发行成本。在国内发行企业债券需要通过国家证券监管机构及金融监管机构的审批。在国外市场上也可以发行债券，主要的国外发债市场有美国、日本、欧洲。发行债券通常要取得债券资信等级的评级。

(7) 融资租赁。融资租赁是资产拥有者在一定期限内将资产租给承租人使用，由承租人分期付给一定的租赁费的融资方式。

融资租赁一般由出租人按承租人选定的设备，购置后出租给承租人长期使用。在租赁期内，出租人以收取租金的形式收回投资，并取得收益；承租人支付租金，用租赁的设备进行生产经营活动。租赁期满后，出租人一般将设备作价转让给承租人。

(三) 融资模式

项目融资在具体实施过程中有很多模式。不同的项目融资模式，其融资结构和实施过程差异很大，因此，必须根据不同项目的特点选择不同的融资模式。

1. BOT 融资模式

建设-运营-移交（Build - Operate - Transfer，BOT）是 20 世纪 80 年代中后期发展起来的一种项目融资模式，是一种利用外资和民营资本兴建基础设施的新兴融资模式。BOT 融资模式在我国成为“特许经营方式”，其含义是指国家或者地方政府部门通过特许经营协议，授予签约方的外商投资企业或本国其他的经济实体组建项目公司，由该公司承担公共基础设施（基础产业）项目的融资、建造、经营和维护。在协议规定的特许期限内，项目公司拥有投资建造设施的所有权，允许向设施使用者收取适当的费用，由此回收项目投资、经营和维护成本并获得合理的回报。特许期满后，项目公司将设施无偿地移交给签约方的政府部门。

实际上，BOT 是一类项目融资模式的总称，通常所说的 BOT 主要包括典型 BOT、BOOT 及 BOO 三种基本模式。BOT 还有十余种演变模式，如建设-移交（Build - Transfer，BT)、建设-移交-运营（Build - Transfer - Operate，BTO）等。

2. TOT 融资模式

TOT 融资模式即移交-经营-移交，TOT 模式是国际上较为流行的一种项目融资模式，通常是指政府部门或国有企业将建设好的项目的一定期限的产权或经营权，有偿转让给投资人，由其进行运营管理；投资人在约定的期限内通过经营收回全部投资并得到合理的回报，双方合约期满之后，投资人再将该项目交还政府部门或原企业的一种融资模式。

3. ABS融资模式

ABS融资模式是以项目所属的资产为支撑的证券化融资模式，即以项目所拥有的资产为基础，以项目资产可以带来的预期收益为保证，通过在资本市场发行债券来募集资金的一种项目融资模式。

4. PPP项目融资

PPP项目在水利工程中多以特许经营方式展现，具体管理要求详见第二章相关内容。

第二节 初步设计概算

一、水利工程限额设计

设计阶段的投资控制是项目建设全过程投资控制的重点，其中心思想是预先控制，即在满足质量和功能要求的前提下，使设计概算不超过经批准的项目可行性研究投资估算并尽可能节约投资。通常采用的手段和方法，主要是进行限额设计等对设计进行技术经济比较，从技术和经济两方面来提高项目的经济效益。

（一）基本原理

按费用设计的主要目的是要设计出既具有合格的性能，又经济、实用的系统。它强调的是费用应作为与性能、进度同样重要的设计参数。

水利工程建设项目限额设计是按照“按费用设计”的理论和方法进行的。

达到“按费用设计”目标的关键在于灵活性，要使设计者在达到满足任务目标的配置方面有作出选择与决定的自由。通常应按以下准则来开展这一工作：

（1）限定所需的性能，但不限定达到预定结果的途径。若有多个性能参数时，应尽量按优先顺序安排，以便给设计单位进行费用目标的权衡中有最大的灵活性。

（2）限定达到所需使用能力的总时间，但不限定详细的中间阶段。

（3）在设计过程中应尽早确定费用目标，并在设计过程各阶段中都要把它作为管理目标和设计参数加以评审。

（4）应当根据给定的生产量和生产率，以不变货币价格限定费用目标值。

（5）建设项目的进度应留有允许反复的余地，而不应试图一下子就取得全部成功。

（二）限额设计的含义

限额设计就是按批准的可行性研究投资估算控制初步设计，按批准的初步设计总概算控制施工图设计，即将上阶段审定的投资额先行分解到各专业，然后再分解到各单位工程和分部工程。各专业在保证达到使用功能的前提下，按分配的投资限额控制设计，并严格控制设计的不合理变更，保证总投资限额不被突破的工程设计过程。

限额设计是通过合理确定设计标准、设计规模和设计原则，通过合理取定概（预）算基础资料，通过层层设计限额，来实现投资限额的控制和管理。限额设计不是一味考虑节约投资，也不是简单的裁减投资，而应该是设计质量的管理目标。

（三）管理要求

水利水电工程限额设计的主要内容有以下几方面。

1. 初步设计总概算

国家批准的水利水电工程初步设计总概算（若利用外资则为批准的内外资总概算，下同）是能源部、水利部、国家能源投资公司及水利水电工程集资各方据以控制工程总投资的最高限额，是投资方和建设单位进行结算工程价款的主要依据。

为控制工程投资，设计单位要对审查批准的工程静态总投资（不包括建设单位、地方承担的项目，下同）超过相应限额承担经济责任，其责任范围包括以下内容：

（1）永久建筑工程、永久机电设备及安装工程和金属结构设备及安装工程的工程项目、工程量、设备数量、未计价装置性材料数量的增减、型号、规格变动造成的投资增加（包括设计单位外委的设计项目）。

（2）施工导流围堰工程和场内施工交通工程发生的量差造成的投资增加。

（3）根据国家规定的现行政策、制度、定额、费用标准确定的投资额度，设计单位未经审批单位同意，违反规定，擅自提高建设和永久机电设备及金属结构标准，增列初步设计范围以外的工程项目等原因造成的投资增加。

（4）由于设计单位初步设计工作深度不够，或设计标准选用不当，设计单位提出的主要设计方案与工程量虽经上级主管部门审查原则同意，在技施设计阶段工程量、机电金属结构设备数量及型号规格仍有较大变动且未经原审查部门同意导致增加的投资。

（5）未经原审批部门同意，其他部门要求设计单位提高工程建设标准、增加建设项目，并经设计单位出图增加的投资。

（6）因水库淹没实物指标调增造成的费用增加。

（7）工程科研试验费用超出。

2. 设计限额

各设计单位要把贯彻执行限额设计的几项规定作为提高设计质量，抵制任意提高建设标准和增加设计项目的依据。

3. 设计最高限额

设计单位应根据国家批准的设计概算静态总投资，作为建设项目设计的最高限额。

（1）节约投资的奖励。在保证工程安全和不降低功能的前提下，通过采用新方案，经鉴定在有效期内的新工艺、新设计、新材料，节约了工程投资，则应根据节约投资额度的大小（以承担责任的工程静态总投资节超相抵计算），对设计单位实行奖励。

1）节约建筑工程投资，按节约投资额度的5%～12%提成。

2）节约永久设备及安装工程投资，按节约投资额度的2%～5%提成。

建筑工程和永久设备的具体提成比例，由建设单位和设计单位在签订设计合同时商定。

设计单位节约工程投资的提成资金，由建设单位会同建设银行对节约工程投资的项目、工程量等按照《水利水电工程设计工程量计算规定》（SL 328—2005）及有关规定进行审查，核定提成额度，提出节约投资报告，由建设单位报经项目投资部门审查同意后，从节约的工程投资中拨付。

(2) 如由于设计单位的责任，增加了工程静态投资 4%以上时，应根据超过相应概算静态投资的大小实行惩罚：

1) 超过限额 10%以内者，扣相应比例的设计费；如超过限额 5%，扣设计费 5%。

2) 超过限额 10%～20%者，扣相应比例 1.5 倍的设计费。

3) 超过限额 20%以上者，扣相应比例 2 倍的设计费。

4) 超过限额 30%以上者，如无特殊原因，建议设计证书批准部门降低设计单位的设计等级。

设计单位应严格按照《水利水电工程设计工程量计算规定》(SL 328—2005) 计算工程量，作为编制设计概算的计量依据。如发现高估冒算，其高估的投资按超过限额计算。情节严重者要通报批评。

4. 限额设计投资计算

限额设计投资的计算，应统一按国家批准的初步设计总概算中采用的工程单价、定额、费用标准、材料设备价格等为依据，在施工图设计阶段，每完成一项单位工程或扩大单位工程图纸后，均由设计单位编制相应的限额投资、工程量对照表若干份，连同设计图纸提交建设单位和投资方各两份，并抄送概算审查部门各一份核备。经建设单位对工程量、投资对照表及其依据审查同意后，除报投资主管部门审批外，还要退回设计单位一份，作为建设单位与设计单位核算工程投资超过或节约的依据。

5. 设计节奖超罚

(1) 国家批准项目立项开工建设以后，建设单位要同设计单位签订设计合同，在合同中应明确规定设计单位应对工程静态总投资负责，实行限额设计和节奖超罚办法，以保证赏罚兑现。在工程总投资节约已基本实现的前提下，设计单位经建设单位主管部门或投资方同意，可按单位工程或扩大单位工程投资总节约额的提成额预分成 20%～40%。

(2) 设计单独节约或建设、施工单位共同形成的节约投资中属设计节约提成的部分，原则上应全部支付给设计单位，同时在整个工程投资节约中不得重复计算。

(3) 设计单位为节约工程投资而增加的勘测、设计、科研、试验费用。可从相应项目节约的工程投资中支付，一般不得超过节约投资额度的 5%。

(4) 一个建设项目由两个设计单位共同承担设计任务开展限额设计工作时，应由承担任务较多的设计单位与建设单位签订设计承包合同。工程静态投资节奖超罚应按各自承担的设计项目分别计算。

二、设计工程量

工程量是指以物理计量单位或自然计量单位表示的各个具体分部分项工程细目的数量。水利水电工程各设计阶段的工程量，是设计工作的重要成果和编制工程概（估）算的主要依据，对优选设计方案和准确预测各设计阶段的工程投资非常重要，依据 2005 年水利部制定的《水利水电工程设计工程量计算规定》(SL 328—2005) 进行计算。

水利水电工程涉及面广、技术复杂，由此决定了工程量计算工作具有量大、项多的特点。同时，水利水电工程不同的设计阶段有不同的造价文件，工程量计算的要求也不完全一样。因此熟练、准确地掌握工程量计算规则，直接关系到编制预测文件的速度和质量。这里主要介绍工程量计算的依据和设计阶段系数。适用于水利水电工程项目建议书、可行性研究和初步设计阶段的设计工程量计算。

（一）设计工程量计算依据

1. 设计图纸

每个设计阶段的图纸，都是进行相应造价预测，计算工程量的直接依据。计算工程量时，应依据图纸设计尺寸，采用科学的计算公式，按照概估算编制规定中的相关规定，分门别类地计算出准确的工程量。水利水电工程涉及面广，图纸繁多，计算前一般要核对图纸分类、编号，防止遗漏。此外，水利水电工程是一个庞大的系统工程，往往涉及如房屋建筑、道路工程等单项工程造价的编制，应采用相关部门标准图集、定额、编制办法等，编制其造价。

2. 施工组织设计

施工组织设计是为指导施工而编制的文件，是以拟建的水利水电工程为对象，对施工总进度、施工方法、施工机具的选择、劳动力的配备、施工现场的布置以及现场临时设施等提出明确的要求，同时也为工程量的计算提供了依据。例如，土石方开挖，就必须根据施工组织设计提供的施工方法（人工开挖或机械开挖等）计算其工程量；再如临时设施（道路、桥梁、涵洞等）工程量计算也需根据施工组织设计的要求进行计算。

3. 定额

各个设计阶段适用的定额或不同工程采用的不同部门的定额都是工程量计算的主要依据之一。工程量的计算并不是目的，最终需要的是工程造价，而造价的计算，必须按定额的数量标准，即依据计算出的工程量，准确地套用相应的定额才能最终得出工程的造价。因此工程量的计算单位必须与定额的计算单位相一致。具体在工程项目设置和计量单位都必须与定额一致。

（1）工程项目的设置必须与概算定额子目划分相适应。例如，土石方开挖工程应按土壤类别、岩石级别分列；土石方填筑应按土方、堆石料、反滤层、垫层料等分列。再如，钻孔灌浆工程概算定额中一般将钻孔、灌浆单列。因此，在计算工程量时，钻孔、灌浆也应分开计算。

（2）工程量的计量单位要与定额子目的单位相一致。在计算工程量之前，首先必须搞清楚定额单位，然后据此计算工程量。例如，混凝土以“m^3”为单位，帷幕灌浆以“m”为单位，接缝灌浆以“m^2”为单位，金属结构以“t”为单位等。有的工程项目的工程量可以用不同的计量单位表示，如喷混凝土，可以用“m^2”表示，也可以用“m^3”表示；混凝土防渗墙可以用阻水面积“m^2”表示，也可以用进尺“m”或混凝土浇筑方量“m^3”来表示。因此，设计提供的工程量单位要与选用的定额单位相一致，否则应按有关规定进行换算。

（二）阶段系数

1. 阶段系数的概念

水利水电工程的特点是综合性、复杂性、不可预见性。其设计阶段分为：可行性研究、初步设计、招标设计、施工图设计。可以看出，各阶段设计的深度不同，工程量计算必然会有差异。而且随着设计的深入，工程量越加精确，与之相应的预测造价的精度也要相适应。国外不同阶段的工程量对各阶段的造价影响都有严格的规定，超过了规定，便对建设项目本身产生怀疑甚至被否定。我国采用的是调整各阶段工程量的方法，即为了使各设计阶段，不因为研究设计的深度不同，而使工程造价产生较大的变幅，对各阶段工程乘以适宜的系数，以保证各阶段的预测造价更加贴近实际造价。

2. 阶段系数的使用

编制概算造价所用的工程量应由各专业设计人员按现行《水利水电工程设计工程量计算规定》(SL 328—2005) 和概算编制办法中的工程项目划分的要求进行计算。按设计几何轮廓尺寸计算的工程量，乘以设计阶段系数予以调整。设计阶段系数见表 3-2～表 3-4。

表 3-2　　混凝土阶段工程量阶段系数

类别	项目	混凝土			
	设计阶段工程量/万 m^3	＞300	300～100	100～50	＜50
永久水工建筑物	可行性研究	1.02～1.03	1.03～1.04	1.04～1.06	1.06～1.08
	初步设计	1.01～1.02	1.02～1.03	1.03～1.04	1.04～1.05
施工临时建筑物	可行性研究	1.04～1.06	1.06～1.08	1.08～1.10	1.10～1.13
	初步设计	1.02～1.04	1.04～1.06	1.06～1.08	1.08～1.10
金属结构	可行性研究				
	初步设计				

表 3-3　　土石方阶段工程量阶段系数

类别	项目	土石方开挖			
	设计阶段工程量/万 m^3	＞500	500～200	200～50	＜50
永久水工建筑物	可行性研究	1.02～1.03	1.03～1.04	1.04～1.06	1.06～1.08
	初步设计	1.01～1.02	1.02～1.03	1.03～1.04	1.04～1.05
施工临时建筑物	可行性研究	1.04～1.06	1.06～1.08	1.08～1.10	1.10～1.13
	初步设计	1.02～1.04	1.04～1.06	1.06～1.08	1.08～1.10
金属结构	可行性研究				
	初步设计				

表 3-4　　土石方填筑、砌石阶段工程量阶段系数

类别	项目	土石方填筑、干砌石、浆砌石				钢筋	钢材	灌浆
	设计阶段工程量/万 m^3	＞500	500～200	200～50	＜50			
永久水工建筑物	可行性研究	1.02～1.03	1.03～1.04	1.04～1.06	1.06～1.08	1.06	1.05	1.15
	初步设计	1.01～1.02	1.02～1.03	1.03～1.04	1.04～1.05	1.03	1.03	1.10

续表

类别	项目	土石方填筑、干砌石、浆砌石				钢筋	钢材	灌浆
	设计阶段 工程量/万 m^3	>500	500～200	200～50	<50			
施工临时建筑物	可行性研究	1.04～1.06	1.06～1.08	1.08～1.10	1.10～1.13	1.08	1.08	1.17
	初步设计	1.02～1.04	1.04～1.06	1.06～1.08	1.08～1.10	1.05	1.06	1.12
金属结构	可行性研究						1.15	
	初步设计						1.10	

注 1. 表中各栏工程量，系指枢纽总工程量。

2. 各设计阶段的工程系数应在分项工程量中乘以阶段系数，在总工程量中不再乘阶段系数，以免重复。

3. 土石坝填筑工程量系在已包括沉陷的基数中乘以阶段系数，沉陷量可取坝高的 0.50%～1.00%。

4. 截流工程的工程量阶段系数可取 1.25～1.35。

5. 阶段系数按工程地质条件及建筑物结构复杂程度取值，复杂的取大值，简单的取小值。

（三）建筑工程量计算

1. 土石方工程量计算

土石方开挖工程量应根据设计开挖图纸，按不同土壤和岩石类别分别进行计算；石方开挖工程应将明挖、槽挖、水下开挖、平洞、斜井和竖井开挖等分别计算。

土石方填筑工程量应根据建筑物设计断面中的不同部位及其不同材料分别进行计算，其沉陷量应包括在内。

2. 砌石工程量计算

砌石工程量应按建筑物设计图纸的几何轮廓尺寸，以“建筑成品方”计算。

砌石工程量应将干砌石和浆砌石分开。干砌石应按干砌卵石、丁砌块石，同时还应按建筑物或构筑物的不同部位及形式，如护坡（平面、曲面）、护底、基础、挡土墙、桥墩等分别计列；浆砌石按浆砌块石、卵石、条料石，同时应按不同的建筑物（浆砌石拱圈明渠、隧洞、重力坝）及不同的结构部位分项计列。

3. 混凝土及钢筋混凝土工程量计算

混凝土及钢筋混凝土工程量的计算应根据建筑物的不同部位及混凝土的设计标号分别计算。

钢筋及埋件、设备基础螺栓孔洞工程量应按设计图纸所示的尺寸并按定额计量单位计算，如大坝的廊道、钢管道、通风井、船闸侧墙的输水道等，应扣除孔洞所占体积。

计算地下工程（如隧洞、竖井、地下厂房等）混凝土的衬砌工程量时，若采用水利建筑工程概算定额，应以设计断面的尺寸为准；若采用预算定额，计算衬砌工程量时应包括设计衬砌厚度和允许超挖部分的工程，但不包括允许超挖范围以外增加超挖所充填的混凝土量。

4. 钻孔灌浆工程量

钻孔工程量按实际钻孔深度计算，计量单位为 m。计算钻孔工程量时，应按不同岩石类别分项计算，混凝土钻孔一般按粗骨料的岩石级别计算。

灌浆工程量从基岩面起计算，计算单位为 m 或 m^2。计算工程量时，应按不同岩层的不同透水率或单位干料耗量分别计算。

隧洞回填灌浆，其工程量一般按在顶拱中心角120°范围内的拱背面积计算，高压管道回填灌浆按钢管外径面积计算工程量。

混凝土防渗墙工程量，按设计的阻水面积计算其工程量，计量单位为m^2。

（四）机电设备需要量计算

机电设备及安装工程量，应根据《水利工程设计概（估）算编制规定》（水总〔2014〕429号）的项目划分“第二部分机电设备及安装工程”中的设备及安装工程所列细项分别计算。

（五）金属结构工程量计算

1. 钢闸门及拦污栅

水工建筑物各种钢闸门和拦污栅的工程量以t计，初步设计阶段应根据选定方案的设计尺寸和参数计算。

与各种钢闸门和拦污栅配套的门槽埋件工程量计算均应与其主设备工程量计算精度一致。

2. 启闭设备

启闭设备工程量计算，宜与闸门和拦污栅工程量计算精度相适应，并分别列出设备重量（t）和数量（台、套）。

3. 压力钢管

压力钢管工程量应按钢管形式（一般、叉管）、直径和厚度分别计算，以t为计量单位，不应计入钢管制作与安装的操作损耗量。

（六）施工临时工程工程量计算

1. 施工临时工程

施工临时工程是指为辅助主体工程施工所必须修建的生产和生活用临时性工程。该部分组成内容如下：

（1）导流工程。包括导流明渠、导流洞、施工围堰、蓄水期下游断流补偿设施、金属结构设备及安装工程等。

（2）施工交通工程。包括施工现场内外为工程建设服务的临时交通工程，如公路、铁路、桥梁、施工支洞、码头、转运站等。

（3）施工场外供电工程。包括从现有电网向施工现场供电的高压输电线路（枢纽工程：35kV及以上等级；引水工程及河道工程：10kV及以上等级）和施工变（配）电设施（场内除外）工程。

（4）施工房屋建筑工程。指工程在建设过程中建造的临时房屋，包括施工仓库、办公及生活、文化福利建筑和所需的配套设施工程。

（5）其他施工临时工程。指除施工导流、施工交通、施工场外供电、施工房屋建筑、缆机平台以外的施工临时工程。主要包括施工供水（大型泵房及干管）、砂石料系统、混凝土拌和浇筑系统、大型机械安装拆卸、防汛、防冰、施工排水、施工通信、施工临时支护设施（含隧洞临时钢支撑）等工程。

2. 工程量计算注意事项

(1) 施工导流工程工程量计算要求与永久水工建筑物计算要求相同，其中永久与临时结合的部分应计入永久工程量中，阶段系数按施工临时工程计取。包括围堰（及拆除工程）、明渠、隧洞、涵管、底孔等工程量，与永久建筑物结合的部分及混凝土堵头计入永久工程量中，不结合的部分计入临时工程量中，分别乘以各自的阶段系数。导流底孔封堵，闸门设施应计入临时工程量中。

(2) 施工支洞工程量应按永久水工建筑物工程量计算要求进行计算，阶段系数按施工临时工程计取。

临时支护的锚杆、喷混凝土、钢支撑以及混凝土衬砌施工用的钢筋、钢材等工程量应根据设计要求计算。

(3) 大型施工设施及施工机械布置所需土建工程量，如砂石系统、混凝土系统、缆式起重机平台的开挖或混凝土基座、排架和门、塔机栈桥等，按永久建筑物的要求计算工程量，阶段系数按施工临时工程计取。

(4) 施工临时公路的工程量可根据相应设计阶段施工总平面布置图或设计提出的运输线路分等级计算公路长度或具体工程量。场内临时交通可根据1∶5000～1∶2000施工总平面布置图拟定线路走向、平均纵坡计得的公路长度和选定的级别，以及桥涵、防护工程等，按扩大指标进行计算。其中的大、中型桥涵需单独计算工程量。

(5) 施工供电线路工程量可按设计的线路走向、电压等级和回路数计算。场外输电线路，可根据1∶10000～1∶5000地形图选定的线路走向计算长度，并说明电压等级、回路数。施工变电站设备的数量，根据容量确定。施工场内外通信设备应根据工程实际情况确定。

(6) 临时生产、生活房屋建筑工程量按《水利水电工程施工组织设计规范》（SL 303—2017）的规定进行计算。

(7) 对其他临时工程的工程量，如场地平整、施工占地等，按施工总布置进行估算。

(8) 对有关部门提供的工程量和预算资料，应按项目划分和费用构成正确处理。如施工临时工程，按其规模、性质，有的应在第四部分“施工临时工程”一至四项中单独列项，有的包括在“其他施工临时工程”中，不单独列项。

三、工程部分概算编制

工程部分概算划分为五个部分：①建筑工程；②机电设备及安装工程；③金属结构设备及安装工程；④施工临时工程；⑤独立费用。其中，第一至第三部分属永久工程，竣工投入运行后承担设计所确定的功能并发挥效益，构成生产运行单位的固定资产。凡永久与临时工程相结合的项目列入相应永久工程项目内。第四部分施工临时工程是指在工程筹备和建设阶段，为辅助永久建筑和安装工程正常施工而修建的临时性工程或采取的临时措施，临时工程的全部投资扣除回收价值后，以适当的比例摊入各永久工程中，构成固定资产的一部分。第五部分独立费用是应在工程总投资中支出但又不宜列入建筑工程费、安装工程费、设备费而需要独立列项的费用。

水利工程工程部分费用构成见图 3－2。

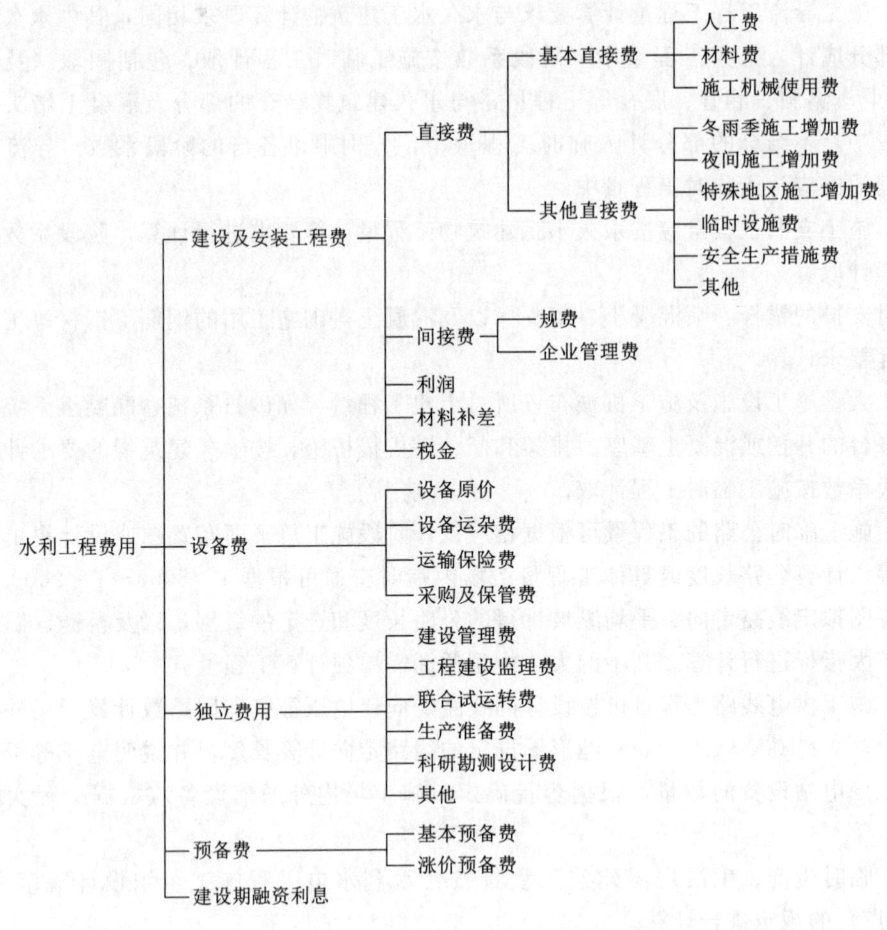

图 3－2　水利工程工程部分费用构成图

(一) 编制依据

(1) 国家及省（自治区、直辖市）颁发的有关法令法规、制度、规程。

(2)《水利工程设计概（估）算编制规定》(水总〔2014〕429 号)。

(3)《水利建筑工程预算定额》、《水利建筑工程预算定额》和《水利工程施工机械台时费定额》(水总〔2002〕116 号)，《水利工程概预算补充定额》(水总〔2005〕389 号)，《水利水电设备安装工程预算定额》(水建管〔1999〕523)

(4)《水利水电工程设计工程量计算规定》(SL 328—2005)。

(5) 初步设计文件及图纸。

(6) 有关合同协议及资金筹措方案。

(7) 其他。

(二) 编制方法及步骤

设计概算一般用概算定额法编制，其具体步骤如下。

(1) 计算概算工程量。

(2) 编制基础单价。

(3) 编制建筑、安装工程单价。

(4) 编制各分部工程概算。

(5) 计算工程各年度预计完成的投资额。

(6) 计算预备费、建设期融资利息、静态总投资、总投资。

(三) 建筑及安装工程费

按照工程费用构成划分，建筑及安装工程费由直接费、间接费、利润、材料补差及税金组成。按照《水利工程营业税改征增值税计价依据调整办法》(办水总〔2016〕132号)的规定，营业税改征增值税(以下简称“营改增”)后，按“价税分离”的计价规则计算建筑及安装工程费，即工程直接费、间接费、利润、材料价差均不包含增值税进项税额，并以此为基础计算增值税税金。

1. 直接费

直接费包括基本直接费和其他直接费。基本直接费包括人工费、材料费和施工机械使用费。其他直接费包括冬雨季施工增加费、夜间施工增加费、特殊地区施工增加费、临时设施费、安全生产措施费及其他。

(1) 人工费。人工费指直接从事建筑安装工程施工的生产工人开支的各项费用，内容包括：

1) 基本工资，由岗位工资和年应工作天数内非作业天数的工资组成：①岗位工资，指按照职工所在岗位各项劳动要素测评结果确定的工资；②生产工人年应工作天数内非作业天数的工资，包括生产工人开会学习、培训期间的工资，调动工作、探亲、休假期间的工资，因气候影响的停工工资，女工哺乳期间的工资，病假在六个月以内的工资及产假、婚假、丧假期间的工资。

2) 辅助工资，指在基本工资之外，以其他形式支付给生产工人的工资性收入，包括根据国家有关规定属于工资性质的各种津贴，主要包括地区津贴、施工津贴、夜餐津贴、节假日加班津贴等。

(2) 材料费。材料费指用于建筑安装工程项目上的消耗性材料、装置性材料和周转性材料摊销费，包括定额工作内容规定应计入的未计价材料和计价材料。

材料预算价格一般包括材料原价、运杂费、运输保险费和采购及保管费四项。“营改增”后，四项费用均按不含增值税进项税额的价格计算。

1) 材料原价，指材料指定交货地点的价格。

2) 运杂费，指材料从指定交货地点至工地分仓库或相当于工地分仓库(材料堆放场)所发生的全部费用，包括运输费、装卸费、调车费及其他杂费。

3) 运输保险费，指材料在运输途中的保险费。

4) 采购及保管费，指材料在采购、供应和保管过程中所发生的各项费用，主要包括材料的采购、供应和保管部门工作人员的基本工资、辅助工资、职工福利费、劳动保护费、养老保险费、失业保险费、医疗保险费、工伤保险费、生育保险费、住房公积金、教育经费、办公费、差旅交通费及工具用具使用费；仓库、转运站等设施的检修费、固定资产折旧费、技术安全措施费和材料检验费；材料在运输、保管过程中发生的损耗等。

(3) 施工机械使用费。施工机械使用费指消耗在建筑安装工程项目上的机械磨损、维修和动力燃料费用等，包括折旧费、修理及替换设备费、安装拆卸费、机上人工费和动力燃料费等。“营改增”后，按调整后的施工机械台时费定额和不含增值税进项税额的基础价格计算。

1) 折旧费，指施工机械在规定使用年限内回收原值的台时折旧摊销费用。

2) 修理及替换设备费：①修理费指施工机械使用过程中，为了使机械保持正常功能而进行修理所需的摊销费用和机械正常运转及日常保养所需的润滑油料、擦拭用品的费用，以及保管机械所需的费用。②替换设备费指施工机械正常运转时所耗用的替换设备及随机使用的工具附具等摊销费用。

3) 安装拆卸费，指施工机械进出工地的安装、拆卸、试运转和场内转移及辅助设施的摊销费用。部分大型施工机械的安装拆卸不在其施工机械使用费中计列，包含在其他施工临时工程中。

4) 机上人工费，指施工机械使用时机上操作人员人工费用。

5) 动力燃料费，指施工机械正常运转时所耗用的风、水、电、油和煤等费用。

(4) 冬雨季施工增加费。冬雨季施工增加费指在冬雨季施工期间为保证工程质量所需增加的费用，包括增加施工工序，增设防雨、保温、排水等设施增耗的动力、燃料、材料以及因人工、机械效率降低而增加的费用。

根据不同地区，冬雨季施工增加费按基本直接费的百分率计算：西南、中南、华东区取0.5%～1.0%；华北区取1.0%～2.0%；西北区、东北区取2.0%～4.0%；西藏取2.0%～4.0%。西南、中南、华东区中按规定不计冬雨季施工增加费的取小值，计算冬雨季施工增加费的取大值；华北区中，内蒙古等严寒地区可取大值，其他地区取中小值；西北区、东北区中，陕西甘肃等省取小值，其他区可取大中值。

(5) 夜间施工增加费。夜间施工增加费指施工场地和公用施工道路的照明费用。照明线路工程费用包括在“临时设施费”中；施工附属企业系统、加工厂、车间的照明费用，列入相应的产品中，均不包括在本项费用之内。

夜间施工增加费按基本直接费的百分率计算：

1) 枢纽工程：建筑工程为0.5%，安装工程为0.7%。

2) 引水工程：建筑工程为0.3%，安装工程为0.6%。

3) 河道工程：建筑工程为0.3%，安装工程为0.5%。

(6) 特殊地区施工增加费。特殊地区施工增加费指在高海拔、原始森林、沙漠等特殊地区施工而增加的费用。

(7) 临时设施费。临时设施费指施工企业为进行建筑安装工程施工所必需的，但又未被划入施工临时工程的临时建筑物、构筑物和各种临时设施的建设、维修、拆除、摊销等。例如，供风、供水（支线）、供电（场内）、照明、供热系统及通信支线，土石料场，简易砂石料加工系统，小型混凝土拌和浇筑系统，木工、钢筋、机修等辅助加工厂，混凝土预制构件厂，场内施工排水，场地平整、道路养护及其他小型临时设施等。

临时设施费按基本直接费的百分率计算。

1）枢纽工程：建筑及安装工程为3%。

2）引水工程：建筑及安装工程为1.8%～2.8%。若工程自采加工人工砂石料，取上限；若工程自采加工天然砂石料，取中值；若工程外购砂石料，取下限。

3）河道工程：建筑及安装工程为1.5%～1.7%。灌溉田间工程取下限，其他工程取中上限。

（8）安全生产措施费。安全生产措施费指为保证施工现场安全作业环境及安装施工、文明施工所需要，在工程设计已考虑的安全支护措施之外发生的安全生产、文明施工相关费用。

安全生产措施费按基本直接费的百分率计算。

1）枢纽工程：建筑及安装工程为2.0%。

2）引水工程：建筑及安装工程为1.4%～1.8%。一般取下限，隧洞、渡槽等大型建筑物较多的引水工程、施工条件复杂的引水工程取上限。

3）河道工程：建筑及安装工程为1.2%。

（9）其他。包括施工工具用具使用费、检验试验费，工程定位复测及施工控制网测设，工程点交、竣工场地清理，工程项目及设备仪表移交生产前的维护费，工程验收检测费等。

1）施工工具用具使用费，指施工生产所需，但不属于固定资产的生产工具，检验、试验用具等的购置、摊销和维护费。

2）检验试验费，指对建筑材料、构件和建筑安装物进行一般鉴定、检查所发生的费用，包括自设实验室所耗用的材料和化学药品费用，以及技术革新和研究试验费，不包括新结构、新材料的试验费和建设单位要求对具有出厂合格证明的材料进行试验、对构件进行破坏性试验，以及其他特殊要求检验试验的费用。

3）工程项目及设备仪表移交生产前的维护费，指竣工验收前对已完工程及设备进行保护所需的费用。

4）工程验收检测费，指工程各级验收阶段为检测工程质量发生的检测费用。

其他费用按基本直接费的百分率计算：①枢纽工程，建筑工程为1.0%，安装工程为1.5%；②引水工程，建筑工程为0.6%，安装工程为1.1%；③河道工程，建筑工程为0.5%，安装工程为1.0%。

需要特别说明的是，砂石备料工程其他直接费费率取0.5%。掘进机施工隧洞工程其他直接费费率执行以下规定：土石方工程、钻孔灌浆及锚固工程，其他直接费费率为2%～3%；掘进机由建设单位采购、设备费单独列项时，台时费中不计折旧费，土石方工程、钻孔灌浆及锚固工程其他直接费费率为4%～5%，敞开式掘进机费率取低值，其他掘进机取高值。

2. 间接费

（1）规费。规费指政府和有关部门规定必须缴纳的费用，包括社会保险费和住房公积金。

1）社会保险费：①养老保险费，指企业按照规定标准为职工缴纳的基本养老保险费。②失业保险费，指企业按照规定标准为职工缴纳的失业保险费。③医疗保险费，指企业按照规定标准为职工缴纳的基本医疗保险费。④工伤保险费，指企业按照规定标准为职工缴纳的工伤保险费。⑤生育保险费，指企业按照规定标准为职工缴纳的生育保险费。

2）住房公积金。指企业按照规定为职工缴纳的住房公积金。

（2）企业管理费。指施工企业为组织施工生产和经营管理活动所发生的费用，内容包括：

1）管理人员工资，指管理人员的基本工资、辅助工资。

2）差旅交通费，指施工企业管理人员因公出差、工作调动的差旅费、误餐补助费，职工探亲路费，劳动力招募费，职工离退休、退职一次性路费，工伤人员就医路费，工地转移费，交通工具运行费及牌照费等。

3）办公费，指企业办公用文具、印刷、邮电、书报、会议、水电、燃煤（气）等费用。

4）固定资产使用费，指企业属于固定资产的房屋、设备、仪器等的折旧、大修理、维修费或租赁费等。

5）工具用具使用费，指企业管理使用不属于固定资产的工具、用具、家具、交通工具和检验、试验、测绘、消防用具等的购置、维修和摊销费。

6）职工福利费，指企业按照国家规定支出的职工福利费，以及由企业支付离退休职工的易地安家补助费、职工退休金、六个月以上的病假人员工资、按规定支付给离休干部的各项经费，职工发生工伤时企业依法在工伤保险基金之外支付的费用，其他在社会保险基金之外依法由企业支付给职工的费用。

7）劳动保护费，指企业按照国家有关部门规定标准发放的一般劳动防护用品的购置及修理费、保健费、防暑降温费、高空作业及进洞津贴、技术安全措施以及洗澡用水、饮用水的燃料费等。

8）工会经费，指企业按职工工资总额计提的工会经费。

9）职工教育经费，指企业为职工学习先进技术和提高文化水平按职工工资总额计提的费用。

10）保险费，指企业财产保险、管理用车辆等保险费用，高空、井下、洞内、水上、水下作业等特殊工种安全保险费、危险作业意外伤害保险费等。

11）财务费用，指施工企业为筹集资金而发生的各项费用，包括企业经营期间发生的短期融资利息净支出、汇兑净损失、金融机构手续费，企业筹集资金发生的其他财务费用，以及投标和承包工程发生的保函手续费等。

12）税金，指企业按规定交纳的房产税、管理用车辆使用税、印花税、城市维护建设税、教育费附加及地方教育附加，其中后三项为营业税改征增值税后的增补内容。

13）其他。包括技术转让费、企业定额测定费、施工企业进退场费、施工企业承担的施工辅助工程设计费、投标报价费、工程图纸资料费及工程摄影费、技术开发费、业务招待费、绿化费、公证费、法律顾问费、审计费、咨询费等。

间接费根据不同的水利工程按直接费或人工费的费率计算。间接费费率表见表3-5。

表 3-5　　　　间接费费率表

序号	工程类别	计算基础	间接费费率/%		
			枢纽工程	引水工程	河道工程
一	建筑工程				
1	土方工程	直接费	8.5	5～6	4～5
2	石方工程	直接费	12.5	10.5～11.5	8.5～9.5
3	砂石备料工程（自采）	直接费	5	5	5
4	模板工程	直接费	9.5	7～8.5	6～7
5	混凝土浇筑工程	直接费	9.5	8.5～9.5	7～8.5
6	钢筋制安工程	直接费	5.5	5	5
7	钻孔灌浆工程	直接费	10.5	9.5～10.5	9.25
8	锚固工程	直接费	10.5	9.5～10.5	9.25
9	疏浚工程	直接费	7.25	7.25	6.25～7.20
10	掘进机施工隧洞工程（1）	直接费	4	4	4
11	掘进机施工隧洞工程（2）	直接费	6.25	6.25	6.25
12	其他工程	直接费	10.5	8.5～9.5	7.25
二	机电、金属结构设备安装	人工费	75	70	70

3. 利润

利润指按规定应计入建筑安装工程费用中的利润，按直接费和间接费之和的 7%计算。

4. 材料价差

指根据主要材料消耗量、主要材料预算价格与材料基价之间的差值，计算的主要材料补差金额。材料基价是指计入基本直接费的主要材料的限制价格。

5. 税金

"营改增"后，税金指增值税销项税额。城市维护建设税、教育费附加和地方教育附加，计入间接费中的企业管理费中。

(四) 基础价格计算

1. 人工预算单价

人工预算单价是指生产工人在单位时间（工时）的费用。根据《水利工程设计概（估）算编制规定》（水总〔2014〕429 号文）有关规定，结合水利水电工程特点，分别确定了枢纽工程、引水工程及河道工程人工预算单价标准，划分为工长、高级工、中级工、初级工 4 个档次，与定额中的劳动力等级相对应。人工预算单价按表 3-6 的标准计算。

2. 材料预算价格

材料预算价格是指材料从供应地运到工地分仓库（或堆放场地）的出库价格。材料预算价格一般包括材料原价、运杂费、运输保险费、采购及保管费 4 项。

(1) 主要材料预算价格。

材料预算价格＝（材料原价＋运杂费）×（1＋采购及保管费率）＋运输保险费

表 3-6　　人工预算单价计算标准　　单位：元/工时

类别与等级		一般地区	一类区	二类区	三类区	四类区	五类区 西藏二类区	六类区 西藏三类区	西藏四类区
枢纽工程	工长	11.55	11.80	11.98	12.26	12.76	13.61	14.63	15.40
	高级工	10.67	10.92	11.09	11.38	11.88	12.73	13.74	14.51
	中级工	8.90	9.15	9.33	9.62	10.12	10.96	11.98	12.75
	初级工	6.13	6.38	6.55	6.84	7.34	8.19	9.21	9.98
引水工程	工长	9.27	9.47	9.61	9.84	10.24	10.92	11.73	12.11
	高级工	8.57	8.77	8.91	9.14	9.54	10.21	11.03	11.40
	中级工	6.62	6.82	6.96	7.19	7.59	8.26	9.08	9.45
	初级工	4.64	4.84	4.98	5.21	5.61	6.29	7.10	7.47
河道工程	工长	8.02	8.19	8.31	8.52	8.86	9.46	10.17	10.49
	高级工	7.40	7.57	7.70	7.90	8.25	8.84	9.55	9.88
	中级工	6.16	6.33	6.46	6.66	7.01	7.60	8.31	8.63
	初级工	4.26	4.43	4.55	4.76	5.10	5.70	6.41	6.73

注　1. 艰苦边远地区划分执行人事部、财政部《关于印发〈完善艰苦边远地区津贴制度实施方案〉的通知》（国人部发〔2006〕61号）及各省（自治区、直辖市）于艰苦边远地区津贴制度实施意见。

2. 西藏地区的类别执行西藏特殊津贴制度相关文件规定。

3. 跨地区建设项目的人工预算单价可按主要建筑物所在地确定，可按工程规模或投资比例进行综合确定。

从工地的材料总库运到分仓库所发生的场内运杂费应计入材料预算价格；而从工地分仓库到各施工点的运杂费用已计入定额内，在材料预算价格中不予计算。

运输保险费＝材料原价×材料运输保险费率

采购及保管费＝（材料原价＋运杂费）×采购及保管费率

采购及保管费按材料运到工地仓库的价格为计算基数，不包括运输保险费。采购及保管费率见表 3-7。

表 3-7　　采购及保管费率表

序号	材料名称	费率/%	序号	材料名称	费率/%
1	水泥、碎（砾）石、砂、块石	3	3	油料	2
2	钢材	2	4	其他材料	2.5

（2）其他材料预算价格。其他材料预算价格可参考工程所在地区的工业与民用建筑安装工程材料预算价格或信息价，加至工地的运杂费。

材料预算价格采用信息价时，实际计算是否增加运杂费，要结合项目的建设地点和信息价的发布地点和覆盖范围，以及项目的实际施工方案确定。

（3）材料补差。主要材料预算价格超过表 3-8 规定的材料基价时，应按基价计入工程单价参与取费，预算价与基价的差值以材料补差形式计算，材料补差列入单价表中并计取税金（增值税销项税金）。主要材料预算价格低于基价时，按预算价计入工程单价。

表 3－8　　　　主要材料基价表

序号	材料名称	单位	基价/元
1	柴油	t	2990
2	汽油	t	3075
3	钢筋	t	2560
4	水泥	t	255
5	炸药	t	5150

3. 施工用电、水、风预算价格

施工用电、水、风的价格是编制水利工程投资的基础价格，其价格组成大致相同，由基本价、能量损耗摊销费、设施维修摊销费三部分组成。

(1) 施工用电价格。施工用电按用途可分为生产用电和生活用电两部分。生产用电直接进入工程成本，包括施工机械用电、施工照明用电和其他机械用电，构成工程直接费。生活用电是指生活文化福利建筑的室内外照明和其他生活用电。水利工程概估算中的电价计算范围仅指生产用电，生活用电因不直接用于生产，应在间接费内开支或由职工负担，不在施工用电电价计算范围内。

(2) 施工用水价格。施工用水价格由基本水价、供水损耗摊销费和供水设施维修摊销费组成。施工用水价格计算的关键是确定各种供水方式的台时总费用及台时总出水量。“营改增”后，施工用水价格中的机械组（台）时总费用应按调整后的施工机械台时费定额和不含增值税进项税额的基础价格计算。

(3) 施工用风价格。水利工程施工用风主要用于石方、混凝土、金属结构和机电设备安装等工程施工时施工机械（如风钻、潜孔钻、凿岩台车、混凝土喷射机、风水枪等）所需的压缩空气，一般由自建供风系统供给。

4. 施工机械使用费

施工机械台时费是指一台施工机械正常工作 1 小时所支出和分摊的各项费用之和。施工机械使用费根据施工组织设计确定的机械种类和《水利水电施工机械台时费定额》及有关规定计算。

“营改增”及增值税税率调整后，按调整后的施工机械台时费定额和不含增值税进项税额的基础价格计算。施工机械台时费定额的折旧费除以 1.13 调整系数，修理及替换设备费除以 1.09 调整系数，安装拆卸费不变。掘进机及其他由建设单位采购、设备费单独列项的施工机械，台时费中不计折旧费，设备费除以 1.17 调整系数。

(1) 施工机械台时费。施工机械台时费是计算建筑安装工程单价中机械使用费的基础价格。现行部颁的施工机械台时费由两类费用组成：

1) 一类费用：分为折旧费、修理及替换设备费（含大修理费、经常性修理费）和安装拆卸费，在定额中以货币金额表示。

2) 二类费用：分为人工、动力、燃料及消耗材料，以实物量表示。

(2) 施工机械台时费计算方法。

1) 根据施工机械型号、性能等参数，查阅定额可得第一类费用。

2）根据定额中的人工工时、燃料、动力消耗量及相应工程项目的人工工资单价、材料预算价格计算出第二类费用，即第二类费用＝$\sum$（人工及动力、燃料消耗量×相应单价）。

（3）施工机械台时费为第一类费用与第二类费用之和。

5. *砂石料单价*

砂石料是砂砾料、砂、碎石、砾石、块石、条石等骨料的统称，是基本建设工程中混凝土和砌石等构筑物的主要建筑材料。砂又称细骨料，粒径小于或等于5mm。卵石、碎石又称粗骨料，粒径大于5mm，卵石由天然砂石料中筛取，碎石用开采岩石或大卵石经人工或机械加工而成。将各级粒径粗骨料颗粒按适当比例配合，使骨料的空隙率及总面积都较小，以减少水泥用量，达到混凝土要求的和易性。混凝土粗骨料级配分为四级，见表3-9。

表3-9　　混凝土粗骨料级配表

级配	最大粒径/mm	粒径组成/mm			
一级配	20	5～20			
二级配	40	5～20	20～40		
三级配	80	5～20	20～40	40～80	
四级配	150（120）	5～20	20～40	40～80	80～150

常用的骨料单价计算方法有两种：一是系统单价法；二是工序单价法。

6. *混凝土材料单价*

混凝土及砂浆材料单价指按混凝土及砂浆设计强度等级、级配及施工配合比配制每立方米混凝土、砂浆所需要的水泥、砂、石、水、掺和料及外加剂等各种材料的费用之和。它不包括拌制、运输、浇筑等工序的人工、材料和机械费用，也不包含搅拌损耗外的施工操作损耗及超填量等。

（1）混凝土材料用量确定。混凝土材料单价在混凝土工程单价中占有较大的比重，各类混凝土施工配合比，是计算混凝土材料单价（或混凝土基价）的基础。初设阶段编制设计概算单价时，掺粉煤灰混凝土、碾压混凝土的混凝土材料用量，应按各工程的混凝土级配及施工配合比试验资料计算。初设阶段的纯混凝土、掺外加剂混凝土，或可行性研究阶段的掺粉煤灰混凝土、碾压混凝土、纯混凝土、掺外加剂混凝土等，如无试验资料，可参照《水利建筑工程概算定额》中附录“混凝土配合比表”的各种材料用量计算混凝土材料单价。

（2）混凝土及砂浆材料单价计算。混凝土及砂浆材料单价指拌制每立方米混凝土、砂浆所需要的水泥、砂、石、水、掺和料及外加剂等各种材料的费用之和（包括了至搅拌楼进料仓止的材料场内运输及操作损耗费）。“营改增”后，混凝土材料单价按混凝土配合比中各项材料的数量和不含增值税进项税额的材料价格进行计算。

$$混凝土材料单价＝\sum（某材料用量×某材料预算价）$$

当采用商品混凝土时，其材料单价（不含增值税进项税额）应按基价200元/m^3计入工程单价参加取费，预算价格与基价的差额以材料补差形式进行计算，材料补差列入单价表中并计取税金。

（五）工程单价

工程单价，是指以价格形式表示的完成单位工程量（如1立方米、1吨、1套等）所耗用的全部费用，包括直接费、间接费、企业利润、材料补差、未计价材料费和税金等六部分内容。水利工程概（估）算单价分为建筑和安装工程单价两类，它是编制水利水电工程建安工程投资的基础。清单计量与计价的具体要求详见第四章。

建筑安装工程单价由“量、价、费”三要素组成。

量：指完成单位工程量所需的人工、材料和施工机械台时数量。须根据设计图纸及施工组织设计等资料，正确选用定额相应子目的规定量。

价：指人工预算单价、材料预算价格和机械台时费等基础单价。

费：指按规定计入工程单价的其他直接费、间接费、利润、材料补差和税金等。须按规定的取费标准计算。

水利部现行规定的建筑工程和安装工程单价计算程序见表3-10、表3-11、表3-12。

表3-10　　建筑工程单价计算程序表

序号	费用名称	计　算　公　式
1	直接费	（1）＋（2）
（1）	基本直接费	1）＋2）＋3）
1）	人工费	Σ定额人工工时数×人工预算单价
2）	材料费	Σ定额材料用量×材料预算价格
3）	机械使用费	Σ定额机械台时用量×机械台时费
（2）	其他直接费	（1）×Σ其他直接费率
2	间接费	1×间接费率
3	利润	（1＋2）×企业利润率
4	材料补差	Σ（材料预算价格－材料基价）×材料消耗量
5	税金	（1＋2＋3＋4）×税率
6	工程单价	1＋2＋3＋4＋5

表3-11　　安装工程单价（实物量形式）计算程序表

序号	费用名称	计　算　公　式
1	直接费	（1）＋（2）
（1）	基本直接费	1）＋2）＋3）
1）	人工费	Σ定额人工工时数×人工预算单价
2）	材料费	Σ定额材料用量×材料预算价格
3）	机械使用费	Σ定额机械台时用量×机械台时费
（2）	其他直接费	（1）×Σ其他直接费率
2	间接费	1）×间接费率
3	利润	（1＋2）×企业利润率

续表

序号	费用名称	计 算 公 式
4	材料补差	∑（材料预算价格－材料基价）×材料消耗量
5	税金	（1＋2＋3＋4）×税率
6	未计价装置性材料费	未计价装置性材料费×材料预算价格
7	工程单价	1＋2＋3＋4＋5＋6

表 3-12　　安装工程单价（费率形式）计算程序表

序号	费用名称	计 算 公 式
1	直接费（%）	（1）＋（2）
（1）	基本直接费（%）	1）＋2）＋3）
1）	人工费（%）	定额人工费（%）
2）	材料费（%）	定额材料费（%）
3）	装置性材料费（%）	定额装置性材料费（%）
4）	机械使用费（%）	定额机械使用费（%）
（2）	其他直接费（%）	（1）×∑其他直接费率（%）
2	间接费（%）	1）×间接费率（%）
3	利润（%）	（1＋2）×利润率（%）
4	税金（%）	（1＋2＋3）×税率
5	工程单价（%）	（1＋2＋3＋4）（%）
6	单价	5×设备原价

（六）建筑工程概算编制

建筑工程分为主体建筑工程、交通工程、房屋建筑工程、供电设施工程和其他建筑工程，根据不同的设计深度，分别采用不同的方法编制概（估）算。

1. 主体建筑工程

（1）主体建筑工程概算按设计工程量乘以工程单价进行编制。

（2）主体建筑工程量应遵照《水利水电工程设计工程量计算规定》（SL 328—2005），按项目划分要求，计算到三级项目。

（3）混凝土温控。当设计对建筑物混凝土施工有温控要求时，可根据温控措施设计计算其费用，也可以经过分析确定指标，按建筑物混凝土方量进行计算。

（4）细部结构工程。可按坝型或其他工程型式，参考类似工程分析确定，也可参照水工建筑工程细部结构经验指标计算，概算定额附有参考表，但要结合具体工程的情况，对指标中的子项和指标高低进行增删或调整。

2. 交通工程

交通工程概算投资可按设计工程量乘以单价计算，也可根据工程所在地区造价指标或有关实际资料，采用扩大单位指标计算。其主要内容包括以下几个方面：

（1）公路工程指水利工程的公路工程，其投资按设计提供的里程（km）乘以工程所在地的造价指标估算，或根据设计提供的三级项目工程量，进行单价分析作出概算。也可以按经审核的委托单位专项概算数列入。

(2) 铁路工程指水利工程的铁路工程，其投资应按设计提供的里程（km）乘以工程所在地的造价指标估算，或根据设计提供的三级项目工程量，进行单价分析作出概算。同样也可以按经审核的委托单位专项概算数列入。

(3) 桥梁工程指水利工程的桥梁工程，其投资应按设计提供的特征性工程量（延米或座），乘以工程所在地的造价指标估算，或根据设计提供的三级项目工程量，进行单价分析作出概算。同样也可以按经审核的委托单位专项概算数列入。

(4) 码头工程指水利工程的码头工程，其投资应按设计提供的码头数量，乘以工程所在地的造价指标估算，或根据设计提供的三级项目工程量，进行单价分析作出概算。同样也可以按经审核的委托单位专项概算数列入。

3. 房屋建筑工程

房屋建筑工程指水利枢纽、水电站、水库等基本建设工程的永久辅助生产厂房、仓库、办公室、宿舍、住宅等生活及文化福利建筑，办公室、生活区内的道路和室外给排水、照明、挡土墙等室外工程，以及未包括在附属辅助设备安装工程内的基础工程等。

辅助生产厂房、仓库、办公室、生活及文化福利建筑的投资均按设计提供的建筑面积和工程所在省（自治区、直辖市）的单位建筑面积造价指标计算。

室外工程指办公室、宿舍、住宅和生活及文化福利建筑等区域内的道路、室外给排水、照明、挡土墙等，以及未包括在附属辅助设备安装工程内的基础工程等，按占房屋建筑工程投资的15%～20%计算。

4. 供电设施工程

根据设计的电压等级、线路架设长度和所需配备的变配电设施要求，采用工程所在地区造价指标或有关实际资料计算。

5. 其他建筑工程

其他建筑工程指内外部观测、动力线路（厂坝区）、照明线路、通信线路、厂坝区和生活区的供水、供热、排水等公用设施工程、厂坝区的环境建设工程、水情自动测报系统工程及其他。其他建筑工程投资计算可采用主体建筑工程的编制方法，也可采用单位指标法或百分率法编制。编制投资估算时，其他建筑工程一般根据坝型，按主体工程建筑工作量的3.0%～5.0%计算。初步设计则需分项计算。

(七) 机电设备及安装工程概算编制

1. 组成

(1) 枢纽工程机电设备及安装工程。枢纽工程的机电设备及安装工程指构成枢纽工程固定资产的全部机电设备及安装工程，由发电设备及安装工程、升压变电设备及安装工程、公用设备及安装工程3项组成。

1) 发电设备及安装工程，包括水轮机、发电机、主阀、起重机、水力机械辅助设备、电气设备等设备及安装工程。

2) 升压变电设备及安装工程，包括主变压器、高压电气设备、一次接线等设备及安装工程。

3）公用设备及安装工程，包括通信设备、通风采暖设备、机修设备、计算机监控系统、工业电视系统、管理自动化系统、全厂接地及保护网，电梯，坝区馈电设备，厂坝区供水、排水、供热设备，水文、泥沙监测设备，水情自动测报系统设备，视频安防监控设备，安全监测设备，消防设备，劳动安全与工业卫生设备，交通设备等设备及安装工程。

(2) 引水工程及河道工程机电设备及安装工程。引水工程及河道工程机电设备及安装工程指构成该工程固定资产的全部机电设备及安装工程。一般包括泵站设备及安装工程、水闸设备及安装工程、电站设备及安装工程、供变电设备及安装工程、公用设备及安装工程5项组成。

1）泵站设备及安装工程，包括水泵、电动机、主阀、起重设备、水力机械辅助设备、电气设备等设备及安装工程。

2）水闸设备及安装工程，包括电气一次设备及电气二次设备及安装工程。

3）电站设备及安装工程，其组成内容可参照枢纽工程的发电设备及安装工程和升压变电设备及安装工程。

4）供变电设备及安装工程，包括供电、变配电设备及安装工程。

5）公用设备及安装工程，包括通信设备、通风采暖设备、机修设备、计算机监控系统、工业电视系统、管理自动化系统、全厂接地及保护网，厂坝（闸、泵站）区供水、排水、供热设备，水文、泥沙监测设备，水情自动测报系统设备，视频安防监控设备，安全监测设备，消防设备，劳动安全与工业卫生设备，交通设备等设备及安装工程。

(3) 灌溉田间工程，包括首部设备及安装工程、田间灌水设施及安装工程等。

1）首部设备及安装工程，包括过滤、施肥、控制调节、计量等设备及安装工程等。

2）田间灌水设施及安装工程，包括田间喷灌、微灌等全部灌水设施及安装工程。

依据投资构成性质，机电设备及安装工程概算需要编制设备费概算（设备购置费概算）和安装工程费概算。

2. 设备费

设备费是按设计单位选定的设备型号、规格、数量，出厂价、运杂费等来编制的。

设备购置费包括设备原价、运杂费、运输保险费和采购及保管费4项组成。

(1) 设备原价按国产设备和进口设备分别确定。国产设备以出厂价为原价。国产非定型和非标准产品，采用与厂家签订的合同价或询价，经设计单位分析、论证、研究后定价。进口设备以到岸价和进口征收的税金（关税、增值税等）、手续费、商检费及港口费等各项费用之和为进口设备的原价。到岸价采用与厂家签订的合同价或询价，由设计单位按概算编制年，经分析、研讨后计算。税金、手续费等按现行规定计算。可行性研究和初步设计阶段，非定型和非标准产品一般不可能与厂家签订价格合同。设计单位可按向厂家索取的报价资料、最近国内外有关类似工程的设备采购招投标资料和当年的价格水平，经认真论证后确定设备价格。由于设备运输条件的限制及其他原因需在施工现场且属于制造厂内的组装工作，如水轮机水涡轮分瓣组焊、定子硅钢片现场叠装、定子线圈现场整体下线及铁损试验（铁芯试验）工作等，其费用包括在设备原价内，属设备制造工作的延伸在订货合同中注明。

（2）运杂费指设备由厂家运至工地安装现场所发生的一切运杂费用。主要包括运输费、调车费、装卸费、包装绑扎费、大型变压器的充氮费以及可能发生的杂费。国产设备运杂费分为主要设备和其他设备，均按照设备原价的百分率来计算设备的运杂费。

（3）运输保险费计算分国产设备运输保险费和进口设备运输保险费，国产设备的运输保险费率可按工程所在省（自治区、直辖市）的规定计算。省（自治区、直辖市）无规定的，可按中国人民保险公司的有关规定计算。进口设备的运输保险费按相应规定计算。

（4）采购及保管费指建设单位和施工企业在负责设备的采购、保管过程中发生的各项费用。采购及保管费按设备原价与运杂费之和的0.7%计算。

对国产设备可采用运杂综合费率来计算运杂费。

运杂综合费率＝运杂费率＋（1＋运杂费率）×采购及保管费率＋运输保险费率

进口设备的国内段运杂综合费可以按相应国产设备运杂综合费率，乘以相应国产设备原价水平占进口设备原价的比例系数，调整为进口设备国内段运杂综合费率。

设备与材料的划分如下：

1）制造厂成套供货范围的部件、备品备件、设备体腔内定量填充物（如透平油、变压器油、六氟化硫气体等）均作为设备。

2）不论成套供货，现场加工或零星购买的储气罐、储油罐、闸门、盘用仪表、机组本体上的梯子、平台和栏杆等均为设备，不能因供货来源不同而改变设备性质。

3）管道和阀门如构成设备本体部件时，应作为设备，否则应作为材料。

4）随设备供应的保护罩、网门等，凡已计入相应设备出厂价格内的，应作为设备，否则应作为材料。

5）电缆、电缆头、电缆和管道用的支吊架、母线、金具、滑触线和支架，屏、盘、柜的基础型钢、钢轨、石棉板、穿墙隔板、绝缘子，一般用保护网、罩、门、梯子、平台、栏杆和蓄电池木支架等，均作为材料。

3. 安装工程费

安装工程费按设计提供的设备（主要装置性材料）数量乘以安装工程单价进行编制。

（八）金属结构设备及安装工程概算编制

金属结构设备及安装工程指构成枢纽工程、引水工程和河道工程固定资产的全部金属结构设备及安装工程，包括闸门、启闭机、拦污设备、升船机等设备及安装工程，水电站（泵站等）压力钢管制作及安装工程及其他金属结构设备及安装工程。

金属结构设备及安装工程的一级项目要与建筑工程的一级项目相对应。

金属结构设备及安装工程概算的编制方法与机电设备及安装工程相同。

（九）施工临时工程

施工临时工程包括施工导流工程、施工交通工程、施工场外供电工程、施工房屋建筑工程和其他施工临时工程。

1. 施工导流工程

施工导流工程包括导流明渠、导流洞、施工围堰、蓄水期下游断流补偿设施及与之相关的金属结构制作及安装工程等，其投资按设计工程量乘以工程单价计算投资。

2. 施工交通工程

施工交通工程包括施工现场内外为工程建设服务的临时性交通工程，如公路、铁路、桥梁、施工支洞、码头和转运站等，其投资按照设计工程量乘以工程单价计算，也可根据工程所在地区同类工程的造价指标或者有关的实际资料，采用扩大单位指标编制。

3. 施工场外供电工程

施工场外供电工程包括从现有电网向施工现场供电的高压输电线路，即高压电网到施工主变压器高压侧之间的高压输电线路（枢纽工程 35kV 及以上等级，引水及河道工程 10kV 及以上等级），也包括施工现场降压变（配）电设备（场内除外）出线端之间，即由主变压器高压侧至现场各施工点最后一级降压变压器低压侧之间的配电线路和变配电设施工程。根据设计的电压等级、线路架设的长度及所配备的变配电设施要求，采用工程所在地区造价指标或实际资料计算投资。

从最后一级降压变压器低压侧至施工现场内各用电点的施工设备和低压配电线路不属于施工场外供电工程，它已包括在施工场内各用电施工设备的台时耗电定额内。

4. 施工房屋建筑工程

施工房屋建筑工程是指在施工过程中建造的临时房屋，包括施工仓库和办公、生活及文化福利建筑两部分。

施工仓库是指为工程施工而临时兴建的设备、材料、工器具等仓库。其建筑面积由施工组织设计确定，根据当地生活福利建筑的相应造价水平确定单位造价指标，用指标法计算投资。

办公、生活及文化福利建筑指施工单位、建设单位（含监理）、设计代表在工程建设期间所需的办公室、宿舍、招待所和其他文化福利设施等房屋建筑工程。

5. 其他施工临时工程

其他施工临时工程指除施工导流、施工交通、施工场外供电、施工房屋建筑以外的施工临时工程，主要包括施工供水系统（大型泵房及干管）、砂石料系统、混凝土拌和浇筑系统、大型机械安装拆卸、防汛、防冰、施工排水、施工通信、施工临时支护设施（含隧洞临时钢木支撑）等工程。需要注意其他施工临时工程不包括照明线路工程费用，照明线路工程费用包括在现场经费中的“临时设施费”中。其他施工临时工程按一至四部分建筑安装工作量（不包括其他施工临时工程本身）之和的百分率计算。

（十）独立费用

独立费用由建设管理费、工程建设监理费、联合试运转费、生产准备费、科研勘测设计费和其他六项组成。

1. 建设管理费

建设管理费指建设单位在工程项目筹建和建设期间进行管理工作所需的费用，包括建设单位开办费、建设单位人员费、项目管理费三项。

（1）建设单位开办费。建设单位开办费指新组建的工程建设单位，为开展工作所必须购置的办公设施、交通工具等以及其他用于开办工作的费用。

（2）建设单位人员费。建设单位人员费指建设单位从批准组建之日起至完成该工程建设管理任务之日止，需开支的经常费用，主要包括工作人员的基本工资、辅助工资、职工福利费、劳动保护费、养老保险费、失业保险费、医疗保险费、工伤保险费、生育保险费、住房公积金等。

（3）项目管理费。项目管理费指建设单位从筹建到竣工期间所发生的各种管理费用，包括：

1）工程建设过程中用于资金筹措、召开董事（股东）会议、视察工程建设所发生的会议和差旅等费用。

2）工程宣传费。

3）土地使用税、房产税、印花税、合同公证费。

4）审计费。

5）施工期间所需的水情、水文、泥沙、气象监测费和报汛费。

6）工程验收费。

7）建设单位人员的教育经费、办公费、差旅交通费、会议费、交通车辆使用费、技术图书资料费、固定资产折旧费、零星固定资产购置费、低值易耗品摊销费、工具用具使用费、修理费、水电费、采暖费等。

8）招标业务费。

9）经济技术咨询费，包括勘测设计成果咨询、评审费、工程安全鉴定、验收技术鉴定、安全评价相关费用，以及建设期造价咨询、防洪影响评价、水资源论证、工程场地地震安全评价、地质灾害危险性评价及其他专项咨询等发生的费用。

10）公安、消防部门派驻工地补贴费及其他工程管理费用。

2. 工程建设监理费

工程建设监理费指建设单位在工程建设过程中委托监理单位，对工程建设的质量、进度、安全和投资进行监理所发生的全部费用。

工程建设监理费实行市场调节价。工程监理取费可参照监理服务的项目投资额、工程复杂情况、工程所在地的环境因素等，结合监理实际服务的内容及市场行情计取。

（1）施工阶段监理服务取费宜参照工程概算的投资额采用直线内插法计算施工期基本监理服务报酬，施工期基本监理服务收费可参考表 3-13。

表 3-13　　施工期监理服务收费基价表　　单位：万元

序号	计费额	收费基价	序号	计费额	收费基价
1	500	16.5	9	60000	991.4
2	1000	30.1	10	80000	1255.8
3	3000	78.1	11	100000	1507.0
4	5000	120.8	12	200000	2712.5
5	8000	181.0	13	400000	4882.6
6	10000	218.6	14	600000	6835.6
7	20000	393.4	15	800000	8658.4
8	40000	708.2	16	1000000	10390.1

(2) 根据工程复杂情况对施工期基本监理服务报酬进行调整，工程复杂情况调整系数(简称“工程复杂系数”) 可取0.75～1.4。

1) 大型水库水电工程，如最大坝高≥100m或库容≥1亿m^3的水库水电工程；总装机容量≥1000MW的水库水电工程；长度≥4km的水工隧洞等工程复杂系数可取1.38。

2) 中型水库水电工程，如70m≤最大坝高＜100m或1000万m^3≤库容＜1亿m^3的水库水电工程；20m≤基础处理深度＜40m的水库水电工程等工程复杂系数可取1.2。

3) 小型水库水电工程，如最大坝高＜70m或边坡高度＜50m或基础处理深度＜20m的水库水电工程；总装机容量＜50MW的水电工程；单洞长度＜1km的隧洞等工程复杂系数可取0.85。

4) 大型其他水利工程，如堤防等级Ⅰ级、Ⅱ级的河道治理建（构）筑物及河道堤防工程；流量≥25m^3/s的引调水渠道管线工程；护岸、防波堤、围堰、人工岛、围垦工程，城镇防洪、河口整治工程等工程复杂系数可取1.0。

5) 中型其他水利工程，如堤防等级Ⅲ级、Ⅳ级的河道治理建（构）筑物及河道堤防工程；引调水工程中的建筑物工程；丘陵、山区、沙漠地区的引调水渠道管线工程等工程复杂系数可取0.9。

6) 小型其他水利工程，如堤防等级Ⅴ级的河道治理建（构）筑物及河道堤防工程；灌区田间工程；水土保持工程等工程复杂系数可取0.75。

(3) 根据工程所在地的环境因素对施工期基本监理服务报酬进行调整。环境因素调整系数可取1.0～1.3。如某水利枢纽工程建于平均海拔2300m的河上，占地区基本为无人区，相对环境较复杂，其环境调整系数可取1.1。

(4) 工程建设监理费也可按实际需要的监理人员的数量、不同监理人员的日服务报酬(可参考表3-14)、服务期限、服务所需的差旅费等综合计算项目的监理服务报酬。

表3-14 监理人员的日服务报酬表 单位：元

序号	建设工程监理与相关服务人员职级	工日服务报酬
1	高级专家	1500～2000
2	高级专业技术职称的监理与相关服务人员	1000～1500
3	中级专业技术职称的监理与相关服务人员	600～1000
4	初级及以下专业技术职称监理与相关服务人员	300～600

3. 联合试运转费

联合试运转费指水利工程的发电机组、水泵等安装完毕，在竣工验收前，进行整套设备带负荷联合试运转期间所需的各项费用，主要包括联合试运转期间所消耗的燃料、动力、材料及机械使用费，工具用具购置费，施工单位参加联合试运转人员的工资等。

4. 生产准备费

生产准备费指水利工程建设项目的生产、管理单位为准备正常的生产运行或管理发生的费用，包括生产及管理单位提前进厂费、生产职工培训费、管理用具购置费、备品备件购置费和工器具及生产家具购置费。

5. 科研勘测设计费

科研勘测设计费指工程建设所需的科研、勘测和设计等费用，包括工程科学研究试验费和工程勘测设计费。

6. 其他

(1) 工程保险费。工程保险费指工程建设期间，为使工程能在遭受水灾、火灾等自然灾害和意外事故造成损失后得到经济补偿，而对工程进行投保所发生的保险费用。工程保险费按建筑工程、机电设备及安装工程、金属结构设备及安装工程、施工临时工程 4 部分投资合计的 4.5‰～5.0‰计算，田间工程原则上不计此项费用。

(2) 其他税费。其他税费指按国家规定应缴纳的与工程建设有关的税费。

(十一) 预备费及建设期融资利息

预备费又称不可预见费，按照风险因素的性质划分，包括基本预备费和价差预备费。

1. 基本预备费

基本预备费主要为解决在工程施工过程中，设计变更和有关技术标准调整增加的投资以及工程遭受一般自然灾害造成的损失和为预防自然灾害所采取的措施费用。基本预备费一般按照前五项费用（即建筑工程费、设备安装工程费、设备购置费、工器具购置费及其他工程费）之和乘以一个固定的费率计算。其中，费率往往由各行业或地区根据其项目建设的实际情况加以制定，根据工程规模、施工工期和地质条件等不同情况，按照工程概算第一至五部分合计数的百分率计算。初步设计阶段为 5%～8%。

基本预备费通常由如下原因导致：

(1) 设计变更导致的费用增加。

(2) 不可抗力导致的费用增加。

(3) 隐蔽工程验收时发生的挖掘及验收结束时进行恢复所导致的费用增加。

应当注意，基本预备费动用，应由建设单位（项目法人）提出申请，报经上级有审批权的部门批准，其使用额度应严格控制在概（预）算所列的金额之内。

2. 价差预备费

价差预备费主要为解决工程施工过程中，因人工工资、材料和设备价格上涨以及费用标准调整而增加的投资。需根据施工工期、不分设计阶段，以资金流量表的静态投资作为计算基数。计算公式为

$$E = \sum_{n=1}^{N} F_n[(1+P)^n - 1] \tag{3-1}$$

式中 E——价差预备费；

N——合理建设工期，价差预备费应按从工程筹建至工程竣工的建设工期计算；

n——施工年度；

F_n——建设期资金流量表第 n 年的投资；

P——年物价（物价上涨）指数。

3. 建设期融资利息

根据国家财政金融政策规定，工程在建设期内需偿还并应计入工程总投资的融资利

息。公式为

$$S=\sum_{n=1}^{N}\left[\left(\sum_{m=1}^{n}F_{m}b_{m}-\frac{1}{2}F_{n}b_{n}\right)+\sum_{m=0}^{n-1}S_{m}F_{n}\right]\cdot i \tag{3-2}$$

式中 S——建设期融资利息；

N——合理建设工期；

n——施工年度；

m——还息年度；

F_n、F_m——建设期资金流量表内第 n 年和第 m 年的投资；

b_n、b_m——各施工年份融资额占当年投资的比例；

i——建设期融资利率；

S_m——第 m 年的付息额度。

四、水土保持工程概算编制

长期以来，由于水土保持工程涉及大量植物措施和农田基本建设等内容，具有单项工程规模较小、内容繁杂、施工难度和施工队伍等级相对较低等特点，水利工程和其他行业定额及标准很难适用于编制水土保持工程造价文件。为了规范计价行为，统一水土保持概（估）算编制方法，水利部颁发了《水土保持工程概（估）算编制规定和定额》（水总〔2003〕67 号)。这个文件有三项内容，分别是《开发建设项目水土保持工程概（估）算编制规定》、《水土保持生态建设工程概（估）算编制规定》和《水土保持工程概算定额》。水土保持工程前期工作中，开发建设水土保持项目、水土保持生态建设项目工作经过多年发展，已走上正轨，参照基建程序进行管理。《水土保持工程概（估）算编制规定和定额》指导水土保持行业规范性编制工程投资文件起到重大作用。

（一）水土保持工程概算的编制依据

（1）国家和上级主管部门以及省市有关部门颁发的有关法令、制度、规定等。

（2）《水土保持工程概（估）算编制规定和定额》（水总〔2003〕67 号)。

（3）《水利部办公厅关于印发〈水利工程营业税改征增值税计价依据调整办法〉的通知》（办水总〔2016〕132 号、办财务函〔2019〕448 号)。

（4）水土保持工程概算定额和有关部门颁发的定额。

（5）开发建设项目水土保持工程设计文件及图纸。

（6）有关合同、协议及资金筹措方案。

（7）其他有关资料和依据。

（二）水土保持工程造价文件的组成（以开发建设项目概算为例）

概算文件包括概算编制说明、概算表、概算附件等。

1. 概算编制说明

（1）水土保持工程概况。

（2）水土保持工程投资主要指标。

（3）编制原则和依据。

(4) 水土保持工程概算编制中存在的其他应说明的问题。

2. 概算表及概算附件

(1) 总概算表。

(2) 工程措施概算表。

(3) 植物措施概算表。

(4) 施工临时工程概算表。

(5) 独立费用概算表。

(6) 分年度投资表。

(7) 工程单价汇总表。

(8) 主要材料预算价格汇总表。

(9) 次要材料预算价格汇总表。

(10) 施工机械台时费汇总表。

(11) 主体工程主要工程量汇总表。

(12) 主体工程主要材料用量汇总表。

(13) 工时数量汇总表。

(14) 人工预算单价计算表。

(15) 主要材料运杂费计算表。

(16) 主要材料预算价格计算表。

(17) 施工用电价格计算书。

(18) 施工用水价格计算书。

(19) 补充施工机械台时费计算书。

(20) 砂石料单价计算书。

(21) 混凝土材料单价计算表。

(22) 工程措施单价计算表。

(23) 植物措施单价计算表。

(24) 独立费用计算书。

(25) 分年度投资计算表。

注:(8) ~ (13) 为概算附表,(14) ~ (25) 为附件。水土保持生态建设工程造价文件的组成,基本上和开发建设项目水土保持工程造价文件一致,也包括概算编制说明、概算表、概算附件等,只是对其具体要求有所删减。

(三) 水土保持工程造价构成

依据水利部颁发的《开发建设项目水土保持工程概(估)算编制规定》、《水土保持生态建设工程概(估)算编制规定》和水利部办公厅《关于印发〈水利工程营业税改征增值税计价依据调整办法〉的通知》(办水总〔2016〕132 号),以及其他有关水土保持方面的规定,开发建设项目水土保持工程概算投资一般由工程措施、植物措施、施工临时工程、独立费用以及预备费构成;水土保持生态建设工程概算投资一般由工程措施、林草措施、封育治理措施、独立费用以及预备费构成。

1. 开发建设项目水土保持工程概算投资构成

（1）项目划分。开发建设项目水土保持工程涉及面广、类型各异、内容复杂，为适应水土保持工程管理工作的需要，满足水土保持工程设计和建设过程中各项工作的要求，项目划分必须按照《开发建设项目水土保持工程概（估）算编制规定》，采用统一格式，供各方面共同遵循。

开发建设项目水土保持工程项目划分为工程措施、植物措施、施工临时工程和独立费用共四部分，各部分下设一级、二级、三级项目。

（2）项目的组成内容。

1）工程措施，指为减轻或避免因开发建设造成植被破坏和水土流失而兴建的永久性水土保持工程，包括拦渣工程、护坡工程、土地整治工程、防洪工程、机械固沙工程、泥石流防治工程、设备及安装工程等。

2）植物措施，指为防治水土流失而采取的植物防护工程、植物恢复工程及绿化美化工程等。

3）施工临时工程，包括临时防护工程和其他临时工程。

4）独立费用，由建设管理费、工程建设监理费、科研勘测设计费、水土保持（流失）监测费、其他工程等五项组成。

（3）项目费用构成。

1）工程概算费用构成。水土保持工程费应包括工程措施及植物措施费、独立费用、预备费：①工程措施及植物措施费，由直接工程费、间接费、企业利润和税金组成，直接工程费包括直接费、其他直接费、现场经费，间接费包括企业管理费、财务费用、其他费用；②独立费用，由建设管理费、工程建设监理费、科研勘测设计费、水土保持（流失）监测费、其他工程等五项组成；③预备费，包括基本预备费、价差预备费。

2）建设期融资利息。建设期融资利息一般不单独计算，如果需要时才单独计算其水土保持工程的融资利息。为了体现水土保持工程总投资时，价差预备费的计算与融资利息情况一样处理。

2. 水土保持生态建设工程造价构成

（1）项目划分。根据水土保持生态建设工程的特点，水土保持生态建设工程，按治理措施划分为工程措施、林草措施及封育治理措施三大类。水土保持生态建设工程项目划分为工程措施费、林草措施费、封育治理措施费和独立费用共四个部分（注意：施工临时工程不单独计列）。

工程措施、林草措施及封育治理措施通常下设一级、二级、三级项目，独立费用下设一级、二级项目。

注：施工临时工程费用含在其他直接费用中。

（2）项目的组成内容。

1）工程措施。由梯田工程，谷坊、水窖、蓄水池工程，小型蓄排、引水工程，治沟骨干工程，机械固沙工程，设备及安装工程，其他工程七项组成。

2）林草措施。由水土保持造林工程、水土保持种草工程及苗圃三部分组成。

3）封育治理措施。由拦护设施、补植补种两部分组成。

4）独立费用。独立费用由建设管理费、工程建设监理费、科研勘测设计费、水土保持（流失）监测费及水土保持竣工验收费等五项组成。

5）预备费。预备费包括基本预备费和价差预备费。

6）建设期融资利息。价差预备费与融资利息和开发建设项目工程一样处理。

（3）费用构成。概算项目费用与开发建设项目水土保持工程费用构成基本一致，主要包括工程措施费、林草措施费及封育治理措费、独立费用和预备费等。

工程措施、林草措施及封育治理措施费用的构成包括直接工程费、间接费、企业利润和税金，其包含内容与开发建设项目一致，详见《水土保持生态建设工程概（估）算编制规定》。

独立费用、预备费和建设期融资利息与开发建设项目一致。

五、环境保护工程概算编制

（一）环境保护工程造价文件的编制依据和编制原则

1. 编制依据

造价编制依据应包括下列内容：

（1）国家及地方（省、市、县）主管部门发布的有关法律、法规及技术标准。

（2）《水利水电工程环境保护概估算编制规程》（SL 359—2006）。

（3）水利水电工程及开发建设项目的水土保持方案概（估）算编制规定和定额、施工机械台时费定额，有关行业主管部门颁发的定额。

（4）初步设计阶段环境保护设计文件及图纸。

（5）有关合同协议及资金筹措方案。

注：对于超出现有标准的环境保护工程特殊项目，可根据水利水电工程特点按照有关行业主管部门颁发的定额和规定计算。

2. 编制原则

水利水电工程环境影响报告书和环境保护设计确定的环境保护措施的投资应列入工程的环境保护工程投资。环境保护工程投资不包括水土保持工程投资。

对属于《水利工程设计概（估）算编制规定》（水总〔2014〕429 号）项目划分中的工程部分、同时具有环境保护功能的项目，其投资应列入工程部分，不应重复计列。

移民安置工程的环境保护工程投资编制应按《水利水电工程环境保护概估算编制规程》（SL 359—2006）的有关规定执行。

（二）环境保护工程概算文件的组成

概算文件包括编制说明、概算表、概算附件等。

1. 编制说明

概算编制说明的内容应包括工程概况、投资主要指标、概算编制的原则和依据、存在的问题等。

2. 概算表及概算附件

（1）环境保护工程概算表。环境保护工程概算表应包括总概算表、工程概算表、分年度投资表等。

(2) 概算附表。概算附表应包括建筑工程、植物工程单价汇总表、仪器设备预算价格及安装工程单价汇总表、非工程措施单价汇总表、主要材料预算价格汇总表、施工机械台时费汇总表、主要工程量（工作量）汇总表等。

(3) 概算附件。概算附件应包括人工预算单价计算表（或汇总表）、主要材料预算价格计算表、施工机械台时费计算表、工程单价计算表、分年度投资计算表，另外，还有主要仪器设备预算价格计算表、补充定额计算书、独立费用计算书、建设期融资利息计算书等。

（三）环境保护工程概算投资构成

依据《水利水电工程环境保护概估算编制规程》（SL 359—2006）和其他有关规定，水利水电工程环境保护工程投资由环境保护措施费、监测措施费、仪器设备及安装费、临时措施费、独立费用，以及这五部分之外的预备费和建设期融资利息等七部分投资构成。

1. 项目划分及组成

水利水电工程环境保护工程项目应划分为环境保护措施、环境监测措施、环境保护仪器设备及安装、环境保护临时措施、环境保护工程独立费用，以及这五部分之外的环境保护预备费和建设期融资利息。

环境保护措施、环境监测措施、环境保护仪器设备及安装、环境保护临时措施、环境保护独立费用等五部分应分别设置一级、二级、三级项目。二级、三级项目可根据具体工程的实际情况取舍。

(1) 环境保护措施，包括防止、减免或减缓工程对环境的不利影响和满足工程环境功能要求而兴建的环境保护措施，主要有水环境（水质、水温）保护、土壤环境保护、陆生植物保护、陆生动物保护、水生生物保护、景观保护及绿化、人群健康保护、生态需水以及其他，如移民安置环境保护措施等。

(2) 环境监测措施包括：①施工期环境监测措施，又分为水质监测、大气监测、噪声监测、卫生防疫监测、生态监测等；②运行期环境监测措施，可包括监测站（点）等环境监测设施，不包括环境监测费用。

(3) 环境保护仪器设备及安装，包括为了保护环境和开展监测工作所需的仪器设备及安装。环境保护设备包括污水处理、噪声防治、粉尘防治、垃圾收集、处理及卫生防疫等设备。环境监测仪器设备包括水环境监测、大气监测、噪声监测、卫生防疫监测、生态监测等仪器设备。

(4) 环境保护临时措施，包括工程施工过程中，为保护施工区及其周围环境和人群健康所采取的临时措施，分为废（污）水处理、噪声防治、固体废物处置、环境空气质量控制、人群健康保护等临时措施等。

(5) 环境保护工程独立费用包括建设管理费、环境监理费、科研勘测设计咨询费等。建设管理费分为环境管理经常费、环境保护设施竣工验收费、环境保护宣传及技术培训费。科研勘测设计咨询费分为科学研究试验费、环境影响评价费、勘测设计费和技术咨询费等四项内容。

2. 费用构成

环境保护费包括工程措施费、非工程措施费、独立费用、预备费、建设期融资利息。

(1) 工程措施费，应包括建筑工程费、植物工程费、仪器设备及安装费。

1) 建筑工程费和植物工程费。建筑工程费和植物工程费应由直接工程费、间接费、企业利润、税金组成。

2) 环境保护仪器设备费及安装费。环境保护仪器设备费应包括仪器设备原价、运杂费、运输保险费和采购及保管费。环境保护安装费应包括对设备进行安装需要的人工、材料和机械使用等费用。

(2) 非工程措施费。非工程措施费包括一次性补偿费用、施工期环境监测费和其他非工程措施费。一次性补偿费用指因工程对环境造成不利影响，且难以恢复、改建的项目所发生的补偿费用。环境监测费指施工期委托监测单位开展环境监测工作所发生的费用。其他非工程措施费指施工期委托有关单位开展卫生防疫等工作所发生的费用。

(3) 独立费用。独立费用包括环境建设管理费、环境监理费、科研勘测设计咨询费和其他费用等。

建设管理费包括建设单位在工程建设期间进行环境保护管理工作所需的费用，主要有环境管理经常费、环境保护设施竣工验收费、环境保护宣传及技术培训费等。环境监理费包括施工期根据环境管理要求，监理单位或人员进行环境监理所需的费用。科研勘测设计咨询费包括环境保护设计所需的科研、勘测、设计和咨询等费用，分为环境保护科学研究试验费、环境影响评价费、环境保护勘测设计费和技术咨询费等。

(4) 其他，包括按照有关规定可以列入概算的其他项目和费用。

(5) 预备费和建设期融资利息。预备费包括基本预备费和价差预备费两项费用。建设期融资利息是根据国家财政金融政策规定，工程在建设期内需偿还并应计入工程总投资的融资利息。

注：环境保护工程造价的建设期融资利息一般不单独计算，而是放在工程部分静态总投资、建设征地及移民补偿静态总投资、环境保护工程静态总投资、水土保持工程静态总投资之后，以上述四部分静态总投资为基础计算总的融资利息。如果环境保护工程作为一个专题报告，为了体现环境保护工程总投资时，才单独计算其环境保护工程的融资利息。价差预备费的计算与融资利息情况一样处理。

六、水文设施专项工程概算编制

水利水电工程的规划、设计、施工和运行管理中，需要水位、流量、洪量等有关的水文分析计算资料，这些资料的来源都取自于水利工程的水文测站、设施、观测设备和水文工程项目。为了取得长期的水文观测资料，将陆续地建设大量的水文工程项目，为水利水电工程设计建设提供科学的技术支撑。

为了规范水文建设项目的工程概（估）算文件编制，合理确定水文设施工程投资，水利部以水总〔2006〕140 号文发布了《水利工程概算补充定额（水文设施工程专项）》，明确了水文设施工程概算的编制办法，是编制水文设施工程项目投资（造价）的基本依据。

对于大中型水利水电枢纽工程来说，水文设施工程项目只是其中的一小部分，枢纽工程总投资是一个整体，一般情况不单独编制水文设施工程造价文件，它只是枢纽工程投资的一小部分，按其性质分类分别把投资列入相应的建筑工程、设备及安装工程中，最后统一计算临时工程、独立费用、预备费和建设期融资利息。如果水文设施是一个单独的工程项目，或者是要求作为一个专题单独报批的情况下，水文项目就必须编制单独的投资文件。

（一）水文项目总投资

1. 水文项目总投资构成

水文项目总投资一般由水文项目工程静态总投资、价差预备费、建设期融资利息构成。

新建专项水文设施项目涉及建设征地和拆迁、环境保护、水土保持等内容时，则工程总投资就应包括建设征地移民补偿投资、环境保护投资、水土保持工程投资，可以依据《水利工程设计概（估）算编制规定》（建设征地移民补偿）、《水利水电工程环境保护概（估）算编制规程》、《水土保持工程概（估）算编制规定和定额》等规定，计算这几部分的工程投资，并计入水文项目工程总投资。

2. 工程静态总投资构成

工程静态总投资由建筑工程投资、仪器设备及安装工程投资、临时工程投资、独立费用以及基本预备费构成。

（1）建筑工程投资。建筑工程投资指水文设施建筑物工程投资，包括测验河段基础设施工程、水位观测设施工程、流量与泥沙测验设施工程降水与蒸发观测设施工程、水环境监测设施工程、实时水文图像监控设施工程、生产生活用房工程、供电供水与通信设施工程及其他设施工程等投资。

（2）仪器设备及安装工程投资。仪器设备及安装工程投资指构成水文设施工程固定资产的全部仪器设备及安装工程投资，包括各种水文信息采集传输和处理仪器设备、实时水文图像监控设备、测绘仪器以及其他设备的购置和安装调试工程等投资。

（3）临时工程投资。临时工程投资指为辅助主体工程施工所必须修建的生产和生活用临时性工程投资，包括施工围堰工程、施工交通工程、施工房屋建筑工程、其他施工临时工程投资。

（4）独立费用。独立费用由建设管理费、工程建设监理费、生产准备费、工程勘察设计费和其他等五项组成。

（5）基本预备费。基本预备费主要为解决在工程施工过程中，经上级批准的设计变更增加的投资及为解决意外事故而采取的措施所增加的工程项目和费用。

3. 价差预备费

价差预备费主要为解决在工程项目建设过程中，因人工工资、材料和设备价格上涨以及费用标准调整而增加的投资。

4. 建设征地移民补偿投资、环境保护投资、水土保持工程投资

涉及建设征地和拆迁、环境保护、水土保持等内容，其水文项目工程总投资就包括建

设征地移民补偿投资、环境保护工程投资、水土保持工程投资，可以依据相关概（估）算编制要求和有关规定编制这几部分的工程投资，并计入水文项目工程总投资内。

5. 建设期融资利息

水文设施工程专项，如果发生融资贷款，应按融资不同渠道的贷款利率计算建设期融资利息，并计入水文项目工程总投资内。如果水文设施工程只是枢纽工程的一部分，其建设期融资利息一般不单独计算，是按整个枢纽工程在融资方案单独计算建设期融资利息。

（二）水文项目概算文件的编制依据

（1）国家和上级主管部门以及省、市有关部门颁发的有关法令、制度、规程、规定等。

（2）《水文设施工程初步设计报告编制规程》（SL 506—2011）、《水文基础设施及技术装备管理规范》（SL/T 415—2019）。

（3）《水利工程设计概（估）算编制规定》和《水文设施工程概算编制办法》。

（4）《水利建筑工程概算定额》《水利水电设备安装工程概算定额》《水利工程施工机械台时费定额》和有关行业主管部门颁发的定额。

（5）《水文设施建筑工程概算定额》《水文仪器设备安装工程概算定额》《水文设施工程施工机械台时费定额》。

（6）《关于印发〈水利工程营业税改征增值税计价依据调整办法〉的通知》（办水总〔2016〕132 号）。

（7）《水利部办公厅关于调整水利工程计价依据增值税计算标准的通知》（办财务函〔2019〕448 号）。

（8）水利工程设计工程量计算规则。

（9）水文设施工程初步设计文件及图纸。

（10）有关合同、协议及资金筹措方案。

（11）其他。

（三）水文项目概算文件的组成

概算文件包括概算编制说明、工程概算表、工程概算附件等。

1. 概算编制说明

（1）工程概况，说明流域、河系、建设地点、对外交通条件、工程规模、建筑安装工程量、材料用量、工期、资金来源等。

（2）投资主要指标，包括工程总投资和静态总投资、年度价格指数、基本预备费率等。

（3）编制原则和依据如下：

1）概算编制原则和依据。

2）人工预算单价，主要材料，施工用电、水、风等基础单价的计算依据。

3）主要仪器设备价格的编制依据。

4）费用计算标准及依据。

5）工程资金筹措方案。

2. 工程概算表

(1) 概算表。

1) 总概算表。

2) 建筑工程概算表。

3) 仪器设备及安装工程概算表。

4) 施工临时工程概算表。

5) 独立费用概算表。

6) 分年度投资表。

(2) 概算附表。

1) 建筑工程单价汇总表。

2) 安装工程单价汇总表。

3) 主要材料预算价格汇总表。

4) 次要材料预算价格汇总表。

5) 施工机械台时费汇总表。

6) 主要工程量汇总表。

7) 主要材料量汇总表。

8) 工时数量汇总表。

9) 建设及施工场地征用数量汇总表。

3. 工程概算附件内容

(1) 人工预算单价计算表。

(2) 主要材料运输费用计算表。

(3) 主要材料预算价格计算表。

(4) 施工用电价格计算书。

(5) 施工用水价格计算书。

(6) 施工用风价格计算书。

(7) 混凝土材料单价计算表。

(8) 建筑工程单价表。

(9) 安装工程单价表。

(10) 主要仪器设备运杂费率计算书。

(11) 临时房屋建筑工程投资计算书。

(12) 独立费用计算书(按独立项目分项计算)。

(13) 价差预备费计算表。

(14) 计算人工、材料、仪器设备预算价格和费用依据的有关文件、询价报价资料及其他。

(四) 水文项目概算费用构成

水文项目概算费用一般由建筑工程、仪器设备及安装工程、施工临时工程、独立费用以及预备费构成。

1. 项目划分

水文设施工程项目分为建筑工程、仪器设备及安装工程、施工临时工程及独立费用四部分，各部分下设一级、二级、三级项目。二级、三级项目中仅列示了代表性子目，编制造价文件时，二级、三级项目可根据《水文水资源工程初步设计报告编制暂行规定》（水文计〔2004〕94 号）的工作深度要求和工程情况增减。

2. 项目的组成内容

（1）建筑工程。指水文设施建筑物，包括测验河段基础设施工程、水位观测设施工程、流量与泥沙测验设施工程、降水与蒸发观测设施工程、水环境监测设施工程、实时水文图像监控设施工程、生产生活用房工程、供电供水与通信设施工程及其他设施工程等。

（2）仪器设备及安装工程。指构成水文设施工程固定资产的全部仪器设备及安装工程，包括各种水文信息采集传输和处理仪器设备、实时水文图像监控设备、测绘仪器以及其他设备的购置和安装调试工程等。

（3）施工临时工程。指为辅助主体工程施工所必须修建的生产和生活用临时性工程。其组成内容如下：①施工围堰工程；②施工交通工程；③施工房屋建筑工程；④其他施工临时工程。

（4）独立费用。本部分费用由建设管理费、工程建设监理费、生产准备费、工程勘察设计费和其他等五项组成。

3. 项目费用构成

水文设施工程费用由工程费用、独立费用、预备费及建设期融资利息组成。

（1）工程费用。工程费用包括建筑及安装工程费、仪器设备及安装费。

1）建筑及安装工程费，由直接工程费、间接费、企业利润和税金组成。直接工程费包括直接费、其他直接费、现场经费。间接费包括企业管理费、财务费用、其他费用。

2）仪器设备及安装费，由仪器设备原价、运杂费、运输保险费、采购及保管费组成。

（2）独立费用，由建设管理费、生产准备费、工程勘察设计费、工程建设监理费和其他组成。

1）建设管理费，包括建设项目管理费、工程建设监理费。

2）生产准备费，包括生产及管理单位提前进场费、水文比测费、生产职工培训费、管理用具购置费、备品备件购置费、工器具及生产家具购置费。

3）工程勘察设计费。

4）工程建设监理费。

5）其他，包括工程保险费、环境影响评价费、建设及施工场地征用费。

（3）预备费及建设期融资利息。

1）预备费。预备费包括基本预备费和价差预备费。

2）建设期融资利息。关于建设期融资利息、价差预备费有关问题的理解和处理，详见工程部分设计概算构成内容。

七、建设征地移民补偿部分概算编制

水利工程建设征地移民安置补偿，是水利工程设计的重要组成部分，是工程设计方案比选的一项重要内容，关系到工程规模的合理选定，关系到移民的生产、生活和有关地区国民经济的恢复与发展以及社会稳定，必须以实事求是的科学态度，深入细致地调查研究，精心设计，合理确定其造价。

由于水利工程的特殊性，水利部近年来相继出台了《水利水电工程建设征地移民安置规划设计规范》《水利水电工程建设农村移民安置规划设计规范》《水利水电工程建设征地移民安置规划大纲编制导则》《水利水电工程建设征地移民实物调查规范》《水利工程设计概（估）算编制规定（建设征地移民补偿）》等系列规范和造价编制文件，这些文件的出台为水利工程的顺利实施起到了巨大作用。

（一）建设征地移民补偿造价的编制依据、原则及基本资料

水利工程的建设征地移民补偿概（估）算投资编制主要采用水利部相关文件规定并结合工程所在省水利工程的特点和有关标准进行编制。小型水利工程一般不单独编制建设征地移民补偿造价文件。

1. 编制依据

（1）国家有关法律、法规。主要包括《中华人民共和国水法》《中华人民共和国土地管理法》《中华人民共和国森林法》《中华人民共和国草原法》《中华人民共和国文物保护法》《国务院关于修改〈大中型水利水电工程建设征地补偿和移民安置条例〉的决定》（国务院令第 679 号）等。

（2）《水利水电工程建设征地移民安置规划设计规范》（SL 290—2009）。

（3）《国土资源部　国家发展改革委　水利部　国家能源局关于加大用地政策支持力度促进大中型水利水电工程建设的意见》（国土资规〔2016〕1 号）。

（4）《水利工程设计概（估）算编制规定（建设征地移民补偿）》（水总〔2014〕429 号）。

特别说明：建设征地移民补偿是政策性很强的工作，其概（估）算投资应按最新的政策、标准和规定计算。

2. 编制原则

（1）征地移民补偿补助标准必须执行国家及工程所在省的有关法律法规。国家有明确规定的执行国家规定，国家没有规定的执行工程所在省有关规定。

（2）征地移民补偿投资概（估）算采用的价格水平应与枢纽工程相同。

（3）征地移民涉及的不同专业工程项目单价，应采用相关专业的概（估）算编制办法、标准和定额计算或采用类比综合单位指标；征用耕地复垦单价采用省、市、县人民政府规定的标准，没有规定的，应根据耕地复垦设计成果计算确定。

（4）征地移民补偿投资概算必须以征地移民实物调查成果和移民安置规划设计成果为基础。

（5）征地移民涉及的农村、城（集）镇基础设施建设、工业企业处理和专业项目处理以及防护工程建设，应按照原规模、原标准或者恢复原功能的原则计列补偿投资。凡结合迁建或防护需要提高标准、扩大规模增加的投资，不列入建设征地移民补偿投资。对不需要或难以恢复或改建的工业企业和专业项目，可给予合理的补偿。

（6）有关部门利用水库水域发展兴利事业所需投资，应按“谁投资、谁受益”的原则，由有关部门自行承担，不列入征地移民补偿投资。

（7）单位或者个人使用未确定使用权的国有土地，原则上不予补偿。

（8）各设计阶段征地移民补偿投资概（估）算的编制工作，应由编制征地移民安置规划的设计单位负责。凡委托有关专业设计单位承担的规划设计和编制的补偿投资（包括资产评估成果），均应由编制移民安置规划的设计单位进行审核后，再纳入征地移民补偿总投资。

3. 基本资料

（1）工程所在省人民政府关于公布全省征地区片综合地价标准的通知中，工程所在地被征土地的各行政区域内的耕地补偿价格。

（2）涉及县（市）政府价格主管部门发布的农、林、牧、副、渔主产品及副产品收购价格，建设主管部门公布的各类人工工资、交通运输、能源、主要建筑材料等基础价格资料。

（3）涉及县（市）政府发布的各行政区域内的拆迁补偿补助标准等有关文件和规定。

（4）国家、省、市有关行业标准、规定、概预算编制办法、定额和造价管理资料。

（5）省、市、县已建、在建水利水电工程征地移民的补偿标准、单价等方面的资料。

（6）有关征地移民实物调查和移民安置规划等设计成果。

（7）工程施工总进度计划，移民实施进度总计划与年度计划。

（8）有关协议和承诺文件等资料。

（二）建设征地移民补偿概算文件的组成

概算文件包括编制说明、概算表、概算附表及附件等。

1. 编制说明

（1）概算编制原则和依据。

（2）主要征地、拆迁补偿补助基础价格的采用依据。

（3）人工、主要材料和机械台班等基础单价的计算依据。

（4）采用的标准、定额、费率和计算方法。

（5）有关税费的计算依据和标准。

（6）单价分析。说明耕地、林地、房屋、基础设施等主要项目的单价分析计算方法和结果。

（7）征地移民补偿投资计算。说明补偿投资计算时采用的工程量、工作量、实物数量的确定原则及主要结果。

（8）投资主要指标。投资主要指标包括农村、城（集）镇、工业企业、专业项目、防护工程、库底清理、其他费用、预备费、有关税费等各部分投资及占总投资的比例，征地移民补偿总投资，农村移民人均投资等。

（9）其他需要说明的问题。应从价格变动、实物量变化、补偿项目及其工程量调整、政策性变化等方面进行详细分析，说明初步设计阶段与可行性研究阶段（或可行性研究阶段与项目建议书阶段）相比较的投资变化原因和结论，并列表对比分析。

列表内容主要包括投资对比表，实物量对比表，主要工程项目和工程量对比表，基础单价、主要材料和设备价格对比表。

2. 概算表

(1) 征地移民补偿投资概算总表。

(2) 征地移民补偿投资概算分项汇总表。

(3) 征地移民补偿投资分项概算表。

(4) 征地移民分年度投资计划表。

3. 概算附表及附件

概算附表及附件一般包括以下内容和表格，主要是基础价格和建筑安装工程单价和有关费用的分析计算，可以根据每个工程项目的特点进行简化和增加有关内容。

(1) 主要项目补偿单价汇总表。

(2) 土地亩产值及补偿补助单价计算表或汇总表。

(3) 主要农产品价格和建筑材料预算价格汇总表。

(4) 房屋等建筑工程（补偿）单价汇总和分析表。

(5) 农村居民点新址征地及基础设施建设投资计算表（书）。

(6) 集镇迁建新址征地及基础设施建设投资计算表（书）。

(7) 城镇迁建新址征地及基础设施建设投资计算表（书）。

(8) 工业企业迁建补偿费计算表（书）。

(9) 专业项目恢复改建补偿投资计算表（书）。

(10) 防护工程建设补偿投资计算表（书）。

(11) 有关协议和承诺文件。

(三) 建设征地移民补偿概算构成

依据《水利水电工程建设征地移民安置规划设计规范》（SL 290—2009）和《水利工程设计概（估）算编制规定（建设征地移民补偿）》（水总〔2014〕429 号）的有关规定，建设征地移民补偿造价由农村部分、城（集）镇部分、工业企业、专业项目、防护工程、库底清理、其他费用、预备费和有关税费等九部分投资构成。

1. 项目划分

(1) 农村移民安置补偿费。农村移民安置补偿费包括征地补偿补助，房屋及附属建筑物补偿，居民点新址征地及基础设施建设，农副业设施补偿，小型水利水电设施补偿，农村工商企业补偿，文化、教育、医疗卫生等单位迁建补偿，搬迁补助，其他补偿补助，过渡期补助。

1) 征地补偿补助。征地补偿补助包括征收（永久）土地补偿和安置补助、征用（临时）土地补偿、林地园地林木补偿、征用土地复垦、耕地青苗补偿。

2) 房屋及附属建筑物补偿。房屋及附属建筑物补偿包括房屋补偿、房屋装修补助、附属建筑物补偿。应根据房屋结构类别、性质及有关参数按市、县发布的有关拆迁补偿规定和标准进行计算。

3) 居民点新址征地及基础设施建设。居民点新址征地及基础设施建设包括新址征地补偿和基础设施建设：①新址征地补偿应包括征收土地补偿和安置补助、青苗补偿、地上附着物补偿等；②基础设施建设包括场地平整和新址防护、居民点内道路、供水、排水、供电、电信、广播电视等。

4）农副业设施补偿。农副业设施补偿包括行政村、村民小组或农民家庭兴办的榨油坊、砖瓦窑、采石场、米面加工厂、农机具维修厂、酒坊、豆腐坊等项目。

5）小型水利水电设施补偿。小型水利水电设施补偿包括水库、山塘、引水坝、机井、渠道、水轮泵站和抽水机站，以及配套的输电线路等项目。

6）农村工商企业补偿。农村工商企业补偿包括房屋及附属建筑物、搬迁补助、生产设施、生产设备、停产损失、零星林（果）木等项目。

7）文化、教育、医疗卫生等单位迁建补偿。文化、教育、医疗卫生等单位迁建补偿包括房屋及附属建筑物，搬迁补助，设备、设施、学校和医疗卫生单位增容补助、零星林（果）木等项目补偿。

8）搬迁补助。搬迁补助包括移民及其个人或集体的物资，在搬迁时的车船运输、途中食宿、物资搬迁运输、搬迁保险、物资损失补助、误工补助和临时住房补贴等。

9）其他补偿补助。其他补偿补助包括移民个人所有的零星林（果）木补偿、鱼塘设施补偿、坟墓补偿、贫困移民建房补助等。

10）过渡期补助。过渡期补助包括移民生产生活恢复期间的补助。

（2）城（集）镇迁建补偿费。城（集）镇迁建补偿费应包括房屋及附属建筑物补偿、新址征地及基础设施建设、搬迁补助、工商企业补偿、机关事业单位迁建补偿、其他补偿补助等。

（3）工业企业迁建补偿。工业企业迁建补偿包括用地补偿和场地平整、房屋及附属建筑物补偿、基础设施和生产设施补偿、设备搬迁补偿、搬迁补助、停产损失、零星林（果）木补偿等。

（4）专业项目恢复改建补偿。专业项目恢复改建补偿包括铁路工程、公路工程、库周交通工程、航运工程、输变电工程、电信工程、广播电视工程、水利水电工程、国有农（林、牧、渔）场、文物古迹和其他项目等。

（5）防护工程。防护工程包括建筑工程、机电设备及安装工程、金属结构设备及安装工程、临时工程、独立费用和基本预备费。其实防护工程就是一个单项完整的建筑及安装工程。

（6）库底清理。库底清理包括建（构）筑物清理、林木清理、易漂浮物清理、卫生清理、固体废物清理等内容。

（7）其他费用。其他费用包括前期工作费、综合勘测设计科研费、实施管理费、实施机构开办费、技术培训费、监督评估费等。

（8）预备费。预备费包括基本预备费和价差预备费。

（9）有关税费。有关税费包括与征地有关的国家规定的税费，如耕地开垦费（也称占补平衡费）、耕地占用税、森林植被恢复费、草原植被恢复费、被征地农民养老保险费、工程所在省水利建设基金等。

2. 费用构成

(1) 费用划分。建设征地移民安置补偿费用由补偿补助费、工程建设费、其他费用、预备费、有关税费、建设期融资利息等构成。其中,工程建设费包括建筑工程费、机电设备及安装工程费、金属结构设备及安装工程费、临时工程费等。

(2) 补偿补助费。补偿补助费包括征收(永久)土地补偿费和安置补助费、征用(临时)土地补偿费、房屋及附属建筑物补偿费、房屋装修补助费、青苗补偿费、林地与园地的林木补偿费、零星林(果)木补偿费、鱼塘设施补偿费、农副业设施补偿费、小型水利水电设施补偿费、工商企业设施设备补偿费、文化教育和医疗卫生等单位设施设备补偿费、行政事业等单位设备设施补偿费、工业企业设施设备补偿费、停产损失、搬迁补助费、坟墓补偿费等。此外,还有贫困移民建房补助、文教卫生增容补助和过渡期补助等费用。

(3) 工程建设费。工程建设费包括基础设施工程、专业项目、防护工程和库底清理等项目的建筑工程费、机电设备及安装工程费、金属结构设备及安装工程费、临时工程费等,按项目类型和规模,根据相应行业和地区的有关规定计列费用。

(4) 其他费用。其他费用包括前期工作费、综合勘测设计科研费、实施管理费、实施机构开办费、技术培训费、监督评估费等费用。

(5) 预备费。预备费包括基本预备费和价差预备费两项费用。

1) 基本预备费,主要是指在建设征地移民安置设计及补偿费用概(估)算内难以预料的项目费用。费用内容包括经批准的设计变更增加的费用、一般自然灾害造成的损失、预防自然灾害所采取的措施费用,以及其他难以预料的项目费用。

2) 价差预备费,是指建设项目在建设期间,由于人工工资、材料和设备价格上涨以及费用标准调整而增加的投资。

(6) 有关税费。

1) 耕地开垦费(也称占补平衡费),是指根据《中华人民共和国土地管理法》的规定,按照"占多少、垦多少"的原则,由占用耕地的单位负责开垦与所占用耕地的数量和质量相当的耕地,对没条件开垦或开垦不符合要求的,应当按工程所在省的有关规定缴纳耕地开垦费。

2) 耕地占用税,是指根据《中华人民共和国耕地占用税法》,按工程所在省的有关规定,对占用种植农作物的土地从事非农业建设需缴纳的耕地占用税。

3) 森林植被恢复费,是指根据《中华人民共和国森林法》第十八条规定,进行工程勘查、开采矿藏和各项工程建设,应当不占或少占林地,必须占用或者征收、征用林地的,用地单位应依照有关规定缴纳森林植被恢复费。

4) 草原植被恢复费,是指根据《中华人民共和国草原法》第三十九条规定,因工程建设征收征用或者使用草原的,应当按有关规定缴纳草原植被恢复费。

5) 被征地农民养老保险费,是指因工程建设被征收的农民耕地按照国家规定需要交纳农民养老保障费用。可根据各个地方规定和标准进行计列。

6) 新增建设用地有偿使用费,是指根据《财政部 国土资源部 中国人民银行关于调整新增建设用地土地有偿使用费政策等问题的通知》（财综〔2006〕48号）中的规定和标准缴纳新增建设用地的有偿使用费。

7）其他的有关税费发生时，可以根据中央和地方人民政府有关文件和规定计列。

（7）建设期融资利息。建设期融资利息是根据国家财政金融政策规定，工程在建设期内需偿还并应计入工程总投资的融资利息。一般情况下，建设征地移民补偿工程概算投资不单独计算建设期融资利息，而是在工程部分静态总投资、建设征地及移民补偿静态总投资、环境保护工程静态总投资、水土保持工程静态总投资之后，以上述四部分静态总投资为基础计算总的融资利息。另外，建设征地移民补偿的价差预备费，和融资利息情况一样不单独计算。

八、水利工程总概算

水利工程概算项目划分为工程部分、建设征地移民补偿、环境保护工程、水土保持工程四部分，如图3-3所示。

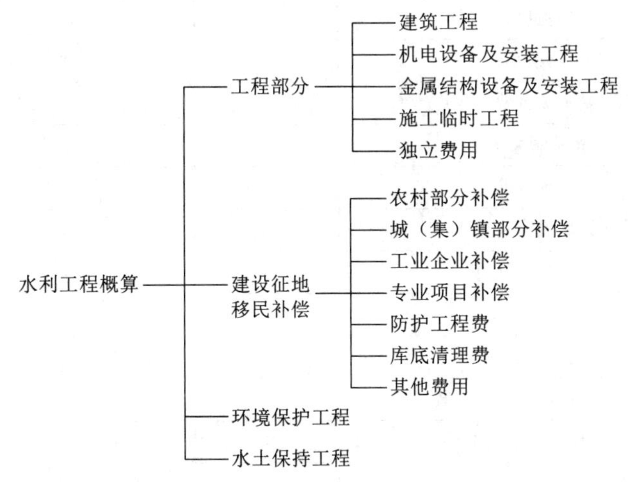

图3-3 水利工程概算项目划分

水利工程概算由工程部分概算、建设征地移民补偿概算、环境保护工程概算以及水土保持工程概算四部分构成。水利工程概算总表见表3-15。

表3-15 水利工程概算总表 单位：万元

序号	工程或费用名称	建安工程费	设备购置费	独立费用	合计
Ⅰ	工程部分概算				
一	建筑工程				
二	机电设备及安装工程				
三	金属结构设备及安装工程				
四	施工临时工程				
五	独立费用				
	一至五项小计				

续表

序号	工程或费用名称	建安工程费	设备购置费	独立费用	合计
	基本预备费				
	静态投资				
	价差预备费				
	建设期融资利息				
Ⅱ	建设征地移民补偿概算				
一	农村部分补偿费				
二	城（集）镇部分补偿费				
三	工业企业补偿费				
四	专业项目补偿费				
五	防护工程费				
六	库底清理费				
七	其他费用				
	一至七项小计				
	基本预备费				
	静态投资				
	价差预备费				
	建设期融资利息				
Ⅲ	环境保护工程概算				
一	环境保护措施				
二	环境监测措施				
三	环境保护仪器设备及安装				
四	环境保护临时措施				
五	环境保护独立费用				
	一至五项小计				
	基本预备费				
	静态投资				
	价差预备费				
	建设期融资利息				
Ⅳ	水土保持工程概算				
一	工程措施				
二	植物措施				
三	临时工程				
四	独立费用				
	一至四项小计				
	基本预备费				

续表

序号	工程或费用名称	建安工程费	设备购置费	独立费用	合计
	静态投资				
	价差预备费				
	建设期融资利息				
	水土保持设施补偿费				
Ⅴ	工程投资总计（Ⅰ＋Ⅱ＋Ⅲ＋Ⅳ）				
	静态总投资				
	价差预备费				
	建设期融资利息				
	总投资				

九、概算审查

（一）概述审查的意义

（1）有利于合理分配投资资金，加强投资计划管理。

（2）有助于促进概算编制人员严格执行国家有关概算的编制规定和费用标准，提高概算的编制质量。

（3）有助于促进设计的技术先进性与经济合理性的统一。

（4）合理、准确的设计概算可使下阶段投资控制目标更加科学合理，堵塞了投资缺口或突破投资的漏洞，缩小了概算与预算之间的差距，可提高项目投资的经济效益。

（二）概算审查方法

1. 对比分析法

对比分析法主要是建筑规模、标准与立项批文对比，工程数量与设计图纸对比，综合范围、内容与编制方法、规定对比，各项取费与规定标准对比，材料、人工单价与统一信息对比，引进设备、技术经济指标与同类工程对比等。

2. 查询核实法

查询核实法是对一些关键设备和设施、重要装置、引进工程图纸不全、难以核算的较大投资进行多方查询核对、逐项落实的方法。

3. 联合会审法

组成由业主、审批单位、专家等参加的联合审查组，组织召开联合审查会。审签可先采取多种形式分头审查，包括业主预审、工程造价咨询公司评审、邀请同行专家预审等。在会审大会上，各有关单位、专家汇报初审、预审意见，然后进行认真分析、讨论，结合对各专业技术方案的审查意见所产生的投资增减，逐一核实原概算投资增减额。对审查中发现的问题和偏差，按照单位工程概算、综合概算、总概算的顺序，按设备费、安装费、建筑费和工程建设其他费用分类整理，汇总核增或核减的项目及其投资额。最后将具体审核数据按照“原编概算”“审核结果”“增减投资”“增减幅度”“调整原因”五栏列表，并按照原总概算表汇总顺序，将增减项目逐一列出，相应调整所属项目投资合计，再依次汇总审核后的总投资及增减投资额。

(三) 概算审查重点

(1) 审查概算的编制依据。

(2) 审查概算编制深度。审查设计概算编制深度是否符合初步设计阶段要求。

(3) 审查设计概算的内容。

1) 审查是否符合国家方针、政策，是否根据工程所在地的自然条件编制。

2) 审查建设规模、标准等是否符合原批准的可行性研究报告或立项的标准。

3) 审查编制方法、计价依据和程序是否符合现行规定。

4) 审查工程量是否正确，审查材料用量和价格。

5) 审查设备规格、数量和配置是否符合设计要求，设备预算价格是否真实，计算是否正确。

6) 审查建筑安装工程各项费用的计取是否符合国家或地方有关部门的现行规定，计算程序和取费标准是否正确。

7) 审查分部分项工程概算、总概算的编制内容、方法是否符合现行规定和设计文件的要求。

8) 审查总概算文件的组成内容是否完整地包括了建设项目从筹建到竣工投产为止的全部费用组成。

9) 审查工程建设其他费用项目。

10) 审查技术经济指标和投资经济效果。

(四) 概算审查步骤

(1) 概算审查的准备。

(2) 进行概算审查。

(3) 进行技术经济对比分析。

(4) 调查研究。

(5) 积累资料。

思 考 题

3-1 简述投资估算的依据、作用、内容及编制要点。

3-2 简述项目资本金的来源渠道和筹措方式。

3-3 简述限额设计的含义及主要内容。

3-4 简述设计工程量计算依据及适用范围。

3-5 工程概算划分为几部分？简述其编制依据及方法。

3-6 简述建筑及安装工程费的构成。

3-7 简述水土保持工程概算编制依据及造价文件的组成。

3-8 简述环境保护工程概算编制依据及造价文件的组成。

第四章　招投标阶段投资控制

招标和投标是一种商品交易行为，是交易过程的两个方面。招标投标是一种国际惯例，是商品经济高度发展的产物，是应用技术、经济的方法和市场经济竞争机制的作用，有组织开展的一种择优成交方式。这种方式在水利工程建设中广泛应用。按照《中华人民共和国招标投标法》《中华人民共和国招标投标法实施条例》及水利部发布（或参与联合制订）的部分规章、行政规范性文件等有关规定，由招标投标形成承发包合同关系，是水利工程建设最常见的方式。招投标阶段投资控制的主要任务就是在初步设计批复后，在设计单位招标设计［有些工程项目并不单独编制招标设计文件，而以满足项目法人招标为原则，把按项目法人要求编制的工程量清单、技术标准和要求（合同技术条款）、招标图纸、最高投标限价或标底替代招标设计；还有的项目法人让设计单位编制完整的招标文件替代招标设计］的基础上，监理人配合项目法人编制或审核施工图预算、最高投标限价（或标底）等价格文件服务于招投标，为施工阶段投资控制从合同源头打下基础。

第一节　招标中的价格文件

初步设计概（估）算是项目法人编制的，用于向主管单位申请立项和寻求资金支持，从建设程序上是强制性的。招投标阶段项目法人编制施工图预算、最高投标限价（或标底）等价格文件主要是用于招投标管理，为下一步合同实施提供参考，是项目法人的自主行为。根据水利工程建设项目勘察设计收费办法，在招投标阶段设计单位应当提供的服务是招标设计，但招标设计没有类似初步设计编制的规定，仅以笼统的满足招标要求为原则，同时主管部门也没有审查招标设计的硬性要求。因此，实践中项目法人单位很难要求设计单位进行专门的招标设计。在招标设计缺位的情况下，为加强招投标阶段投资控制的精细化管理，一些项目法人探索了编制执行概算、项目管理预算等价格文件；一些地方建立了施工图审查制度，依托施工图审查，项目法人要求设计单位提供施工图预算编制服务。《中华人民共和国招标投标法实施条例》颁布实施后，在相关招投标和造价改革的推动下，最高投标限价代替标底作为招投标阶段的核心价格文件已为行业共知共用。

一、执行概算

水利水电工程具有工期长、施工技术复杂、比选方案较多等特点，受初步设计概算编制体系本身的限制，在初步设计审批之后，随着设计工作的深化，设计单位或有关部门会提出更优化的设计方案、施工方案、分标计划等。从全过程控制建设工程投资的观点出发，及时跟踪工程概算的变化趋势是投资控制过程中的一项基本任务。初步设计概算一经主管部门审定，不得突破，为了达到这一目标，对情况变化后的初步设计概算按照“总量控制、合理调整”的原则编制执行概算（或称为业主预算），以反映这些变化因素，为科学管理提供可靠依据。实践证明，执行概算对项目法人的投资管理和控制起到了促进作用，也取得较好的效果，已为各方接受。执行概算是根据工程管理与投资的分配权限，按照管理单位及分标项目的划分，对概算投资实行切块分配的技术经济文件。执行概算一般在建设单位已经建立、招标项目的分标原则已经明确和主体工程开工之前，由初步设计的设计单位（或造价咨询单位）编制。在水利工程建设项目中，编制执行概算曾作为加强工程造价管理、控制及考核的重要手段，在水利项目投资预测及管控工作中得到了广泛应用。随着水利工程建设管理的改革变化，加之缺乏统一的执行概算编制规定，不同单位执行概算编制方法呈现出多样性，主管部门和项目法人单位更加注重招标设计、施工图预算、最高投标限价等投资控制手段，编制执行概算已逐渐在水利工程建设管理中退出。但执行概算的管理思维依然对水利工程投资控制有积极意义。

（一）编制执行概算的目的

（1）作为项目主管部门与建设单位签订工程总承包（或投资包干）合同的主要依据。

（2）合理调整工程项目，以利于投资的归口管理。

（3）有针对性地进行项目划分和临时工程与费用的分摊，以便于概算投资和最高投标限价（或标底）及投标报价作同口径对比。

（二）编制执行概算的作用

（1）用于指导施工阶段造价控制的文件，对工程结算期间的投资控制有一定的控制作用，是项目实行“静态控制、动态管理”投资管理模式的基础和保障。

（2）在国家核准的设计概算的基础上，结合工程建设管理各部门的管理范围、单项工程和招标项目的划分、实施项目的施工特性和条件等项目实际情况编制的更具可操作性的投资管理文件，为各管理项目和单项工程确定了合理的投资控制目标。

（3）有利于各单项工程和项目的投资控制归口管理。

（4）为项目的合同价与设计概算价的同口径投资对比分析构建了桥梁，便于直接考核各单项工程和招标项目的投资控制效果，也是筹措工程建设资金、测算工程价差、编报年度投资计划、编报年度投资完成统计报表的依据。

（三）设计概算与执行概算的区别

从投资使用角度上看，设计概算是将建设项目作为一个整体，实行独家使用总投资的费用计划。在施工阶段，它适合于由一家施工企业总包工程施工的总承包制。为了加强工程造价的宏观调控，提高投资效益，逐步完善对水利建设项目实行全过程的造价控制和管理，随着水利工程建设体制的改革和深化，在完成常规初步设计概算编制后，以适应工程施工分项招投标的需要，编制执行概算将设计概算总投资进行投资的切块分配，“分灶吃饭”“分户算账”，重新进行项目划分是有效的投资控制手段。

设计概算与执行概算的区别就在于项目的划分。执行概算一般划分为四个部分：第一部分为项目投资主管部门管理项目，包括基本预备费和价差预备费；第二部分为建设单位直接管理项目，包括除水库淹没处理补偿费以外的所有其他独立费用；第三部分为地方包干项目，包括征地移民补偿费等；第四部分为招标承包项目。如有特殊情况，可增设第五部分其他工程项目。以上各部分之和即为工程总投资。执行概算总投资额应与设计概算总投资额一致。

（四）执行概算组成内容

执行概算文件由编制说明、总概算表、分部概算表及有关的计算书（表）组成。

（1）编制说明。主要说明工程总投资和单位投资，由设计概算过渡到执行概算的主要问题，以及其他应说明的内容。

（2）总概算表。按四部分分别列出各部分的建筑工作量、安装工作量、设备费和其他费用，以及总投资、静态总投资、自开工至工程开始发挥效益时的静态投资、工程建成后应还贷的工程建设期贷款利息等。执行总概算表的格式与设计概算总概算表相同。

（3）概算表。按四部分分别编制，其中第四部分的招标承包项目应按建筑工程及设备安装工程分别编制执行概算表，并应在分标项目编制的概算表的基础上，编制招标项目综合执行概算表，表示出招标项目总投资。以上各种概算表的格式均与设计概算相应表格相同。招标项目综合执行概算表与概算中永久工程综合概算表格式相同。

（4）分年度投资表。表的格式与设计概算相同，分年度投资额度原则上应与设计概算相同，但表中的有关项目则应按执行概算规定划分。

（5）单价汇总表与单价计算表。格式与设计概算相同。

（6）建设单位费用计算书。主要列出建设单位管理项目中的各项费用计算明细书（表）。

（7）临时工程分摊计算表。将设计概算中第四部分临时工程，按执行概算要求分别调整为以下三类：

1）独立进行招标的临时工程项目。

2）列入独立招标的工程项目内的临时工程项目。

3）应摊入工程单价其他直接费内的临时设施费用。以上三部分临时工程投资之和应与设计概算第四部分临时工程投资额相等。

（8）人工预算单价、主要材料价格汇总表。

（9）主要材料、工日数量汇总表。

工程部分、建设征地移民补偿、环境保护工程、水土保持工程、水文项目和水利信息化项目可在前述划分中合并或单独编制执行概算。

（五）执行概算的编制原则和方法

（1）具备条件时可一次编制整个工程的执行概算，也可分批分期编制单项工程执行概算，最后汇总成整个工程的执行概算。无论哪种方式，执行概算总额度必须控制工程主管部门审批的初步设计概算内，不得突破。

（2）各单项执行概算的项目划分和工程量原则上应与招标文件工程量清单中的项目和工程量一致，基础价格水平应保持与审定的初步设计概算编制年份的价格水平一致。

（3）基础单价均与初步设计概算值一致，一般不宜变动。

（4）其他直接费、间接费率可采用初步设计概算值，也可按招标的具体情况，对费率进行调整，以反映临时工程费用的分摊情况和提高施工管理水平。

（5）施工利润和税金原则上采用初步设计概算值，不宜变动。

（6）人工工效，材料消耗定额及施工设备生产效率，根据施工组织设计和工地实际情况，参考有关定额标准，可以进行适当优化提高。

（7）工程单价的总水平，应与概算单价基本保持持平或略低于概算单价水平，但为区别不同情况，招标项目或单项工程之间可进行适当调整。

（8）基本预备费费率可低于初步设计概算采用值。

二、项目管理预算

在执行概算“静态控制和动态管理”的思路基础上，为加强对水利工程建设项目投资的控制和管理，提高项目投资效益，一些项目法人单位（如南水北调工程项目法人）开展了项目管理预算编制工作，据此向有关部门编报年度投资计划、编报年度投资完成报表、编报年度价差计算报告进行投资跟踪风险分析。

（一）编制时间

项目管理预算在主体建筑工程项目招标或招标设计完成以后，以对应初步设计概算的工程为编制单元一次编制完成。对于主体建筑工程项目招标时间跨度较大的工程，可采取分期、分批、分阶段方式以招标项目为单元编制单项项目管理预算，待全部主体建筑工程项目招标完成后汇总编制总项目管理预算。项目管理预算投资与相应工程初步设计概算静态总投资保持一致。项目管理预算只编制静态投资。

（二）编制依据

（1）国家相关法律、法规。

（2）水利工程建设项目静态控制和动态管理有关规定。

（3）行业定额、取费标准。

（4）初步设计报告。

（5）工程招标设计。

（6）工程合同文件。

（7）决策机构决议、决定。

（8）其他有关文件、协议、合同。

（三）项目划分

项目管理预算划分为建筑安装工程采购、设备采购、专项采购、技术服务采购、项目管理费、生产准备费、建设及施工场地征用费、其他费用和预备费九大部分。每个部分之下的项目，原则上根据招标项目以及工程的具体情况和工程投资管理的要求设置。

1. 建筑安装工程采购

指除专项采购中建筑安装工程以外的永久和临时建筑安装工程。按项目规模和性质分为以下四种类型：

（1）主要建筑安装工程项目，只要独立招标，一律独立列项，如闸坝工程、渠首工程、河道工程、泵站工程等。

（2）一般建筑安装工程项目，由于工程规模较小，一般情况下，按工程性质列项，如动力线路工程、照明通信线路工程等。

（3）一般临时工程，规模较大的工程项目，可分类合并，如场内临时交通工程，零星的临时工程统一归并为其他临时工程。

（4）永久与临时结合的工程项目，均视为永久建筑安装工程项目，适当归类。

2. 设备采购

按主要设备和其他设备两部分计列。主要设备指构成工程项目的主体设备，如水泵（水轮机）、电动机（发电机）、变压器、主阀、闸门、启闭机等；其他设备指除主要设备以外的其他设备，如机修设备、通风空调设备等。

3. 专项采购

（1）项目区整理美化设施工程。

（2）水土保持工程。

（3）环境保护工程。

（4）水情自动测报系统。

（5）观测系统。

（6）管理信息系统。

（7）其他。

以上项目可根据工程具体情况增减。

4. 技术服务采购

（1）工程勘测设计费。

（2）工程建设监理费。

（3）招标业务费。

（4）工程科学研究试验费。

（5）技术经济咨询费。

5. 项目管理费

（1）项目法人项目管理费。

（2）项目前期准备工作经费。

（3）工程项目部管理费。

（4）联合试运转费。

6. 生产准备费

（1）生产及管理单位提前进厂费。

（2）生产职工培训费。

（3）管理用具购置费。

（4）备品备件购置费。

（5）工器具及生产家具购置费。

7. 建设及施工场地征用费

按初步设计概算项目列示。

8. 其他费用

(1) 工程保险费。

(2) 其他税费。

9. 预备费

(1) 基本预备费。

(2) 风险预备费。

(四) 编制方法

根据工程特点，紧密结合工程实际，采用中标单位的效率水平，参照行业定额，编制建筑安装工程（含专项采购中的建筑安装工程，下同）项目管理预算；根据初步设计概算设备价格，编制设备采购工程（含专项采购中的设备采购工程，下同）项目管理预算；根据国家有关规定和工程建设实际，编制各费用项目（含技术服务采购、项目管理费、生产准备费、其他费用和专项采购中的费用部分，下同）和预备费项目管理预算；建设及施工场地征用费按初步设计概算值计列。

1. 建筑安装工程采购

(1) 工程量。已编制招标文件的项目，采用招标设计工程量；未编制招标文件的项目，采用初步设计概算工程量。

(2) 价格。主要建筑安装工程项目，按单价法进行编制；次要项目尽可能采用单价法，个别项目也可采用指标法或比例法进行编制。人工、电、风、水、砂石料、材料等基础价格，采用初步设计概算相应基础价格。施工方法，采用招标设计的施工组织设计方案，或常规可行的施工方法。人工和机械效率在参照行业预算定额效率的基础上，考虑该类似工程已中标项目的效率水平进行适度调整；材料耗量参照行业定额耗量。

(3) 其他直接费、现场经费、间接费、利润、税金，采用行业规定的费率。

对设计深度不够的个别工程项目，可采用指标法或比例法进行编制。

2. 设备采购

(1) 设备数量。已招标采购的，采用招标数量；未招标采购的，采用初步设计概算数量。

(2) 设备价格。采用初步设计概算值。

3. 专项采购

根据专项工程的具体情况，分别采用以下方法编制：

(1) 采用初步设计概算值。

(2) 采用与专业部门签订的协议价格。

(3) 按不同项目特点分别计算，即与建筑安装工程采购相近的项目，参照建筑安装工程的编制方法计算；与设备采购相近的项目，参照设备采购的编制方法计算；与费用相近的项目，参照费用项目的编制方法计算。

4. 技术服务采购

已招标或已签订勘测设计合同的，采用合同价；未招标的采用初步设计概算值。

5. 项目管理费

按建筑安装工程采购、设备采购和专项采购投资之和的百分率计算。

联合试运转费采用初步设计概算值。

6. 生产准备费

采用初步设计概算值。

7. 建设及施工场地征用费

采用初步设计概算值。

8. 其他费用

采用初步设计概算值。

9. 预备费

(1) 基本预备费。采用初步设计概算值。

(2) 风险预备费。风险预备费额度为项目管理预算与初步设计概算投资对比减少的建筑安装工程、设备工程和费用投资之和。

编制项目管理预算可以测算建筑及安装工程价格因子权数，是计算该工程项目建设期价差的基础依据。权数测算内容包括工程分类、价格因子权数项目选择和价格因子权数测算三个部分。具体测算方法略。

三、施工图预算

施工图设计是水利工程建设项目设计的一个重要阶段。施工图预算是在初步设计批复后，以初步设计概算批复值为控制额度，满足设计深度的进一步优化而编制的，用以确定建筑安装工程造价、实行建筑安装工程预算包干的成果文件，是施工图设计的一个成果。施工图预算对应初步设计概算，是设计深化的阶段性成果，原则上应在所有施工图设计完成后才能编制。但在水利工程建设管理实际中，受水利工程基础条件的限制，前期勘察设计深度普遍不足。同时由于历史上的原因，设计单位与项目法人单位多同属一个主管部门，设计单位改革进展缓慢，市场化程度不高，服务意识不强，受设计单位自身工作量及项目施工进度安排的影响，施工图预算编制要求难以实现，仅以阶段性的施工图供给（含设计变更处理）作为设计成果，这些成果多不含施工图预算。

施工图预算贴近合同实施阶段，可用于指导执行概算和项目管理预算、指导分标方案及最高投标限价的编制，是筹措工程建设资金、测算工程价差、编报年度投资计划、编报年度投资完成统计报表的依据。

（一）施工图预算对投资方的作用

(1) 施工图预算是设计阶段控制工程造价的重要环节，是控制施工图设计不突破设计概算的重要措施。

(2) 施工图预算是控制造价及资金合理使用的依据。施工图预算确定的预算造价是工程的计划成本，投资方按施工图预算造价筹集建设资金，合理安排建设资金计划，确保建设资金的有效使用，保证项目建设顺利进行。

(3) 施工图预算是确定最高投标限价（或标底）的依据。在设置最高投标限价的情况下，最高投标限价通常是在施工图预算的基础上考虑工程的特殊施工措施、工程质量要求、目标工期、招标工程范围以及自然条件等因素进行编制的。

（4）施工图预算可以作为确定合同价款、拨付工程进度款及办理工程结算的参考基础。

（5）在履行合同的过程中发生经济纠纷时，施工图预算还是有关仲裁、管理、司法机关按照法律程序处理、解决问题的依据。

（二）施工图预算的编制要求

不同于概算有明确的编制规定，水利工程建设项目施工图预算并没有统一具体的编制规定，一般可参照概算或其他行业施工图预算的编制体例，结合项目管理需要编制。中国建设工程造价管理协会组织编写的《建设项目施工图预算编审规程》（CECA/GC 5—2010）是现行广泛应用于房屋建筑和市政工程预算编制的重要参考依据。交通行业也编制了适用于公路和水运的预算编制规定。前述规定涉及的施工图预算文件组成、内容、编制原则和方法等与水利工程概算的编制规定有区别，参考这些规定编制施工图预算时还需结合《水利工程设计概（估）算编制规定（工程部分）》（水总〔2014〕429号）及水土保持、环境保护、建设征地移民补偿、水文设施专项等相关概算编制规定选择使用，以应用其编制思路为原则。

（三）施工图预算的编制依据

施工图预算的编制一般采用以下编制依据：

（1）国家、行业和地方有关规定。

（2）预算定额或企业定额等。

（3）施工图设计文件及相关标准图集和规范。

（4）项目相关文件、合同、协议等。

（5）工程所在地的人工、材料、设备、施工机具单价、工程造价指标指数等。

（6）施工组织设计和施工方案。

（7）项目的管理模式、发包模式及施工条件。

（8）其他应提供的资料。

（四）施工图预算的编制原则

（1）施工图预算的编制应保证编制依据的适用性和时效性。

（2）完整、准确地反映设计内容的原则。编制施工图预算时，要认真了解设计意图，根据设计文件、图纸准确计算工程量，避免重复和漏算。

（3）坚持结合拟建工程的实际，反映工程所在地当时价格水平的原则。编制施工图预算时，要求实事求是地对工程所在地的建设条件、可能影响造价的各种因素进行认真的调查研究。按照现行工程造价的构成，考虑建设期的价格变化因素，使施工图预算尽可能地反映设计内容、实际施工条件和实际价格。

（五）施工图预算文件的组成

水利工程建设施工图预算可以和概算体例一致，按工程部分、水土保持、环境保护、建设征地移民补偿等四部分分别编制，也可合并编制。建设项目总预算是反映施工图设计阶段建设项目投资总额的造价文件，是施工图预算文件的主要组成部分，由组成该建设项目的各类工程、各级子目预算和相关费用组成，具体包括：建筑安装工程费、设备及安装工程费、工程建设其他费用、预备费、建设期利息。施工图总预算应控制在已批准的设计总概算投资范围以内。

根据工程需要，也可针对枢纽单项工程或各个标段编制单项（或标段）工程预算。单项（或标段）工程预算是反映施工图设计阶段一个单项工程（标段）造价的文件，是总预算的组成部分，由构成该单项工程（或标段）的各个单位工程施工图预算组成。其编制的费用项目是各单项工程（或标段）的建筑安装工程费和设备及安装费总和。

单位工程预算是依据单位工程施工图设计文件、现行预算定额以及人工、材料和施工机械台时价格等，按照规定的计价方法编制的工程造价文件。根据工程需要，单位工程可参考一级项目设置，包括单位建筑工程预算和单位设备及安装工程预算。各级项目预算编制与概算相同。

（六）施工图预算编制方法

编制施工图预算一般采用定额单价法。施工图预算的项目划分可参考概算项目划分（标段划分完毕时，也可按标段划分），但要以满足招标投标和建设实施需要的深度为准；工程量是依据施工图计算的工程量（设计深度不足达不到施工图设计的，也可按招标设计计算的工程量）；价格水平取编制年份价格；定额采取水利现行预算定额（预算定额的相关知识详见第一章）；费用构成和计算方法与概算相同。施工图预算与概算由于设计阶段工程量系数因素、设计优化、物价变化形成的同口径差值列为风险准备金（可参考本节“项目管理预算”相关内容）。

施工图预算编制时以建设项目施工图预算编制时间为界线，若一些独立费用已经发生，按合理发生金额列计，如果还未发生，按照原概算内容和本阶段的计费原则计算列入。

四、标底和投标最高限价

（一）标底

1. 相关规定

（1）《中华人民共和国招标投标法》第二十二条规定，招标人设有标底的，标底必须保密。第四十条规定，评标委员会应当按照招标文件确定的评标标准和方法，对投标文件进行评审比较；设有标底的，应当参考标底。

（2）《中华人民共和国招标投标法实施条例》第二十七条规定，招标人可自行决定是否编制标底。一个招标项目只能有一个标底。标底必须保密。

（3）《水利工程工程量清单计价规范》（GB 50501—2007）第 4.0.9 条规定，招标工程如设标底，标底应根据招标文件中的工程量清单和有关要求、施工现场情况、合理的施工方案、工程单价组成内容、社会平均生产力水平，按市场价格进行编制。

2. 作用

标底是招标人根据拟发包项目的具体情况，编制的完成招标项目建设所需的全部费用，是招标人对拟发包项目的预期价格。同时，标底是衡量、评审投标人投标报价是否合理的尺度。通过编制标底使招标人对工程造价心中有数，避免盲目决策。

3. 编制原则

标底是以目前项目招标范围内所拥有的可以利用的施工设备、技术优势以及社会平均先进的管理水平或定额确定人工、材料、机械的消耗数量，以市场平均水平所确定的材料预算价格，以社会平均管理水平或定额费用标准确定各项取费费率，是体现社会平均先进工效和管理水平的价格。标底在计算时要力求科学合理、计算准确。在标底的编制过程中，应遵循以下原则：

(1) 标底编制应遵守国家有关法律、法规和水利行业规章，兼顾国家、招标人和投标人的利益。

(2) 标底应符合市场经济环境，反映社会平均先进工效和管理水平。

(3) 标底应体现工期与费用的关系，反映承包人为实现合理工期而必须采取的施工措施及必须投入的人员、材料和设备所需要的成本。

(4) 标底编制必须按合同规定的内容和质量标准，应体现招标人的质量要求，要体现优质优价。

(5) 标底应体现招标人对材料采购方式的要求，考虑材料市场价格变化因素。

(6) 标底应体现工程自然地理条件和施工条件因素。

(7) 标底应体现工程量大小因素。

(8) 标底编制必须在初步设计批复后进行，原则上对国家投资的项目，各个合同的标底之和不应突破批准的初步设计概算或修正概算。

(9) 一个招标的合同项目只能编制一个标底。

(10) 标底编制必须保密，开标前不得公布，开标时必须现场公布。

4. 编制依据

标底的编制主要需依据以下资料和文件：

(1) 招标人提供的招标文件。

(2) 现场查勘资料。

(3) 批准的初步设计概算或修正概算或招标设计或施工图预算或项目法人编制的其他价格文件。

(4) 国家及地区颁发的现行建筑、安装工程定额及取费标准（规定）。

(5) 设备及材料市场价格。

(6) 施工组织设计。

(7) 其他有关资料。

(二) 最高投标限价

在以往的招标投标工作中，标底在评标定标过程中起到了不可替代的作用。随着水利工程建设项目大力推行工程量清单计价模式，标底的作用在招标投标中的重要性已逐渐弱化，其功能逐渐被最高投标限价代替。

1. 最高投标限价的概念

最高投标限价是指发包人编制并预先公布的，要求投标人的投标报价不得超过，否则将按无效标处理的一个价格。在水利工程实践中，最高投标限价有时也称为拦标价或招标控制价。最高投标限价高于成本，具有一定的利润或者合适的利润空间。最高投标限价以合同标段为编制单元，可以是一个总价，也可以是一组包含主要或关键分类分项工程和措施工程费用的一组价。最高投标限价应当合理科学，不得高于相应概算，也不得承担地方资金配套或项目法人融资风险。《中华人民共和国招标投标法实施条例》第二十七条规定，招标人设有最高投标限价的，应当在招标文件中明确最高投标限价或者最高投标限价的计算方法，招标人不得规定最低投标限价。在《建筑工程施工发包与承包计价管理办法》（住房和建乡建设部令第 16 号）第八条规定，最高投标限价应当依据工程量清单、工程计价有关规定和市场价格信息等编制。招标人设有最高投标限价的，应当在招标时公布最高投标限价的总价，以及各单位工程的分部分项工程费、措施项目费、其他项目费、规费和税金。《建设工程工程量清单计价规范》（GB 50500—2013）第 2.0.45 条引入的招标控制价就是指招标人根据国家或省级、行业建设主管部门颁发的有关计价依据和办法，以及拟定的招标文件和招标工程量清单，结合工程具体情况编制的招标工程的最高投标限价。

2. 最高投标限价的作用

（1）招标人有效控制项目投资，防止恶性投标带来的投资风险。

（2）增强招标过程的透明度，有利于正常评标。

（3）有利于引导投标方投标报价，避免投标方无标底情况下的无序竞争。

（4）最高投标限价反映的是社会平均先进水平，为招标人判断投标价是否属于异常低价提供参考依据。

（5）可为工程变更新增项目确定单价提供计算依据。

（6）作为评标的参考依据，避免出现较大偏离。

（7）投标人根据自己的企业实力、施工方案等报价，不必揣测招标人的标底，提高了市场交易效率。

（8）招标人把工程投资控制在最高投标限价范围内，提高了交易成功的可能性。

3. 最高投标限价的编制依据

（1）《水利工程工程量清单计价规范》（GB 50501—2007）。

（2）国家或省级、行业建设主管部门颁发的计价定额和计价办法。

（3）设计文件及批复等相关资料。

（4）招标文件及招标人对已发出的招标文件进行澄清、修改书面资料等。

（5）与建设项目相关的标准、规范、技术资料。

（6）施工现场情况、工程特点及常规施工方案。

（7）工程造价管理机构发布的工程造价信息，工程造价信息没有发布的参照市场价。

（8）其他的相关资料。主要指的是施工现场情况、工程特点及常规施工方案等。

4. 编制最高投标限价需考虑的因素

（1）最高投标限价必须适应目标工期的要求，对工期提前有所反映。

（2）最高投标限价必须适应招标方的质量要求，对高于国家验收规范的质量因素有所反映。

（3）最高投标限价必须适应建筑材料采购渠道和市场价格的变化。

(4) 最高投标限价必须合理考虑招标工程的自然地理条件和招标工程范围。

(5) 最高投标限价应根据招标文件规定，适应不同的承发包模式和计价方式，充分考虑相应的风险费用。

5. 最高投标限价的编制内容

水利工程建设项目的最高投标限价反映的是从招标人角度单个合同标段费用，其组成与工程量清单及投标报价一致，在工程量清单计价模式下由分类分项工程费、措施项目费、其他项目费组成。最高投标限价计价程序与投标人投标报价计价程序基本一致，具有基本相同的表格（与投标报价相比，最高投标限价不需对总价项目进行分解）。

(1) 分类分项工程费的编制。分类分项工程费应根据招标文件中的分类分项工程项目清单及有关要求，按《水利工程工程量清单计价规范》（GB 50501—2007）有关规定确定综合单价计价。

1）综合单价的组价过程。最高投标限价的分类分项工程费应由各标段的招标工程量清单中给定的工程量乘以其相应综合单价汇总而成。综合单价应按照招标人发布的分类分项工程项目清单的项目名称、工程量、项目特征描述，依据有关费用构成和计算标准和相关定额进行组价确定。首先，依据提供的工程量清单和招标图纸，确定清单计量单位所组价的子项目名称，并计算出相应的工程量；其次，依据工程造价政策规定或信息价确定其对应组价子项的人工、材料、施工机械台时等基础单价；再次，在考虑风险因素确定管理费率和利润率的基础上，按规定程序计算出所组价子项的合价，见式（4-1)；最后，将若干项所组价的子项合价相加并考虑未计价材料费除以工程量清单项目工程量，便得到工程量清单项目综合单价，见式（4-2)，对于未计价材料费（包括暂估单价的材料费）应计入综合单价。

$$\begin{aligned}\text{清单组价子项合价} = &\text{清单组价子项工程量} \times [\sum(\text{人工消耗量} \times \text{人工工时费}) \\ &+ \sum(\text{材料消耗量} \times \text{材料预算价格}) + \sum(\text{机械消耗量} \times \text{机械台时费}) \\ &+ \text{管理费和利润} + \text{增值税销项税额}]\end{aligned} \tag{4-1}$$

$$\text{工程量清单综合单价} = (\sum \text{定额项目合价} + \text{未计价材料}) / \text{工程量清单项目工程量} \tag{4-2}$$

2）综合单价中的风险因素。为使最高投标限价与投标报价所包含的内容一致，综合单价中应包括招标文件中要求投标人所承担的风险内容及其范围（幅度）产生的风险费用。对于技术难度较大和管理复杂的项目，可考虑一定的风险费用，并纳入综合单价中。对于工程设备、材料价格的市场风险，应依据招标文件的规定、工程所在地或行业工程造价管理机构的有关规定，以及市场价格趋势考虑一定率值的风险费用，纳入综合单价中。

(2) 措施项目费的编制。措施项目应按招标文件中提供的措施项目清单确定，措施项目分为以“量”计算和以“项”计算两种。对于可计量的措施项目，以“量”计算即按其工程量采用与分类分项工程项目清单单价相同的方式确定综合单价；对于不可计量的措施项目，则以“项”为单位，采用经验法或参考同类工程法按有关规定综合取定。

(3) 其他项目费的编制。暂列金额和暂估价与招标文件载明的工程量清单一致。

(4) 零星工作项目费。在编制最高投标限价时，对计日工中的人工单价和施工机械台时单价应按省级、水利主管部门或其授权的工程造价管理机构公布的单价计算，缺少数据时可根据近期同类工程或经验法确定；材料应按工程造价管理机构发布的工程造价信息中的材料单价计算，工程造价信息未发布单价的材料，其价格应按市场调查确定的单价计算。零星工作项目费不计入最高投标限价。

（5）设备费。设备采购可参考第三章初步设计概算编制中设备费的计算，一般以设备概算价格作为最高投标限价。设备安装费可参考土建工程单价计算。

6. 编制最高投标限价时应注意的问题

（1）应该正确、全面地选用计价依据、标准、办法和市场化的工程造价信息。其中采用的材料价格宜通过工程造价信息平台或其他权威机构发布的材料价格，工程造价信息未发布材料单价的材料，其价格可通过市场调查确定。采用的市场价格则应通过调查、分析确定，有可靠的信息来源。

（2）施工机械设备的选型直接关系到综合单价水平，应根据工程项目特点和施工条件，本着经济实用、先进高效的原则确定。

（3）不可竞争的措施项目和规费、税金等费用的计算均属于强制性的条款，编制最高投标限价时应按国家有关规定计算。

（4）不同工程项目、不同投标人会有不同的施工组织方法，所发生的措施费用也会有所不同，因此，对于竞争性的措施费用的确定，招标人应首先编制常规的施工组织设计或施工方案，然后经科学论证后再进行合理确定措施项目与费用。

7. 监理工程师对最高投标限价的审核要点

项目法人在监理合同中明确监理人承担配合项目法人履行招标职责时，监理工程师应协助项目法人审核最高投标限价。其要点如下：

（1）审核工程量计算的准确性。主要是审核工程量是否按招标设计图纸计算的有效工程量，与招标文件规定的计量和支付规则有无重复；计量单位、计算精度、计算说明以及计算依据是否明确；使用的计量单位和计算方式是否合适等。

（2）审核工程量清单项目特征描述是否正确。主要是对照相关定额及施工组织设计审核是否描述准确，避免合同实施风险。

（3）审核分类分项工程量清单综合单价的合理性。主要是审核分类分项工程费是否根据拟定的招标文件中的分部分项工程量清单项目的特征描述及有关专业工程计量和支付规则要求计价；综合单价组价方式是否准确完整；是否包括拟定的招标文件中要求投标人承担的风险费用；暂估价项目的单价是否准确计入综合单价；模板等不单独另计费用是否列入相应综合单价中；定额使用和选择与专业工程计量支付规则是否吻合；对超挖超填附加量的处理是否符合相关规定。

（4）审核材料、设备价格合理性。主要是审核材料价格信息来源的准确性，是否充分考虑预期价格变化风险；材料差价处理是否妥当；甲供材项目是否按格式计列单价；设备费用及安装费用是否存在重复或遗漏。

（5）审核措施项目清单项目合理性。主要是审核措施项目是否足额计列，有无漏项；是否与分类分项工程项目存在重复。措施项目清单中的安全文明施工费应按照国家或省级、行业建设主管部门的规定计价，不得作为竞争性费用。

（6）审核各项税、费率计取的准确性。主要是审核费用构成和计算标准是否依据国家有关规定并考虑市场竞争因素；“营改增”等因素是否考虑。

（7）审核其他项目清单的完整性。主要审核暂列金额和暂估价中的专业工程金额是否按招标工程量清单中列出的金额填写。

（8）审核零星项目清单的准确性。主要是审核计日工单价是否合理，是否不当计入了总价。

第二节 工程量清单

工程量清单，是表现招标工程的项目名称、单位和相应数量的明细清单，通常应用在工程类招标中。工程量清单反映招标工程招标范围的全部工程内容，以及为实现这些工程内容而进行的其他工作。根据《中华人民共和国招标投标法》规定，招标文件应当包括招标项目的技术要求和投标报价要求，工程量清单是实现上述要求，特别是投标报价要求的主要依据。水利工程建设项目最早采用工程量清单模式进行招标投标。新中国第一个招标投标的水利工程项目——鲁布革水电站，采用工程量清单方式招标取得了不错的效果。在总结鲁布革水电站招标投标经验的基础上，水利部联合国家电力公司和国家工商行政管理总局组织编制了我国工程建设领域第一个施工合同和招标文件示范文本——《水利水电工程施工合同和招标文件示范文本》（GF—2000—0208）。该示范文本在相当长一段时间作为水利水电工程招标投标的指南，也直接影响房屋建筑及市政、交通、铁路等行业工程类招标，并在货物、服务类招标中得到大量应用。2006 年，国家发展和改革委员会、财政部、建设部、铁道部、交通部、信息产业部、水利部、民用航空总局、广播电影电视总局联合制定了《〈标准施工招标资格预审文件〉和〈标准施工招标文件〉试行规定》（国家发展和改革委员会等九部委局令第 56 号）。工程量清单招标被以规范性文件形式予以确认，并得到工程建设领域各行业认可。2009 年，作为《标准施工招标文件》在水利水电工程中的有效补充，水利部组织编制了《水利水电工程标准施工招标文件》（2009 年版），对工程量清单编列了“工程量清单计价规范”和“工程量清单分组”两种模式供招标人选择使用。

工程量清单招标一般适用于单价承包模式。在单价承包模式下，工程量清单是招标文件的组成部分，内置在招标文件第五章中，是编制最高投标限价（或标底）和投标报价的共同基础，已标价的工程量清单是合同文件的组成部分，是合同实施期间结算、变更、索赔及争议解决的重要依据之一。在总价承包模式下，招标文件一般不提供工程量清单，由投标人根据招标图纸（一般是施工图）自行计算工程量并报价总价承包模式下，招标文件提供工程量清单的，工程量清单的项目、单位、工程量等仅供参考，不作为合同实施期间结算、变更、索赔及争议解决的依据。

工程量清单的准确性和完整性由招标人负责。招标人可自行编制，也可以委托设计单位、造价咨询单位及招标代理单位编制。工程量清单作为招标文件的重要组成部分，与招标文件其他部分，如“投标人须知”“通用合同条款”“专用合同条款”“技术标准和要求”“图纸”等密切相关，编制时应充分考虑招标文件的系统性、整体性和科学性。

一、工程量清单计价规范模式下的工程量清单编制

长久以来，水利工程招标依据《水利水电工程施工合同和招标文件示范文本》(GF—2000—0208)，按工程量清单分组模式编列工程量清单，简单明了，但存在工程量清单格式混乱、计量和支付方法不统一等问题，也不适应电子招投标的应用。为此，2007 年，水利部组织编制了《水利工程工程量清单计价规范》(GB 50501—2007)，统一水利工程工程量清单的编制格式和计价方法，并将其应用于《水利水电工程标准施工招标文件》(2009 年版) 中。工程量清单计价规范模式对规范水利工程招标投标的工程量清单编制与计价行为，规范合同价款的确定与调整，以及工程价款的结算、健全和维护水利建设市场竞争秩序、适应电子招投标的需要具有重要意义。

在工程量清单计价规范模式下，工程量清单依据《水利工程工程量清单计价规范》(GB 50501—2007) 编制。工程量清单由分类分项工程量清单、措施项目清单、其他项目清单、零星工作项目清单组成。工程量清单采用统一格式，做到“五统一”，即统一项目名称、统一项目编码、统一计量单位、统一工程规定、统一主要表格形式。

工程量清单一般由封面、填表须知、总说明、分类分项工程量清单、措施项目清单、其他项目清单、零星工作项目清单、招标人供应材料价格表、招标人供应施工设备表、招标人提供施工设施表组成。

(一) 封面

工程量清单单独编印成册时，需要编制封面。封面的主要内容一般包括：项目名称、合同编号、招标人名称、中介机构名称（若委托中介单位编制）、注册造价师执业专用章和编制时间。

(二) 填表须知

投标人填报的已标价工程量清单（含附件）是投标文件的组成部分，必须遵从投标文件的编制格式要求。投标文件的编制格式及要求一般包括：

(1) 投标文件应用不褪色的材料书写或打印，并由投标人的法定代表人或其委托代理人签字或盖单位章。委托代理人签字的，投标文件应附法定代表人签署的授权委托书。投标文件应尽量避免涂改、行间插字或删除。如果出现上述情况，改动之处应加盖单位章或由投标人的法定代表人或其授权的代理人签字确认。投标文件正本除封面、封底、目录、分隔页外的其他每一页必须加盖投标人单位章并由投标人的法定代表人或其委托代理人签字，已标价的工程量清单还应由注册造价工程师加盖执业印章。

(2) 投标文件正本一份，副本四份。正本和副本的封面上应清楚地标记“正本”或“副本”的字样。当副本和正本不一致时，以正本为准。

(3) 投标文件的正本与副本应分别装订成册，并编制目录。投标文件用 A4 纸（图表页除外）装订成册，编制目录和页码，不得采用活页夹装订。

(4) 工程量清单的任何内容不得随意删除或涂改，工程量清单中所有需要填报的单价

和合价，投标必须填报，未填报的单价和合价，视为包括在工程量清单的其他单价和合价中。

(5) 投标金额一般以元为单位，保留小数点后两位。

(6) 根据是否采用电子招标投标系统规定电子版格式。

(7) 投标人在投标截止时间前修改投标函中的投标总报价，应同时修改“工程量清单”中的相应报价。在投标截止时间后，除计算性算术错误应评标委员会要求可以修正投标报价外，投标报价不可调整。

(三) 总说明

工程量清单总说明与工程量清单的其他部分是一个有机整体，其作用在于提醒投标人填报工程量清单时重点注意事项，也体现招标人编制工程量清单中展现的意图。工程量清单嵌入招标文件时，总说明一般涵盖前述填报须知的要求。总说明的内容一般包括：

(1) 工程概况。简述工程的总体概况，重点叙述本合同情况及发包模式。

(2) 编制依据。工程量清单是根据招标文件中包括的、有合同约束力的图纸以及本规范合同条款中约定的工程量计算规则编制。

(3) 与招标文件其他部分的关系。工程量清单只有一个载体，准确报价还必须与招标文件中的投标人须知、通用合同条款、专用合同条款、技术标准和要求（合同技术条款）、招标图纸及相关规范等一起阅读和理解。

(4) 工程量定义。工程量清单所列工程量仅是投标报价的共同基础，是用作投标报价的估算工程量，不作为最终结算的工程量，用于结算的工程量是承包人实际完成的，并按合同约定的计量方法进行计量的工程量。

(5) 计量和支付约定。工程量清单中各项目工作内容要求及计量和支付的规定与招标文件技术标准和要求（合同技术条款）及合同条款协调一致。

(6) 填报规则。投标人填写工程量清单计价表时应按照招标文件工程量清单、投标文件格式及《水利工程工程量清单计价规范》(GB 50501—2007) 的计价规则填写。

(四) 分类分项工程量清单

分类分项工程量清单包括水利建筑工程工程量清单和水利安装工程工程量清单两大类。水利建筑工程量清单分为：土方开挖工程、石方开挖工程、土石方填筑工程、疏浚和吹填工程、砌筑工程、锚喷支护工程、钻孔和灌浆工程、基础防渗和地基加固工程、混凝土工程、模板工程、预制混凝土工程、钢筋及钢构件加工及安装工程、原料开采及加工工程和其他建筑工程，共计 14 小类；水利安装工程工程量清单分为机电设备安装工程、金属结构设备安装工程和安全监测设备采购及安装工程，共计 3 小类。

分类分项工程项目清单须载明项目编号、项目编码、项目名称、计量单位、工程量、技术标准和要求（合同技术条款）条款号和备注。工程量清单中项目主要特征、工程量计算规则、主要工作内容可根据招标项目实际需要编入。工程量清单项目对应技术标准和要求（合同技术条款）相关章节，编制时应仔细阅读技术标准和要求（合同技术条款）中的计量和支付部分，区分计量和计价的界限。

1. 项目编码

分类分项工程量清单项目编码采用十二位阿拉伯数字表示（由左至右计位），共分五级。一至九位为统一编码，其中：一、二位为水利工程顺序码，为第一级；三、四位为专业工程顺序码，为第二级；五、六位为分类工程顺序码，为第三级；七、八、九位为分项工程顺序码，为第四级；十至十二位为清单项目名称顺序码，为第五级。当缺某分类分项工程时九位编码数会间断不连续，当在不同部位有相同分类分项工程时，则会重复出现相同的前九位编码。前九位编码可优先考虑按附录编排的顺序编辑，若为管理方便的需要，也允许调整顺序而出现九位编码次序颠倒的情况。第五级十至十二位是清单项目名称编码，由清单编制人根据招标工程的工程量清单项目名称设置，同一分类分项工程为了区分不同的部位、质量、材料、规格等，划分出多个清单项目时，无论这些清单项目编排位置相隔多远，都要在相同的前九位编码之后，按清单项目出现的先后次序，自 001 起不间断、不重复、不颠倒地顺序编制十至十二位自编码，以三位不同的自编码来区分相同分类分项工程中的不同清单项目，保证在分类分项工程量清单中不出现相同的十二位清单项目编码。如坝基覆盖层一般土方开挖为 500101002001、溢洪道覆盖层一般土方开挖为 500101002002、进水口覆盖层一般土方开挖为 500101002003 等，依此类推。图 4-1 所示为编码 500101002001 各部分所代表的含义。

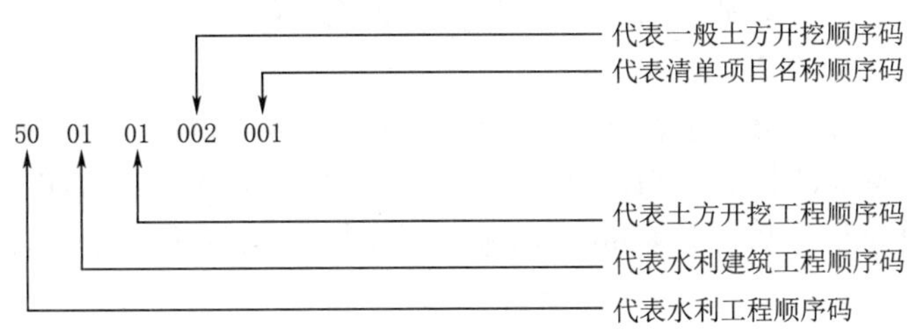

图 4-1 分类分项工程量清单项目编码含义

编制工程量清单应当杜绝项目编码错误及清单漏项、缺项。项目中可能存在项目名称和项目特征完全相同的分项工程，或项目编码的范围偏大，在工程量清单列项时应考虑全面，尽量减少缺项或漏项。例如，清单“止水工程”（500109008）下可分为紫铜片止水、橡胶止水带止水等，而其紫铜片止水下又可分垂直止水和水平止水，应在清单编制或项目特征中加以说明。

为了体现项目层次，工程量清单项目一般需要编号，应对应项目编码采用如 1、1.1、1.1.1、1.1.1.1 等形式，一般不宜超过四级。

2. 项目名称

工程量清单的项目名称应描述明确，符合招标项目的特点。项目名称应按《水利工程工程量清单计价规范》（GB 50501—2007）的项目名称及项目主要特征并结合招标工程的实际确定。分类分项工程量清单中的分类工程（即项目编码一至六位）必须按照《水利工程工程量清单计价规范》（GB 50501—2007）的规定依次选择顺序编制，不得更改，在同一项目划分级别下的分类工程名称不得重复。分类分项工程（即项目编码七至九位）的划分，按照工程项目属性选定分类分项工程的一至九位项目编码，顺序编制工程量清单中的最末一级分类分项工程项目。

工程量清单中的最末一级分类分项工程项目（即项目编码十至十二位）名称，按照工程部位（如边墙、顶拱等）、强度等级（如混凝土 C20、C30 等）、材质（如橡胶止水、铜片止水等）以及型号规格等，依序设置。分类分项工程量清单中的最末一级分类分项工程项目的名称应考虑以下三个因素：

一是《水利工程工程量清单计价规范》(GB 50501—2007) 附录中项目的名称。

二是《水利工程工程量清单计价规范》(GB 50501—2007) 附录中项目的主要特征。

三是招标工程的实际情况。编制工程量清单时，还应考虑该项目的型号、规格、材质等特征要求，结合招标工程的实际情况，使分类分项工程量清单的项目名称尽可能具体化，能清晰地反映影响工程造价的主要因素，以利于合同管理。

随着我国科学技术的不断进步，新设备、新材料、新技术、新工艺将伴随出现，《水利工程工程量清单计价规范》(GB 50501—2007) 所编列有具体名称的分类工程项目或分类分项工程项目不可能全面覆盖所有工程项目，特别是对于加固、改建和扩建工程的项目尤为突出。编制工程量清单出现未包括的列有具体名称的分类工程项目或分类分项工程项目时，编制人可以根据该项目的属性、名称、型号、规格、材质等特征，在其他建筑工程中，或在所属建筑或安装的某分类工程中的其他分类分项工程项目内依序进行补充。

3. 项目特征

项目特征是对特定的清单项目的工作内容的具体要求，因此必须把内容描述清楚、全面、不遗漏，项目特征的描述应细致全面，在准确地包括完成该项清单项目的所需工序及附属内容的同时也要尽量做到简明扼要，减去无实际意义的描述，主要应做到以下 3 个方面：

(1) 对项目的自身特征的描述要简明扼要、避免歧义，如使用的材料、规格及型号等。

(2) 项目的工艺特征的描述要准确，如水泥深搅桩是多轴或单轴的描述等。

(3) 不仅要注意项目工艺特征的描述，还要注意项目自身特征及施工特征的描述。如紫铜片止水的类型是水平或是垂直，材质、规格尺寸、材料的主要性能指标，止水槽与沥青盒预制安装、填灌沥青材料等均应在清单项目特征内予以明确；土石方类别，弃土及取土的运距、压实度；混凝土灌注桩的孔径、孔深，混凝土的抗冻或抗渗等级，钢结构防腐层厚度，水泥土搅拌桩的水泥掺入比等。

4. 计量单位

分类分项工程量清单的计量单位按《水利工程工程量清单计价规范》(GB 50501—2007) 规定的计量单位确定。以 m^3、m^2、m、kg、个、项、根、块、台、套、组、面、只、相、站、孔、束等为单位的，应取整数；以 t、km 为单位的，应保留小数点后两位数字，第三位数字四舍五入。《水利工程工程量清单计价规范》(GB 50501—2007) 中部分分类分项工程有两种计量单位可供选用，如岩石层固结灌浆，其计量单位有 "m" 和 "t" 两种，招标人可根据具体情况选择，但在同一标段中的同一个分类分项工程应采用同一种计量单位，以利于统计和管理。

5. 工程量及计算规则

工程量清单是投标人投标报价的基础。除合同另有约定外，分类分项工程量清单中的工程量是根据招标设计图纸按《水利工程工程量清单计价规范》(GB 50501—2007) 工程量计算规则计算的用于投标报价的估算工程量，不作为合同最终结算工程量。合同最终结算工程量是承包人实际完成并符合合同技术标准和要求和《水利工程工程量清单计价规范》(GB 50501—2007) 工程量计算规则等规定，按施工图纸计算的有效工程量。主要分类工程工程量计算规则见第五章第四节主要专业工程计量与支付规则相关内容。

6. 编制方法

为使分类分项工程量清单的项目划分更清晰，以利于满足不同招标人对合同管理的习惯，工程量清单编制单位可先划分工程部位，后划分分类工程，也可先划分分类工程，后划分工程部位，无论序号将项目划分为多少层次或级别，仅对分类分项工程量清单中的最末一级分类分项工程项目进行编码。分类分项工程量清单的序号仅表示工程量清单项目间的层级关系和次序，没有其他特定含义，原则上应自 001 起不间断、不重复、不颠倒地顺序编制。

(1) 先划分工程部位，后划分分类工程。一级项目按不同工程部位进行编制，二级项目按分类工程顺序进行编制，三级项目按分类分项工程项目进行编制。

(2) 先划分分类工程，后划分工程部位。一级项目按分类工程顺序进行编制，二级项目按不同工程部位进行编制，三级项目按分类分项工程项目进行编制。

(五) 措施项目清单

措施项目清单是为保证工程建设质量、工期、进度、环保、安全和社会和谐而必须采取的措施。

措施项目一般是总价承包。凡能列出工程数量并按单价结算的措施项目，应列入分类分项工程量清单。措施项目清单应对照技术标准和要求（合同技术条款）相关章节编制，一般包括：进场费、退场费、保险费、现场施工测量、现场试验、施工交通设施、施工及生活供电设施、施工及生活供水设施、施工供风设施、施工照明设施、施工通信和邮政设施、砂石料生产系统、混凝土生产系统、附属加工厂、仓库和堆存料场、弃渣场、临时生产管理和生活设施、非直接属于具体工程项目的施工安全防护措施、环境保护专项措施费、水土保持专项措施费、文明施工专项措施费、施工期安全防洪度汛措施费、大型施工设备安拆费等。由于水利工程涵盖范围广，建设项目类型、作用、规模、工期差别很大，决定了水利工程措施项目的不确定性，同时除工程本身因素之外，还涉及水文、气象、环保、安全等因素。凡属应由施工企业采取的必要措施项目，在“措施项目清单”中没有的项目，可由投标人补充，一般情况下，措施项目清单应编制一个“其他”作为最末项。

(六) 其他项目清单

其他项目清单一般包括暂列金额和暂估价两项（发包人提供材料和设备，以及预计有专业工程分包的，有些项目还编列总承包服务费），金额由招标人填写，其数额可视招标设计深度及估计可能引起的变更额度确定，一般可取估算合同价格的 5%左右。

1. 暂列金额

暂列金额用于在招投标阶段直至合同协议书签订时尚未确定或者不可预见变更、索赔、物价上涨因素引起的施工及其所需材料、工程设备、服务等的金额，包括以计日工方式支付的金额（需要注意的是，计日工应单独列入零星工作项目清单）。暂列金额类似于FIDIC合同条款中的Provisional Sum，在实际履约过程中可能发生，也可能不发生。暂列金额在《水利水电工程施工合同文件和招标文件示范文本》（GF—2000—0208）称为备用金。

暂列金额列入合同价格，但属于发包人所有，并不是属于承包人所有或一定要发生，只能按照监理人的指示使用。按照合同约定暂列金额的使用情形实际发生后，才成为承包人应得金额，纳入合同结算价款中。事实上，即便是总价包干合同，也不是列入合同价格的任何金额都属于承包人的，是否属于承包人应得金额取决于具体的合同约定，暂列金额从定义开始就明确，只有按照合同约定程序实际发生后，才能成为承包人的应得金额，纳入合同结算价款中。扣除实际发生金额后的暂列金额余额仍属于发包人所有。

设立的暂列金额并不能保证合同结算价格就不会再出现超过合同价格的情况，是否超出合同价格完全取决于工程量清单编制人对工程设计变化、地质状态等归属于暂列金额预测、准确性的把握，以及工程建设过程是否按照预测的轨道进展，也即是否出现了其他事先未预测到的事件。

2. 暂估价项目

暂估价是指招投标阶段直至签订合同协议书时，招标人在招标文件中给定的用于支付必然要发生但暂时不能确定材料、设备以及专业工程价格的项目金额。暂估价类似于FIDIC合同条款中的Prime Cost Items，在招标阶段预见肯定要发生，只是因为标准不明确或者需要由专业承包人完成，暂时无法确定具体价格。暂估价数量和拟用子目应当结合“工程量清单”的“暂估价表”给予补充说明。

如果“暂估价表”中没有反映拟用子目的说明，可以采取两种处理方式：

一是给一个原则性的说明。原则性说明对招标人编制工程量清单而言，比较简单，能降低招标人出错的概率，但是对投标人而言，就很难准确把握招标人的意图和目的，很难保证投标报价的质量，轻则影响合同的可执行力，极端的情况下，可能导致招标失败，最终受损失的也包括招标人自己，因此，这种处理方式是不可取的方式。

二是针对每一类暂估价给出相应的拟用子目。对于材料设备的暂估价，也有两种表现形式，第一种是按照材料设备的名称分别给出，这样的材料设备暂估价能够纳入子目单价中，因此，应当一一对应地给出拟用子目。这种方式便于投标人报价和今后合同履行过程中的操作管理。另一种是按照分部分项或者系统整体给出材料设备暂估价，这种情况经常出现在招标人将施工安装交该总承包人自行完成，而材料设备则希望避免因过度竞争而影响其质量时出现。这种情况需要说明拟用的分部分项工程或系统，更要着重说明暂估价中是否包括全部的材料设备，如果仅仅是主要材料设备，应当清晰地定义主材和辅材的范围，以方便投标人报价，避免出现重复或者遗漏。这是一个有相当难度的工作，不便于合同的管理。招标人需要事先给出暂估价的有两类：

（1）材料、工程设备暂估价。材料、工程设备的暂估价仅指此类材料、工程设备本身运至指定地点的价格，不包括这些材料、工程设备的安装、安装所必需的辅助材料、驻厂监造以及发生在现场内的验收、存储、保管、开箱、二次倒运、从存放地点运至安装地点以及其他任何必要的辅助工作所发生的费用，这些费用已经包括在投标价格中，并且固定包死。

（2）专业工程暂估价。专业工程暂估价项目及其暂估价清单是指分包人实施专业分包工程的含税金后的完整价（即包含了该分包工程中所有供应、安装、完工、调试、修复缺陷等全部工作），除了合同约定的承包人应承担的总包管理、协调、配合和服务责任所对应的费用以外，承包人为履行其总包管理、配合、协调和服务等所需发生的费用已经包括在投标价格中，并且固定包死。

暂估价一般需要二次竞价。区分是否需要招标，暂估价二次竞价的要求有：

1）必须招标的暂估价项目：①若承包人不具备承担暂估价项目的能力或具备承担暂估价项目的能力但明确不参与投标的，由发包人和承包人组织招标；②若承包人具备承担暂估价项目的能力且明确参与投标的，由发包人组织招标。

暂估价项目中标金额与工程量清单中所列金额差以及相应的税金等其他费用列入合同价格。

必须招标的暂估价项目招标组织形式、发包人和承包人组织招标时双方的权利义务关系在专用合同条款中约定。

2）不招标的暂估价项目：①给定暂估价的材料和工程设备不属于依法必须招标的范围或未达到规定的规模标准的，应由承包人提供。经监理人确认的材料、工程设备的价格与工程量清单中所列的暂估价的金额差以及相应的税金等其他费用列入合同价格。②给定暂估价的专业工程不属于依法必须招标的范围或未达到规定的规模标准的，由监理人按照变更处理原则进行估价，但专用合同条款另有约定的除外。经估价的专业工程与工程量清单中所列的暂估价的金额差以及相应的税金等其他费用列入合同价格。

（七）零星工作项目清单

计日工通常作为一项暂定金额列在工程量清单中，用于无法归于工程量清单任何一项的零星的或者在招标时尚不能确定的工作。其主要用途是当例外的附加工作出现的可能性很大而工作量清单所列各项目均没有包括，并且这种例外的附加工作的工作量很难估计时，则需要以零星工作项目清单方式来处理这种例外。

在工程量清单中，零星工作项目清单包括计日工劳务、计日工材料、计日工施工机械三部分。计日工单价除按基本单价计算外，单价中应包括必要的管理费和利润、税金等附加费用。

零星工作项目清单中，名称及型号规格，人工按工种，材料按名称和型号规格，机械按名称和型号规格，分别填写。计量单位，人工以工日或工时，材料以 t、m^3 等，机械以台时或台班，分别填写。不进行编码，随工程量清单发至投标人。计日工项目费用由暂列金额支付，不列入合同总价中。

编制工程量清单与投标报价是对应招标人和投标人的两个过程，相关表格格式基本相同，只是角度不同，可参见本章第三节投标报价相关内容。

二、分组模式下的工程量清单编制

工程量清单计价规范模式下，工程量清单编制复杂，工程量清单编制规则更新较慢，与招标投标及相关定额协调不够，限制了其在招标投标过程中的广泛应用。考虑到水利工程招标投标多年来已习惯了原《水利水电工程施工合同和招标文件示范文本》（GF—2000—0208）编排的分组工程量清单模式，《水利水电工程标准施工招标文件》（2009年版）在编排工程量清单计价规范模式的同时，保留了分组工程量清单编排模式，供招标人编制招标文件时选择使用。分组工程量清单编排模式下，工程量清单应与投标人须知、通用合同条款、专用合同条款、合同技术标准和要求及图纸等一起阅读和理解。工程量清单编制及填报说明与工程量清单计价规范模式下相同。

（一）工程量清单分组

工程量清单分为建筑工程工程量清单和安装工程工程量清单。工程量清单按单位工程分组模式编写，也可按合同技术标准和要求各章的专项工程分组。

工程量清单的项目分组按单位工程进行分组，工程量清单中的编号分为四段数字，其分段含意为：

第一段—第二段—第三段—第四段

第一段数字为分组号，代表单位工程序号；第二段数字为专项工程序号，与合同技术标准和要求的章号相一致；第三段数字为该专项工程下属的子项序号；第四段数字为第三段数字所指工程子项的下属子项序号。

工程量清单的项目分组按专项工程进行分组，工程量清单中的编号分为四段数字，其分段含意为：

第一段—第二段—第三段—第四段

第一段数字为分组号，数字为专业工程序号，与《合同技术条款》的章号相一致；第二段代表单位工程序号；第三段数字为该专业工程下属的子项序号；第四段数字为第三段数字所指工程子项的下属子项序号。

合同技术标准和要求第一章～第五章所列费用在两种分组模式是共性的，工程量清单编制时也可合并成一组"临时工程"。一般包括：进场费、退场费、保险费、现场施工测量、现场试验、施工交通设施、施工及生活供电设施、施工及生活供水设施、施工供风设施、施工照明设施、施工通信和邮政设施、砂石料生产系统、混凝土生产系统、附属加工厂、仓库和堆存料场、弃渣场、临时生产管理和生活设施、非直接属于具体工程项目的施工安全防护措施、环境保护专项措施费、水土保持专项措施费、文明施工专项措施费、施工期安全防洪度汛措施费、大型施工设备安拆费等。

（二）工程量清单组成

在分组模式下，工程量清单由说明、投标报价汇总表、建筑工程工程量清单、安装工程工程量清单等主表组成。除另有约定外，投标人需严格按工程量清单格式填报单价和合价（总价），不得改动工程量清单。投标人填报上述表格时应结合合同技术标准和要求（合同技术条款）相关计量支付的要求，尤其应注意第一章～第五章总价项目计价和单价项目计价的界限，如承包人完成临时导流泄水建筑物的建设和拆除（或封堵）工作所需的费用，由发包人按《工程量清单》相应项目的工程单价或总价支付；临时导流泄水建筑物的运行维护费用包含在"施工期安全防洪度汛"项目总价中，发包人不另行支付。

除主表外，投标人还应填报工程量清单报价计算分析及附表，主要包括：总价承包项目分解表，单价分析表，主要材料预算价格汇总表，施工机械台时费汇总表，施工用电、风、水分析表，投标人生产砂石料预算单价分析表（若生产），人工单价分析表，混凝土材料预算价格计算表，计日工表，暂估价项目表。招标人还可根据工程具体情况对上述表格进行调整。上述工程量清单计算分析及附表是主表填报的基础和依据，也是合同执行中处理变更的重要依据。

第三节 投 标 报 价

投标报价是投标人计算和确定承包该工程的投标总价格。招标人把投标人的报价作为主要标准来选择中标者，同时也是招标人和投标人进行承包合同谈判的基础，直接关系到投标人投标的成败。投标报价是进行工程投标的核心。报价过高会失去承包机会，而报价过低虽然中了标，但会带来亏本的风险。因此，投标报价过高或过低都不可取，如何做出合适的投标报价，是投标人能否中标的关键。

一、土建及安装工程投标报价编制

（一）编制原则

投标报价的编制，一要合理，就是要做得到，并留有余地；二要有竞争力，就是要符合市场行情。前者取决于投标人自身的实力和水平，后者则取决于市场的情势，包括竞争对手的实力、水平和市场供求情况。两者有一定差距，但不能不兼顾，当投标人的实力和水平达到市场的高层次时，两者的差距就缩小了。

投标报价是否合理是相对的，同一种投标报价，对于某个投标人是一定要亏的，对于另一个投标人却可以盈利，这就是实力和经验的差异，或者是实力相当而管理水平不同所致。管理是一种资源。向管理要效益，但也不能不加分析的单纯以提高管理水平来达到降低成本的目的。当前劳动力资源紧张，机械化程度高，就投标人而言，总公司、分公司（或驻外办事处）、施工队的管理水平都对工程管理有影响，当然影响有有利的也有不利的，但有许多不是投标人自己能控制的。在编制投标报价时，要考虑自身的特点和各级管理水平，但应该达到的水平则不能降低要求，也就是说，编制投标报价时所依据的管理水平应当是我国本行业的先进水平，素质不高的投标人没有竞争力。

至于在管理上与其他公司存在的差距，首先要以自己的优势弥补，弥补不了时，只好以降低利润来提高标价的竞争力。目前，承包工程要靠降低利润来提高竞争力余地是很小的，况且这并不是长远之计，因为降低利润本身就会削弱公司的实力。从根本上说，要设法发挥自己的优势，提高经营和管理上的总体水平，采取各种措施降低成本、增加收入，以便获得较好的效益，在没有把握时，宁可放弃，也不要贸然从事。

（二）编制依据

投标报价编制依据的完整、无误与齐备是快速和准确地编制投标报价的前提条件。投标报价的编制依据主要有如下内容。

1. 招标文件

招标文件中的合同条件、工程量清单、技术标准和要求（合同技术条款）、设计图纸、招标文件澄清及修改通知等是编制投标报价的必备资料和主要依据。

2. 施工组织设计

先进合理的施工方案和切实可行的工程进度计划是编制合理报价的重要因素。不同的施工方案具有不同的技术条件和不同的经济效果。先进合理的施工方案具有技术上先进而经济上合理的特点，必然导致合理的报价。针对具体工程，技术先进的施工工艺未必经济合理。例如在地质条件较差的隧洞开挖中，多臂钻和手风钻都能满足施工需要，但多臂钻方案造价就偏高，因为在地质条件较差的地方，多臂钻并不能充分发挥作用，而且设备折旧费用太高，如果是地质条件较好，隧洞较长，且开挖洞径适宜多臂钻，那么多臂钻方案就可能是最佳方案。同样的道理，不同的进度计划具有不同的工期和不同的工程成本，因而切实可行的工程进度计划也是编制合理报价的重要因素。

3. 人工、材料、机械消耗量水平

预算定额和概算定额是国家或国家授权制定单位，规定消耗在某一单位工程基本构造要素上的工料机数量标准和最高限额，从某种意义上讲是一种法定的编制依据，投标人在编制投标报价时应参考对应工程最新预算定额。但为了提高投标报价竞争力和保证完成工程合同，投标人可结合本施工企业的施工技术管理水平、工程所在地的实际情况和企业自行编制的企业定额，对各项定额作适当调整，确定工料机消耗量水平。

4. 人工、材料、机械价格水平

工料机价格是影响投标报价的关键因素。目前一般采用“指导价或市场价”原则，即人工工日（工时）单价执行地区或行业规定的人工工日（工时）单价的指导价，机械台班（台时）执行地区或行业统一工程机械台班（台时）费用定额的机械台班（台时）分析价或租赁价，材料价格采用招标人规定的供应价或市场调查供应价分析出来的到工地材料预算价格。

5. 综合取费标准

综合取费标准指其他直接费、间接费、计划利润、税金的取费标准，除税金采用国家规定的法定税率以外的各项费用，可以根据工程特点、企业经营管理水平和市场竞争状况综合取定，即采用“竞争费率”原则。现行水利行业概预算编制办法规定了各工程项目的各项费用的取费标准，投标人在编制投标报价时一般要参考这些取费标准，结合本企业的情况和工程所在地的实际，确定其投标项目报价的综合取费标准。

（三）风险因素

建设期内工程造价增长因素、难以预料的工程和费用以及保险费、供电贴费、技术复杂程度、地形地质条件、工期质量要求等都是编制投标报价应当考虑的风险。

1. 对投标工程相关内容的研究与评估

（1）对投标对手的调查与研究：要收集掌握竞争对手参加投标的一些资料，如企业资质、施工能力、是否急于中标、以往报价的价位高低及与招标人的关系。

（2）对有关报价参考资料的研究：要对当地近几年来已完成的同类工程造价进行分析

和评估。

(3) 对投标工程有关情况的分析：要了解工程所在地的地理、自然条件、周边料场分布及运输道路情况。

(4) 对招标人倾向性和投标困难的评估。

(5) 了解评标、定标办法。

2. 其他有关规定

各地区的主管部门，结合当地情况和施工企业遇到的问题，不断做出新规定，作为主管部门的文件颁发执行，这些文件也应当作为投标人编制投标报价的依据。

(四) 基本流程

1. 踏勘现场、参加投标预备会及了解当地材料价格信息

踏勘现场常安排在购买招标文件之后，招标单位一般会在招标文件中载明踏勘现场的时间及集中出发地点。踏勘现场一般由招标人或招标代理机构主持，设计单位参与解说，邀请全体投标单位参加。因踏勘现场、收集数据对报价编制很重要，投标报价编制人员最好能参与活动。在踏勘现场中，如有疑问，可直接询问招标人或设计代表。现场踏勘完毕后，招标人可能会组织返回召开投标预备会，主要解答投标人在踏勘现场中或在翻阅招标文件中发现的问题及不明事项，会后招标人将以书面形式将投标预备会解答的问题发给每个投标人。投标预备会完毕后，参与踏勘现场的投标报价人员还有一个重要任务，就是了解当地材料价。材料价的来源主要有两种方式：一是从当地造价部门购买造价信息；二是直接询价。建议先购买造价信息，这样可以获得常规材料的价格，再对一些随市场波动较大的材料单独询价，如柴油、钢筋、水泥等。

2. 阅读、理解招标文件

在报价编制之前，首先要认真阅读、理解招标文件，包括商务条款、合同技术标准和要求（合同技术条款）、图纸及招标文件的澄清和修改文件，并对招标文件中有疑问的地方以书面形式向招标人去函要求澄清。对违反招标投标实质性规定损害投标人利益的，还可通过异议和投诉要求招标人纠正。

3. 确定投标报价编制原则

在对招标文件有了比较详细的了解后，就可以开始进行报价的编制工作。首先要确定该工程项目的报价编制原则，即选用何种定额及取费费率等问题。如招标文件对定额及取费费率有要求，就按招标文件要求进行编制；一般情况下对定额的选取及取费费率不作明确要求，可根据企业经验及习惯来确定定额及取费费率的选取。有企业定额的投标人可以依据企业定额进行报价，以便增加报价竞争优势。

4. 基础价格的确定

在确定了报价的编制原则后，需要确定报价的基础价格。基础价格包括人工预算单价和风、水、电及材料预算单价。人工预算单价可由编制原则的具体规定及计算方法来确定，风、水、电预算单价可由编制原则规定的计算方法结合施工方案来计算而得。材料预算单价则需根据材料的来源确定原价（如果为招标人供应材料，招标人供应价作为原价），并计入运杂费、采购及保管费等费用。

5. 施工方案交底

当施工方案编制人员在基本方案已初步形成之后，应向投标报价编制人员进行技术交底，提供报价编制人员编制报价所需的施工工艺、施工手段及其他有关必需数据，以便报价编制人员根据该施工方案编制相应报价。

6. 报价的编制及调整

在上述工作全部完成之后，就可以对具体的单价进行编制，由于编制时间一般较短，加上单价的计算工作比较繁复，为提高效率及计算的准确度，一般采用计算机程序进行报价的编制。采用这种方式只需将基础价格及材料价输入程序，选取相应的费率后，直接从程序中调用定额并自动计算，还可根据需要对报价进行调整。

7. 投标报价的形成

上述计算工作全部完成后，可对报价进行汇总，并完成招标文件要求的所有报价附录及表格，经检验校对无误后即可形成投标报价。

8. 投标前修改报价的编制

在递交标书的截止时间前，如投标人认为有必要对投标报价进行调整，可以以修改投标报价（招标文件中明确注明不允许调价的除外）。一般要求随投标报价函附上调价后的工程量清单（含单价分析表）。

（五）工程量清单计价模式下投标报价计算要求

1. 分类分项工程报价

分类分项工程报价中最重要的工作是根据相关规定选择定额、合理选择取费标准，编制基础单价和工程单价。

（1）费用编制规定。一般招标文件不强制规定费用编制规定，编制投标报价时，编制人应当收集投标项目审批信息，参考招标人提供的最高投标限价编制依据，选择合理的费用编制规定。《水利工程设计概（估）算编制规定》（水总〔2014〕429号）和水利部《水利工程营业税改征增值税计价依据调整办法》（办水总〔2016〕132号），以及地方及其他行业费用编制规定均可作为参考，但一般与初步设计概算所采用的费用编制规定一致。

（2）定额选用。定额选用是投标人的自主权。投标人可以选择选用企业定额，也可参考水利部及相应省份现行定额。缺项时，也可借用其他行业现行定额。定额相关知识见第一章第二节水利工程定额。

（3）费用构成、基础单价计算和单价分析可参考第三章第二节初步设计概算的相关内容。

2. 措施项目报价

措施项目清单中所列的措施项目均以每一项为单位，以“项”列示，这部分项目通常是招标人不提供工程量，而由投标人自行编制方案、自行报价。投标报价时，应根据招标文件的要求详细分析各措施项目所包含的工程内容和施工难度，编制合理的施工方案，据以确定其价格。如果设计工程量偏小而实际工程量偏大，往往由于此部分项目是在开工建设初期进行从而导致前期资金紧张，项目施工资金周转陷入不良循环；如果设计工程量过大，使这部分报价过高，从而导致施工总体报价偏高，不利于投标竞争。措施项目均属于总价包干结算形式，招标人在施工单位完成此类项目后分批结算或者在施工单位进场时一次或两次付清，无论施工单位实际施工发生的费用多少，均不再补偿。因此，对于投标人来说，如何正确列出总价承包项目中所包含的内容及相应内容的工程量是编制总价承包项目的重点。

3. 暂列金额、暂估价、计日工

（1）暂列金额和暂估价按招标文件给定的金额和标准填报，列入投标总价中。

（2）计日工报价时如果是单纯报计日工的报价，可以提高一些，以便在日后招标人用工或使用机械时可以盈利。但如果招标文件中已经假定了计日工的“名义工程量”，则需要具体分析是否报高价，以免抬高总报价。总之，要分析招标人在开工后，可能使用的计日工数量确定计日工报价的高低。

计日工金额不列入投标总价中。

前面计算出的工程单价是包含人、材、机价和除工程量清单中单列项目以外的间接费、利润、税金等工程的工程分项单价，乘上工程量，再加上工程量清单中单列项目费用，即可得出总报价。但是，这样汇总起来的工程总价还不能作为投标价格。按照上述方法算出的工程总价与根据经验预测的可能中标价格或通过某些渠道掌握的“标底”或在最高投标限价控制下与获取报价得分最优的位置相比，往往有出入，有时还可能相差甚大，组成总价的各部分费用间的比例也可能不尽合理。因此，必须对工程总价做出某些必要的调整。

调整投标总价应当建立在对工程盈亏预测的基础上。盈亏应当用多种方法，从多种角度进行。用类比方法，可以把工程的全部人工费、材料费、机械费、间接费分别汇总，计算出各种费用分别汇总，计算出各种费用占总价的比例，或者和以往类似工程相比从中发现问题。用分析的方法，可以把工、料、机单价，分项工程单价和间接费互相对照，看是否有漏算、重复的项目，然后分析费用的各个组成部分，看哪些地方还可以通过采取某些措施降低成本、增加盈利。考虑投标报价高低、工程盈亏时，应仔细研究利润这个关键因素。在研究报价、确定利润时，应当坚持“既能够中标，又有利可图”的原则，同时既考虑本次投标成败的得失，又应着眼于长远的发展目标，来确定最后的投标报价。

（六）投标报价格式要求

1. 投标报价表组成

投标报价表由以下表格组成：

（1）投标总价。

（2）工程项目总价表。

（3）分类分项工程量清单计价表。

（4）措施项目清单计价表。

（5）其他项目清单计价表。

（6）计日工项目计价表。

（7）工程单价汇总表。

（8）工程单价费（税）率汇总表。

(9) 投标人生产电、风、水、砂石基础单价汇总表。

(10) 投标人生产混凝土配合比材料费表。

(11) 招标人供应材料价格汇总表(若招标人提供)。

(12) 投标人自行采购主要材料预算价格汇总表。

(13) 招标人提供施工机械台时(班)费汇总表(若招标人提供)。

(14) 投标人自备施工机械台时(班)费汇总表。

(15) 总价项目分类分项工程分解表。

(16) 工程单价计算表。

投标总价、工程项目总价表、分类分项工程量清单计价表、措施项目清单计价表、其他项目清单计价表和计日工项目计价表是主表,除另有约定外,投标人应严格按工程量清单格式填报单价和合价(总价),不得改动工程量清单。投标人填报上述表格时应结合技术标准和要求(合同技术条款)相关计量支付的要求和《水利工程工程量清单计价规范》(GB 50501—2007)附录A、附录B规定的主要工作内容、工程量计算规则及其他相关问题处理规定。

工程单价汇总表、工程单价费(税)率汇总表、投标人生产电、风、水、砂石基础单价汇总表、投标人生产混凝土配合比材料费表、招标人供应材料价格汇总表、投标人自行采购主要材料预算价格汇总表、招标人提供施工机械台时(班)费汇总表、投标人自备施工机械台时(班)费汇总表、总价项目分类分项工程分解表、工程单价计算表是辅助表格,是主表填报的基础和依据,也是合同执行中处理变更的重要依据。为便于评标和归档,主表和辅助表格应形成一个完整的电子版随投标文件提交。辅助表格填报应按照招标文件规定,填报时应结合《水利工程工程量清单计价规范》(GB 50501—2007)和合同技术条款相关规定。

2. 工程量清单计价表填写规定

(1) 除另有规定外,投标人不得随意增加、删除或涂改招标文件工程量清单中的任何内容。工程量清单中列明的所有需要填报的单价和合价,投标人均应填报。若投标人对某些项目未填报单价和合价,则应认为已包括在其他项目的单价和合价以及投标总报价内。工程量清单的工程单价应根据《水利工程工程量清单计价规范》(GB 50501—2007)规定的工程单价组成内容,按招标文件和该规范附录A和附录B中的"主要工作内容"确定。除另有规定外,对有效工程量以外的超挖、超填工程量,施工附加量,加工、运输损耗量等,所消耗的人工、材料和机械费用,均应摊入相应有效工程量的工程单价内。

(2) 投标金额(价格)均应以人民币表示。

(3) 投标总价应按工程项目总价表合计金额填写。

(4) 工程项目总价表中,一、二级项目名称按招标文件工程量清单中的相应名称填写,并按分类分项工程量清单计价表中相应项目合计金额填写。

(5) 分类分项工程量清单计价表填写表中的序号、项目编码、项目名称、计量单位、工程数量,按招标文件分类分项工程量清单中的相应内容填写。

(6) 措施项目清单计价表中的序号、项目名称按招标文件措施项目清单中的相应内容填写，并填写相应措施项目的金额和合计金额。

（7）其他项目清单计价表中的序号、项目名称、金额，按招标文件其他项目清单中的相应内容填写。

（8）计日工项目计价表的序号、人工、材料、机械的名称、规格型号以及计量单位，按招标文件计日工项目清单中的相应内容填写，并填写相应项目单价。

（9）辅助表格填写。

1）工程单价汇总表，按工程单价计算表中的相应内容、价格（费率）填写。工程单价汇总表不仅是工程单价计算表的结果汇总，还包括以工程单价计算表的结果为基础分析的综合单价。除约定不分析单价的工程项目外，分类分项工程量清单填报的单价均应当在工程单价汇总表中反映。

2）工程单价费（税）率汇总表，按工程单价计算表中的相应内容、费（税）率填写。

3）投标人生产电、风、水、砂石基础单价汇总表，按基础单价分析计算成果的相应内容、价格填写，并附相应基础单价的分析计算书。

4）投标人生产混凝土配合比材料费表，按表中工程部位、混凝土和水泥强度等级、级配、水灰比、坍落度、相应材料用量和单价填写，填写的单价必须与工程单价计算表中采用的相应混凝土材料单价一致。

5）招标人供应材料价格汇总表，按招标人供应的材料名称、规格型号、计量单位和供应价填写，并填写经分析计算后的相应材料预算价格，填写的预算价格必须与工程单价计算表中采用的相应材料预算价格一致（若招标人提供）。招标人供应材料价格汇总表中，招标人供应材料的材料预算价格由招标人在工程量清单中说明，投标人考虑材料二次运输、仓储后分析的材料预算价格进入单价分析表，按照约定了扣除方式计算合同单价（包含材料款）或合同执行单价（不包含材料款）。

6）投标人自行采购主要材料预算价格汇总表，按表中的序号、材料名称、规格型号、计量单位和预算价填写，填写的预算价必须与工程单价计算表中采用的相应材料预算价格一致。

7）招标人提供施工机械台时（班）费汇总表，按招标人提供的机械名称、规格型号和招标人收取的台时（班）折旧费填写。投标人填写的台时（班）费用合计金额必须与工程单价计算表中相应的施工机械台时（班）费单价一致（若招标人提供）。

8）投标人自备施工机械台时（班）费汇总表，按表中的序号、机械名称、规格型号、一类费用和二类费用填写，填写的台时（班）费合计金额必须与工程单价计算表中相应的施工机械台时（班）费单价一致。

9）工程单价计算表，按表中的施工方法、序号、名称、规格型号、计量单位、数量、单价、合价填写，填写的人工、材料和机械等基础价格，必须与基础材料单价汇总表、主要材料预算价格汇总表及施工机械台时（班）费汇总表中的单价相一致，填写的施工管理费、企业利润和税金等费（税）率必须与工程单价费（税）率汇总表中的费（税）率相一致。

10）总价项目分类分项工程分解表适用于对分类分项工程工程量清单中标注“总价”的项目进行分解，暂估价项目不属于必须分解的项目。措施项目可按照招标文件规定分解，措施项目的分解主要是支付进度的分解。总价项目分类分项工程除按照分类分项工程格式进行分解外，还应按照招标文件规定进行支付进度分解。

3. 投标报价表格

投标报价格式中所附表格参考了《水利水电工程标准施工招标文件》（2009 年版）。为避免前后不一，节约投标人编制投标报价工作量，招标文件编制时通常将《水利水电工程标准施工招标文件》（2009 年版）第八章投标文件格式中的“投标人填报的工程量清单计价格式”融入招标文件第五章工程量清单中。这种情况下，招标文件第五章工程量清单对招标人来说是工程量清单，对投标人来说是投标报价的规范格式，均应得到遵守。招标人可以根据招标项目实际情况对格式中相关表格进行调整。以下仅附工程量清单计价相关表格格式（表 4-1～表 4-15），而表格填报的相关要求见前述内容。

表 4-1　　投标总价（格式）

______（项目名称）______（标段名称）

合同编号：

投标总价（小写）：

（大写）：

表 4-2　　工程项目总价表（格式）

合同编号：（投标项目合同号）

______（项目名称）______（标段名称）　　第　页、共　页

序号	工程项目名称	金额/元	序号	工程项目名称	金额/元
1	一级××项目		××.1	暂定金额	
××	措施项目		××.2	暂估价项目	
××.1	××项目			合计	
××	其他项目				

表 4-3　　分类分项工程量清单计价表（格式）

合同编号：（投标项目合同号）

______（项目名称）______（标段名称）　　第　页、共　页

序号	项目编码	项目名称	计量单位	工程数量	单价/元	合价/元	对应的合同技术标准和要求条款号
1		一级××项目					
1.1		二级××项目					
1.1.1		三级××项目					
	12××××××××××	最末一级项目					
		合计					

表 4－4　　措施项目清单计价表（格式）

合同编号：（投标项目合同号）

____________（项目名称）____________（标段名称）　　第　页、共　页

序号	项　目　名　称	金额/元
1		
2		

表 4－5　　其他项目清单计价表（格式）

合同编号：（投标项目合同号）

____________（项目名称）____________（标段名称）　　第　页、共　页

序号	项　目　名　称	金额/元	备　注
1	暂列金额		
2	材料暂估价		如果有
3	工程设备暂估价		如果有
4	专业工程暂估价		如果有

表 4－6　　零星工作项目（计日工项目）计价表（格式）

合同编号：（投标项目合同号）

____________（项目名称）____________（标段名称）　　第　页、共　页

序号	名称	规格型号	计量单位	单价/元	备　注
1	人工				
2	材料				
3	机械				

表 4－7　　工程单价汇总表（格式）

合同编号：（投标项目合同号）

____________（项目名称）____________（标段名称）　　第　页、共　页

序号	项目编码	项目名称	计量单位	人工费	材料费	机械使用费	间接费	利润	税金	合计
1		建筑工程								
1.1		土方开挖工程								
1.1.1	120101××××××									
1.1.2										
……										
2		安装工程								
2.1		机电设备安装工程								
2.1.1	120201××××××									
2.1.2										
……										

表 4-8　　工程单价费（税）率汇总表（格式）

合同编号：（投标项目合同号）

__________（项目名称）__________（标段名称）　　第　页、共　页

序号	工程类别	工程单价费（税）率/%				备　注
		其他直接费	间接费	利润	税金	
一	建筑工程					
二	安装工程					

表 4-9　　投标人生产电、风、水、砂石基础单价汇总表（格式）

合同编号：（投标项目合同号）

__________（项目名称）__________（标段名称）　　第　页、共　页

序号	名称	规格型号	计量单位	人工费	材料费	机械使用费				合计	备注

表 4-10　　投标人生产混凝土配合比材料费表（格式）

合同编号：（投标项目合同号）

__________（项目名称）__________（标段名称）　　第　页、共　页

序号	工程部位	混凝土强度等级	水泥强度等级	级配	水灰比	坍落度	预算材料量/(kg/m^3)						单价/(元/m^3)	备注
							水泥	砂	石					

表 4-11　　招标人供应材料价格汇总表（格式）

合同编号：（投标项目合同号）

__________（项目名称）__________（标段名称）　　第　页、共　页

序号	材料名称	规格型号	计量单位	供应价/元	预算价/元

表 4-12　　投标人自行采购主要材料预算价格汇总表（格式）

合同编号：（投标项目合同号）

__________（项目名称）__________（标段名称）　　第　页、共　页

序号	材料名称	规格型号	计量单位	预算价/元	备注

表 4-13　招标人提供施工机械台时（班）费汇总表（格式）

合同编号：（投标项目合同号）

________（项目名称）________（标段名称）　第　页、共　页　单位：元/台时（班）

序号	机械名称	规格型号	招标人收取的折旧费	投标人应计算的费用									合　计
				维修费	安拆费	人工	柴油	电				小计	

表 4-14　投标人自备施工机械台时（班）费汇总表（格式）

合同编号：（投标项目合同号）

________（项目名称）________（标段名称）　第　页、共　页　单位：元/台时（班）

序号	机械名称	规格型号	一类费用				二类费用							合计
			折旧费	维修费	安拆费	小计	人工	柴油	电				小计	

表 4-15　工程单价计算表（格式）

________工程

单价编号：　定额单位：

施工方法：						
序号	名称	规格型号	计量单位	数量	单价/元	合价/元
1	直接费					
1.1	人工费					
1.2	材料费					
1.3	机械使用费					
2	间接费					
3	利润					
4	材差					
5	未计价装置性材料					
6	税金					
	合计					

投标人应根据工程量清单的总价承包项目按表 4-16 格式编制分解表。每一个总价承包项目一份，项目编号和名称应与工程量清单一致。

表 4-16　总价承包项目分解表（格式）

项目编号：________项目名称：________

序号	分项名称	单位	工程量	单价/元	合价/元	备　注
	合计（汇入工程量清单）					

二、货物采购标投标报价编制

货物采购清单及报价格式供投标人使用，也可以供招标人编制最高投标限价使用。

(一) 货物采购清单说明

(1) 货物清单应与招标文件中的投标人须知、合同条款、技术标准和要求（合同技术条款)、图纸等一起阅读和理解。

(2) 货物清单仅是投标人投标报价的共同基础。除另有约定外，货物清单中的货物数量是根据招标设计图纸计算的用于投标报价的估算货物数量，不作为最终结算货物数量。最终结算货物数量是卖方实际完成并符合技术标准和要求（合同技术条款）规定，按买方实际验收的有效货物数量。

(3) 货物清单中各项目的工作内容和要求应符合相关技术标准和要求（合同技术条款）的规定。

(4) 货物价款的支付遵循合同条款的约定。

(二) 货物清单报价表组成

货物清单报价表由以下表格组成:

(1) 货物清单总价表。

(2) 分组货物清单报价表。

(3) (质保期内) 所需备品备件清单。

(4) 单价分析表。

(三) 货物清单报价表填写规定

(1) 除招标文件另有规定外，货物清单报价表中的单价和合价包括由卖方承担的设备原价、运杂费、运输保险费、采购及保管费、税金等全部费用和要求获得的利润以及应由卖方承担的义务、责任和风险所发生的一切费用。

(2) 除招标文件另有规定外，投标人不得随意增加、删除或涂改招标文件货物清单中的任何内容。货物清单中列明的所有需要填写的单价和合价，投标人均应填写；未填写的单价和合价，视为已包括在货物清单的其他单价和合价中。

(3) 货物清单总价表中的暂列金是用于签订合同时尚未确定或不可预见项目的暂列金额，由买方填写，并按规定使用。

(4) 投标金额（价格）均应以人民币表示。

(5) 货物清单总价表中组号和货物名称按招标文件货物清单中的相应内容填写，并按分组货物清单报价表中相应项目合计金额填写。

(6) 分组货物清单报价表中的序号、项目名称、计量单位、货物数量，按招标文件分组货物清单报价表的相应内容填写，并填写相应项目的单价和合价。

(7) 货物报价应包括采购（制造)、运输、质量检验、卸货、安装调试配合、验收、培训等一切内容。

(四) 货物采购标投标报价计算

货物采购标投标计算可参考第二章概算编制中设备费计算，但需考虑竞争性因素。

（五）货物采购标清单报价表（格式）

货物采购标清单报价表（格式）见表 4－17～表 4－21。

表 4－17　　货物清单总价表

招标编号：

__________（项目名称）__________（标段名称）

组号	项目分组名称	金额/元	备注
	合计（A）		
	暂列金额（B）	（由招标人填入）	
	暂估价（C）	（由招标人填入）	
	投标总报价（A）＋（B）＋（C）	（填入投标总价）	
总价（大写）：______元			

表 4－18　　分组货物清单报价表

招标编号：

__________（项目名称）__________（标段名称）

组号：__________　　分组名称：

序号	名称及规范型号	计量单位	货物数量	单价/元		合价/元		备注
				设备费	安装费	设备费	安装费	
合计（汇入货物清单总价表）								

说明：货物清单的项目分组可按设备类型进行分组，标段范围不含设备安装费的，表格中的安装费为 0。

表 4－19　　（质保期内）所需备品备件清单

招标编号：

__________（项目名称）__________（标段名称）

组号：__________　　分组名称：

序号	名称	型号规格	单位	数量	单价/元	合价/元	备注
合计（说明：由招标人根据具休情况确定是否汇入货物清单总价表）							

说明：货物清单的项目分组可按设备类型进行分组。

表 4-20 单价分析表（设备原价）

招标编号：

___________（项目名称）___________（标段名称）

序号	名称	型号规格	单位	数量	单价/元	合价/元
1	直接费					
1.1	人工费					
1.2	材料费					
1.3	机械使用费					
1.4	其他直接费					
2	间接费					
3	利润					
4	材料补差					
5	税金					
	合计					

注 表中内容可根据项目性质和有关计价规定适当调整。

表 4-21 设备费计算表

序号	名称	型号规格	单位	计算公式	单价/元	合价/元
1	设备费					
1.1	设备原价					
1.2	运杂费					
1.3	运输保险费					
1.4	采购及保管费					

三、监理工程师对投标报价的审核

监理单位受项目法人委托参与招投标工作的，监理单位在招投标工作中的重点是审核投标人报价尤其是中标人的投标报价，将未来合同投资控制的风险最大程度消化在合同签订前，避免合同纠纷。

（一）审核是否符合清单报价说明要求

已标价工程量清单分类分项工程量清单的项目编码、项目名称、单位、工程数量不可改动；投标报价单位是否准确；投标报价是否有遗漏。

（二）审核分类分项工程量清单综合单价的合理性

主要是审核分类分项工程费是否根据拟定的招标文件中的分部分项工程量清单项目的特征描述及有关专业工程计量和支付规则要求计价；综合单价组价方式是否准确完整；是否包括拟定的招标文件中要求投标人承担的风险费用；暂估价项目的单价是否准确计入综合单价；模板等不单独另计费用是否列入相应综合单价中。审核定额使用和选择与专业工程计量支付规则是否吻合，对超挖、超填、损失、附加量的处理是否符合相关规定。

（三）审核材料、设备价格合理性

主要是审核材料价格信息来源准确性，是否充分考虑预期价格变化风险；材料差价处理是否妥当；甲供材项目是否按格式计列单价；设备费用及安装费用是否存在重复或遗漏；设备去至现场的卸货、验收及保管费用与施工标是否衔接。

（四）审核措施项目清单项目合理性

主要是审核措施项目列举的项目是否符合工程需要，费用是否合理，是否足额计列，有无漏项；是否与分类分项工程项目是否存在重复；措施项目清单中的安全文明施工费应按照国家或省级、行业建设主管部门的规定计价，不得作为竞争性费用；总价项目有无分解。

（五）审核各项税、费率计取的准确性

主要是审核费用构成和计算标准是否依据国家有关规定并考虑市场竞争因素，“营改增”等因素是否考虑。

（六）审核其他项目清单的完整性

主要审核暂列金额和暂估价中的材料、设备及专业工程金额是否按招标工程量清单中列出的金额填写。

（七）审核零星项目清单的准确性

主要是审核计日工是否完整，单价是否合理，是否不当计入了总价。

（八）检查有无不平衡报价

重点对不平衡报价的风险点（如设计深度不足的可能设计变更，工程量变化小频繁，单价争议较多的土石方工程）等进行核查。

（九）检查投标报价有无计算性算术错误

根据招标投标有关规定，评标委员会应对投标报价的计算性算术错误进行修正，修正原则是：

（1）用数字表示的金额与用文字表示的金额不一致时，以文字为准。

（2）单价与工程量的乘积与总价不一致的，以单价为准。若单价有明显的小数点错位，应以总价为准，并修改单价。

思　考　题

4－1　简述执行概算的编制原则、方法及与设计概算的区别。

4－2　简述施工图预算的编制原则、依据及组成。

4－3　简述最高投标限价的概念及作用。

4－4　简述工程量清单的组成。

4－5　简述投标报价编制的基本流程及编制办法。

第五章 施工阶段投资控制

监理单位施工阶段投资控制的任务就是协助发包人、督促承包人编制资金使用计划，根据计量与计价规则进行计量和计价，对符合要求的工程价款予以结算和支付。工程价款是指承包人因承包工程项目，按合同规定和工程结算办法的规定，将已完工程或竣工工程向发包人办理结算而取得的价款，即工程价款是发包人按合同规定的方式、方法，对承包人完成相应工作所支付的款项。

水利工程建设项目主体工程施工合同多为单价合同。对单价合同而言，工程价款是发包人依据承包人实际完成并经监理人计量确认的工程量，按照合同规定的相应工程单价进行计价后计算所得用于支付给承包人的款项，即工程价款＝支付工程量×合同单价。

工程价款结算与支付是合同双方实现各自目的的最后一个环节，严格控制工程价款的结算和支付是建设工程实施阶段造价控制的最重要手段之一。

工程价款的结算和支付基础是合理准确的计量与计价。工程计量与计价具有连续性，施工阶段的计量与计价应与招投标阶段基本一致，所不同的是施工阶段的计量与计价依据的图纸是施工图而不是招标图纸。

按时足额支付合同价款是发包人的义务。根据《中华人民共和国民法典》第七百九十九条规定，建设工程竣工后，发包人应当根据施工图纸及说明书、国家颁发的施工验收规范和质量检验标准及时进行验收，验收合格的，发包人应当按照约定支付价款，并接收该建设工程。第八百零七条规定，发包人未按照约定支付价款的，承包人可以催告发包人在合理期限内支付价款。发包人逾期不支付的，除根据工程建设的性质不宜折价、拍卖外，承包人可以与发包人协议将该工程折价，也可以请求人民法院将该工程拍卖，建设工程的价款就该工程折价或者拍卖的价款受偿。

水利工程中工程价款的结算和支付主要包括合同内的预付款支付（工程预付款、材料预付款）和工程进度付款、完工结算和最终结清（含工程质量保证金支付），以及合同外因素导致的工程变更、索赔、分包、物价上涨、合同解除结算与支付等。工程价款必须而且只能按照合同的规定进行结算和支付。

第一节 资金使用计划和资金流估算表

一、资金使用计划

（一）编制资金使用计划的目的

无论发包人还是承包人，都应编制资金使用计划。角色不同，编制资金使用计划的目的也存在差异。发包人通过编制资金使用计划，及时进行工程计量与结算，预防并处理好工程变更与索赔，有效控制工程投资。承包人主要基于施工预算，做好成本计划及动态监控等工作，综合考虑建造成本、工期成本、质量成本、安全成本、环保成本等全要素，控制施工成本。

在投资控制流程和资金使用计划编制步骤方面，首先应明确投资控制目标值，按照一定的结构，合理分解目标，动态比对，找出实际值和计划值偏差，找出偏差原因并及时采取纠正措施，将偏差控制在一定范围内。因此，资金使用计划的编制只是施工阶段投资控制的起点。

编制资金使用计划，应在设计概算的基础上，结合施工承发包合同、项目划分、施工进度等约束条件，综合考虑由发包人提供或者根据物资采购合同中有关物资供应、材料供应以及土地征用等方面的费用，考虑一定的不可预见影响，按一定的结构方法编制资金使用计划。

在编制资金使用计划时，对施工进展情况的估计水平和拥有的资料有限，同时施工过程中各种因素又可能发生变化，因此应辩证地对待资金使用计划中的投资目标值。在编制阶段，充分获取信息和资料，力求编制合理适用的资金使用计划，维护投资控制目标的严肃性。施工过程中，要根据实际情况对原资金使用计划作出必要的调整和修正。调整并不意味着可以随意或者直接修改项目投资的目标值，而应该遵循计划编制的规定程序进行调整修正。

资金使用计划是监理人审核承包人按合同规定递交的施工进度计划和现金流计划的依据。监理人的工作具体为：①对比分析发包人、承包人编制的资金使用计划，确保两者相适应；②将发包人编制的资金使用计划，对照施工合同、项目划分、进度计划，在投资、进度、质量、安全目标之间进行平衡协调；③确立目标，做好过程的监控比对，出现重大偏差时，督促承包人进行纠偏。

（二）资金使用计划的编制方法

资金使用计划分解结构，直接决定了今后能否进行过程比对。项目结构分解方法不同，资金使用计划的编制方法也有所不同，常见的有按工程投资构成编制资金使用计划、按工程项目划分组成编制资金使用计划及按工程进度编制资金使用计划。这三种不同的编制方法可以有效地结合起来，组成一个详细完备的资金使用计划体系。

1. 按工程投资构成编制资金使用计划

水利工程造价主要分为建筑及安装工程费、设备工器具费和工程建设其他费三部分，按工程投资构成编制的资金使用计划也分为建筑安装工程费使用计划、设备工器具费使用计划和工程建设其他费使用计划。这种编制方法适合于有大量经验数据的工程项目，常用于造价咨询机构为发包人编制资金使用计划。

2. 按工程项目划分组成编制资金使用计划

水利工程项目一般按级划分为单位工程、分部工程、单元（工序）工程等三级。设计概算、预算都是按单项工程和单位工程编制的，因此这种编制方法比较简单，易于操作，在实践中是比较常见的编制方法。

3. 按工程进度编制资金使用计划

资金具有时间价值，在时间维度上应该体现“投、付、进、出”概念，应该体现

"量、价、费"三者之间的关系。投入到工程项目的资金是分阶段、分期支出的，资金使用是否合理与施工进度安排密切相关。作为发包人，编制资金使用计划，据此筹集资金，尽可能减少资金占用和利息支付。作为承包人，编制资金使用计划，按施工进度进行分解，便于确定各施工阶段具体的目标值，便于工程计量和支付。

(三) 资金使用计划的编制要点

1. 按工程投资构成编制资金使用计划

由于建筑工程与安装工程在性质上差异较大，投资的计算方法和标准也不尽相同，因此，在实际操作中往往将建筑安装投资划分为建筑工程投资和安装工程投资。由于设备购置费与工器具购置费的构成以及计算方法的不同，可以将设备工器具投资划分为设备购置费和工器具购置费投资。

在按投资构成编制资金使用计划时，可以根据以往的经验和建立的数据库来确定适当的比例，必要时也可以做一些适当的调整。如果所购置的设备大多包括安装费，则可将安装工程投资和设备购置投资作为一个整体来确定它们所占的比例，然后再根据具体情况决定细分或不细分。

2. 按工程项目划分组成编制资金使用计划

要编制资金使用计划，首先要进行项目划分。为了在施工过程中便于进行项目的计划投资和实际投资比较，故要求资金使用计划中的项目划分与招标文件中的项目划分一致，然后再分项列出由发包人直接支出的项目，构成资金使用计划项目划分表。

就一个建设项目来说，工作项目的数量巨大，为了便于计划的使用和调整，应使用计算机软件进行管理。为此，必须事先统一确定投资项目的编码系统，编码即指工程项目的号码，必须具有科学性。

3. 按工程进度编制资金使用计划

在项目划分表的基础上，结合承包人的投标报价、项目发包人支出项目的预算、施工进度计划等，逐时段统计需要投入的资金，即可得到项目资金使用计划。基本步骤如下：

(1) 编制工程施工进度计划。

(2) 计算单位时间的资金支出目标。

(3) 计算规定时间内的累计资金支出额。

(4) 绘制资金使用时间进度计划的S曲线（"香蕉"曲线）。资金使用计划的表格形式见表5-1～表5-3。

表5-1　×××工程项目第Ⅰ标资金使用计划表（参考格式）　单位：元

编码	项目名称	单位	数量	预算支出	时间/月		
	小计						
	预备金						

表 5－2　　×××工程项目法人直接支出资金使用计划表（参考格式）　　单位：元

编码	项目名称	单位	数量	预算支出	时间/月		
	小计						
	预备金						

表 5－3　　×××工程项目资金使用计划总表（参考格式）　　单位：元

编码	项目名称	单位	数量	预算支出	时间/月		
	Ⅰ标						
	n 标						
	合计						
	Ⅰ标预备金						
	n 标预备金						
	总计						

通常，施工进度计划中的项目划分和投标文件中工程量清单中的项目划分在某些项目的精细度方面可能不一致，为便于资金使用计划的编制和使用，监理人在要求承包人提交进度计划时应预先约定，使进度计划中的项目划分和资金使用计划中的项目划分相互协调。

编制资金使用计划时，要在项目总体方面考虑总的预备费，也要在主要的工程分项中安排适当的不可预见费。如果在编制资金使用计划时发现个别单位工程或工程量表中某项内容的工程量计算出入较大，使根据招标时的工程量估算所做的投资预算失实，那么，除对这些个别项目的预算支出作相应调整外，还应特别注明是“预计超出子项”，在项目的实施过程中尽可能采取对策措施。

二、资金流估算表

承包人的资金流估算表是承包人向监理人提交的，承包人根据合同有权得到的全部支付的详细资金流估算。承包人应按约定向监理人提交施工总进度计划的同时，按表 5－4 约定的格式，向监理人提交按月的资金流估算表。估算表应包括承包人计划可从发包人处得到的全部款额，以供发包人参考。此后，当监理人提出要求时，承包人应在监理人指定的期限内提交修订的资金流估算表。

表5-4　资金流估算表（参考格式）　金额单位：

年	月	预付款	完成工作量付款	质量保证金扣留	材料款扣除	预付款扣还	其他	应得付款	累计应得付款

监理人审批承包人的资金流估算，主要作用有以下两方面。

（一）了解承包人按其施工进度安排提出的要求发包人阶段付款的计划

承包人提交资金流估算，按发包人或监理人的要求加以调整，并得到监理人的签认后，承包人才能有保证地得到发包人的进度款支付。发包人或监理人批准的承包人的资金流估算，既是承包人要求阶段付款的计划，也是发包人调整资金使用计划和筹措资金的依据。

（二）了解承包人的财务能力

施工活动一旦开始就应该是连续不断进行的过程。在施工过程中，承包人利用他所能得到和支配的各种形态的资金，以一定的技术和施工组织方式使其所需资金经常处于不断流动和转变形态的过程中。这种过程就是施工活动的资金流动。

由于发包人实际支付资金比承包人在施工中投入资金滞后一段时间（依合同规定只有完成且验收合格并履行合同规定的程序后，一般为28～56天），承包人为使施工连续进行，除可使用发包人以前已实际支付过的款项（如预付款、前期中期付款）外，在初期一般需由其他来源获取补充资金。监理人应该了解承包人在施工中的资金流动过程，避免承包人在某些阶段出现大量资金短缺的风险。

1. 承包人的施工启动资金

承包人为从事所承担的施工任务，其启动资金的来源主要有以下方面：

（1）发包人向承包人支付的预付款。关于预付款的支付与扣还参见本章第二节预付款。

（2）承包人为实施本工程所投入的自有的各种形态的资金，如机械设备、工具仪器、部分材料、人力、技术以及一定量的货币。

（3）承包人为弥补自身资金不足而借入的借贷资金。

承包人将施工启动资金用来进行动员队伍、购买必要的生产资料、建造施工辅助设施等一切施工准备，把货币资金转变为固定资金和生产储备资金，并应保留一部分流通现金。

2. 承包人资金的周转与均衡

为保持施工生产的连续、衔接，使再生产过程连续进行，承包人为永久工程投入的资金，采取分阶段结算的方式从发包人处得到支付，以这种阶段付款的方式实现其流动资金的周转、循环，其投入与产出（从发包人得到的支付）应保持均衡。

承包人对其每一规定时段（如月）内所完成的工程量，都要申请中间计量和付款。从承包人提出付款申请，经过监理人审核、签认阶段付款证书并交发包人审查直到承包人实际得到发包人支付的资金，其间有一段较长的滞后时间［如《水利水电工程标准文件》（2009年版）通用合同条款规定最大滞后时间为28天，有的具体合同规定为45天、56天不等］。在这段滞后时间内，承包人为实施合同的投入得不到发包人的立即补偿，而施工又不能因此而停顿，为保持生产过程的连续、衔接，承包人的资金必须均衡：不仅在数量上承包人的投入和发包人的支付要与施工进度相均衡，而且时间上也要均衡。因此，承包人在施工的每一时段的投入，不仅靠发包人的上一期支付，还必须有其他来源的一部分资金投入来维持，使资金流动在数量上和时间上保持均衡。连续、衔接、均衡是施工活动过程中资金流动的基本特点。

3. *承包人的资金流动过程*

承包人的资金流动过程见图 5－1。

在图 5－1 中：①表示经监理人审查批准的工程价值累计曲线；②表示每期阶段付款的最大滞后时间［按《水利水电工程标准施工文件》(2009 年版) 通用合同条款规定为 28 天］；③表示发包人的实际支付曲线，也是承包人实际收入曲线，由监理人开具阶段付款证书进行的支付；④表示发包人支付的工程预付款；⑤表示发包人支付的材料预付款；⑥表示在每期阶段付款中扣留工程质量保证金及其他应扣款额；⑦表示承包人当期累计进度款收入；⑧表示承包人当期应补充的流动资金需要量；⑨表示承包人实际成本累计曲线；⑩表示最终支付；⑪表示退还工程质量保证金余额的一半；⑫表示退还剩余的工程质量保证金；⑬表示保修期（缺陷责任期）。

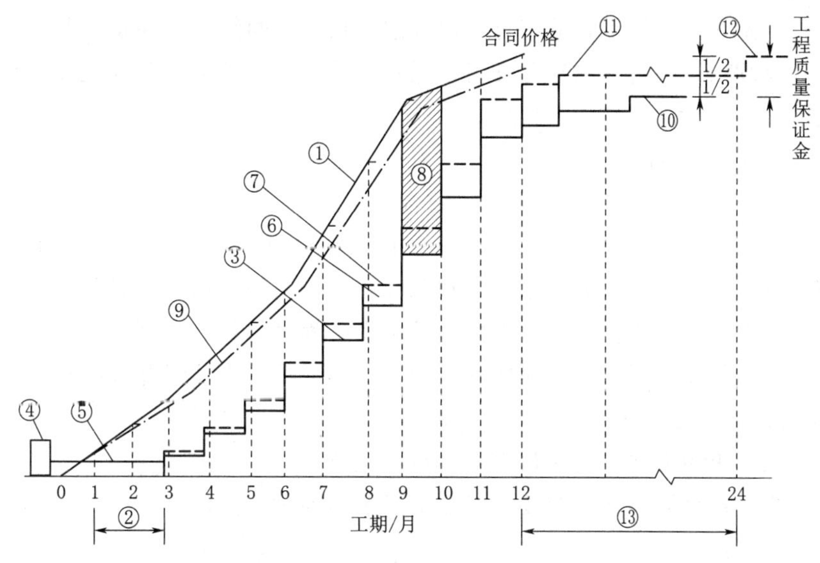

图 5－1　项目建设各阶段资金投入情况

施工过程的资金流动不是简单的资金循环和周转。在施工过程中，资金不仅发生价值形态的变化，而且发生价值量的变化。从成品资金的形态最后转变为货币形态——最终结算和支付，使承包人达到以下目的：

(1) 偿还了发包人借给的预付款。

(2) 补偿了其固定资金损耗。

(3) 补偿了其流通现金损耗。

(4) 流动资金形态转变的结果使其支付了职工工资，并偿还了借入资金的本息。

(5) 从流动资金形态转变中分离出了利润。

第二节 预付款

在发包人与承包人签订施工合同后，为做好施工准备，承包人需要大量的资金投入。由于水利工程项目一般投资较大，承包人往往难以承受先期筹资的压力，发包人为了使工程顺利开展，除做好施工现场相关准备外，需以预付款的形式借给承包人一部分启动资金。预付款是发包人为帮助承包人解决施工准备阶段的资金周转问题而提前支付的一笔款项，用于承包人为合同工程施工购置材料、工程设备、施工设备、修建临时设施以及组织施工队伍进场等。预付款分为工程预付款和材料预付款。预付款必须专用于合同工程。预付款的额度和预付办法在专用合同条款中约定。工程是否实行预付款，取决于工程性质、承包工程量的大小及发包人在招标文件中的规定。工程实行预付款的，发包人应按合同约定的时间和比例（或金额）向承包人支付预付款。

一、工程预付款

（一）工程预付款的支付

工程预付款是在项目施工合同签订后由发包人按照合同约定，在正式开工前预先支付给承包人的一笔款项。预付款的这种支付性质决定了预付款借给承包人是无息的，但发包人是要扣还的。

1. 工程预付款数额的确定

工程预付款的总金额一般应不低于签约合同价的10%，合同项目包含大宗设备采购的，可适当提高，但不宜超过30%。发包人提供的工程预付款数额越大，承包人的前期资金压力越小。具体金额由发包人与承包人在项目施工合同的专用合同条款中约定。需要注意的是，承包人解决前期资金的压力不能全部依靠工程预付款。根据合同约定，为保证工程顺利实施，承包人还应根据投标时的承诺提供一定金额的流动资金（违法垫资的除外）。

2. 工程预付款的支付条件

（1）发包人与承包人之间的协议书已签订并生效。

（2）承包人根据合同的格式与要求已提交了工程预付款担保。

3. 工程预付款的支付

当满足工程预付款支付条件后，承包人向监理人提出预付款申请，监理人按合同规定进行审核，确认满足合同规定的预付款支付条件的，监理人应向发包人发出工程预付款支付证书；发包人应在收到工程预付款支付证书后向承包人支付工程预付款。

工程预付款一般分两次支付。第一次支付款金额为工程预付款总金额的50%；付款时间应在合同协议书签订后，由承包人向发包人提交了发包人认可的工程预付款担保，并经监理人出具付款证书报送发包人批准后14天内予以支付。第二次支付需待承包人主要设备进场后，其估算价值已达到本次预付款金额时，由承包人提出书面申请，经监理人核实后出具付款证书报送发包人批准后14天内予以支付。需要注意的是，在当合同履约担保的保证金额度大于所要求的工程预付款担保额度，发包人分析认为可以确保履约安全的情况下，承包人可与发包人协商不提交预付款担保，但应在履约担保中写明其兼具工程预付款担保的功能。

工程预付款担保的形式以银行保函为主，发包人不得拒绝银行保函。工程预付款担保的主要作用是保证承包人能够按合同规定的目的使用并及时偿还发包人已支付的全部预付金额。如果承包人中途毁约，中止工程，使发包人不能在规定期限内从应付工程款中扣除全部预付款，则发包人有权从该项担保中获得补偿。工程预付款担保金额根据预付款扣回的数额相应扣减，但在预付款全部扣回之前一直有效。

（二）工程预付款的扣还

1. 公式法

水利工程开工后，发包人对已支付的工程预付款要从承包人取得的工程进度款中陆续扣还。《水利水电工程标准施工招标文件》（2009 年版）通用合同条款规定：工程预付款在进度付款中扣回，扣回与还清办法在专用合同条款中约定。扣还时间为：从已发生的支付总额超出合同价的某一百分比之后的下一个监理人签发的临时支付证书开始扣还。

扣还方式为公式法，即工程预付款在合同累计完成金额达到签约合同价的百分比时开始扣款，直至合同累计完成金额达到签约合同价的百分比时全部扣清。

工程预付款的扣还公式为

$$R=\frac{A}{(F_2-F_1)S}(C-F_1S) \tag{5-1}$$

式中 R——每次进度付款中累计扣回的金额；

A——工程预付款总金额；

S——合同价格；

C——合同累计完成金额；

F_1——开始扣款时合同累计完成金额达到合同价格的比例，一般为 20%；

F_2——全部扣清时合同累计完成金额达到合同价格的比例，一般为 80% ～90%。

上述合同累计完成金额均指价格调整前未扣质量保证金的金额。

2. 平均数额法

可约定工程预付款从工程月进度应付款达到某个金额后起扣，在月进度付款中按月平均扣还（当月不足以扣还的，顺延次月）。

需要注意的是，在颁发合同工程完工证书前，由于不可抗力或其他原因解除合同时，预付款尚未扣清的，尚未扣清的预付款余额应作为承包人的到期应付款。

二、材料预付款

工程材料预付款主要用于帮助承包人在施工初期购进成为永久工程组成部分的主要工程材料或设施的款项。工程材料预付款的额度应由发包人与承包人在专用合同条款中具体约定。工程材料预付款金额一般以材料发票上费用的75%～90%为限，以计入进度付款凭证的方式支付，也可预先一次支付。一般来说，工程材料预付款不需承包人提供工程材料预付款保函，但须规定，承包人的进场工程材料必须报监理人检验且符合合同规定；已在施工现场的工程材料，其所有权属于发包人，不经监理人同意，不得擅自运出施工现场。

同时，支付了工程材料预付款，并不意味着对此工程材料和设备的最后批准，如果验收后或在使用过程中发现工程材料或设备不符合规范和合同规定，监理人仍然有权否决这些不合格的工程材料和设备。

（一）材料预付款的支付条件

（1）材料的质量和储存条件均符合有关规范和合同要求。

（2）材料已到达工地，并经承包人和监理人共同验点入库。

（3）承包人按监理人的要求提交了材料的订货单、收据或价格证明文件，以及材料质量合格的证明文件或检验报告。

（二）材料预付款的支付

材料预付款也是发包人以无息贷款形式，在月支付工程款的同时，专供给承包人的一笔用以购置材料与设备的价款。工程材料预付款的预付办法应由发包人与承包人在专用合同条款中具体约定。例如，双方可约定工程材料到达工地并满足上述条件后，承包人可向监理人提交材料预付款支付申请单并要求支付。监理人审核后，按合同规定的支付比例在月支付款中支付。

（三）材料预付款的扣回

工程材料预付款的扣回与还清也应在专用合同条款中约定。一般情况下，发包人在支付工程材料预付款后应按合同规定的时间（一般为3个月或几个月）内以平均的方式在月支付中陆续扣回。

三、预付款用表

（一）承包人用表

承包人用表参见表5-5～表5-6。

表5-5　　工程预付款申请单（格式）

（承包［　　］工预付　　号）

合同名称：　　　　　　　　　　　　　　　　　　　　　　　合同编号：

致（监理机构）： 我方承担的________________合同工程，依据施工合同约定，已具备工程预付款支付条件，现申请支付第_____次工程预付款，计（大写）__________元（小写__________元）。请贵方核查。 附件：1. 已具备工程预付款支付条件的证明材料。 2. 计算依据及结果。 3. …… 承　包　人：（现场机构名称及盖章） 项目经理：（签名） 日　　期：　　年　月　日
监理机构将另行签发工程预付款支付证书。 监理机构：（名称及盖章） 签 收 人：（签名） 日　　期：　　年　月　日

说明：本表一式___份，由承包人填写。监理机构签收后，发包人___份、监理机构___份、承包人___份。

表 5－6

材料预付款报审表（格式）

（承包［　　］材预付　　号）

合同名称：　　　　　　　　　　　　　　　　　　　　　　　　合同编号：

致（监理机构）：

我方已采购下列材料并进场，经自检和监理机构审核，材料的质量和储存条件符合合同约定并验点入库，特申请材料预付款，请贵方核查。

序号	材料名称	规格	型号	单位	数量	单价/元	合价/元	付款凭据编号
1								
2								
3								
4								
5								

本次申请材料预付款金额：　仟　佰　拾　万　仟　佰　拾　元（小写：　　元）

附件：1. 材料报验单________份。

2. 材料付款凭据复印件________张。

3. ……

承 包 人：（现场机构名称及盖章）

项目经理：（签名）

日　　期：　　年　月　日

经核查，本次材料预付款金额为（大写）________________元（小写____________元），随工程进度付款一同支付。

监 理 机 构：（名称及盖章）

总监理工程师：（签名）

日　　　期：　　年　月　日

说明：本表一式____份，由承包人填写。作为附表，一同流转，审批结算时用。

（二）监理机构用表

监理机构用表参见表5－7。

表5－7　工程预付款支付证书（格式）

（监理［　　］工预付　　号）

合同名称：　　　　　　　　　　　　　　　　　　　　合同编号：

<table>
<tr><td>致（发包人）：
鉴于□工程预付款担保已获得贵方确认/□合同约定的第________次工程预付款条件已具备。根据施工合同约定，贵方应向承包人支付第________次工程预付款，金额为（大写）________________元（小写________________元）。

监　理　机　构：（名称及盖章）
总监理工程师：（签名）
日　　　　期：　　年　月　日</td></tr>
<tr><td>发包人审批意见：

发包人：（名称及盖章）
负责人：（签名）
日　期：　　年　月　日</td></tr>
</table>

说明：本证书一式____份，由监理机构填写，发包人____份、监理机构____份、承包人____份。

第三节　工程计量与计价

广义上讲，工程计量与计价贯穿水利工程前期决策、招标投标及建设实施等过程，每个过程的要求均不一样。狭义上讲，由于工程计量与计价主要发生在建设实施阶段，工程计量与计价特指监理单位控制合同价的一种手段。本节工程计量与计价遵从实践习惯，特指建设实施期间监理单位的一项工作，是发包人向承包人支付合同价款前的关键环节（由于计量是计算工程造价的基础，因此也有说法认为计价包括计量和组价两个过程），是监理单位投资控制的重要内容。监理单位通过对工程量计量和对项目（或子目）单价（或总价）计价，来实现对承包人的控制。计量与计价结果是发包人向承包人支付合同款项的依据。

一、工程计量

在施工过程中，对承包人已完成的工程量的测量和计算，称为工程计量，简称计量。具体来说，就是双方根据设计图纸、技术标准和要求以及合同约定的计量方式、方法，对承包人已经完成的质量合格的工程实体数量进行测量和计算，并以物理计量单位或自然计量单位进行表示、确认的过程。

应当注意，符合合同目标且已完成的工程量不一定就是支付工程量；给承包人进行付款的工程量应是支付工程量，不一定与实际完成的工程量一致。例如，合同规定按设计开挖线支付，但承包人为了节省成本而采用的风险开挖（即欠挖）、因承包人原因造成的不合理超挖等，其计量的工程量与应该给承包人的支付工程量就可能不一致。《水利水电工程标准施工文件》（2009 年版）通用合同条款规定："已标价工程量清单中的单价子目工程量为估算工程量。结算工程量是承包人实际完成的，并按合同约定的计量方法进行计量的工程量。"因此，支付工程量必须符合合同规定。

在施工过程中，受地质、地形条件变化及设计变更等多方面的影响，招标文件中的名义工程量和施工中的实际工程量很难一致，再加上工期长、影响因素多，因此在计量工作中，监理人既要做到公正、诚信、科学，又必须使计量审核统计工作在工程一开始就达到系统化、程序化、标准化和制度化。

（一）水利工程工程量分类及计量处理

水利工程工程量应按其性质进行划分，在编制相关文件时应执行《水利水电工程设计工程量计算规定》（SL 328—2005）、《水利工程工程量清单计价规范》（GB 50501—2007）、现行概预算定额及项目划分等有关规定。工程量的分类及计量处理在合同实施期间应保持一贯性。工程量的计算可参考第三章第二节设计工程量计算相关内容。

1. 图纸工程量

图纸工程量指根据《水利水电工程设计工程量计算规定》（SL 328—2005）的规定，按建筑物或工程的设计几何轮廓尺寸计算出的工程量。

2. 设计工程量

图纸工程量乘以工程量阶段系数，就是设计工程量，即提供给造价专业编制工程造价的工程量。工程量阶段系数是考虑到各设计阶段勘察设计深度、工程量大小等因素，计算设计工程量时的调整系数。工程量阶段系数应采用《水利水电工程设计工程量计算规定》（SL 328—2005）中的取值。

需要注意的是，设计工程量的计算应与采用的概、预算定额相衔接。现行概算定额与预算定额（如无特殊说明，现行概、预算定额均指水利部发布的概、预算定额）的深度不同，工作内容也有所不同，所以采用概算定额或预算定额时需要提供的设计工程量也有所不同。例如，概算定额的"电缆"包含电缆头和电缆管的制作与安装，采用概算定额编制工程造价时，电缆头和电缆管不需要另行计算；但是预算定额的"电缆敷设"不包含电缆头和电缆管的制作与安装，电缆头和电缆管的制作与安装需要单独计算列项，所以采用预算定额时，电缆头和电缆管就需要单独计量和计价。

3. 施工超挖量、超填量及施工附加量

为保证建筑物的安全，施工开挖一般都不允许欠挖。为保证建筑物的设计尺寸，施工超挖是难以避免的。

施工附加量指为完成本项工程而必须增加的工程量，如隧洞开挖中的错车洞、避炮洞等。

施工超填工程量指由于施工超挖量、施工附加量相应增加的回填工程量。

现行概算定额已按现行施工规范计入了允许的超挖量、超填量和合理的施工附加量，故采用概算定额编制概（估）算时，工程量计算中一般不应再计入这三项工程量。但是，如遇特殊地质条件或施工进度要求需要采用某种施工机械、施工方法，而将产生偏离“允许的超挖量、超填量和合理的施工附加量”时，应在充分论证的基础上对定额进行合理的调整。

现行预算定额不包括施工中允许的超挖、超填量及合理的施工附加量，因此使用预算定额时，应另行按有关规定及工程实际资料计算施工中超挖、超填量和施工附加量。

4. 施工损失量

施工损失量包括体积变化的损失量、运输及操作损耗量和其他损耗量。

现行概、预算定额中已计入了场内操作运输损耗量。现行概、预算定额的总说明及章、节说明中对施工损失量均有相关规定。例如，土石坝操作损耗、施工期沉陷损失量，以及削坡、雨后清理等损失工程量，已计入概算定额土石方填筑的消耗量中，而预算定额的相关工程量需要另行考虑计算。

5. 质量检查工程量

质量检查工程量包括基础处理工程检查工程量和其他检查工程量。

现行概算定额中钻孔灌浆定额已按施工规范要求计入了一定数量的检查孔钻孔、灌浆工程量，故采用概算定额编制概（估）算时，不应计列检查孔的工程量。现行预算定额中钻孔灌浆定额不包含检查孔钻孔、灌浆工程量，采用预算定额时，应按灌浆方法和灌浆后的Lu值，选用相应定额计算检查孔的费用。土石方填筑检查所需的挖掘试坑，现行概、预算定额已计入了一定数量的土石坝填筑质量检测所需的试验坑，故采用概、预算定额时不应计列试验坑的工程量。

6. 清单工程量

清单工程量是依据《水利工程工程量清单计价规范》（GB 50501—2007）的规定，在招标投标阶段编制工程量清单的有效工程量。清单工程量应按计价规范规定的工程量计算规则和相关条款说明计算。

（二）工程计量的一般规定

（1）承包人应保证自供的一切计量设备和用具符合国家度量衡标准的精度要求。

（2）除合同另有约定外，凡超出施工图纸所示和合同技术标准和要求规定的有效工程量以外的超挖、超填工程量，施工附加量，加工、运输损耗量等均不予计量。

（3）根据合同完成的有效工程量，由承包人按施工图纸计算，或采用标准的计量设备进行计量，并经监理人签认后，列入承包人的每月完成工程量报表。当分次结算累计工程量与按完成施工图纸所示及合同文件规定计算的有效工程量不一致时，以按完成施工图纸所示及合同文件规定计算的有效工程量为准。

（4）分次结算工程量的测量工作，应在监理人在场的情况下，由承包人负责。必要时，监理人有权指示承包人对结算工程量重新进行复核测量，并由监理人核查确认。

（5）当承包人完成了工程量清单中每个子目的工程量后，监理机构应当要求承包人派员共同对每个子目的历次计量报表进行汇总和总体量测，核实该子目的最终计量工程量；承包人未按监理机构要求派员参加的，监理机构最终核实的工程量视为该子目的最终计量工程量。

（三）工程计量的程序

（1）工程项目开工前，监理机构应监督承包人按有关规定或施工合同约定完成原始地形的测绘，并审核成果。

（2）在接到承包人提交的工程计量报验单和有关计量资料后，监理机构应在合同约定的时间内进行复核，确定结算工程量，据此计算工程价款。当对工程计量数据有异议时，监理机构可要求与承包人共同复核或抽样复测；承包人未按监理机构要求参加复核的，监理机构复核或修正的工程量视为结算工程量。

（3）监理机构认为有必要时，可通知发包人和承包人共同联合计量。

（四）工程计量的原则

计量工作关系到合同双方的利益，在工程计量中，监理人应遵守以下原则。

1. 计量的项目必须是合同中规定的项目

在工程计量中，只计量合同中规定的项目。对合同工程量清单规定以外的项目（如承包人自己规划设计的施工便道、临时栈桥、脚手架，以及为施工需要而修建的施工排水泵、河岸护堤、隧洞内避车洞、临时支护等）将不予计量。这些项目的费用被认为在承包人报价中已经考虑，已分摊到合同规定的相应项目中了。因此，应计量的项目只包括以下内容：

（1）工程量清单中的全部项目。

（2）已由监理人发出变更指令的工程变更项目。

（3）合同文件中规定应由监理人现场确认的，并已获得监理人批准同意的项目。

2. 计量项目应确属完工或正在施工项目的已完成部分

确实属于完工项目和正在施工项目的已完成部分，监理人才能进行计量和审核确认，计量和审核工作中应注意以下方面：

（1）计量方式、标准应严格按照合同文件的技术标准和要求（合同技术条款）中有关计量与支付的规定进行。

（2）申报的已完工程量，其项目和工程部位应与设计图纸要求相符，其计量成果经校核确属准确无误。

（3）申报完成的总价合同项目，其完成数量应与经过现场检查的施工形象面貌相一致。

（4）附加项目的工程量，应该是经监理人现场认可同意、手续齐备、数量核实无误的项目的工程量。

3. 计量项目的质量应达到合同规定的技术标准

所计量项目的质量合格是工程计量最重要的前提。对于质量不合格的项目，不管承包人以什么理由要求计量，监理人均不予进行计量。例如，对于不合格的项目，承包人以种种理由提出对此暂不要求支付，但希望监理人先予计量。对这种情况，监理人应予以拒绝。

质量检验和计量支付是监理过程中的两个阶段。两个阶段以验收和质量评定为界线。经过监理人检验，工程质量达到合同规定的技术标准后，由监理人签发验收证明文件或质量评定表，监理工作即由质量检验阶段进入了计量支付阶段。在签发验收证明文件或质量评定表以前，不得对任何项目进行计量。

4. 计量项目的申报资料和验收手续应该齐全

承包人在通知监理人请求计量时，应说明有关资料已准备齐全。一般在申请中间计量的同时，承包人应将有关资料提交监理人。资料一般应包括以下内容：

（1）监理人批准的开工申请单，并应附有关的施工准备、实施性施工组织设计等材料。

（2）承包人自检的各种符合合同要求的试验材料。

（3）监理人的各种检验材料和签发的验收证明文件或质量评定表。

（4）测量控制基线、桩位布置图，计量申请的计算资料、质量评定自检表、监理抽检记录。

（5）计量申请表中的工程项目编号、项目名称和工程量的计量单位等（应与合同文件中工程量清单上的相一致）。

（6）承包人申请中间计量的申请表。

对承包人应提交的资料，监理单位应在“监理实施细则”中明确。合同文件中的技术标准和要求中规定了程序、工作内容、质量标准，但对于该项工作完成过程中承包人在每步应提交哪些表格、应做哪些检测，有的工程项目的技术标准和要求（合同技术条款）中规定得不一定很详细，承包人无所遵循。通过监理实施细则，既可以对工程量清单、技术标准和要求（合同技术条款）中的未尽事宜做必要的补充说明，防止出现争议，又可使计量工作规范化、标准化、程序化。

5. 计量结果必须得到监理人和承包人双方确认

承包人提出中间交验申请，并附有相应的试验结果（自检合格、监理抽检合格、全部试验资料、监理签署的质量检验认可单），请求监理人予以计量，监理人应派专人与承包人一起测量和计算工程量，双方确认。监理人欲对工程任何部位进行计量，也应该事先通知承包人，承包人则应准备好与该部位有关的一切资料，派合格人员与监理人在现场计量，计量结果由双方确认。

6. 计量方法的一致性

在工程的设计和施工中，对工程量的计算原则和方法一般都有统一规定。计量方法的一致性主要是指，如果在工程量清单中和技术标准和要求中规定采用什么计算方法，在测量实际完成的工程量时必须采用同一方法。所采用的测量和计算原则应在工程量清单序言、总说明或技术标准和要求（合同技术条款）中加以明确。

（五）工程计量的内容

1. 永久工程的计量（包括中间计量和完工计量）

永久工程的计量采用中间计量方式对承包人进行阶段付款，完工计量则用于完工结算支付。永久工程的计量中，大量的工作是中间计量，其中包括工程变更的计量。对于图纸中有固定几何尺寸的永久工程，计量较为简单，往往是把构造物从基础到上部划分为若干部分，每一部分完成后按约定的比例进行支付，因此计量也具有对该部分工程几何尺寸、形状是否符合设计要求的验收性质。完工计量的总工程量必须按合同规定的方式进行，如合同规定按设计的几何尺寸计量时，总的工程量在没有合同变更的情况下，不应超出工程量清单中按设计几何尺寸已经预先正确计算的工程量，如混凝土构造物所有中间计量结果的总和应符合该构造物混凝土总体积。对于永久工程，虽有几何尺寸要求，但材料本身的性质决定了其体积会有变化，如土方填筑的建筑物，则应考虑沉降因素和安全超填的余量，或由设计中规定，或根据实际沉降观测结果计量；这类计量往往会发生中间计量的总和与规定的总量不符的情况。例如土堤，考虑到施工沉降后在图纸上设计总压实方量为48万 m^3，中间计量按分层压实检验、计量，总共分12次计量，阶段付款，由于每次计量都有误差，第11次计量时就已经达到总数48万 m^3，而工程尚未结束，这种情况仍应在最后以总量控制。对于虽有几何尺寸要求但实际条件会发生变化的，如基坑开挖及回填量的增加，则只有据实计量，按合同规定的计价方式计算和支付工程量。因此，在合同文件中，应根据不同情况规定相应的计量方法。

2. 承包人为永久工程使用的运进现场材料和工程永久设备的计量

对于承包人为永久工程使用而运进现场的材料，如果合同中规定在该项材料被用于永久工程之前发包人以材料预付款的形式先预支付一定百分比的材料购入款，则监理人除了需要对该项材料检验，确认是否符合用于永久工程标准要求外，还应对进入现场材料的数量随时计量。为了支付的需要，还需要对材料的使用量、进场数量的差值随时计算，以确定材料的实际消耗量，复核承包人的工作质量和所完成的项目的工程质量，防止承包人偷工减料。

3. 对承包人进行额外工作的计量（包括工程量计量和工程量形成因素的计量）

对于承包人所做的额外工作，如用暂定金额支付的项目以及应付意外事件所完成的工作，出于不同的支付计算需要，有的按完成的工程量计算，有的则要计量工程量形成因素，如计日工计量等。

（六）工程计量的工作方式

1. 由承包人在监理单位的监督下进行计量

计量具体工作完全由承包人进行，但监理单位应对承包人的计量提出具体的要求，包括计量的格式、计量记录及有关资料的规定，以及承包人用于计量的设备精度、计量人员的素质等。计量工作在监理单位的完全监督下进行。承包人计量完成后，需将计量的结果及有关记录和资料报送监理人审核，以监理人审核确认的结果作为支付的凭据。

采用这种计量方式，优点是占用的监理人员较少。但是，由于计量工作全部由承包人进行，监理单位只是通过抽测、监督承包人的测量工作，甚至免测加以确认结果，容易使计量失控。因此，采用这种方式的计量，监理单位应加强对中间计量的管理，克服由于中间计量不严格对工程最终支付工程量的不利影响，防止工程费用在中间支付过程中超支或给最终的工程结算带来不利影响。

2. 监理单位与承包人联合计量

由监理单位与承包人分别委派专人组成联合计量小组，共同负责计量工作。当需要对某项工程项目进行计量时，由这个小组商定计量的时间，并做好有关方面的准备，然后到现场共同进行计量，计量后双方签字认可，最后由发包人或监理单位的总监理工程师审批。有些特殊项目，如建筑物的原始地形、水下地形、疏浚工程量的计算等，在合同中也可以约定由发包人代表、设计代表、监理单位、承包人联合进行测量和计算，以确保工程量的计算计量准确。

采用这种计量方式，由于双方在现场共同确认计量结果，与其他计量方式相比，减少了计量与计量结果确认的时间，同时也保证了计量的质量，是目前提倡的计量方式。

（七）工程计量的方法

工程计量的方法一般在技术标准和要求（合同技术条款）及工程量清单说明中规定，实际计量方法必须与合同文件所规定的计量方法相一致，一般情况下有以下几种方法。

1. 现场测量

现场测量就是根据现场实际完成的工程情况，按规定的方法进行丈量、测算，最终确定支付工程量。

在每月的计量工作中，对承包人递交的收方资料，除了进行室内复核工作之外，还应现场进行测量抽查，抽查数量一般控制在递交剖面数量的5%～10%。对工程量和投资影响较大的收方资料，抽查量应适当增加，反之可减少。例如覆盖层开挖计量，除检查施工面貌外，可适当抽查几个部位，并且采取中间计量的方式进行月计量，最终以开挖面貌或设计开挖线形成后的总量控制。要特别注意土石方开挖和土石方填筑工程量的计量规则，是按实际开挖的面貌还是按设计开挖线计量，应依据合同规定确定。

尤其是土石方开挖工程量的计量，要特别注意土方和石方的计量界线。水利水电工程以施工开挖方法和使用的开挖机械划分土方和石方的计量界线。将无须采用爆破技术进行开挖，而可直接使用手工工具或土方机械开挖的料物定义为“土方”，将需要采用系统钻孔和爆破作业开挖的料物定义为“石方”；并规定使用机械开挖的风化岩石以及不大于$0.7m^3$的孤石或岩块均列为“土方”，体积大于$0.7m^3$、需用钻爆方法破碎的孤石或岩块均列为“石方”。由于各个工程的规模及其开挖所用的机械不同，土方和石方的计量界线不同。例如，二滩工程以$1m^3$坚硬孤石为界，三峡工程以$1.5m^3$坚硬孤石为界。对于一般大中型工程施工设备而言，以$0.7m^3$的坚硬孤石为界较好。具体计量时一定要依据合同规定确定计量工程量和支付工程量。

2. 按设计图纸计量

按设计图纸计量是指根据施工图对完成的工程量进行计算，以确定支付的工程计量方法。一般对混凝土、砖石砌体、钢木结构等建筑物或构筑物按设计图纸的轮廓线计算工程量。

3. 仪表测量

仪表测量是指通过使用仪表对所完成的工程量进行计量，如项目使用的风、水、电、油等，以及特殊项目的混凝土灌浆、泥土灌浆等。

4. 按单据计算

按单据计算是指根据工程实际发生的进货或进场材料、设备的发票、收据等，对所完成工程进行的计量。这些材料和设备须符合合同规定或有关规范的要求，且已应用到项目中。

5. 按监理单位批准计量

按监理单位批准计量是指在工程实施中，以监理单位批准确认的工程量直接作为支付工程量，承包人据此进行支付申请工作。这类计量主要是在变更项目中以具体的数量作为计量结果，如隧洞支护的锚杆，基础处理的换填，以及基础的桩基水泥搅拌桩、灌注桩、预应力混凝土桩等。

6. 总价项目的计量

在水利工程施工固定单价合同中，有一些项目由于种种原因不宜采用单价结算，而采用总价结算，主要是措施项目等。

总价项目一般以总价控制，通过检查项目完成的形象面貌，按均摊法逐月或逐季支付价款。有的项目也可进行计量控制，其计量方式可按中间计量统计支付。具体情况根据合同规定执行。

（八）工程计量的单位

1. 重量计量

在水利水电工程中使用的钢材主要包括钢板、钢管、钢筋、钢丝等，一般按施工图纸所示计算的有效重量以 t（或 kg）为单位计量。凡以重量计量并需称量的材料，由承包人合格的测量人员使用国家计量监督部门检验合格的称量设备，根据合同约定，在监理人指定的地点进行称量。

具体规定如下：

（1）钢筋按施工图纸所示钢筋强度等级、直径和长度计算的有效重量以 t 为单位计量，不计架立筋、搭接、加工及安装过程中损耗附加钢筋量。

（2）压力钢管（含岔管和伸缩节）及其附件的制造、运输和安装，按施工图纸所示尺寸计算的有效重量以 t 为单位计量。

（3）钢结构按施工图纸所示尺寸计算的有效重量以 t 为单位计量。

（4）钢闸门安装工程按施工图纸所示尺寸计算的闸门本体有效重量以 t 为单位计量。门槽（楣）安装工程按施工图纸所示尺寸计算的有效重量以 t 为单位计量。启闭机安装工程按施工图纸所示启闭机数量计算以台为单位计量。

（5）预埋管道（除合同另有约定外）按施工图纸所示尺寸计算有效长度（或重量）以 m（或 t）为单位计量。

（6）钢筋网（或钢丝网）按施工图纸所示尺寸计算的钢筋（或钢丝）有效重量以 t 为单位计量。

（7）钢支撑及其附件按施工图纸所示尺寸计算的有效重量以 t 为单位计量。

（8）帷幕灌浆、固结灌浆的灌浆按设计净干灰耗量计算有效干灰重量以 t 为单位计量。

2. 面积计量

按施工图纸所示施工轮廓尺寸或结构物尺寸计算的有效面积以 m^2 为单位计量。

(1) 场地平整按施工图纸所示场地平整区域计算的有效面积以 m^2 为单位计量。

(2) 回填灌浆、接缝灌浆和接触灌浆按施工图纸所示灌浆区域计算的有效灌浆面积以 m^2 为单位计量。

(3) 劈裂灌浆按施工图纸所示灌浆区域计算的有效灌浆面积以 m^2 为单位计量。

(4) 钢筋混凝土防渗墙、塑性混凝土防渗墙按施工图纸所示尺寸计算的有效截水面积以 m^2 为单位计量。

(5) 高压喷射灌浆防渗墙按施工图纸所示尺寸计算的有效截水面积以 m^2 为单位计量。

3. 体积计量

按施工图纸所示施工轮廓尺寸或结构物尺寸计算的有效体积以 m^3 为单位计量。

(1) 普通混凝土按施工图纸所示尺寸计算的有效体积以 m^3 为单位计量。混凝土有效工程量不扣除设计单位体积小于 $0.1m^3$ 的圆角或斜角，单体占用的空间体积小于 $0.1m^3$ 的钢筋和金属件，单体横截面积小于 $0.1m^2$ 的孔洞、排水管、预埋件和凹槽等所占的体积，按设计要求对上述孔洞回填的混凝土也不予计量。

(2) 预制混凝土构件的预制和安装，按施工图纸所示尺寸计算的有效体积以 m^3 为单位计量。

(3) 预应力混凝土按施工图纸所示尺寸计算的有效体积以 m^3 为单位计量。

(4) 水下混凝土按施工图纸所示浇筑范围内混凝土灌注前后的水下地形平、剖面图计算水下混凝土的有效体积以 m^3 为单位计量。

(5) 碾压混凝土按施工图纸所示尺寸计算的有效体积以 m^3 为单位计量。

(6) 沥青混凝土面板和沥青混凝土心墙按施工图纸所示尺寸计算的有效砌体体积以 m^3 为单位计量。

(7) 浆砌石、干砌石、混凝土预制块和砖砌体按施工图纸所示尺寸计算的有效体积以 m^3 为单位计量。

(8) 一般土方开挖、淤泥流沙开挖、沟槽开挖和桩坑开挖按施工图纸所示开挖轮廓尺寸计算的有效自然方体积以 m^3 为单位计量。

(9) 塌方清理按施工图纸所示开挖轮廓尺寸计算的有效塌方体积以 m^3 为单位计量。

(10) 石方明挖和石方槽挖按施工图纸所示轮廓尺寸计算的有效自然方体积以 m^3 为单位计量。

(11) 地下洞室开挖按施工图纸所示轮廓尺寸计算的有效自然方体积以 m^3 为单位计量。

4. 长度计量

按施工图纸所示施工轮廓尺寸或结构物尺寸计算的有效长度以 m 为单位计量。

(1) 钻孔按施工图纸所示尺寸计算有效钻孔长度以 m 为单位计量。

(2) 振冲加密或振冲置换成桩按施工图纸所示尺寸计算的有效长度以 m 为单位计量。

所有以延长米计量的结构物，除施工图纸另有规定外，应按平行于结构物位置的纵向轴线或基础方向的长度计算。

5. 其他单位计量

主要指按个、根、项、块、台、套、组、面、只、站、孔、束等单位的计量。可参见《水利水电工程标准施工招标文件》(2009 年版) 或《水利工程工程量清单计价规范》(GB 50501—2007)

(九) 工程计量的周期

除专用合同条款另有约定外，单价子目已完成工程量按月计量，总价子目的计量周期按批准的支付分解报告确定。

(十) 特殊情况下的计量

1. 按工程价值形成过程或因素计量

工程量的测量和计算，一般指工程量表中列明的永久工程实物量的计量。但在费用控制实施过程中，有时需要对工程价值的形成过程或因素进行计量以决定支付，如承包人为应对意外事件所进行的工作，以及按监理单位指令进行的计日工作等。

工程价值形成因素主要有以下方面：

(1) 人工消耗工日 (工时) 数。

(2) 机械台 (时) 班消耗。

(3) 材料消耗。

(4) 时间消耗。

(5) 其他有关消耗。

根据现场实际且符合合同要求的消耗量，据实进行价款的结算。对于这类计量，监理单位一定要做好同期的记录，并且要及时进行认证，形成书面文件资料，做到日清、周结、月汇总，切勿拖延签字认证。监理人对这类计量资料要存档，以备核查。

2. 赔 (补) 偿计量

费用控制中遇到较多的赔 (补) 偿计量是对承包人提出的索赔的计量。

赔 (补) 偿计量主要是价值因素的计量，包括有形资源 (人工、机械、材料) 损失计量和无形资源 (时间、效率、空间) 损失计量。其中，有形资源损失较易计量，监理人可根据对专项工作连续监测和记录 (如监理人员日志、承包人的同期记录等) 来计量；无形的时间、空间损失情况较为复杂，承包人的效率损失则可以用双方同意的“效率降低系数”(意外情况下使正常效率降低的程度) 来计量。

赔 (补) 偿计量中直接损失较易计算，而间接损失则需要协商，就损失项目内容及其数量协商达成一致的计量结果。

发包人认定承包人违约而向承包人索取的赔偿的计量方法类同。

3. 以区分责任为前提的计量

有些情况的计量是先区分责任，然后对非承包人原因造成的损失部分需要进行计量，而对承包人自身原因造成的费用增加不予计量。

总之，特殊情况下的计量，与对永久工程的实物量计量不同，常需要将某些难以量化的因素加以分析、论证，适当反映为某种可量化的计量结果 (货币金额、工期日数)，通过支付方式给予损失方某种补偿或赔偿。监理人的协调以及合同双方的充分协商是解决此类计量必要的方式。

(十一) 不同性质子目的计量

1. 单价子目的计量

(1) 已标价工程量清单中的单价子目工程量为估算工程量。结算工程量是承包人实际完成的，并按合同约定的计量方法进行计量的工程量。

(2) 承包人对已完成的工程进行计量，向监理人提交进度付款申请单、已完成工程量报表和有关计量资料。

(3) 监理人对承包人提交的工程量报表进行复核，以确定实际完成的工程量。对数量有异议的，可要求承包人按约定进行共同复核和抽样复测。承包人应协助监理人进行复核并按监理人要求提供补充计量资料。承包人未按监理人要求参加复核的，监理人复核或修正的工程量视为承包人实际完成的工程量。

(4) 监理人认为有必要时，可通知承包人共同进行联合测量、计量，承包人应遵照执行。

(5) 承包人完成工程量清单中每个子目的工程量后，监理人应要求承包人派员共同对每个子目的历次计量报表进行汇总，以核实最终结算工程量。监理人可要求承包人提供补充计量资料，以确定最后一次进度付款的准确工程量。承包人未按监理人要求派员参加的，监理人最终核实的工程量视为承包人完成该子目的准确工程量。

(6) 监理人应在收到承包人提交的工程量报表后的 7 天内进行复核，监理人未在约定时间内复核的，承包人提交的工程量报表中的工程量视为承包人实际完成的工程量，据此计算工程价款。

2. 总价子目的计量

除专用合同条款另有约定外，总价子目的分解和计量按照下述约定进行。

(1) 总价子目的计量和支付应以总价为基础，不因调价中的因素而进行调整。承包人实际完成的工程量，是进行工程目标管理和控制进度支付的依据。

(2) 承包人应将工程量清单中的各总价子目进行分解，并在签订协议书后的 28 天内将各子目的总价支付分解表提交监理人审批。分解表应标明其所属子目和分阶段需支付的金额。承包人应按批准的各总价子目支付周期内，对已完成的总价子目进行计量，确定分项的应付金额列入进度付款申请单中。

(3) 监理人对承包人提交的上述资料进行复核，以确定分阶段实际完成的工程量和工程形象目标。对其有异议的，可要求承包人按相关约定进行共同复核和抽样复测。

(4) 除按照约定的变更外，总价子目的工程量是承包人用于结算的最终工程量。

二、工程计价

工程计价是指按照规定的程序、方法和依据，对工程造价及其构成内容进行估计或确定的行为。在合同实施阶段，工程计价就是依据计价内容、计价方法和价格标准相关的工程计量计价标准、工程计价定额及工程造价信息等确定已完成计量的项目或子目的单价或总价的过程，包括工程单价的确定和总价的计算。

计价是对已完成的工作量的价款进行计算，是在计量的基础上，对符合合同规定的工作，按合同规定的计价方式进行价款计算。合同中对工程的计量与计价都有规定，对项目的计量与计价必须符合合同的规定，监理人没有权力修改合同中不合理的计量和计价条款，但可以建议合同双方修改；对合同中不合法的计量和计价，监理人必须要求合同双方修改，如合同双方不修改合同中的不合法条款，监理人有权拒绝签发付款证书。

（一）分类分项工程工程量清单计价

分类分项工程工程量清单计价采用工程单价计价，即对合同工程量清单项目一般按支付工程量乘以合同确定的单价进行确定。工程单价是指完成工程量清单中一个质量合格的规定计量单位的项目所需的直接费（包括人工费、材料费、机械使用费和季节、夜间、高原、风沙等原因增加的直接费）、间接费、企业利润和税金，并考虑风险因素。

在分类分项工程计价支付中，监理单位应注意以下问题：

（1）工程价值的确定。对于承包人已完项目的价值，应根据工程量清单中的单价与监理人依据合同规定的计量原则、方法进行计量的工程数量来确定，即工程量必须是支付工程量。按照施工合同的规定，工程量清单中的单价，除非工程变更使其单价也随之改变，否则，合同工程量清单中的单价是不能改变的。因此，工程款项的支付，一般不允许采用工程量清单中单价以外的任何价格，即单价必须是合同规定的单价，包括工程量清单中的或变更项目的单价。

（2）没有标价的项目不予支付任何款项。根据合同文件的规定，承包人在投标时，对工程量清单中的每项都应提出报价，工程量清单中没有填报单价或合价的项目，将被认为该项目的费用已包括在清单的其他单价或合价中，因此，对工程量清单中没有标价的项目一律不予支付任何款项。

（3）《水利工程工程量清单计价规范》（GB 50501—2007）规定了按附录 A 和附录 B 中规定的工程量计算规则和相关条款说明计算的有效工程量作为工程量清单计价的依据，对于分类分项工程量清单的工程单价，应根据《水利工程工程量清单计价规范》（GB 50501—2007）规定的工程单价组成内容，按招标设计文件、图纸、附录 A 和附录 B 中的“主要工作内容”确定。

除另有规定外，对有效工程量以外的超挖、超填工程量，施工附加量，加工、运输损耗量等所消耗的人工、材料和机械费用，均应摊入相应有效工程量的工程单价之内。（需要注意的是，使用概算定额编制的工程单价，由于定额已包括超挖、超填工程量，施工附加量，加工、运输损耗量，上述工程量不得另行计量，而仅通过包括在工程单价中的方式进行计价；使用预算定额编制的工程单价，由于定额不包括超挖、超填工程量，施工附加量，加工、运输损耗量，必须将上述工程量产生的费用进行组价，分摊到相应有效工程量的工程单价之内。）

分类分项工程量清单项目的工程单价是有效工程量的单价，计算工程单价时，要将完成该工程量清单项目的有效工程量所需的全部费用，包括超挖超填、施工附加量、操作损耗等所发生的费用，都需要摊入到有效工程量的工程单价中。因此，无论是采用定额法计价还是实物量法计价，都要这样做。

分类分项工程量清单项目的工程单价可用式（5－2）计算。

$$工程单价=\frac{\sum\left(组价项目工程量\times\frac{组价项目单位}{工程量直接费}\right)\times(1+施工管理费率)\times(1+企业利润率)\times(1+税率)}{清单项目工程量} \quad (5-2)$$

式（5－2）中的组价项目，是指完成清单项目过程中消耗资源的工作分项。

如果采用定额法计价，一个清单项目可能包括几个定额项目的工作内容，其中每一个定额项目就是一个组价项目。例如，一个河道船舶疏浚清单项目，包括挖泥船挖泥、排泥管安拆移动、开工展布和收工集合 4 个定额项目的工作，同样，其工程单价也包含上述 4 个组价项目。将按定额的资源消耗量计算出的 4 个组价项目的直接费、按定额的工程量计算规则计算出的 4 个组价项目的施工工程量，以及间接费率、企业利润率和税率，代入式（5－2），计算式中分子所表示的清单项目的总费用，然后摊销到清单项目的工程量中，得到清单项目的工程单价。这些组价项目的单位都有可能与清单项目的单位不同，如河道船舶疏浚清单项目的单位是“m^3”，而其组价项目中的排泥管拆卸单位是“m”、开工展布和收工集合单位是“次”。组价项目的工程量也可能与清单项目的工程量不同，如挖泥船挖泥工序的组价项目工程量就比河道船舶疏浚清单项目工程量多出了超挖量和施工回淤量。

如果采用实物量法计价，清单项目的组价项目可能是几组要消耗的实际资源。例如，某山坡土方开挖清单项目，根据施工场地条件、工期要求和施工组织设计，需要 4 组资源：2 台挖掘机、20 台自卸汽车、1 台推土机、3 个现场施工人员。这 4 组资源就是这个清单项目的 4 个组价项目。根据经验计算需要各种机械的台时数量和人工工时数量，就是各组价项目的工程量，各种机械的台时费和人工工时费就是各组价项目的单位工程量直接费。将这些机械台时费、人工工时费、机械台时数、人工工时数，以及间接费率、企业利润率和税率代入式（5－2），计算式中分子所表示的清单项目的总费用，然后摊销到清单项目的工程量中，得到清单项目的工程单价。

（二）措施项目清单的计价

措施项目清单的计价按承包人已标价工程量清单所列总价分解项目的形象进度计价。措施项目清单计价的内容参见本章第四节主要专业工程计量与支付规则。

（三）计日工项目的计价

计日工按合同中约定的综合单价计价。发包人通知承包人以计日工方式实施的零星工作，承包人应予执行。

1. 计日工项目计价的要求

采用计日工计价的任何一项变更工作，在该项变更的实施过程中，承包人应按合同约定提交下列报表和有关凭证送交发包人复核：

（1）工作名称、内容和数量。

（2）投入该工作所有人员的姓名、工种、级别和耗用工时。

（3）投入该工作的材料名称、类别和数量。

（4）投入该工作的施工设备型号、台数和耗用台时。

（5）发包人要求提交的其他资料和凭证。

2. 关于计日工项目的计价方法

（1）工程量清单中，对采用计日工形式可能涉及的不同工种的劳力、材料、设备的价格进行了规定，因此在进行计日工工作时，这些劳力、材料及设备的费用可根据工程量清单中相同项目的单价计取有关费用。

（2）尽管工程量清单中对一些劳力、材料及设备进行了定价，但进行计日工工作时，往往还有一些劳力、材料及设备在清单中没有定价。对于清单中没有定价的项目，应按实际发生的费用加上合同中规定的费率支付其有关的费用，或合同双方依据合同的有关规定进一步协商确定。

（四）暂列金额和暂估价的计价

1. 暂列金额

暂列金额列入合同价格，但属于发包人所有，并不是属于承包人所有或一定要发生，只能按照监理人的指示使用。按照合同约定暂列金额的使用情形实际发生后，才成为承包人应得金额，纳入合同结算价款中。

暂列金额主要用于处理工程变更、计日工、索赔、物价波动调整因素出现时的价格调整等。暂列金额的计价遵循相应用途的项目计价规定。

2. 暂估价

必须招标的专业工程类、设备暂估价项目以招标后的价格进行计价，材料暂估价项目以招标后的价格为工程预算价格（基础单价），调整相应工程单价；非必须招标的项目以采购或购买的价格进行计价。

三、工程计量与计价争议的鉴定

计量与计价是合同双方高度关注、十分敏感的一项工作，容易出现分歧和争议。计量与计价过程中出现争议的，可选择合同推荐的争议解决方式（参见本章第十节完工结算和最终结清）。《建设工程造价鉴定规范》（GB/T 51262—2017）因应造价咨询行业的发展，设计了造价鉴定机制，在水利工程建设项目中可作为争议解决的参考。

根据《建设工程造价鉴定规范》（GB/T 51262—2017），鉴定的要求包括：

（1）鉴定项目一方当事人以工程变更导致工程量数量变化为由，要求调整综合单价发生争议的；或对新增工程项目组价发生争议的，鉴定人应按以下规定进行鉴定：

1）合同中约定了调整内容的，应按合同约定进行鉴定。

2）合同中没有约定或约定不明的，应提请委托人决定并按其决定进行鉴定；委托人不决定的，按现行国家计价规范的相关规定进行鉴定。

（2）鉴定项目一方当事人以物价波动为由，要求调整合同价款发生争议的，鉴定人应按以下规定进行鉴定：

1）合同中约定了计价风险范围和幅度的，按合同约定进行鉴定；合同中约定了物价波动可以调整但没有约定风险范围和幅度的，按现行国家计价规范的相关规定进行鉴定；

但已经采用价格指数法进行了调整的除外。

2）合同中约定物价波动不予调整的，应对实行政府定价或政府指导价的材料按相关法律的规定进行鉴定。

（3）鉴定项目一方当事人以政策性调整文件为由，要求调整人工费发生争议的，如合同中约定不执行政策性调整的，鉴定人应提请委托人注意此约定与国家强制性标准相悖，由委托人作出是否适用的决定，鉴定人应按照委托人的决定进行鉴定。

委托人要求鉴定人判断的，鉴定人应分析鉴别：如人工费的形成在招标或合同谈判时是以鉴定项目所在地工程造价管理部门发布的人工费为基础在合同中约定的，应按工程所在地人工费调整文件进行鉴定；如不是，则应作出否定性鉴定。

（4）鉴定项目发包人对承包人材料采购价格高于合同约定不予认可的，应按以下规定进行鉴定：

1）材料采购前经发包人或其代表签批认可的，应按签批的材料价格进行鉴定。

2）材料采购前未报发包人或其代表认质认价的，应按合同约定的价格进行鉴定。

3）发包人认为承包人采购的原材料、零配件不符合质量要求，不予认价的，应按双方约定的价格进行鉴定。质量方面的争议应告知发包人另行申请质量鉴定。

（5）鉴定项目发包人以工程质量不合格为由，拒绝办理工程结算发生争议的，应按以下规定进行鉴定：

1）已完工验收或已完工未验收但发包人已投入使用的工程，工程结算按合同约定进行鉴定。

2）已完工未验收且发包人未投入使用的工程以及停工、停建工程，鉴定人应对无争议、有争议的项目分别按合同约定进行鉴定。工程质量的争议应告知发包人申请工程质量鉴定，待委托人分清质量责任后，再按照工程造价鉴定意见由委托人决定进行财务清算。

第四节　主要专业工程计量与支付规则

水利工程工程类招标中，招标文件工程量编列、技术标准和要求及投标报价均遵守《水利工程工程量清单计价规范》（GB 50501—2007）。中标后合同实施阶段，合同双方依据招标文件和投标文件签署合同，各专业工程计量与支付规则是一致的。专业工程计量与支付规则贯穿工程计量与计价全过程。为提高工程计量与支付的效率和科学性，降低合同纠纷风险，水利工程建设项目各专业工程的计量支付规则将计量与计价的界限进行了合理的界定。

一、措施项目

（一）施工临时设施

1. 现场施工测量

现场施工测量（包括根据合同约定由承包人测设的施工控制网、工程施工阶段的全部施工测量放样工作等）所需费用，由发包人按承发包合同中约定的《工程量清单》所列项目的总价支付。

2. 现场试验

(1) 现场室内试验。承包人现场试验室的建设费用，由发包人按《工程量清单》所列相应项目的总价支付。

(2) 现场工艺试验。除合同另有约定外，现场工艺试验所需费用，包含在现场工艺试验项目总价中，由发包人按《工程量清单》相应项目的总价支付。

(3) 现场生产性试验。除合同约定的大型现场生产性试验项目由发包人按《工程量清单》所列项目的总价支付外，其他各项生产性试验费用均包含在《工程量清单》相应项目的工程单价或总价中，发包人不另行支付。

3. 施工交通设施

(1) 除合同另有约定外，承包人根据合同要求完成场内施工道路的建设和施工期的管理维护工作所需的费用，由发包人按《工程量清单》相应项目的工程单价或总价支付。

(2) 场外公共交通的费用，除合同约定由承包人为场外公共交通修建和（或）维护的临时设施外，承包人在施工场地外的一切交通费用，均由承包人自行承担，发包人不另行支付。

(3) 承包人承担的超大、超重件的运输费用，均由承包人自行负责，发包人不另行支付。超大、超重件的尺寸或重量超出合同约定的限度时，增加的费用由发包人承担。

4. 施工及生活供电设施

除合同另有约定外，承包人根据合同要求完成施工用电设施的建设、移设和拆除工作所需的费用，由发包人按《工程量清单》相应项目的工程单价或总价支付。

5. 施工及生活供水设施

除合同另有约定外，承包人根据合同要求完成施工及生活供水设施的建设、移设和拆除工作所需的费用，由发包人按《工程量清单》相应项目的工程单价或总价支付。

6. 施工供风设施

除合同另有约定外，承包人根据合同要求完成施工供风设施的建设、移设和拆除工作所需的费用，由发包人按《工程量清单》相应项目的工程单价或总价支付。

7. 施工照明设施

除合同另有约定外，承包人根据合同要求完成施工照明设施的建设、移置、维护管理和拆除工作所需的费用，由发包人按《工程量清单》相应项目的工程单价或总价支付。

8. 施工通信和邮政设施

除合同另有约定外，承包人根据合同要求完成现场施工通信和邮政设施的建设、移设、维护管理和拆除工作所需的费用，由发包人按《工程量清单》相应项目的工程单价或总价支付。

9. 砂石料生产系统

除合同另有约定外，承包人根据合同要求完成砂石料生产系统的建设和拆除工作所需的费用，由发包人按《工程量清单》相应项目的工程单价或总价支付。

10. 混凝土生产系统

除合同另有约定外，承包人根据合同要求完成混凝土生产系统的建设和拆除工作所需的费用，由发包人按《工程量清单》相应项目的工程单价或总价支付。

11. 附属加工厂

除合同另有约定外，承包人根据合同要求完成附属加工厂的建设、维护管理和拆除工作所需的费用，由发包人按《工程量清单》相应项目的工程单价或总价支付。

12. 仓库和存料场

除合同另有约定外，承包人根据合同要求完成仓库或存料场的建设、维护管理和拆除工作所需的费用，由发包人按《工程量清单》相应项目的工程单价或总价支付。

13. 弃渣场

除合同另有约定外，承包人根据合同要求完成弃渣场的建设和维护管理等工作所需的费用，由发包人按《工程量清单》相应项目的工程单价或总价支付。

14. 临时生产管理和生活设施

除合同另有约定外，承包人根据合同要求完成临时生产管理和生活设施的建设、移设、维护管理和拆除工作所需的费用，由发包人按《工程量清单》相应项目的工程单价或总价支付。

15. 其他临时设施

未列入《工程量清单》的其他临时设施，承包人根据合同要求完成这些设施的建设、移置、维护管理和拆除工作所需的费用，包含在相应永久工程项目的工程单价或总价中，发包人不另行支付。

（二）施工安全措施

承包人因施工安全、应急救援而采取的措施、非直接属于具体工程项目施工安全的各项安全保护措施所需的费用，应在《工程量清单》以总价形式专项列报，经监理人检查确认实施情况后，由发包人按项审批支付。

直接属于具体工程项目的安全文明施工措施费，应包含在《工程量清单》各具体工程项目有效工程量的工程单价中，发包人不另行支付。

（三）环境保护和水土保持

施工临时设施（包括混凝土生产系统、砂石料生产加工系统、机修车间、施工现场和生活区临时设施等）的废、污水（或废油）处理设施，应分别包含在“施工临时设施”各自相关的施工临时设施项目中。承包人根据合同要求完成各废、污水（或废油）处理设施的建设、移设和拆除工作所需的费用，由发包人按《工程量清单》相应“施工临时设施”的废、污水（或废油）处理设施子项总价支付。若未设列废、污水（或废油）处理设施子项，则承包人完成该设施建设、移设和拆除工作所需的费用，应包含在与之相关的“施工临时设施”项目总价中，发包人不另行支付。

除合同另有约定外，承包人按合同要求完成废、污水（或废油）处理设施的运行、维护管理、施工期水质监测、零星废弃物和生活垃圾的处理费用，大气环境保护措施费用和声环境保护措施费用，包含在《工程量清单》所列的“环境保护和水土保持专项措施费”中，发包人不另行支付。

河床基坑的废水处理费用，由发包人按《工程量清单》相应项目的工程单价或总价支付。

列入《工程量清单》的环境保护和水土保持的其他工程项目（如渣场和场内交通的工程防护和水土保持设施、林草植被种植措施等），由发包人按《工程量清单》相应项目的工程单价或总价支付。

未列入《工程量清单》的其他环境保护和水土保持措施，承包人完成这些措施的建设、运行、维护管理和施工期监测等工作所需费用，包含在《工程量清单》所列的“环境保护和水土保持专项措施费”中，发包人不另行支付。

承包人在《工程量清单》以总价形式专项列报的“环境保护和水土保持专项措施费用”，应按计划实施并经监理人检查确认后，由发包人按项支付。

（四）施工导流工程

承包人按合同要求完成截流方案设计、材料制备与运输、截流施工和水情观测等工作所需的费用，包含在《工程量清单》“工程截流”项目的总价中，发包人不另行支付。

承包人按合同要求完成截流模型试验所需的费用，由发包人按《工程量清单》相应项目的总价支付。

承包人按合同要求完成基坑排水工作（含基坑初期排水和经常性排水）所需的费用，由发包人按《工程量清单》相应项目的总价支付。

承包人按合同要求完成施工期防洪度汛和排冰凌所需的费用，由发包人根据合同具体约定，按《工程量清单》相应项目的总价分年度支付。

除合同另有约定外，承包人完成临时导流泄水建筑物的建设和拆除（或封堵）工作所需的费用，由发包人按《工程量清单》相应项目的工程单价或总价支付；临时导流泄水建筑物的运行维护费用包含在“施工期安全防洪度汛”项目总价中，发包人不另行支付。

施工期临时通航费用（包括断航期内的补偿费用）和向下游供水的费用，由发包人按《工程量清单》相应项目的总价支付。

除合同另有约定外，导流泄水建筑物的永久或临时闸门及其启闭机的安拆和建设期运行费用，由发包人按《工程量清单》相应项目的工程单价或总价支付。

二、分类分项工程（建筑工程）

（一）土方明挖

场地平整按施工图纸所示场地平整区域计算的有效面积以 m^2 为单位计量，由发包人按《工程量清单》相应项目有效工程量的每平方米工程单价支付。

一般土方开挖、淤泥流沙开挖、沟槽开挖和柱坑开挖按施工图纸所示开挖轮廓尺寸计算的有效自然方体积以 m^3 为单位计量，由发包人按《工程量清单》相应项目有效工程量的每立方米工程单价支付。

塌方清理按施工图纸所示开挖轮廓尺寸计算的有效塌方堆方体积以 m^3 为单位计量，由发包人按《工程量清单》相应项目有效工程量的每立方米工程单价支付。

承包人完成规定的“植被清理”工作所需的费用，包含在《工程量清单》相应土方明挖项目有效工程量的每立方米工程单价中，发包人不另行支付。

土方明挖工程单价包括承包人按合同要求完成场地清理，测量放样，临时性排水措施（包括排水设备的安拆、运行和维修），土方开挖、装卸和运输，边坡整治和稳定观测，基础、边坡面的检查和验收，以及将开挖可利用或废弃的土方运至监理人指定的堆放区并加以保护、处理等工作所需的费用。

土方明挖开始前，承包人应根据监理人指示，测量开挖区的地形和计量剖面，经监理人检查确认后，作为计量支付的原始资料。土方明挖按施工图纸所示的轮廓尺寸计算有效自然方体积以 m^3 为单位计量，由发包人按《工程量清单》相应项目有效工程量的每立方米工程单价支付。施工过程中增加的超挖量和施工附加量所需的费用，应包含在《工程量清单》相应项目有效工程量的每立方米工程单价中，发包人不另行支付。

除合同另有约定外，开采土料或砂砾料（包括取土、含水量调整、弃土处理、土料运输和堆放等工作）所需的费用，包含在《工程量清单》相应项目有效工程量的工程单价或总价中，发包人不另行支付。

除合同另有约定外，承包人在料场开采结束后完成开采区清理、恢复和绿化等工作所需的费用，包含在《工程量清单》"环境保护和水土保持"相应项目的工程单价或总价中，发包人不另行支付。

（二）石方明挖

石方明挖和石方槽挖按施工图纸所示轮廓尺寸计算的有效自然方体积以 m^3 为单位计量，由发包人按《工程量清单》相应项目有效工程量的每立方米工程单价支付。施工过程中增加的超挖量和施工附加量所需的费用，应包含在《工程量清单》相应项目有效工程量的每立方米工程单价中，发包人不另行支付。

直接利用开挖料作为混凝土骨料或填筑料的原料时，原料进入骨料加工系统进料仓或填筑工作面以前的开挖运输费用，不计入混凝土骨料的原料或填筑料的开采运输费用中。

承包人按合同要求完成基础清理工作所需的费用，包含在《工程量清单》相应开挖项目有效工程量的每立方米工程单价中，发包人不另行支付。

石方明挖过程中的临时性排水措施（包括排水设备的安拆、运行和维修）所需费用，包含在《工程量清单》相应石方明挖项目有效工程量的每立方米工程单价中。

除合同另有约定外，当骨料或填筑料原料由石料场开采时，原料开采所发生的费用和开采过程中弃料和废料的运输、堆放和处理所发生的费用，均包含在每吨（或立方米）材料单价中，发包人不另行支付。

除合同另有约定外，承包人对石料场进行查勘、取样试验、地质测绘、大型爆破试验以及工程完建后的料场整治和清理等工作所需费用，应包含在每吨（或立方米）材料单价或《工程量清单》相应项目工程单价或总价中，发包人不另行支付。

（三）地下洞室开挖

地下洞室开挖按施工图纸所示轮廓尺寸计算的有效自然方体积以 m^3 为单位计量，由发包人按《工程量清单》相应项目有效工程量的每立方米工程单价支付。

不可预见地质原因引起的超挖工程量，以及相应增加的支护和回填工程量所发生的费用，由发包人按《工程量清单》相应项目或变更项目的每立方米工程单价支付。除此之外，其他因素引起的超挖工程量以及相应增加的支护和回填工程量所需的费用，均包含在《工程量清单》相应项目有效工程量的每立方米工程单价中，发包人不另行支付。

承包人因自身施工需要开挖的施工排水集水井、临时排水沟、避车洞、施工设备安装间等，其开挖、支护及回填工程量所需的费用，均包含在《工程量清单》相应项目有效工程量的每立方米工程单价中，发包人不另行支付。

由于非承包人原因修改设计开挖轮廓尺寸，并需要进行二次扩挖时，其扩挖工程量按设计开挖线与二次扩挖线之间的体积进行计算（设计要求扩挖尺寸小于15cm的，按15cm计算），由发包人按《工程量清单》相应项目或变更项目的每立方米工程单价支付。

地下开挖所需的排水、照明和通风等所需的费用，均包含在《工程量清单》相应项目有效工程量的每立方米工程单价中，发包人不另行支付。

地下洞室超前勘探洞开挖按施工图纸所示轮廓尺寸计算的有效工程量以m（或m^3）为单位计量，由发包人按《工程量清单》相应项目有效工程量的每米（或立方米）工程单价支付。

（四）支护工程

1. 锚杆

锚杆包括系统锚杆和随机锚杆，按施工图纸所示钢筋强度等级、直径和锚孔深度及外露长度的不同划分类别以有效根数计量，由发包人按《工程量清单》相应项目有效工程量的每根工程单价支付。

2. 预应力锚索

（1）预应力锚索按施工图纸所示预应力强度等级、黏结类型和孔内长度划分类别，以有效束数计量，由发包人按《工程量清单》相应项目有效工程量的每束工程单价支付。

（2）预应力锚索钻孔所需费用应包含在预应力锚索有效工程量的每束工程单价中，发包人不另行支付。

3. 喷射混凝土

按施工图纸所示部位、喷射厚度和是否挂网划分类别，并计算喷射混凝土有效实体方体积以m^3为单位计量，由发包人按《工程量清单》相应项目有效工程量的每立方米工程单价支付。

4. 钢筋网（或钢丝网）

按施工图纸所示尺寸计算的钢筋（或钢丝）有效重量以t为单位计量，由发包人按《工程量清单》相应项目有效工程量的每吨工程单价支付。加工、安装过程中的损耗量和附加工程量所需的费用，包含在钢筋网（或钢丝网）有效工程量的每吨工程单价中，发包人不另行支付。

5. 钢支撑及其附件

按施工图纸所示尺寸计算的有效重量以t为单位计量，由发包人按《工程量清单》相应项目有效工程量的每吨工程单价支付。

6. 边坡防护结构和防护网

（1）防护结构所采用的钢筋、型钢、锚杆、预应力锚索、土石方、砌石、混凝土等按施工图纸所示尺寸计算有效工程量，以相应专业章节“计量与支付”中规定的计量单位计量，由发包人按《工程量清单》相应项目有效工程量的工程单价支付。

(2) 边坡防护网按施工图纸所示防护区域计算的有效防护面积以 m^2 为单位计量，由发包人按《工程量清单》相应项目有效工程量的每平方米工程单价支付。

(五) 钻孔和灌浆工程

1. 钻孔

钻孔按施工图纸所示尺寸计算有效钻孔长度以 m 为单位计量，由发包人按《工程量清单》相应项目有效工程量的每米工程单价支付。

2. 灌浆

(1) 帷幕灌浆、固结灌浆的灌浆按设计净干灰耗量计算的有效干灰重量以 t 为单位计量，由发包人按《工程量清单》相应项目有效工程量的每吨工程单价支付。

(2) 回填灌浆、接缝灌浆和接触灌浆按施工图纸所示灌浆区域计算的有效灌浆面积以 m^2 为单位计量，由发包人按《工程量清单》相应项目有效工程量的每平方米工程单价支付。

(3) 化学灌浆（包括丙烯酸盐类、丙烯酸胺类、聚氨酯类和改性环氧树脂类灌浆等）按施工图纸所示化学灌浆材料的有效总重量以 kg 为单位计量，由发包人按《工程量清单》相应项目有效工程量的每千克工程单价支付。

(4) 劈裂灌浆按施工图纸所示灌浆区域计算的有效灌浆面积以 m^2 为单位计量，由发包人按《工程量清单》相应项目有效工程量的每平方米工程单价支付。

(5) 灌浆管预埋、金属埋件（止水、止浆片等）等所需费用，包含在相应灌浆项目的工程单价中，发包人不另行支付。

(6) 灌浆前的压水试验应按设计要求计算的有效压水试验段数以试段为单位计量，由发包人按《工程量清单》相应项目有效工程量的每试段工程单价支付。

(六) 基础防渗墙工程

1. 混凝土防渗墙

(1) 钢筋混凝土防渗墙、塑性混凝土防渗墙按施工图纸所示尺寸计算的有效截水面积以 m^2 为单位计量，由发包人按《工程量清单》相应项目有效工程量的每平方米工程单价支付。

(2) 钢筋混凝土防渗墙的钢筋按施工图纸所示钢筋强度等级、直径和长度计算的有效重量以 t 为单位计量，由发包人按《工程量清单》相应项目有效工程量的每吨工程单价支付。

2. 高压喷射灌浆防渗墙

高压喷射灌浆防渗墙按施工图纸所示尺寸计算的有效截水面积以 m^2 为单位计量，由发包人按《工程量清单》相应项目有效工程量的每平方米工程单价支付。

(七) 地基及基础工程

1. 振冲地基

(1) 振冲加密或振冲置换成桩按施工图纸所示尺寸计算的有效长度以 m 为单位计量，

由发包人按《工程量清单》相应项目有效工程量的每米工程单价支付。

(2) 除合同另有约定外，承包人按合同要求完成振冲试验、振冲桩体密实度和承载力检验等工作所需的费用，包含在《工程量清单》相应项目有效工程量的每米工程单价中，发包人不另行支付。

2. 混凝土灌注桩基础

(1) 钻孔灌注桩或者沉管灌注桩按施工图纸所示尺寸计算的桩体有效体积以 m^3 为单位计量，由发包人按《工程量清单》相应项目有效工程量的每立方米工程单价支付。

(2) 除合同另有约定外，承包人按合同要求完成灌注桩成孔成桩试验、成桩承载力检验、校验施工参数和工艺、埋设孔口装置、造孔、清孔、护壁，以及混凝土拌和、运输和灌注等工作所需的费用，包含在《工程量清单》相应灌注桩项目有效工程量的每立方米工程单价中，发包人不另行支付。

(3) 灌注桩的钢筋按施工图纸所示钢筋强度等级、直径和长度计算的有效重量以 t 为单位计量，由发包人按《工程量清单》相应项目有效工程量的每吨工程单价支付。

3. 沉井

(1) 沉井（包括钢筋混凝土沉井和钢沉井）按施工图纸所示尺寸计算的水面（或地面）以下的有效空间体积以 m^3 为单位计量，由发包人按《工程量清单》相应项目有效工程量的每立方米工程单价支付。

(2) 除合同另有约定外，承包人按合同要求完成地质复勘、检验试验、沉井制作、运输、清基或水中筑岛、沉放、封底等工作和操作损耗等所需的费用，包含在《工程量清单》相应项目有效工程量的每立方米工程单价中，发包人不另行支付。

(八) 土石方填筑工程

1. 坝体填筑

(1) 坝（堤）体填筑按施工图纸所示尺寸计算的有效压实方体积以 m^3 为单位计量，由发包人按《工程量清单》相应项目有效工程量的每立方米工程单价支付。

(2) 坝（堤）体全部完成后，最终结算的工程量应是经过施工期间压实并经自然沉陷后按施工图纸所示尺寸计算的有效压实方体积。若分次支付的累计工程量超出最终结算的工程量，发包人应扣除超出部分的工程量。

(3) 黏土心墙、接触黏土、混凝土防渗墙顶部附近的高塑性黏土、上游铺盖区的土料、反滤料、过渡料和垫层料均按施工图纸所示尺寸计算的有效压实方体积以 m^3 为单位计量，由发包人按《工程量清单》相应项目有效工程量的每立方米工程单价支付。

(4) 坝体上、下游面块石护坡按施工图纸所示尺寸计算的有效体积以 m^3 为单位计量，由发包人按《工程量清单》相应项目有效工程量的每立方米工程单价支付。

(5) 除合同另有约定外，承包人对料场（土料场、石料场和存料场）进行复核、复勘、取样试验、地质测绘以及工程完建后的料场整治和清理等工作所需的费用，包含在每立方米（或吨）材料单价或《工程量清单》相应项目工程单价或总价中，发包人不另行支付。

(6) 坝体填筑的现场碾压试验费用，由发包人按《工程量清单》相应项目的总价支付。

2. 土工合成材料防渗体

土工合成材料的铺设按施工图纸所示尺寸计算的有效面积以 m^2 为单位计量，由发包人按《工程量清单》相应项目有效工程量的每平方米工程单价支付。土工合成材料的接缝搭接面积和褶皱面积、抽样检验等所发生的费用包含在《工程量清单》相应项目有效工程量的工程单价中，发包人不另行支付。

3. 堆石坝体过流保护

过流保护施工和过流后堆石坝体修复、基坑排水、清淤和道路恢复等费用，由发包人按《工程量清单》相应项目的总价支付。

（九）混凝土工程

1. 模板

(1) 除合同另有约定外，现浇混凝土的模板费用，包含在《工程量清单》相应混凝土或钢筋混凝土项目有效工程量的每立方米工程单价中，发包人不另行计量和支付。

(2) 混凝土预制构件模板所需费用，包含在《工程量清单》相应预制混凝土构件项目有效工程量的工程单价中，发包人不另行支付。

2. 钢筋

按施工图纸所示钢筋强度等级、直径和长度计算的有效重量以 t 为单位计量，由发包人按《工程量清单》相应项目有效工程量的每吨工程单价支付。施工架立筋、搭接、套筒连接、加工及安装过程中操作损耗等所需费用，均包含在《工程量清单》相应项目有效工程量的每吨工程单价中，发包人不另行支付。

3. 普通混凝土

(1) 普通混凝土按施工图纸所示尺寸计算的有效体积以 m^3 为单位计量，由发包人按《工程量清单》相应项目有效工程量的每立方米工程单价支付。

(2) 混凝土有效工程量不扣除设计单体体积小于 $0.1m^3$ 的圆角或斜角，单体占用的空间体积小于 $0.1m^3$ 的钢筋和金属件，单体横截面积小于 $0.1m^2$ 的孔洞、排水管、预埋管和凹槽等所占的体积，按设计要求对上述孔洞回填的混凝土也不予计量。

(3) 不可预见地质原因超挖引起的超填工程量所发生的费用，由发包人按《工程量清单》相应项目或变更项目的每立方米工程单价支付。除此之外，同一承包人由于其他原因超挖引起的超填工程量和由此增加的其他工作所需的费用，均应包含在《工程量清单》相应项目有效工程量的每立方米工程单价中，发包人不另行支付。

(4) 混凝土在冲（凿）毛、拌和、运输和浇筑过程中的操作损耗，以及为临时性施工措施增加的附加混凝土量所需的费用，应包含在《工程量清单》相应项目有效工程量的每立方米工程单价中，发包人不另行支付。

(5) 施工过程中，承包人按本合同技术条款规定进行的各项混凝土试验所需的费用（不包括以总价形式支付的混凝土配合比试验费），均包含在《工程量清单》相应项目有效工程量的每立方米工程单价中，发包人不另行支付。

(6) 止水、止浆、伸缩缝等按施工图纸所示各种材料数量以 m（或 m^2）为单位计量，由发包人按《工程量清单》相应项目有效工程量的每米（或平方米）工程单价支付。

(7) 混凝土温度控制措施费（包括冷却水管埋设及通水冷却费用、混凝土收缩缝和冷却水管的灌浆费用、混凝土坝体的保温费用）包含在《工程量清单》相应混凝土项目有效工程量的每立方米工程单价中，发包人不另行支付。

(8) 混凝土坝体的接缝灌浆（接触灌浆），按设计图纸所示要求灌浆的混凝土施工缝（混凝土与基础、岸坡岩体的接触缝）的接缝面积以 m^2 为单位计量，由发包人按《工程量清单》相应项目有效工程量的每平方米工程单价支付。

(9) 混凝土坝体内预埋排水管所需的费用，应包含在《工程量清单》相应混凝土项目有效工程量的每立方米工程单价中，发包人不另行支付。

4. 预制混凝土

(1) 预制混凝土构件的预制和安装，按施工图纸所示尺寸计算的有效体积以 m^3 为单位计量，由发包人按《工程量清单》相应项目有效工程量的每立方米工程单价支付。

(2) 预制混凝土的钢筋费用和模板费用，均包含在《工程量清单》相应预制混凝土预制项目有效工程量的工程单价中，发包人不另行支付。

(3) 除合同另有约定外，承包人完成预制混凝土构件的吊装、运输、就位、固定、填缝灌浆、复检、焊接等工作所需的费用，包含在《工程量清单》相应预制混凝土安装项目有效工程量的每立方米工程单价中，发包人不另行支付。

5. 预应力混凝土

(1) 预应力混凝土按施工图纸所示尺寸计算的有效体积以 m^3 为单位计量，由发包人按《工程量清单》相应项目有效工程量的每立方米工程单价支付。

(2) 预应力混凝土的锚索费用，包含在《工程量清单》相应预应力混凝土项目有效工程量的每立方米工程单价中，发包人不另行支付。

6. 水下混凝土

水下混凝土按施工图纸所示浇筑范围内混凝土灌注前后的水下地形测量平、剖面图计算的水下混凝土有效体积以 m^3 为单位计量，由发包人按《工程量清单》相应项目有效工程量的每立方米工程单价支付。

7. 碾压混凝土

(1) 碾压混凝土按施工图纸所示尺寸计算的有效体积以 m^3 为单位计量，由发包人按《工程量清单》相应项目有效工程量的每立方米工程单价支付。

(2) 碾压混凝土的模板费用包含在每立方米碾压混凝土工程单价中，发包人不另行支付。

(3) 碾压混凝土配合比试验和生产性碾压试验的费用，由发包人按《工程量清单》相应项目的总价支付。

（十）沥青混凝土工程

沥青混凝土面板（包括防渗层、整平胶结层、加厚层等）和沥青混凝土心墙按施工图纸所示尺寸计算的有效体积以 m^3 为单位计量，由发包人按《工程量清单》相应项目有效工程量的每立方米工程单价支付。

沥青树脂封闭层、塑性止水材料、加强网格（聚酯或聚乙烯树脂纤维网格）、沥青涂料等均按施工图纸所示尺寸计算的有效面积以 m^2 为单位计量，由发包人按《工程量清单》相应项目有效工程量的每平方米工程单价支付。

承包人按合同要求完成沥青混凝土室内试验、现场试验和生产性试验所需的费用，由发包人按《工程量清单》相应项目的总价支付。

（十一）砌体工程

浆砌石、干砌石、混凝土预制块和砖砌体按施工图纸所示尺寸计算的有效砌筑体积以 m^3 为单位计量，由发包人按《工程量清单》相应项目有效工程量的每立方米工程单价支付。

砌筑工程的砂浆、拉结筋、垫层、排水管、止水设施、伸缩缝、沉降缝及埋设件等费用，包含在《工程量清单》相应砌筑项目有效工程量的每立方米工程单价中，发包人不另行支付。

承包人按合同要求完成砌体建筑物的基础清理和施工排水等工作所需的费用，包含在《工程量清单》相应砌筑项目有效工程量的每立方米工程单价中，发包人不另行支付。

（十二）疏浚和吹填工程

疏浚工程按施工图纸所示轮廓尺寸计算的水下有效自然方体积以 m^3 为单位计量，由发包人按《工程量清单》相应项目有效工程量的每立方米工程单价支付。

疏浚工程施工过程中疏浚设计断面以外增加的超挖量、施工期自然回淤量、开工展布与收工集合、避险与防干扰措施、排泥管安拆移动以及使用辅助船只等所需的费用，包含在《工程量清单》相应项目有效工程量的每立方米工程单价中，发包人不另行支付。疏浚工程的辅助措施（如浚前扫床和障碍物的清除、排泥区围堰、隔埂、退水口及排水渠等项目）另行计量支付。

疏浚工程一般分为内河船舶疏浚、水力冲挖、挖泥船取土及吹泥船，具体计量支付控制要求如下：①内河船舶疏浚，以疏浚设计断面为标准计算水下自然方工程量，再按地质柱状剖面图分别计算各类土质工程量；②水力冲挖，以设计断面为标准计算自然方工程量，再按地质柱状剖面图分别计算各类土质工程量；③挖泥船取土及吹泥船，以实际取土自然方计算工程量，再按地质柱状剖面图分别计算各类土质工程量。

吹填工程按施工图纸所示尺寸计算的有效吹填体积（扣除吹填区围堰、隔埂等的体积），或者按取土工程量（水下自然方）以 m^3 为单位计量，由发包人按《工程量清单》相应项目有效工程量的每立方米工程单价支付。

吹填工程施工过程中吹填土体的沉陷量、原地基因上部吹填荷载而产生的沉降量和泥沙流失量、对吹填区平整度要求较高的工程配备的陆上土方机械等所需费用，包含在《工程量清单》相应项目有效工程量的每立方米工程单价中，发包人不另行支付。吹填工程的辅助措施（如浚前扫床和障碍物的清除、排泥区围堰、隔埂、退水口及排水渠等项目）另行计量支付。

利用疏浚排泥进行吹填的工程，疏浚和吹填的计量和支付分界根据合同相关条款的具体约定执行。

（十三）围垦工程

围垦工程按施工图纸所示轮廓尺寸计算的面积及体积以 m^2 或 m^3 为单位计量，由发包人按《工程量清单》相应项目有效工程量的每平方米或每立方米工程单价支付。

充泥管袋、填芯吹填土体积按设计断面实方计算，闭气吹填土体积按实际取土自然方计算，外坡保护工程量一般按高程 4.0m 以下实际保护面积计算。

实心方块、异形块体江海船上抛沉工程量按抛沉的实际体积计算。

（十四）保滩排体工程

保滩排体工程按施工图纸所示轮廓尺寸计算的长度、面积以及体积为单位计量，由发包人按《工程量清单》相应项目有效工程量的每米、每平方米或每立方米工程单价支付。

（十五）水生态工程

水生态工程按施工图纸所示尺寸计算的有效面积、有效体积或实种植物品种及数量等，以 m^2、m^3 或棵为单位计量，由发包人按《工程量清单》相应项目有效工程量的每平方米、每立方米或每棵工程单价支付。

苗木胸径的确定，以苗木从地面至 1.20m 处的树干的直径计算；苗木地径的确定，以苗木从地面至 0.30m 处的树干直径计算；苗木高度的确定，以苗木露出地表的根茎至树冠顶部之间的距离计算。

水生植物种植，工程量以“株（丛）”为计量单位，设计图纸以“丛”（每丛有若干株）为单位的，每丛含有的株数仅用于计算苗木费。

（十六）屋面和地面建筑工程

1. 屋面建筑工程

（1）屋面建筑工程以施工图纸所示建筑物尺寸计算的有效面积以 m^2 为单位计量，由发包人按《工程量清单》相应项目有效工程量的每平方米工程单价支付。

（2）完成屋面建筑工程全部施工作业后的质量检查、检验和验收等所需费用，包含在屋面建筑工程的每平方米工程单价中，发包人不另行支付。

2. 地面建筑工程

（1）地面和楼面工程按施工图纸所示建筑物尺寸计算的有效面积以 m^2 为单位计量，由发包人按《工程量清单》相应项目有效工程量的每平方米工程单价支付。

（2）完成地面和楼面建筑工程全部施工作业后的质量检查、检验和验收等所需费用，包含在《工程量清单》相应项目有效工程量的每平方米工程单价中，发包人不另行支付。

三、分类分项工程（安装工程）

（一）压力钢管制造和安装

1. 钢管

（1）压力钢管（含岔管和伸缩节）及其附件的制造、运输和安装，按施工图纸所示尺寸计算的有效重量以 t 为单位计量，由发包人按《工程量清单》相应项目有效工程量的每吨工程单价支付。

（2）压力钢管（含岔管和伸缩节）水压试验、涂装等所需费用，包含在《工程量清单》相应项目有效工程量的每吨工程单价中，发包人不另行支付。

2. 钢管接触灌浆

钢管接触灌浆按施工图纸所示尺寸计算（钢管外缘周长乘以接触灌浆钢板衬砌段长度）的有效接触面积以 m^2 为单位计量，由发包人按《工程量清单》相应项目有效工程量的每平方米工程单价支付。

（二）钢结构的制作和安装

钢结构按施工图纸所示尺寸计算的有效重量以 t 为单位计量，由发包人按《工程量清单》相应项目有效工程量的每吨工程单价支付。

钢结构有效重量不扣减切肢、切边和孔眼损失的重量，也不计入电焊条、铆钉和螺栓增加的重量。

施工架立筋、搭接、焊接、套筒连接、操作损耗、涂装和检验试验等所需费用，均包含在《工程量清单》相应项目有效工程量的每吨工程单价中，发包人不另行支付。

（三）钢闸门及启闭机安装

钢闸门安装工程按施工图纸所示尺寸计算的闸门本体有效重量以 t 为单位计量，由发包人按《工程量清单》相应项目的每吨工程单价支付。钢闸门附件安装、附属装置安装、钢闸门本体及附件涂装、试验检测和调试校正等工作所需费用，包含在《工程量清单》相应钢闸门安装项目有效工程量的每吨工程单价中，发包人不另行支付。

门槽（楣）安装工程按施工图纸所示尺寸计算的有效重量以 t 为单位计量，由发包人按《工程量清单》相应项目的每吨工程单价支付。二次埋件、附件安装、涂装、调试校正等工作所需费用，均包含在《工程量清单》相应门槽（楣）安装项目有效工程量的每吨工程单价中，发包人不另行支付。

启闭机安装工程按施工图纸所示启闭机的数量以台为单位计量，由发包人按《工程量清单》相应启闭机安装项目每台工程单价支付。除合同另有约定外，基础埋件安装、附属设备（起吊梁或平衡梁、供电系统、控制操作系统、液压启闭机的液压系统等）安装、与闸门连接和调试校正等工作所需费用，均包含在《工程量清单》相应启闭机安装项目每台工程单价中，发包人不另行支付。

（四）预埋件埋设

除合同另有约定外，预埋管道按施工图纸所示尺寸计算的有效长度（或重量）以 m（或 t）为单位计量，由发包人按《工程量清单》相应项目有效工程量的每米（或吨）工程单价支付。除合同另有约定外，永久设备预埋件的安装费用包含在《工程量清单》相应设备安装项目有效工程量的工程单价中，发包人不另行支付。除此之外，其他预埋件安装按施工图纸所示尺寸计算的预埋件有效重量以 t 为单位计量，由发包人按《工程量清单》相应项目有效工程量的每吨工程单价支付。

接地系统的预埋件按施工图纸所示接地装置尺寸计算的有效重量（或长度）以 t（或 m）为单位计量，由发包人按《工程量清单》相应项目有效工程量的每吨（或米）工程单价支付。

（五）机电设备安装

机电设备的安装，按施工图纸所示设备数量以相应的单位计量，按《工程量清单》相应项目的工程单价或总价支付。

机电设备《工程量清单》的总价项目，由承包人按批准的安装进度计划对总价项目进行分解，分解结果经发包人批准后作为合同支付的依据。

由承包人按合同要求采购的装置性材料及其安装，按施工图纸所示装置性材料的有效数量以相应单位计量，由发包人按《工程量清单》相应项目有效工程量的工程单价或总价支付。

承包人为合同机电设备安装工作所进行的开箱检查、验收、清扫、仓储保管、安装现场运输、主体设备及随机成套供应的管路与附件安装、涂装、现场试验、调试、试运行和移交生产前的维护保养等工作所需的费用，包含在《工程量清单》相应机电设备安装项目的工程单价或总价中，发包人不另行支付。

除合同专项列入《工程量清单》的临时工程和措施项目外，承包人为完成机电设备安装而修建的其他临时工程和采取的其他措施所需的费用，包含在《工程量清单》相应机电设备安装项目的工程单价或总价中，发包人不另行支付。

（六）工程安全监测

监测仪器设备的采购及安装，按施工图纸所示仪器设备的数量以相应的单位计量，由发包人按《工程量清单》相应项目有效工程量的工程单价支付。

监测仪器的电缆的采购及敷设，按施工图纸所示的有效敷设长度以 m 为单位计量，由发包人按《工程量清单》相应项目有效工程量的每米工程单价支付。

承包人按合同要求完成施工期安全监测（包括巡视检查和现场监测）、设备维护、资料记录和整理、资料分析、建模建库、安全评价等工作所需的费用，由发包人按《工程量清单》相应施工期安全监测项目总价支付。

观测墩、水准点及其他测量标志观测墩，按施工图纸所示尺寸计算的有效墩体体积以 m^3 为单位计量（或以施工图纸所示墩体数量以“个”为单位计量），由发包人按《工程量清单》相应项目有效工程量的每立方米（或个）的工程单价支付。

水位观测孔、扬压力测孔、坝基温度测孔等钻孔，按施工图纸所示尺寸计算的有效钻孔深度以 m 为单位计量，由发包人按《工程量清单》相应项目有效工程量的每米工程单价支付。

多点位移计钻孔、滑动测微计钻孔、固定测斜仪钻孔、倒垂孔、双金属标孔等取芯钻孔，按施工图纸所示尺寸计算的有效钻孔深度以 m 为单位计量，由发包人按《工程量清单》相应项目的每米工程单价支付。由于承包人的失误未按本技术条款相关规定取得有效芯样的钻孔，发包人不予支付。

观测房以施工图纸所示尺寸计算的有效建筑面积以 m^2 为单位计量，由发包人按《工程量清单》相应项目的每平方米工程单价支付。

第五节 工 程 进 度 款

工程进度款的结算支付是指发包人在合同工程施工过程中，按照合同约定对付款周期内承包人完成的合同价款给予支付的款项，有的称为合同价款的期中支付（或过程支付）。工程进度付款是按照工程施工进度分阶段地对承包人支付的一种付款方式。根据合同性质的不同可采取按如月结算、分阶段结算、按形象进度，或发包人、承包人在合同中约定的其他方式结算支付。施工合同应明确约定付款周期。《水利水电工程标准施工招标文件》（2009 年版）通用合同条款规定，付款周期同计量周期。在施工承包单价合同中，一般按月支付，即在上月结算的基础上，根据当月的合同履行情况进行的结算。这种支付方式公平合理、风险小、便于操作和控制。

一、工程进度款支付条件

（一）质量合格的工程项目

工程质量达到合同规定的标准，工程项目才予以计量，这是工程支付的必备条件。监理人只对质量合格的工程项目予以支付，对于不合格的项目，要求承包人修复、返工，直到达到合同规定标准后，才予以计量支付，且对承包人原因造成的修复返工费用由承包人自己承担。

（二）支付项目各项手续完善

合同规定支付项目需要专门手续的，在必要的合同手续没有完成前一律不予支付。

（三）在授权范围内

监理人只能在发包人的授权范围内签发支付手续，超出发包人的授权和合同规定的金额的数目时，应重新得到发包人的授权和批准。

（四）月支付款应大于合同规定的最低支付限额

为减少支付环节的财务费用，鼓励承包人加快施工进度，在有些工程的施工合同条件中规定，承包人每月（或每次）应得到的支付款额（已扣除了工程质量保证金和其他应扣款后的款额）等于或大于合同规定的阶段证书的最低限额时才予以支付。当月不予支付的金额将按月结转，直到批准的付款金额达到或超过最低支付限额时才予以支付。

二、工程进度款的结算

（一）已完工程的价款结算

1. 已标价《工程量清单》中的单价项目

已标价《工程量清单》中的单价项目，承包人应按本章第三节工程计量与计价的规定，按确认的工程量与综合单价计算。如变更导致综合单价发生调整的，以发包人与承包人双方依据变更估价原则确定的综合单价计算进度款。

2. 已标价《工程量清单》中总价项目

承包人应将已标价《工程量清单》中的各总价子目进行分解，并在签订协议书后的 28 天内将各子目的总价支付分解表提交监理人审批。总价支付分解表应标明其所属子目和分阶段需支付的金额。承包人应按批准的各总价子目支付周期内，对已完成的总价子目进行计量，确定分项的应付金额列入进度付款申请单中。监理人对承包人提交的上述资料进行复核，以确定分阶段实际完成的工程量和工程形象目标。对其有异议的，可要求承包人按约定进行共同复核和抽样复测。

总价项目（包括安全文明施工费）的期中价款计算不得超过该项目总价。

3. 计日工项目

对于计日工的支付，一般应符合以下规定：

(1) 以计日工的形式进行的任何工作，必须有监理人的指令，没有监理人的批准，承包人不能以计日工的形式进行任何工作，当然也不能支付任何款项。

(2) 计日工价款按列入已标价《工程量清单》中的计日工计价子目及其单价进行计算。采用计日工计价的任何一项变更工作，应从暂列金额中支付，承包人应在该项变更的实施过程中，每天提交以下报表和有关凭证报送监理人审批：①工作名称、内容和数量；②投入该工作所有人员的姓名、工种、级别和耗用工时；③投入该工作的材料类别和数量；④投入该工作的施工设备型号、台数和耗用台时；⑤监理人要求提交的其他资料和凭证。

(3) 按合同约定，计日工由承包人汇总后，应按合同的约定列入进度付款申请单，由监理人复核并经发包人同意后列入进度付款，由发包人在工程进度付款中一并支付。

4. 工程设备的价款结算

包含在施工合同中的工程设备，其设备费和安装费包括在已标价《工程量清单》相应设备安装子目报价中，计算时以确认的设备台、套、吨数等为单位乘以综合单价而得；未包括在施工合同中的工程设备，按设备招标或采购合同中确定的设备价格计算，结算周期以采购合同为准，结算时与施工合同并列进行。

5. 甲供材项目的价款结算

发包人可对钢筋、水泥等主材另行招标选择供应商，此时形成甲供材项目。在施工合同中，甲供材价格是预先给定的。招标人供应材料价格汇总表中，招标人供应材料的材料预算价格由招标人在工程量清单中说明，投标人考虑材料二次运输、仓储后分析的材料预算价格进入单价分析表，按照约定的扣除方式计算合同单价（包含材料款）或合同执行单价（不包含材料款）。

甲供材项目价款结算应注意以下事项（不限于）：

(1) 甲供材材料的供应价格。承包人在所领材料不足时，发包人按照此价格继续供应。

(2) 进入单价分析表中的材料价。签约合同价不含发包人供应的主要材料费时，为了补偿由于承包人不负责材料采购而带来的费率滚动损失，招标文件可设定一个价格（通常要比材料的实际供应价格低）作为计算承包人间接费、企业利润的基价，单价计算时甲供材项目费用应在税前扣除。

(3) 材料款的计量和支付。材料款的计量方法、损耗率的确定需要与技术标准和要求（合同技术条款）及定额相关要求一致。

甲供材费用包括在签约合同价中时，价款计算时应统计领取的甲供材数量，按照约定的供应价格计算材料价款，可直接支付给材料供应商。

甲供材费用不包括在签约合同价中时，此时承包人的综合单价已按照既定格式扣除甲供材费用，价款计算时参照前述规定进行，此时材料费由发包人支付给材料供应商。

6. 暂估价项目的价款结算

（1）暂估价工程、设备项目，若通过招标或采购，合同项目原承包人继续实施，则只需按新确定的价格调整暂估价项目原有价格。价款结算按照暂估价项目类别（单价子目或总价子目）参照前述规定计算。

（2）暂估价工程、设备项目，若通过招标或采购，合同项目原承包人没有继续实施，则由合同项目原承包人与暂估价项目中标人按新招标或采购的价格签订分包合同，同时调整合同项目承包人暂估价项目价格。此时暂估价项目形成分包合同性质，承包人可以在暂估价项目招标或采购中列出一定比例总承包管理费，承包人可在申报价款结算中按总价项目申报。价款结算按照暂估价项目类别（单价子目或总价子目）参照前述规定计算。

（3）暂估价材料项目通过招标或采购确定了准确的合同价格，所涉及材料的子目必须按新价格进行调整，但需注意仅调整材料预算价格及相应滚动产生的费用，单价计算过程中的费用构成、相关费率均不调整。价款计算时应将相关子目单独标记，按新单价参照前述规定计算。

（二）结算价款的调整

承包人遵照监理人指示完成得到的变更费用、索赔费用和物价波动引起的价格调整费用等列入本周期应增加的金额中。由发包人提供的材料和有偿使用的设施设备，应按照合同约定的单价和数量从进度款中扣除，也可通过合同约定由承包人直接向材料和设施、设备的提供者支付。

三、工程进度付款的程序

（一）提交进度付款申请单

承包人应在每个付款周期末，按监理人批准的格式和专用合同条款约定的份数，向监理人提交进度付款申请单，并附相应的支持性证明文件。除专用合同条款另有约定外，进度付款申请单应包括下列内容：

（1）截至本次付款周期末已实施工程的价款。

（2）按合同约定应增加和扣减的变更金额。

（3）按合同约定应增加和扣减的索赔金额。

（4）按合同约定应支付的预付款和扣减的返还预付款。

（5）按合同约定应扣减的质量保证金。

（6）根据合同应增加和扣减的其他金额。

（二）进度付款申请单核查

监理人在收到承包人进度付款申请单以及相应的支持性证明文件后的 14 天内完成核查，提出发包人到期应支付给承包人的金额以及相应的支持性材料，经发包人审查同意后，由监理人向承包人出具经发包人签认的进度付款证书。监理人有权扣除承包人未能按照合同要求履行任何工作或义务的相应金额。

1. 核查内容

（1）核查期中进度付款汇总表，对照历史已支付、本期申请支付及当前支付占合同总价的进度比例，判断是否超付和欠付情况。

（2）核查承包人进度付款申请单格式和内容是否满足合同要求；各项资料和证明文件手续是否齐全；计量、计价口径和单位是否与已标价《工程量清单》一致，数据是否准确可靠。

（3）核查索赔、变更、价格调整、计日工项目手续是否完备，金额的增减对《已标价工程量清单》的影响是否能够一目了然。

（4）对预付款、工程质量保证的预付和扣留是否符合合同要求。

2. 核查重点环节

（1）计量和计价方面。对进度付款申请单中所开列的各工程的价值，必须以质量检验的结果和计量结果为依据，签认的应该是经监理单位认可的合格工程及其计量数量，计价符合要求。

（2）最小支付额方面。一般以扣除工程质量保证金的金额及其他本期应扣款额后的总额大于合同中规定的最小支付金额为依据，小于这个金额的监理单位不开具本期支付证书。

（3）质量方面。承包人运进现场的用于永久工程的材料必须是合格的：有材料出厂（场）证明，有工地抽检试验证明，有经监理人员检验认可的证明。不合格材料不但得不到材料预付款支付，不准使用，而且必须尽快运出现场。如果承包人到时不能将不合格的材料运出，监理单位将雇人将其运出，一切费用由该承包人承担。

（4）合同外项目方面。把好工程分包、工程变更、索赔和物价波动引起的价格调整，未经监理人事先批准的计日工，不给予承包人支付。

（三）进度款支付

（1）监理单位在审核并修正承包人的支付申请后，计算应付款金额、扣除金额和当期工程进度付款总金额。

（2）将当期工程进度付款总金额与合同中约定的支付最低金额比较，若当期工程进度付款总金额小于合同中约定的支付最低金额时，监理单位将不签发付款证书，上述款额将结转下个支付周期，直至累计的工程进度付款总金额大于合同中约定的支付最低金额为止；若当期工程进度付款总金额大于或等于合同中约定的支付最低金额时，监理单位将签发付款证书。

（3）发包人应在监理单位收到进度付款申请单后的28天内，将进度应付款支付给承包人。发包人不按期支付的，按专用合同条款的约定支付逾期付款违约金。发包人不按期支付的，承包人可向发包人发出通知，要求发包人纠正违约行为。发包人收到承包人通知后的28天内仍不履行付款义务的，承包人有权暂停施工，并通知监理单位，发包人应承担由此增加的费用和（或）工期延误，并支付承包人合理利润。暂停施工28天，发包人仍不纠正违约行为的，承包人可向发包人发出解除合同通知。

（4）监理人出具进度付款证书，不应视为监理单位已同意、批准或接受了承包人完成的该部分工作。

（5）除特殊事项外（如计日工、变更、索赔、价格调整等），监理单位签发的付款证书中支付数量应基本正确；一时难以确定的特殊事项，监理单位可以先确定一笔临时付款金额。

(6) 进度付款涉及政府投资资金的，按照国库集中支付等国家相关规定和专用合同条款的约定办理。

(四) 工程进度付款的修正

在对以往历次已签发的进度付款证书进行汇总和复核中发现错、漏或重复的，监理单位有权予以修正，承包人也有权提出修正申请。经双方复核同意的修正，应在本次进度付款中支付或扣除。

四、工程进度款支付用表

(一) 承包人用表

承包人用表参见表 5-8～表 5-13。

表 5-8　　联合测量通知单（格式）

（承包[　　]联测　　号）

合同名称：　　　　　　　　　　　　　　　　　　合同编号：

致（监理机构）： 根据合同约定和工程进度，我方拟进行工程测量工作，请贵方派员参加。 施测工程部位： 项目工作内容： 任务要点： 施测计划时间：______年____月____日至______年____月____日 承　包　人：（现场机构名称及盖章） 技术负责人：（签名） 日　　期：　　年　月　日
□拟于______年____月____日派监理人员参加测量。 □不派人参加联合测量，贵方测量后将测量结果报我方审核。 监 理 机 构：（名称及盖章） 监理工程师：（签名） 日　　期：　　年　月　日

说明：本表一式____份，由承包人填写。监理机构签署后，发包人____份、监理机构____份、承包人____份。

表 5-9

施工测量成果报验单（格式）

（承包［　　］测量　　号）

合同名称：　　　　　　　　　　　　　　　　合同编号：

致（监理机构）：

我方已完成□施工控制测量/□工程计量测量/□地形测量/□施工期变形监测的施工测量工作，经自检合格，请贵方审核。

施测部位：

施测说明：

附件：

□施工控制测量	□工程计量测量	□地形测量	□施工期变形监测
1. 测量数据。 2. 数据分析及平差成果	1. 工程量计算表。 2. 断面图。 3. 其他	1. 测量数据。 2. 数据分析及成果（数据处理方法，断面图或地形图）	1. 观测数据。 2. 数据分析及评价

承　包　人：（现场机构名称及盖章）
技术负责人：（签名）
日　　期：　　年　　月　　日

审核意见：

监 理 机 构：（名称及盖章）
监理工程师：（签名）
日　　期：　　年　　月　　日

说明：本表一式____份，由承包人填写。监理机构审核后，发包人____份、监理机构____份、承包人____份。

表 5-10

工程计量报验单（格式）

（承包［　　］计报　　号）

合同名称：　　　　　　　　　　　　　　　　　　　　　　合同编号：

<table>
<tr><td colspan="8">致（监理机构）：
我方按施工合同约定已完成下列项目的施工，其工程质量经检验合格，并依据合同进行了计量。现提交计量结果，请贵方审核。

承 包 人：（现场机构名称及盖章）
项目经理：（签名）
日　　期：　　年　月　日</td></tr>
<tr><td>一</td><td colspan="7">合同分类分项项目（含变更项目）</td></tr>
<tr><td>序号</td><td>项目编码</td><td>项目编号</td><td>项目名称</td><td>单位</td><td>申报工程量</td><td>监理核实工程量</td><td>备注</td></tr>
<tr><td>1</td><td></td><td></td><td></td><td></td><td></td><td></td><td></td></tr>
<tr><td>2</td><td></td><td></td><td></td><td></td><td></td><td></td><td></td></tr>
<tr><td>3</td><td></td><td></td><td></td><td></td><td></td><td></td><td></td></tr>
<tr><td></td><td></td><td></td><td></td><td></td><td></td><td></td><td></td></tr>
<tr><td>二</td><td colspan="7">合同措施项目（含变更项目）</td></tr>
<tr><td>序号</td><td>项目编号</td><td colspan="2">项目名称</td><td>合价</td><td>本次申报</td><td>监理核实</td><td>备注</td></tr>
<tr><td>1</td><td></td><td colspan="2"></td><td></td><td></td><td></td><td></td></tr>
<tr><td>2</td><td></td><td colspan="2"></td><td></td><td></td><td></td><td></td></tr>
<tr><td>3</td><td></td><td colspan="2"></td><td></td><td></td><td></td><td></td></tr>
<tr><td></td><td></td><td colspan="2"></td><td></td><td></td><td></td><td></td></tr>
<tr><td colspan="8">附件：计量测量、计算等资料。</td></tr>
<tr><td colspan="8">审核意见：

监 理 机 构：（名称及盖章）
监理工程师：（签名）
日　　期：　　年　月　日</td></tr>
</table>

说明：1. 本表一式____份，由承包人填写。监理机构审核后，发包人____份、监理机构____份、承包人____份，作为当月已完工程量汇总表的附件使用。

2. 本表中的项目编码是指《水利工程工程量清单计价规范》（GB 50501—2007）中的项目编码，项目编号是指合同工程量清单的项目编号。

表 5-11

计日工单价报审表（格式）

（承包［ ］计审 号）

合同名称：　　　　　　　　　　　　　　　　　　　　　　　　合同编号：

致（监理机构）：

我方按要求完成了下列计日工项目，现按施工合同约定申报计日工单价，请贵方审核。

附件：单价分析表

承 包 人：（现场机构名称及盖章）
项目经理：（签名）
日　　期：　　年　月　日

序号	计日工内容	单位	申报单价	监理审核单价	发包人核准单价

审核意见：

监 理 机 构：（名称及盖章）
总监理工程师：（签名）
日　　　期：　　年　月　日

核准意见：

发包人：（名称及盖章）
负责人：（签名）
日　期：　　年　月　日

说明：本表一式____份，由承包人填写。针对施工合同中未明确约定单价的计日工，报监理机构审核、发包人核准后，发包人____份、监理机构____份、承包人____份，结算时用作附件。

表 5-12　　　　计日工工程量签证单（格式）

（承包［　　］计签　　号）

合同名称：　　　　　　　　　　　　　　　　　　　　　　合同编号：

致（监理机构）：

我方按计日工工作通知（监理［　　］计通　　号）实施了下列所列项目，现按施工合同约定申报______年____月____日的计日工工程量，请贵方审核。

附件：□人员工作明细

□材料使用明细

□施工设备使用明细

承 包 人：（现场机构名称及盖章）

项目经理：（签名）

日　　期：　　年　月　日

序号	工程项目名称	计日工内容	单位	申报工程量	核准工程量	说明
1						
2						
3						
4						
5						
6						

审核意见：

监 理 机 构：（名称及盖章）

监理工程师：（签名）

日　　期：　　年　月　日

说明：本表一式____份，由承包人每个工作日完成后填写。经监理机构审核后，发包人____份、监理机构____份、承包人____份，作结算时作用。

表 5-13

工程进度付款申请单（格式）

（承包［　　］进度付　　号）

合同名称：　　　　　　　　　　　　　　　　　　　　　　　　　　　　　　　　合同编号：

<table>
<tr><td>致（监理机构）：
我方今申请支付________年____月工程进度付款，总金额为（大写）____________________元（小写________元），请贵方审核。
附件：
1. 工程进度付款汇总表。
2. 已完工程量汇总表。
3. 合同分类分项项目进度付款明细表。
4. 合同措施项目进度付款明细表。
5. 变更项目进度付款明细表。
6. 计日工项目进度付款明细表。
7. 索赔确认单清单。
8. 其他。

承 包 人：（现场机构名称及盖章）
项目经理：（签名）
日　　期：　　年　月　日</td></tr>
<tr><td>审核后，监理机构将另行签发工程进度付款证书。

监理机构：（名称及盖章）
签 收 人：（签名）
日　　期：　　年　月　日</td></tr>
</table>

说明：本申请单及附表一式____份，由承包人填写。经监理机构审核后，作为工程进度付款证书的附件报送发包人批准。

表 5-13（1）

工程进度付款汇总表（格式）

（承包［　　］进度总　　号）

合同名称：　　　　　　　　　　　　　　　　　　　　　　　　合同编号：

项目		截至上期末累计完成额/元	本期申请金额/元	截至本期末累计完成额/元	备　注
应付款金额	合同分类分项项目				
	合同措施项目				
	变更项目				
	计日工项目				
	索赔项目				
	小计				
	工程预付款				
	材料预付款				
	小计				
	价格调整				
	延期付款利息				
	小计				
	其他				
应付款金额合计					
扣除金额	工程预付款				
	材料预付款				
	小计				
	质量保证金				
	违约赔偿				
	其他				
扣除金额合计					
本期工程进度付款总金额					
本期工程进度付款总金额：　仟　佰　拾　万　仟　佰　拾　元（小写：　　元）					
承　包　人：（现场机构名称及盖章） 项目经理：（签名） 日　　期：　　年　月　日					

说明：本表一式____份，由承包人填写，作为表 5-13 的附表。

附表 5-13（2）

已完工程量汇总表（格式）

（承包［ ］量总 号）

合同名称： 合同编号：

致（监理机构）：

我方现报送本期已完工程量汇总如下表，请贵方审核。

附件：工程量报验单：

（1）承包［ ］计报 号。

（2）承包［ ］计报 号。

承 包 人：（现场机构名称及盖章）

项目经理：（签名）

日 期： 年 月 日

一	合同分类分项项目（含变更项目）									
序号	项目编码	项目编号	项目名称	单位	合同工程量	截至上期末累计	承包人申报工程量		监理审核工程量	
							本期申报	截至本期末累计	监理审核	截至本期末累计
1										
2										
…										

一	合同措施项目（含变更项目）								
序号	项目编号	项目名称	合价	合同工程量	截至上期末累计	承包人申报		监理审核	
						本期申报	截至本期末累计	监理审核	截至本期末累计
1									
2									
…									

审核意见详见上表监理审核意见栏。

监 理 机 构：（名称及盖章）

总监理工程师：（签名）

日 期： 年 月 日

说明：1. 本表一式____份，由承包人依据已签认的工程计量报验单填写。监理机构审核后，作为表 5-13 的附表。

2. 本表中的项目编码是指《水利工程工程量清单计价规范》（GB 50501—2007）中的项目编码，项目编号是指合同工程量清单的项目编号。

附表 5－13（3）　　合同分类分项项目进度付款明细表（格式）

（承包［　］分类付　　号）

合同名称：　　　　　　　　　　　　　　　　合同编号：

致（监理机构）：

本期合同分类分项项目进度付款明细表如下表，我方申请支付的合同分类分项项目进度付款总金额为（大写）________元（小写________元），请审核。

承 包 人：（现场机构名称及盖章）

项目经理：（签名）

日　　期：　　年　月　日

序号	项目编号	项目名称	单位	合同工程量	合同价格/元	截至上期末累计完成		本期承包人申报			本期监理审核意见			截至本期末累计完成	
						工程量	金额/元	单价/元	工程量	金额/元	单价/元	工程量	金额/元	工程量	金额/元
1															
2															
3															
合计															

审核意见详见上表监理审核意见栏。

监 理 机 构：（名称及盖章）

总监理工程师：（签名）

日　　　期：　　年　月　日

说明：1. 本表一式____份，由承包人填写，作为表 5－13 的附表。

2. 本表中的项目编号是指合同工程量清单的项目编号。

附表 5－13（4） **合同措施项目进度付款明细表（格式）**

（承包［ ］措施付 号）

合同名称： 合同编号：

致（监理机构）：

本期合同措施项目进度付款明细表如下表，我方申请支付的合同措施项目进度付款总金额为（大写）__________元（小写__________元），请贵方审核。

承 包 人：（现场机构名称及盖章）
项目经理：（签名）
日 期： 年 月 日

序号	项目名称	合同金额/元	截至上期末累计支付金额/元	本期申报支付金额/元	监理审核本期支付金额/元	截至本期末累计支付金额/元	支付比例	备注
1								
2								
3								
…								
合计								

审核意见详见上表监理审核意见栏。

监 理 机 构：（名称及盖章）
总监理工程师：（签名）
日 期： 年 月 日

说明：本表一式____份，由承包人填写，作为表 5－13 的附表。

附表 5-13（5） **变更项目进度付款明细表（格式）**

（承包［ ］变更付 号）

合同名称： 合同编号：

致（监理机构）：

根据下列变更指示、变更项目价格/工期确认单和工程计量报验单，现申请变更项目付款总金额为（大写）______元（小写______元），请贵方审核。

附件：1. 变更指示：

（1）监理［ ］变指 号。

（2）监理［ ］变指 号。

2. 变更项目价格/工期确认单：

（1）监理［ ］变确 号。

（2）监理［ ］变确 号。

3. 工程计量报验单：

（1）承包［ ］计报 号。

（2）承包［ ］计报 号。

承 包 人：（现场机构名称及盖章）

项目经理：（签名）

日 期： 年 月 日

序号	变更项目编号	变更项目名称	单位	截至上期末累计完成		本期承包人申报			本期监理审核意见			截至本期末累计完成	
				工程量	金额/元	价格（单价或合价）/元	工程量	金额/元	价格（单价或合价）/元	工程量	金额/元	工程量	金额/元
1													
2													
合计													

审核意见详见上表监理审核意见栏。

监 理 机 构：（名称及盖章）

总监理工程师：（签名）

日 期： 年 月 日

说明：本表一式____份，由承包人填写，作为表 5-13 的附表。

附表 5-13（6）

计日工项目进度付款明细表（格式）

（承包［　　］计付　　号）

合同名称：　　　　　　　　　　　　　　　　　　合同编号：

致（监理机构）：

现申报本期计日工项目进度付款，总金额为（大写）____________元（小写____________元），请贵方审核。

附件：1. 本期计日工工作量汇总表（汇总计日工工程量签证单）。

2. 计日工单价报审表：

（1）承包［　　］计审　　号。

（2）承包［　　］计审　　号。

（3）……

承 包 人：（现场机构名称及盖章）
项目经理：（签名）
日　　期：　　年　月　日

序号	计日工内容	工程量	单位	单价/元	承包人申报金额/元	监理人审核金额/元	备注
1							
2							
3							
合计							

审核意见详见上表监理审核意见栏。

监 理 机 构：（名称及盖章）
总监理工程师：（签名）
日　　期：　　年　月　日

说明：1. 本表一式____份，由承包人填写，作为表 5-13 的附表。

2. 本表的单价依据合同或计日工单价报审表填空。

(二)监理机构用表

监理机构用表参见表5-14~表5-15。

表5-14 **计日工工作通知(格式)**

(监理[ ]计通 号)

合同名称： 合同编号：

致(承包人现场机构)：

依据合同约定，经发包人批准，现决定对下列工作按计日工予以安排，请据以执行。

序号	工作项目或内容	计划工作时间	计价及付款方式	备注
1				
2				
3				
4				
5				

附件：

监 理 机 构：(名称及盖章)
总监理工程师：(签名)
日 期： 年 月 日

我方将按通知执行。

承 包 人：(现场机构名称及盖章)
项目经理：(签名)
日 期： 年 月 日

说明：1. 本表一式____份，由监理机构填写。承包人签署后，发包人____份、监理机构____份、承包人____份。

2. 本表计价及付款方式栏填写“按合同计日工单价支付”或“双方协商”。

表 5-15

工程进度付款证书（格式）

（监理［　　］进度付　　号）

合同名称：　　　　　　　　　　　　　　　　　　　　　　　　合同编号：

<table>
<tr><td>
致（发包人）：
　　经审核承包人的工程进度付款申请单（承包［　　］进度付　　号），本月应支付给承包人的工程价款金额共计（大写）____________元（小写____________元）。
　　根据施工合同约定，请贵方在收到此证书后的__________天之内完成审批，将上述工程价款支付给承包人。
　　附件：1. 工程进度付款审核汇总表。
　　　　　2. 其他。

监 理 机 构：（名称及盖章）
总监理工程师：（签名）
日　　　　期：　　年　月　日
</td></tr>
<tr><td>
　　发包人审批意见：

发包人：（名称及盖章）
负责人：（签名）
日　期：　　年　月　日
</td></tr>
</table>

说明：本证书一式____份，由监理机构填写。发包人审批后，发包人____份、监理机构____份、承包人____份，办理结算时使用。

附表 5－15（1）　　工程进度付款审核汇总表（格式）

（监理［　　］付款审　　号）

合同名称：　　　　　　　　　　　　　　　　　　　　　　合同编号：

项　目		截至上期末累计完成额/元	本期承包人申请金额/元	本期监理人审核金额/元	截至本期末累计完成额/元	备注
应付款金额	合同分类分项项目					
	合同措施项目					
	变更项目					
	计日工项目					
	索赔项目					
	小计					
	工程预付款					
	材料预付款					
	小计					
	价格调整					
	延期付款利息					
	小计					
	其他					
应付款金额合计						
扣除金额	工程预付款					
	材料预付款					
	小计					
	质量保证金					
	违约赔偿					
	其他					
扣除金额合计						
本期工程进度付款总金额						
本期工程进度付款总金额：　仟　佰　拾　万　仟　佰　拾　元（小写：　　元）						
监 理 机 构：（名称及盖章） 总监理工程师：（签名） 日　　　期：　　年　月　日						

说明：本表一式____份，由监理机构填写。发包人____份、监理机构____份、承包人____份，作为月报及表 5－15 工程进度付款证书的附件。

第六节 施 工 分 包

一、施工分包的基本知识

（一）基本概念

施工分包是指施工企业将其所承包的水利工程中的部分工程发包给其他施工企业，或者将劳务作业发包给其他企业或组织完成的活动，但仍需履行并承担与项目法人所签合同确定的责任和义务。

水利工程施工分包按分包性质分为工程分包和劳务作业分包。其中，工程分包是指承包人将其所承包工程中的部分工程发包给具有与分包工程相应资质的其他施工企业完成的活动；劳务作业分包是指承包人将其承包工程中的劳务作业发包给其他企业或组织完成的活动。

转包是指承包单位承包建设工程，不履行合同约定的责任和义务，将其承包的全部建设工程转给他人，或者将其承包的全部建设工程肢解以后以分包的名义分别转给其他单位承包的行为。

施工分包中所称主要建筑物是指失事以后将造成下游灾害或严重影响工程功能和效益的建筑物，如堤防、穿堤建筑物、大坝等挡水建筑物、泄水建筑物、输水建筑物、电站厂房、泵站等；主要建筑物的主体结构，由项目法人要求设计单位在设计文件或招标文件中明确。

施工分包中所称主要建筑材料是指混凝土工程中的钢筋、水泥、砂石料，土石方工程中的石料，金属结构工程中的钢材，防渗工程中的土工织物等对工程质量影响较大、占工程造价比重较高的材料。

施工分包中所称大中型机械设备是指工程施工中的大中型起重设备，混凝土工程施工中的大中型拌和、输送设备，土石方工程施工中的大中型挖掘设备、运输车辆、碾压机械等。

（二）相关规定

关于转包和违法分包在《中华人民共和国民法典》《中华人民共和国建筑法》以及《建设工程质量管理条例》中均有明确的规定，如《中华人民共和国民法典》第七百九十一条、《中华人民共和国建筑法》第二十八条、《建设工程质量管理条例》第二十五条等。国家有关法律法规规定禁止转包，虽然不禁止分包，但对分包的管理有关主管部门是有具体规定的，如果分包行为违反具体规定，则是违法分包。2016 年，水利部印发了《水利工程施工转包违法分包等违法行为认定查处管理暂行办法》（水建管〔2016〕420 号），进一步规范分包行为。2019 年水利部印发了《水利工程建设质量与安全生产监督检查办法（试行）》和《水利工程合同监督检查办法（试行）》，对工程分包作了进一步规定。

为进一步加强水利工程建设管理，规范施工分包活动，确保工程质量和施工安全，水利部于1998年11月10日颁布了《水利工程建设项目施工分包管理暂行规定》(水建管〔1998〕481号)。水利部2005年7月22日颁布了修订后的《水利建设工程施工分包管理规定》(水建管〔2005〕304号)。电力工业部于1997年4月22日颁布实施的《水电建设工程质量管理暂行办法》(电水农〔1997〕220号)也对分包和转包作出了规定。

2020年5月28日,《中华人民共和国民法典》颁布实施,其中第七百九十一条、第八百零六条,对分包、再分包、转包和违法分包导致解除合同的情形分别进行了规定。

(三)施工分包中各方管理职责

1. 项目法人在施工分包中的管理职责

根据《中华人民共和国招标投标法》《建设工程质量管理条例》等有关法律法规,结合水利工程特点,水利部2005年7月22日颁布了《水利建设工程施工分包管理规定》(水建管〔2005〕304号)。根据该规定,项目法人在履行分包管理职责时应注意以下几点:

(1)水利建设工程的主要建筑物的主体结构不得进行工程分包。主要建筑物是指失事以后将造成下游灾害或严重影响工程功能和效益的建筑物,如堤坝、泄洪建筑物、输水建筑物、电站厂房和泵站等。主要建筑物的主体结构,由项目法人要求设计单位在设计文件或招标文件中明确。

(2)在合同实施过程中,有下列情况之一的,项目法人可向承包人推荐分包人:

1)由于重大设计变更导致施工方案重大变化,致使承包人不具备相应的施工能力。

2)由于承包人原因,导致施工工期拖延,承包人无力在合同规定的期限内完成合同任务。

3)项目有特殊技术要求、特殊工艺或涉及专利权保护的。

如承包人同意,则应由承包人与分包人签订分包合同,并对该推荐分包人的行为负全部责任;如承包人拒绝,则可由承包人自行选择分包人,但需经项目法人书面认可。

(3)项目法人一般不得直接指定分包人。但在合同实施过程中,如承包人无力在合同规定的期限内完成合同中的应急防汛、抢险等危及公共安全和工程安全的项目,项目法人经项目的上级主管部门同意,可根据工程技术、进度的要求,对该应急防汛、抢险等项目的部分工程指定分包人。由指定分包人造成的与其分包工作有关的一切索赔、诉讼和损失赔偿由指定分包人直接对项目法人负责,承包人不对此承担责任。职责划分可由承包人与项目法人签订协议明确。

(4)发包人或其委托的监理单位要对承包人和分包人签订的分包合同的实施情况进行监督检查。

2. 承包单位在施工分包中的管理职责

根据《水利建设工程施工分包管理规定》(水建管〔2005〕304号),承包单位在履行分包管理职责时应注意以下几点:

(1)工程分包应在施工承包合同中约定,或经项目法人书面认可。劳务作业分包由承包人与分包人通过劳务合同约定。

(2)承包人和分包人应当依法签订分包合同,并履行合同约定的义务。分包合同必须遵循承包合同的各项原则,满足承包合同中技术、经济条款。承包人应在分包合同签订后

7 个工作日内，送发包人备案。

(3) 除项目法人依法指定分包外，承包人对其分包项目的实施以及分包人的行为向发包人负全部责任。承包人应对分包项目的工程进度、质量、安全、计量和验收等实施监督和管理。

(4) 承包人和分包人应当设立项目管理机构，组织管理所承包或分包工程的施工活动。

项目管理机构应当具有与所承担工程的规模、技术复杂程度相适应的技术、经济管理人员。其中项目负责人、技术负责人、财务负责人、质量管理人员、安全管理人员必须是本单位人员。

本单位人员系是指在本单位工作，并与本单位签订劳动合同，由本单位支付劳动报酬、缴纳社会保险的人员。

(5) 禁止转包。

1) 具有下列情形之一的，认定为转包：①承包人将其承包的全部工程转给其他单位(包括母公司承接工程后将承接工程交由具有独立法人资格的子公司施工的情形) 或个人施工的；②承包人将其承包的全部工程肢解以后以分包的名义转给其他单位或个人施工的；③承包人将其承包的全部工程以内部承包合同等形式交由分公司施工，但分公司成立未履行合法手续的；④采取联营合作等形式的承包人，其中一方将应由其实施的全部工程交由联营合作方施工的；⑤全部工程由劳务作业分包单位实施，劳务作业分包单位计取报酬是除上缴给承包人管理费之外全部工程价款的；⑥签订合同后，承包人未按合同约定设立现场管理机构的，或未按投标承诺派驻本单位主要管理人员或未对工程质量、进度、安全、财务等进行实质性管理的；⑦承包人不履行管理义务，只向实际施工单位收取管理费的；⑧法律、法规规定的其他转包行为。

2) 具有下列情形之一的，认定为违法分包：①承包人将工程分包给不具备相应资质或安全生产许可的单位或个人施工的；②施工合同中没有约定，又未经项目法人书面同意，承包人将其承包的部分工程分包给其他单位施工的；③承包人将主要建筑物的主体结构工程分包的；④工程分包单位将其承包的工程中非劳务作业部分再分包的；⑤劳务作业分包单位将其承包的劳务作业再分包的；⑥劳务作业分包单位除计取劳务作业费用外，还计取主要建筑材料款和大中型机械设备的费用；⑦承包人未与分包人签订分包合同，或分包合同未遵循承包合同的各项原则，不满足承包合同中相应要求的；⑧法律法规规定的其他违法分包行为。

3) 具有下列情形之一的，认定为出借或借用其他单位资质承担工程：①单位或个人借用其他单位的资质承揽工程的；②投标人法定代表人的授权代表人不是投标人本单位人员的；③实际施工单位使用承包人资质中标后，以承包人分公司、项目部等名义组织实施，但两者无实质产权、人事、财务关系的；④工程分包的发包单位不是该工程的承包人的，但项目法人依约作为发包单位的除外；⑤劳务作业分包的发包单位不是该工程的承包人或工程分包单位的；⑥承包人派驻施工现场的项目负责人、技术负责人、财务负责人、质量管理负责人、安全管理负责人中，部分人员不是本单位人员的；⑦承包人与项目法人之间没有工程款收付关系，或者工程款支付凭证上载明的单位与施工合同中载明的承包单位不一致的；⑧合同约定由承包人负责采购、租赁的主要建筑材料、工程设备等，由其他单位或个人采购、租赁，或者承包人不能提供有关采购、租赁合同及发票等证明，又不能进行合理解释并提供材料证明的；⑨法律法规规定的其他出借借用资质行为。

设备租赁和材料委托采购不属于分包、转包管理范围。承包人可以自行进行设备租赁或材料委托采购，但应对设备或材料的质量负责。

3. 分包单位在施工分包中的管理职责

(1) 承揽工程分包的分包人必须具有与所分包承建的工程相应的资质，并在其资质等级许可范围内承揽业务。

(2) 分包人应当按照分包合同的约定对其分包的工程向承包人负责，分包人应接受承包人对分包项目所进行的工程进度、质量、安全、计量和验收的监督和管理。承包人和分包人就分包项目对发包人承担连带责任。

(3) 分包人应当设立项目管理机构，组织管理所分包工程的施工活动。项目管理机构应当具有与所承担工程的规模、技术复杂程度相适应的技术、经济管理人员。其中，项目负责人、技术负责人、财务负责人、质量管理人员、安全管理人员必须是本单位人员。

(4) 分包人必须自行完成所承包的任务。禁止分包人将工程再次分包。

4. 监理单位在施工分包中的管理职责

(1) 监理机构在施工合同约定或者有关规定允许分包的工程项目范围内，对承包人的分包申请进行审核。审核要求是分包人的资格能力应与其分包工程的标准和规模相适应，具备相应的专业承包资质或劳务分包资质，并应提供分包协议、分包人的资质证书及营业执照复印件、人员和设备资料表、分包的工程项目和工程量。

(2) 只有在分包项目最终获得发包人批准，承包人与分包人签订了分包合同并报监理机构备案后，监理机构方可允许分包人进场。

(3) 监理机构监督承包人对分包人和分包工程项目的管理，并监督现场工作，但不接受分包合同争议。

(4) 分包工程项目的施工技术方案、开工申请、工程质量报验、变更和合同支付等应通过承包人向监理机构申报。

(5) 分包工程只有在承包人自检合格后，方可由承包人向监理机构提交验收申请报告。

二、施工分包中的投资控制

(一) 分清施工分包中各方的关系

1. 承包人与分包人的关系

分包工程的主要特点是：从市场的角度看，承包人既是卖方又是买方，他既要对发包人负全部的法律和经济责任，又要根据分包合同对分包人进行管理并履行有关的义务。承包人可以将工程分包给其他人，但不可将合同的责任和义务分包出去，承包人不能期望通过分包，逃避自己在施工合同中的法律和经济责任。而分包人在现场则要接受承包人的统筹安排和调度，只是对承包人承担分包合同内规定的责任并履行相关的义务。

2. 发包人与分包人的关系

由于分包合同只是承包人与分包人的协议，从法律的角度讲，发包人与分包人之间没有契约关系，发包人对分包人可以说既无合同权利又无合同义务。发包人和分包人的关系与发包人和承包人的关系有着本质的区别。除非合同另有明确的规定，分包人不能就付款、索赔和工期等问题直接与发包人交涉，一切与发包人的往来均须通过承包人进行。发包人只是按照承包人合同支付承包人的价款并赔偿其可能的经济损失，而分包人是从承包人处按分包合同索回其应得的部分。分包人的效益通常与承包人的效益密切相关。

3. 监理单位与分包人的关系

监理单位的任务是在项目的实施过程中进行监督管理，即通过投资控制、质量控制、进度控制、合同管理、安全管理、信息管理和组织协调，实现项目的最优目标。正如发包人和分包人之间没有契约关系一样，受发包人委托的监理单位和分包人之间没有直接的法律责任、义务和权利关系。但是，分包合同是以总承包合同为背景和条件的，因此，分包合同从签订到实施都离不开监理单位。

（二）控制施工分包中的价款支付风险

由于承包人在签订分包合同时处于主导地位，分包人处于被动地位，因此，承包人往往利用分包合同向分包人转嫁风险，使之在工程施工过程中承担的风险与享有的权利与总承包合同总的相应规定有很大的差别。为了施工合同的顺利实施，监理单位必须依照发包人的授权和有关监理规范，控制施工分包中的价款支付风险。施工分包中的价款支付风险主要表现在以下方面。

1. 付款不到位

承包人往往以按合同规定自己没有从发包人那里得到支付为由，拒绝给分包人支付。如果是由于分包人的违约使承包人未能从发包人那里得到支付，则分包人应承担责任，也不能从发包人那里得到相应的支付。但是，承包人因为自身的原因而未能按时收到发包人方面的支付，分包人不能因此同承包人一起承担损失。

2. 付款不及时

承包人必须按时向分包人支付其应得的款项。但分包人得到的支付常滞后于发包人对承包人的支付。

3. 排斥价款调整收益

在一些分包工程中，分包人往往不能对工程变更、工程索赔和物价波动引起的价格调整所带来的收益享有权利。如果总承包合同规定工程价款随工程量调整而变更的条款，分包人应同承包人一样享有相应的调价权利。

4. 指定分包时发生纠纷

对推荐分包，发包人对分包人的选择只是推荐性的，承包人可以接受也可以不接受。承包人不接受时，可自主另行选择分包人。无论是接受发包人推荐的分包人，还是不接受而另行选择分包人，分包合同均由承包人与分包人签订，价款支付是发包人和承包人、承包人和分包人的关系，不会形成发包人和分包人的关系。指定分包时，由于认定不清，容易存在价款纠纷。指定分包与一般分包有以下区别：

(1) 选择分包单位的权利不同。承担指定分包工作任务的单位由发包人选定，而一般分包人则由承包人选择。

(2) 分包合同的工作内容不同。指定分包工作属于承包人无力完成的工作。这些工作根据情况又分为：①不属于合同约定应由承包人必须完成范围之内的工作；②属于合同约定应由承包人必须完成范围之内的工作。前者即承包人投标报价时没有摊入间接费、利润、税金的工作，因此不损害承包人的合法权益；后者则相反。一般分包人的工作则为承包人承包工作范围的一部分。

(3) 工程款的支付开支项目不同。为了不损害承包人的利益，前款第①类工作给指定分包人的付款应从暂列金额内开支；而第②类工作与一般分包人的付款一样，则从工程量清单中相应工作内容项内支付。由于发包人选定的指定分包人要与承包人签订分包合同，并需指派专职人员负责施工过程中的监督、协调、管理工作，因此也应在分包合同内具体约定双方的权利和义务，明确收取分包管理费的标准和方法。如果施工中需要指定分包人，在招标文件中应给予较详细说明，承包人在投标书中填写收取分包项目合同价的某一百分比作为协调管理费。该费用包括现场管理费、公司管理费和利润。

(4) 发包人对分包人利益的保护不同。指定分包人与承包人签订分包合同后，按照权利义务关系，直接对发包人负责，但由于指定分包人终究是与承包人签订合同，而且其工程款的支付一般从暂列金额内开支，因此一般发包人要求分包合同列有保护指定分包人的条款。例如，有些合同通用合同条款规定，承包人在每个月末报送工程进度款支付报表时，监理人有权要求他出示以前已按指定分包合同给指定分包人付款的证明。如果承包人没有合法理由而扣押了指定分包人上个月应得工程款的话，发包人有权按监理人出具的证明从业务发生月应得款内扣除这笔金额直接付给指定分包人。对于一般分包人则无此类规定，发包人和监理人不介入一般分包合同履行的监督。需要注意的是，因非承包人原因形成指定分包条件的，发包人的指定分包不得增加承包人的额外费用；因承包人原因形成指定分包条件的，承包人应负责因指定分包增加的相应费用。

5. 总承包管理费过高

承包单位在分包管理过程中承担质量、进度、安全等职责，在分包合同中提取一定比例的总承包管理费是适宜的。一般情况下，招标人仅要求对分包的专业工程进行总承包管理和协调时，按分包的专业工程估算造价的1.5%计算；招标人要求对分包的专业工程进行总承包管理并同时要求配合服务时，按分包的专业工程估算造价的3%～5%计算。超过上述比例，将导致分包人的成本压力上升，不利于工程实施。

三、施工分包用表

施工分包用表参见表5-16。

表 5－16 **施工分包申报表（格式）**

（承包［ ］分包 号）

合同名称： 合同编号：

致（监理机构）：

根据施工合同约定和工程需要，我方拟将本申请表中所列项目分包给所选分包人，经考察，所选分包人具备按照合同要求完成所分包工程的资质、经验、技术与管理水平、资源和财务能力，并具有良好的业绩和信誉，请贵方审核。

分包人名称									
序号	合同工程量清单项目编号	分包工作名称	单位	合同工程量	合同单价/元	合同金额/元	分包工程量	分包工作金额/元	分包工作金额占签约合同价的比例/%
1									
2									
3									
4									
合　计									

附件：分包人简况（包括分包人资质、业绩、经验、能力、信誉、财务，主要人员经历等资料）。

承 包 人：（现场机构名称及盖章）
项目经理：（签名）
日　　期：　　年　月　日

监理机构将另行签发审核意见。

监理机构：（名称及盖章）
签 收 人：（签名）
日　　期：　　年　月　日

说明：1. 本表一式____份，由承包人填写。监理机构签收后，发包人____份、监理机构____份、承包人____份。
2. 本表中的分包工作金额＝合同单价×分包工程量。

第七节 工 程 变 更

一、工程变更基本知识

（一）工程变更与设计变更

1. 工程变更

工程变更是施工合同实施过程中由发包人提出，或由承包人提出合同变更建议但经发包人批准的，对合同工程的工作内容、工程数量、质量要求、施工顺序与时间、施工条件、施工工艺或其他特征及合同条件的改变。工程变更是施工实施阶段的一个主要合同管理内容。

2. 设计变更

设计变更是自水利工程初步设计批准之日起至工程竣工验收交付使用之日止，对已批准的初步设计所进行的修改活动，归属前期工作管理的范畴。施工过程中保证设计和施工质量，完善工程设计，纠正设计错误以及满足现场条件变化而进行的设计修改工作，属于设计变更的阶段性主要工作。根据《水利工程设计变更管理暂行办法》（水规计〔2020〕283号）规定，工程设计变更分为重大设计变更和一般设计变更。

（1）重大设计变更。重大设计变更是指工程建设过程中，对初步设计批复的有关建设任务和内容进行调整，导致工程任务、规模、工程等级及设计标准发生变化，工程总体布置方案、主要建筑物布置及结构型式、重要机电与金属结构设备、施工组织设计方案等发生重大变化，对工程质量、安全、工期、投资、效益、环境和运行管理等产生重大影响的设计变更。重大设计变更文件，由项目法人按原报审程序报原初步设计审批部门审批。报水利部审批的重大设计变更，应附原初步设计文件报送单位的意见。

（2）一般设计变更。重大设计变更以外的其他设计变更为一般设计变更，包括但不限于：水利枢纽工程中次要建筑物的布置、结构型式、基础处理方案及施工方案变化；堤防和河道治理工程的局部变化；灌区和引调水工程中支渠（线）及以下工程的局部线路调整、局部基础处理方案变化，次要建筑物的布置、结构型式和施工组织设计变化；一般机电设备及金属结构设备型式变化；附属建设内容变化等。一般设计变更文件由项目法人组织有关参建方研究确认后实施变更，并报项目主管部门核备，项目主管部门认为必要时可组织审批。设计变更文件审查批准后，由项目法人负责组织实施。

需要注意的是，对需要进行紧急抢险的工程设计变更，项目法人可先组织进行紧急抢险处理，同时通报项目主管部门，并按照设计变更管理办法办理设计变更审批手续，并附相关的资料说明紧急抢险的情形。若工程在施工过程中不能停工，或不继续施工会造成安全事故或重大质量事故的，经项目法人、勘察设计单位、监理单位同意并签字认可后即可施工，但项目法人应将情况在5个工作日内报告项目主管部门备案，同时按照设计变更管理办法办理设计变更审批手续。

工程变更不同于设计变更，但设计变更多导致工程变更，工程变更也会反向触发设计变更。无论是设计单位主动提出的设计变更，还是工程变更触发设计单位进行的设计变更，设计单位均需编制设计变更报告。根据设计变更的管理权限，设计变更报告交由发包人履行审批手续或发包人直接决定。审批手续完备的设计变更报告，将由监理人以变更指示的方式向承包人发出。

监理人妥善处理施工合同变更问题，有利于有效地控制变更项目的费用。

（二）工程变更的范围和内容

水利工程施工中，除专用合同条款另有约定外，在履行合同中发生以下情形之一，应进行变更：

（1）取消合同中任何一项工作，但被取消的工作不能转由发包人或其他人实施。

（2）改变合同中任何一项工作的质量或其他特性。

（3）改变合同工程的基线、标高、位置或尺寸。

（4）改变合同中任何一项工作的施工时间或改变已批准的施工工艺或顺序。

（5）为完成工程需要追加的额外工作。

（6）增加或减少合同中关键项目的工程量超过其工程总量的一定数量百分比。

变更指示只能由监理人发出。变更指示应说明变更的目的、范围、变更内容，以及变更的工程量及其进度和技术要求，并附有关图纸和文件。承包人收到变更指示后，应按变更指示进行变更工作。需要注意的是，上述第 6 目引发的工程变更无须变更指示。

（三）工程变更的来源

1. 发包人主动提出的工程变更

按照发包人的要求提高质量标准、设计错误需要进行的设计修改、协调施工中的交叉干扰等情况，发包人不需征求承包人意见，直接授权或要求监理人发出变更指示，要求承包人完成工程变更工作。

2. 监理人根据发包人授权现场发出的工程变更

根据监理合同和施工合同的约定，考虑到合同管理的效率及工程质量和施工安全，发包人通常会赋予监理人现场处置权，授权监理人直接处理某种限度下的工程变更。处理完毕后，监理人应将处理情况报发包人备案。

3. 承包人的合理化建议或要求转化的工程变更

（1）在履行合同过程中，承包人对发包人提供的图纸、技术标准和要求以及其他方面提出的修正设计错误、降低合同价格、缩短工期或提高工程经济效益合理化建议，可以书面形式提交监理人。建议被采纳并构成变更的，应按约定由监理人向承包人发出变更指示。

（2）承包人收到监理人按合同约定发出的图纸和文件，经检查认为其中存在属于变更范围的情形，如提高工程质量标准、增加工作内容、改变工程的位置或尺寸等，可向监理人提出书面变更要求。书面变更要求经采纳，按约定由监理人向承包人发出变更指示。

（3）若承包人根据工程施工的需要，要求监理人对合同的任一项目和任一项工作作出变更，则应由承包人提交一份详细的变更申请报告报送监理人审批。若监理人认为该要求是合理的，按约定由监理人向承包人发出变更指示。

(四) 工程变更的支付

施工合同变更的依据是合同变更令和监理人对变更项目所确定的变更费用清单（工程变更清单），支付方式采用列入进度款支付证书的形式进行。工程变更的支付要求包括：

(1) 对于发包人提出的设计变更，要求反映发包人变更要求的监理人的变更指示和设计变更图纸及说明，同时还有合同变更清单。

(2) 对于监理人提出的现场变更，必须有监理人的变更指示。特别指出，施工合同变更的权力在总监理工程师，不得进行委托。有些合同还在专用合同条款中对监理人进行施工合同变更的权力作为某种限制，超过一定限度时必须由发包人授权。

(3) 对于承包人提出变更意见，必须有监理人的确认或批准、批复的文件。

(4) 对于因施工合同变更引起的价格调整，要有双方协商一致的计算办法；协商结果可以用会议纪要等文件证明。

(5) 对于某方不履行合同义务造成的施工合同变更，要有相应的旁证材料。

(6) 由于承包人原因引起的变更，其增加的费用和工期延误责任由承包人承担。

二、工程变更程序

(一) 监理人指示的工程变更

监理人根据工程施工的实际需要或发包人要求实施的工程变更，可以进一步划分为直接指示的工程变更和通过与承包人协商后确定的工程变更两种情况。

1. 监理人直接指示的工程变更

监理人直接指示的工程变更属于必需的变更，如按照发包人的要求提高质量标准、设计错误需要进行的设计修改、协调施工中的交叉干扰等情况。此时不需征求承包人意见，监理人经过建设单位同意后发出变更指示，要求承包人完成工程变更工作。

2. 与承包人协商后确定的工程变更

此类情况属于可能发生的变更，与承包人协商后再确定是否实施变更，如增加承包范围外的某项新工作等，工程变更程序如下：

(1) 监理人首先向承包人发出变更意向书，说明变更的具体内容和发包人对变更的时间要求等，并附必要的图纸和相关资料。变更意向书应要求承包人提交包括拟实施变更工作的计划、措施和完工时间等内容的实施方案。

(2) 承包人收到监理人的变更意向书后，如果同意实施变更，则向监理人提出变更实施方案。变更实施方案的内容包括提交拟实施变更工作的计划、措施、完工时间以及费用要求。若承包人收到监理人的变更意向书后认为难以实施此项变更，也应立即通知监理人，说明原因并附详细依据，如不具备实施变更项目的施工资质、无相应的施工机具等原因或其他理由。

(3) 监理人审查承包人的实施方案，若承包人根据变更意向书要求提交的变更实施方案可行并经发包人同意后，监理人发出变更指示；如果承包人不同意变更，监理人与承包人和发包人协商后确定撤销、改变或不改变原变更意向书。

（二）承包人提出的建议（或要求）转化的工程变更

1. 承包人合理化建议转化的变更

（1）承包人对发包人提供的图纸、技术标准和要求等，提出了修正图纸错误、可能降低合同价格、缩短工期或提高工程经济效益的合理化建议，应以书面形式提交监理人。合理化建议书的内容应包括建议工作的详细说明、进度计划和效益以及与其他工作的协调等，并附必要的设计文件。

（2）监理人与发包人协商是否采纳承包人提出的建议。建议被采纳并构成变更的，监理人向承包人发出工程变更指示。承包人提出的合理化建议使发包人获得工程造价降低、工期缩短、工程运行效益提高等实际利益，应按专用合同条款中的约定给予奖励。

2. 承包人要求转化的工程变更

（1）承包人收到监理人按合同约定发出的图纸和文件，经检查认为其中存在属于变更范围的情形，如提高工程质量标准、增加工作内容、改变工程的位置或尺寸等，可向监理人提出书面变更要求。变更要求应阐明要求变更的依据，并附必要的图纸和说明。

（2）若承包人根据工程施工的需要，要求监理人对合同的任一项目和任一项工作作出变更，则应由承包人提交一份详细的变更申请报告报送监理人审批。

（3）监理人收到承包人的书面变更要求后，应与发包人共同研究，确认存在变更的，应在收到承包人书面变更要求后的 14 天内作出变更指示；经研究后不同意作为变更的，应由监理人书面答复承包人。

三、工程变更价格确定

无论何种原因引起的工程变更，都可能导致工程费用和施工进度的变化。监理人一旦签发了工程变更指示，就意味着对工程设计和原项目合同内容进行变更。如果导致这种变更的原因是由承包人自身原因引起的，则合同变更引起的工程费用变化，应由承包人负责；如果合同变更是由建设单位或监理人提出的，或其他原因造成了工程费用变化或承包人的损失，则应由建设单位承担，延误的工期应相应顺延。

（一）工程变更估价程序

（1）除专用合同条款对期限另有约定外，承包人应在收到变更指示或变更意向书后的 14 天内，向监理人提交变更报价书，报价内容应根据约定的估价原则，详细开列变更工作的价格组成及其依据，并附必要的施工方法说明和有关图纸。

（2）除专用合同条款对期限另有约定外，监理人收到承包人变更报价书后的 14 天内，根据约定的估价原则，商定或确定变更价格。

（二）工程变更的估价原则

除专用合同条款另有约定外，因变更引起的价格调整按照本款约定处理。

（1）已标价《工程量清单》中有适用于变更工作的子目的，采用该子目的单价。

（2）已标价《工程量清单》中无适用于变更工作的子目，但有类似子目的，可在合理范围内参照类似子目的单价，由监理人按合同相关条款商定或确定变更工作的单价。

(3) 已标价《工程量清单》中无适用或类似子目的单价，可按照成本加利润的原则，由监理人商定或确定变更工作的单价。

(三) 工程变更估价审核

一般情况下，监理人依据发包人授权并按照合同约定对任何事项进行商定或确定时，监理人应与合同当事人协商，尽量达成一致；不能达成一致的，监理人应认真研究后审慎确定。监理人应将商定或确定的事项通知合同当事人，并附详细依据。对监理人的决定有异议的，构成争议，按照合同争议条款处理。在争议解决前，双方应暂按监理人的决定执行，按照合同争议条款对监理人的决定作出修改的，按修改后的结果执行。

监理人在审核变更项目的单价时要注意以下要求：

(1) 变更项目的单价要与合同中的单价水平相协调，在没有特殊的且具体的施工方案为依据情况下，不要过分高于或低于合同中的单价水平。

(2) 变更是施工合同的变更，监理人只能以合同第三方的角色，以合同规定为依据，协调合同双方就变更项目的单价达成一致。

(3) 有些合同条件尽管赋予监理人确定变更单价的权力，监理人在行使这个权力时必须依据合同规定，且从咨询者的角度公正地行使这个权力，尽量避免给合同双方履行合同带来不利影响。

(四) 工程变更估价控制途径

(1) 严格按合同中约定的变更估价确定原则来确定工程的造价。

(2) 加强变更工程的计量工作，尤其是要加强变更工程开、完工测量工作，工程隐蔽部位的计量工作。

(3) 对采用计日工形式计价的变更工程项目，监理人应及时对发生的计日工数量进行检查和清点，以保证计日工数量的准确性。另外对大型变更工程应避免使用计日工形式计价，因为该方式不利于促进施工效率的提高，甚至会增加工程造价，降低投资收益。

(4) 当工程量清单中没有相应工程子目的单价而需要监理人和承包人协商确定新的单价时，监理人应参照水利行业工程预算定额及编制办法，尽量依据承包人在投标时报价分析资料和工程量清单中的单价来协商确定价格。

(5) 当整个工程项目的造价出现专用合同条款约定的合同价格调整现象时，监理人应本着公平合理原则，在全面分析承包人的施工成本和利润的基础上，确定出需要增加或减少的合同款额。

(6) 对有不平衡报价的合同，应加强单价分析，并对与此有关的工程子目和工程量，全面综合控制。例如工程规模扩大的工程变更、因工程性质改变的工程变更、单价偏高(低) 且工程量会增加 (减少) 的工程子目。

四、不同类型工程变更的价款调整

(一) 新增项目

1. 产生原因

水利工程项目自然条件、地形、地质条件多种多样，施工工期较长，工程量大，涉及面广，施工条件复杂，随着施工进程的进展，逐步被揭露的地质情况和其他情况的变化，将会与原设计的依据发生差异，这在工程实践中是很难避免的。常见的产生新增项目的原因有以下几种：

（1）工程地质条件发生较大差异，从而产生合同外项目。由于工程地质条件复杂，随着施工进展，不断被揭露的地质情况与原设计文件中的地质条件有较大差异，必须进行修改，否则将造成工程量过度增加，投资费用增大，施工工期延长。在这种情况下，发包人或监理人根据工程整体利益的需要，往往提出设计修改，从而产生新增项目。

（2）施工条件复杂和施工中种种难以预料的因素，造成对原设计的局部修改而产生新增项目。水利工程的施工条件往往比较复杂，工程施工受许多外界客观条件限制，如遇到公路、铁路交通线和历史文物、古迹等，施工过程中还可能遇到一些事先难以预料的因素，如塌方、超标洪水等，都可能造成对原设计的局部修改，从而产生合同外项目。

（3）由于招标时合同文件中工程量清单不够确切，造成工程项目漏项，因而出现新增项目。水利工程项目的施工部位和分项都相当繁多，招标文件是根据招标设计在施工图设计之前编制的，很容易出现工程量不够准确或者出现遗漏现象。随着施工详图的不断提供和施工的不断深入进行，将会发现问题，导致新增项目的产生。

（4）由于设计单位不断地对工程设计进行优化而产生的新增项目。在水利工程中，随着施工的进展，设计单位发现原设计方案或内容的某些不合理性，从而提出设计优化，造成设计变更，产生新增项目。

（5）发包人或监理人为保证工程进度、使工程按期完工投产而调整合同内容，产生新增项目。

（6）由于国家或地方的政策、法规等的变化导致的新增项目。

2. 新增项目的价格调整

在工程变更的各种形式中，新增工程最为普遍。监理人在下达的工程变更指示中，经常要求承包人实施某种新增工程。这些新增工程，可能包括各种不同的规模和范围，其工程量也可能相差悬殊。因此，在承包工程施工合同管理工作中，应该对新增工程有严格的、在合同概念上的区分，并采取不同的处理办法。经验证明，对新增工程了解不够，往往导致合同管理上的模糊或混乱，形成合同纠纷。

从合同含义上分析，新增工程应按工程范围划分为附加工程和额外工程两种。属于工程项目合同范围的新增工程，称为附加工程；超出工程项目合同范围以外但仍对项目功能有利的新增工程，称为额外工程。

（1）附加工程。所谓附加工程，就是指建成合同项目所必不可少的工程。缺少了这些工程，该合同项目便不能发挥合同预期的作用。因此，只要是该工程项目必需的工程，都属于附加工程，无论是该工程项目合同文件中的工程量清单中是否列出该项工作，只要监理人发出工程变更指令，承包人应遵照执行，因为它在合同意义上属于合同范围以内的工作。对附加工程，其价格调整原则和本节上述介绍的调价原则是一致的。

（2）额外工程。所谓额外工程，是指工程项目合同文件中“工程范围”未包括的工作。缺少这些额外工程，原合同的工程项目仍然可以运行，并发挥效益，所以额外工程是一个“新增的工程项目”，而不是原合同项目的一个新的“工作项目”。因此，对于一项额外工程，应签订新的承包合同，独立地议定合同价，在合同处置上通常有两种方式：

1）签订新合同协议书，议定新的合同价，合同文件的主要内容可沿用原来的合同条件。

2）将额外工程作为原合同工程范围内的一项新增工程，由监理人发出工程变更指示，双方协商确定施工单价或合同总价，由承包人按照原来的合同条件完成施工。

（二）一般项目（措施项目）和（或）其他项目发生变化

工程变更引起施工方案改变并使一般项目（措施项目）和（或）其他项目发生变化时，承包人提出调整一般项目（措施项目）费和（或）其他项目费的，应事先将拟实施的方案提交监理人确认，并应详细说明与原方案相比的变化情况。拟实施的方案经发承包双方确认后执行，并应按照下列规定调整费用：

（1）采用单价计算的一般项目（措施项目）费和（或）其他项目费，应根据发承包双方确认的方案，按变更估价原则的规定确定单价。

（2）按总价（或系数）计算的一般项目费和（或）其他项目费，按照发承包双方确认的方案调整。

（3）如果承包人未事先将拟实施的方案提交给发包人确认，则应视为工程变更不引起一般项目费和（或）其他项目费的调整或承包人放弃调整的权利。

（4）如果工程变更引起一般项目（措施项目）费和（或）其他项目费减少，承发包双方应按照合同约定或友好协商确定一般项目费和（或）其他项目费。

（5）当发包人提出的工程变更因非承包人原因取消了合同中的某项工作或工程，致使承包人发生的费用或（和）得到的收益不能被包括在其他已支付或应支付的项目中，也未被包含在任何替代的工作或工程中时，承包人有权提出并应得到合理的费用及利润补偿。

（三）项目主要特征不符

发包人在招标文件中对项目主要特征的描述，应是准确和全面的，并且与实际施工条件和要求相符合。承包人应按照发包人提供的招标文件，根据项目主要特征描述的内容和有关要求实施合同工程，直至项目被改变为止。

承包人应按照发包人提供的设计文件实施合同工程，若在合同履行期间出现设计文件（包括设计变更）与招标文件中项目主要特征的描述不符，且该变化引起该项目工程造价增减变化的，应按照实际施工的项目主要特征，按变更估价原则规定重新确定相应工程量清单的综合单价，并调整合同价款。

（四）工程量清单缺项

（1）合同履行期间，由于招标工程量清单中缺项，新增分类分项工程清单项目的，应按照变更估价原则的规定确定单价，并调整合同价款。

（2）新增分类分项工程清单项目后，引起一般项目（措施项目）和（或）其他项目发生变化的，应按照前述规定，在承包人提交的实施方案被发包人批准后调整合同价款。

（3）由于招标工程量清单中一般项目（措施项目）和（或）其他项目缺项，承包人应将新增一般项目和（或）其他项目实施方案提交发包人批准后，按照前述规定调整合同价款。

（五）工程量偏差

施工过程中，由于施工条件、地质水文、工程变更等变化以及招标工程量清单编制人专业水平的差异，往往会造成实际工程量与招标工程量清单出现偏差。工程量偏差过大，对综合成本的分摊带来影响：如突然增加太多，仍按原综合单价计价，对发包人不公平；如突然减少太多，仍按原综合单价计价，对承包人不公平，给有经验的承包人的不平衡报价打开了大门。因此，为维护合同的公平，发承包双方应在合同中约定工程量偏差幅度，如果工程量偏差和工程变更等原因导致工程量偏差超过合同约定幅度，调整的原则为：当工程量增加超过合同约定幅度以上时，其增加部分的工程量的综合单价宜予调低；当工程量减少超过合同约定幅度以上时，减少后剩余部分的工程量的综合单价宜予调高。可按下列公式调整：

（1）当 $Q_1 > (1+A)Q_0$ 时：

$$S=(1+A)Q_0 \times P_0+[Q_1-(1+A)Q_0] \times P_1 \tag{5-3}$$

（2）当 $Q_1 < (1-A)Q_0$ 时：

$$S=Q_1 \times P_1 \tag{5-4}$$

式中 S——调整后的某一分部分项工程费结算价；

Q_1——最终完成的工程量；

Q_0——招标工程量清单中列出的工程量；

A——合同约定的工程量偏差幅度；

P_1——按照最终完成工程量重新调整后的综合单价；

P_0——承包人在工程量清单中填报的综合单价。

（六）计日工

发包人通知承包人以计日工方式实施的零星工作，承包人应予执行。承包人应按合同约定向发包人提交有计日工记录汇总的现场签证。发包人在收到承包人提交现场签证报告后2天内予以确认，作为计量、计价和支付的依据。发包人逾期未确认也未提出修改意见的，应视为承包人提交的现场签证报告已被发包人认可。

计日工现场签证的内容详见本章第三节工程计量与计价相关内容。

计日工项目支付金额应按照确认的计日工现场签证和合同的计日工单价计算；合同中没有该类计日工单价的，由发承包双方按本变更估价原则规定商定计日工单价计算。每个期中支付期末，承包人应按照规定向发包人提交本期间所有计日工记录的签证汇总表，并应说明本期间自己认为有权得到的计日工金额，调整合同价款，列入进度款支付。

（七）其他

承包人应发包人要求完成合同以外的零星项目、非承包人责任事件等工作，但没有相应的计日工单价的，发包人应及时以书面形式向承包人发出指示，要求承包人提供现场证明材料，列明完成该工作所需的人工、材料、工程设备和施工机具台班（台时）的数量及其单价，计算价款，报送发包人确认后，作为增加的合同价款，列入进度款进行同期支付。未经发包人确认，承包人便擅自实施上述相关工作的，除非征得发包人书面同意，否则发生的费用由承包人承担。

五、工程变更用表

工程变更用表参见表5-17～表5-19。

表5-17 **变更指示（格式）**

（监理[ ]变指 号）

合同名称： 合同编号：

<table>
<tr><td>致（承包人现场机构）：
现决定对如下项目进行变更，贵方应根据本指示于____年___月___日前提交相应的施工措施计划和变更报价。
变更项目名称：
变更内容简述：
变更工程量估计：
变更技术要求：
变更进度要求：

附件：1. 变更项目清单（含估算工程量）及说明。
2. 设计文件、施工图纸（若有）。
3. 其他变更依据。

监 理 机 构：（名称及盖章）
总监理工程师：（签名）
日 期： 年 月 日</td></tr>
<tr><td>承包人：（现场机构名称及盖章）
签收人：（签名）
日 期： 年 月 日</td></tr>
</table>

说明：本表一式____份，由监理机构填写。承包人签收后，发包人____份，设代机构____份、监理机构____份、承包人____份。

表 5-18

变更项目价格审核表（格式）

（监理［　　］变价审　　号）

合同名称：　　　　　　　　　　　　　　　　　　　　　　　　　　　合同编号：

致（发包人）：

根据有关规定和施工合同约定，承包人提出的变更项目价格申报表（承包［　　］变价　　号），经我方审核，变更价格如下，请贵方审定。

序号	项目名称	单位	承包人申报 价格（单价或合价）	监理审核 价格（单价或合价）	备注
1					
2					

附件：1. 变更项目价格申报表。
2. 监理变更单价审核说明。
3. 监理变更单价分析表。
4. 变更项目价格变化汇总表。

监　理　机　构：（名称及盖章）
总监理工程师：（签名）
日　　　　期：　　年　月　日

发包人：（名称及盖章）
负责人：（签名）
日　期：　　年　月　日

说明：本表一式____份，由监理机构填写。发包人签署后，发包人____份、监理机构____份、承包人____份。

表 5-19

变更项目价格/工期确认单（格式）

（监理［ ］变确 号）

合同名称：　　　　　　　　　　　　　　　　　　合同编号：

<table>
<tr><td colspan="6">根据有关规定和施工合同约定，发包人和承包人就变更项目价格协商如下，同时变更项目工期协商意见：□不延期/□延期____天/□另行协商。</td></tr>
<tr><td rowspan="6">双方协商一致的</td><td>序号</td><td>项目名称</td><td>单位</td><td>确认价格（单价或合价）</td><td>备注</td></tr>
<tr><td>1</td><td></td><td></td><td></td><td></td></tr>
<tr><td>2</td><td></td><td></td><td></td><td></td></tr>
<tr><td>3</td><td></td><td></td><td></td><td></td></tr>
<tr><td>4</td><td></td><td></td><td></td><td></td></tr>
<tr><td></td><td></td><td></td><td></td><td></td></tr>
<tr><td rowspan="4">双方未协商一致的</td><td>序号</td><td>项目名称</td><td>单位</td><td>总监理工程师确定的暂定价格（单价或合价）</td><td>备注</td></tr>
<tr><td>1</td><td></td><td></td><td></td><td></td></tr>
<tr><td>2</td><td></td><td></td><td></td><td></td></tr>
<tr><td></td><td></td><td></td><td></td><td></td></tr>
<tr><td colspan="4">发包人：（名称及盖章）
负责人：（签名）
日 期： 年 月 日</td><td colspan="2">承 包 人：（现场机构名称及盖章）
项目经理：（签名）
日 期： 年 月 日</td></tr>
<tr><td colspan="6">合同双方就上述协商一致的变更项目价格、工期，按确认的意见执行；合同双方未协商一致的，按总监理工程师确定的暂定价格随工程进度付款暂定支付。后续事宜按合同约定执行。

监 理 机 构：（名称及盖章）
总监理工程师：（签名）
日 期： 年 月 日</td></tr>
</table>

说明：本表一式____份，由监理机构填写。各方签字后，发包人____份、监理机构____份、承包人____份，办理结算时使用。

第八节　工　程　索　赔

工程索赔是在施工合同履行中，当事人一方由于另一方未履行合同所规定的义务或者出现了应当由对方承担的风险而遭受损失时，向另一方提出赔偿要求的行为。工程索赔是合同双方依据合同约定维护自身合法利益的行为，其性质属于经济补偿行为，而非惩罚。工程索赔是施工阶段投资控制的一项重要工作。

一、工程索赔基本知识

（一）工程索赔产生的原因

工程索赔是由于发生了施工过程中有关方面不能控制的干扰事件，这些干扰事件影响了合同的正常履行，造成了工期延长和（或）费用增加，成为工程索赔的理由。产生索赔的原因主要包括以下内容。

1. 违约

在工程实施过程中，由于发包人或承包人没有尽到合同义务，导致索赔事件发生。《中华人民共和国民法典》相关条款对索赔做出了规定：

第九百九十八条，隐蔽工程在隐蔽以前，承包人应当通知发包人检查。发包人没有及时检查的，承包人可以顺延工程日期，并有权请求赔偿停工、窝工等损失。

第八百零一条，因施工人的原因致使建设工程质量不符合约定的，发包人有权请求施工人在合理期限内无偿修理或者返工、改建。经过修理或者返工改建后，造成逾期交付的，施工人应当承担违约责任。

第八百零二条，因承包人的原因致使建设工程在合理期限内造成人身损害和财产损失的，承包人应当承担赔偿责任。

第八百零三条，发包人未按照约定的时间和要求提供原材料、设备、场地、资金、技术资料的，承包人可以顺延工程日期，并有权请求赔偿停工、窝工等损失。

第八百零四条，因发包人的原因致使工程中途停建、缓建的，发包人应当采取措施弥补或者减少损失，赔偿承包人因此造成的停工窝工、倒运、机械设备调迁、材料和构件积压等损失和实际费用。

2. 工程环境的变化

（1）不利物质条件。除专用合同条款另有约定外，不利物质条件是指承包人在施工场地遇到的不可预见的自然物质条件、非自然的物质障碍和污染物，包括地下和水文条件，但不包括异常恶劣气候条件。

承包人遇到不利物质条件时，应采取适应不利物质条件的合理措施继续施工，并及时通知监理人。监理人应当及时发出指示，指示构成变更的，按工程变更约定办理。监理人没有发出指示的，承包人因采取合理措施而增加的费用和（或）工期延误，由发包人承担。

发生不利物质条件达到索赔条件时，承包人有权根据索赔约定，要求延长工期及增加费用。监理人收到此类要求后，应在分析上述外界障碍或自然条件是否不可预见及不可预见程度的基础上，按照索赔的约定办理。

（2）异常恶劣的气候条件。异常恶劣气候条件的界定是以确保工程施工和人员的安全为前提，当工程所在地发生危及施工安全的异常恶劣气候时，发包人和承包人应按合同的约定，及时采取暂停施工或部分暂停施工措施。异常恶劣气候条件解除后，承包人应及时安排复工。

异常恶劣气候条件造成的工期延误和工程损坏，应由发包人与承包人参照合同约定共同协商处理。

合同工程界定异常恶劣气候条件的范围在专用合同条款中约定，如：

1）日降雨量大于________mm 的雨日超过________天。

2）风速大于________m/s 的________级以上台风灾害。

3）日气温超过________℃的高温大于________天。

4）日气温低于________℃的严寒大于________天。

5）造成工程损坏的冰雹和大雪灾害：________________。（按冰雪灾害造成施工工程损坏的具体情况划定）

6）其他异常恶劣气候灾害。指未包括在上述 5 项范围内的异常恶劣气候，如雷击等。

（3）不可抗力。不可抗力是指承包人和发包人在订立合同时不可预见，在工程施工过程中不可避免发生并不能克服的自然灾害和社会性突发事件，如地震、海啸、瘟疫、水灾、骚乱、暴动、战争和专用合同条款约定的其他情形。不可抗力发生后，发包人和承包人应及时认真统计所造成的损失，收集不可抗力造成损失的证据。合同双方对是否属于不可抗力或其损失的意见不一致的，由监理人按商定或确定。发生争议时，按争议的约定办理。

合同一方当事人遇到不可抗力事件，使其履行合同义务受到阻碍时，应立即通知合同另一方当事人和监理人，书面说明不可抗力和受阻碍的详细情况，并提供必要的证明。如不可抗力持续发生，合同一方当事人应及时向合同另一方当事人和监理人提交中间报告，说明不可抗力和履行合同受阻的情况，并于不可抗力事件结束后 28 天内提交最终报告及有关资料。

（二）索赔的分类

1. 按索赔的合同依据分类

工程索赔可分为合同中明示的索赔和合同中默示的索赔。

（1）合同中明示的索赔。指承包人所提出的索赔要求，在该工程项目施工合同文件中有文字依据。这些在合同文件中有文字规定的合同条款，称为“明示条款”。

（2）合同中默示的索赔。指承包人所提出的索赔要求，虽然在工程项目施工合同条款中没有专门的文字叙述，但可根据该合同中某些条款的含义，推论出承包人有索赔权。这种索赔要求同样有法律效力，承包人有权得到相应的经济补偿。这种有经济补偿含义的条款，称为“默示条款”或“隐含条款”。

2. 按索赔的目的分类

工程索赔可分为工期索赔和费用索赔。

（1）工期索赔。由于非承包人的原因导致施工进度拖延，要求批准延长合同工期的索赔，称为工期索赔。工期索赔形式上是对权利的要求，以避免在原定合同竣工日不能完工时，被建设单位追究拖期违约责任。一旦获得批准合同工期延长后，承包人不仅可免除承担拖期违约赔偿费的严重风险，而且可因提前交工获得奖励，最终仍反映在经济收益上。

（2）费用索赔。当施工的客观条件改变导致承包人增加开支时，要求对超出计划成本的附加开支给予补偿，以挽回不应由其承担的经济损失。

3. 按索赔事件的性质分类

工程索赔可分为工程延期索赔、工程变更衍生索赔、合同被迫终止索赔、工程加速索赔、意外风险和不可预见因素索赔。

（1）工程延期索赔。因发包人未按合同要求提供施工条件，如未及时交付设计图纸、施工现场、道路等，或因建设单位指令工程暂停或不可抗力事件等原因造成工期拖延的，承包人对此提出索赔。这是工程实施中常见的一类索赔。

（2）工程变更衍生索赔。由于发包人或监理人指令增加或减少工程量或增加附加工程、修改设计、变更工程顺序等，造成工期延长和费用增加，且争议处理未能取得一致的，承包人对此提出索赔。

（3）合同被迫终止索赔。由于发包人违约及不可抗力事件等原因造成合同非正常终止，承包人因其蒙受经济损失而向建设单位提出索赔。

（4）工程加速索赔。由于发包人或监理人指令承包人加快施工速度，缩短工期，引起承包人人、财、物的额外开支而提出的索赔。

（5）意外风险和不可预见因素索赔。在工程实施过程中，因人力不可抗拒的自然灾害、特殊风险以及一个有经验的承包人通常不能合理预见的不利施工条件或外界障碍，如地下水、地质断层、溶洞、地下障碍物等引起的索赔。

4. 按索赔的提出者分类

工程索赔分为发包人索赔和承包人索赔。

二、承包人索赔

（一）发包人违约

在履行合同过程中发生的下列情形，属发包人违约，将引发承包人索赔：

（1）发包人未能按合同约定支付预付款或合同价款，或拖延、拒绝批准付款申请和支付凭证，导致付款延误的。

（2）发包人原因造成停工的。

（3）监理人无正当理由没有在约定期限内发出复工指示，导致承包人无法复工的。

（4）发包人无法继续履行或明确表示不履行或实质上已停止履行合同的。

（5）发包人不履行合同约定其他义务的。

其中，发包人发生除第 4 目以外的违约情况时，承包人可向发包人发出通知，要求发包人采取有效措施纠正违约行为。发包人收到承包人通知后的 28 天内仍不履行合同义务的，承包人有权暂停施工，并通知监理人，发包人应承担由此增加的费用和（或）工期延误，并支付承包人合理利润。

（二）费用索赔

1. 计算原则

（1）所发生的费用应该是承包人履行合同所必需的，即如果没有该费用支出，就无法合理履行合同，无法使工程达到合同要求。

（2）给予补偿后，应该使承包人处于与假定未发生索赔事项情况下的同等有利或不利地位（承包人自己在投标中所确立的地位），即承包人不因索赔事项的发生而额外受益或额外受损。

（3）索赔仅仅是承包人要求对实际损失或额外费用给予补偿。承包人究竟可以就哪些损失提出索赔，这取决于合同规定和有关适用法律。无论损失的金额有多大，也无论是什么原因引起的，合同规定都是决定这种损失是否可以得到补偿的最重要的依据。

2. 不同原因的费用索赔计算

从费用索赔发生的原因来看，承包人索赔可以简单分为损失索赔、额外工作索赔、工期提前补偿及逾期付款补偿。

（1）损失索赔。发包人应当给予赔偿损失，包括实际损失和可得利益（又称所失利益）。实际损失是指承包人多支出的额外成本；可得利益是指如果发包人不违反合同，承包人本应取得的，但因发包人违约而丧失了的利益。

（2）额外工作索赔。发包人应以原合同中的适用价格为基础，或者以监理人依据合同变更价格确定的原则，与合同当事人双方协商确定的合理价格给予付款。

损失索赔的计算基础是成本，额外工作索赔的计算基础是价格（包括直接成本、管理费和利润）。

计算损失索赔要求对假定无违约成本和实际有违约成本（不一定是承包人投标成本或实际发生成本，应是合理成本）进行比较，对两者之差给予补偿，与各工程项目的价格毫不相干，原则上不得包括额外成本的相应利润（除非承包人原合理预期利润的实现已经因此受到影响——这种情况只有当违约引起整个工程的延迟或完工前的合同解除时才会发生）。

计算额外工作索赔允许包括额外工作的相应利润，甚至在该工作可以顺利列入承包人的工作计划、不会引起总工期延长、从而事实上承包人并未遭受到损失时也是如此。

（3）工期误期或提前补偿。发包人应当依据相关工程的工期定额合理计算工期。如需要压缩的工期天数超过一定限额，应在招标文件中明示增加赶工费用。赶工费用的主要内容包括：

1）人工费的增加，如新增加投入人工的报酬、不经济使用人工的补贴等。

2）材料费的增加，如不经济使用材料的过大损耗、材料提前交货可能增加的保管费用、材料运输费的增加等。

3）机械费的增加，如可能增加的机械设备投入、不经济使用机械等。

发承包双方应在合同中约定误期赔偿费，明确每日历天应赔偿额度。如果承包人的实际进度迟于计划进度，发包人有权向承包人索取并得到实际延误天数和合同约定的每日历天应赔偿额度的乘积计算的误期赔偿费。一般来说，双方还应当在合同中约定误期赔偿费的最高限额（如合同价格的5%）。误期赔偿费列入结算文件中，并应在结算款中扣除。

如果在工程完工之前，合同工程内的某单项（或单位）工程已通过了合同工程完工验收，且该单项（或单位）合同工程完工证书中表明的完工日期并未延误，而是合同工程的其他部分产生了工期延误，则误期赔偿费应按照已颁发合同工程完工证书的单项（或单位）工程造价占合同价格的比例予以扣减。

（4）逾期付款补偿。如果发包人在合同规定的时间内（发包人应在监理人收到进度付款申请单的28天，将进度付款支付给承包人）没有向承包人付款，则发包人在以后除了按款额付款外，还应向承包人支付逾期付款违约金。逾期付款违约金通常按迟付款利息计算，按合同文件约定的利率，从约定的付款截止日期起至恢复付款止，按照日复利计算利息。

3. 费用索赔计算要求

无论对承包人还是监理人（发包人），根据合同和有关法律规定，事先列出一个将来可能索赔的损失项目的清单，这是索赔管理中的一种良好做法，可以防止遗漏或多列某些损失项目。以下列举了常见的损失项目（并非全部）可供参考。

（1）人工费。人工费在工程费用中所占的比重较大，人工费的索赔也是施工索赔中数额最多者之一，一般包括以下项目：①额外劳动力雇佣；②劳动效率降低；③人员闲置；④加班工作；⑤人员人身保险和各种社会保险支出。

（2）材料费。材料费的索赔关键在于确定由于发包人方面修改工程内容，而使工程材料增加的数量，这个增加的数量，一般可通过原来材料的数量与实际使用的材料数量的比较来确定。材料费一般包括以下项目：①额外材料使用；②材料破损估价；③材料涨价；④材料保管、运输费用。

（3）设备费。设备费是除人工费外的又一大项索赔内容，通常包括以下项目：①额外设备使用；②设备使用时间延长；③设备闲置；④设备折旧和修理费分摊；⑤设备租赁实际费用增加；⑥设备保险增加。

（4）低值易耗品。低值易耗品一般包括以下项目：①额外低值易耗品使用；②小型工具使用；③仓库保管成本。

（5）现场管理费。现场管理费一般包括以下项目：①工期延长期的现场管理费；②办公设施；③办公用品；④临时供热、供水及照明；⑤人员保险；⑥额外管理人员雇佣；⑦管理人员工作时间延长；⑧工资和有关福利待遇的提高。

（6）总部管理费。总部管理费一般包括以下几项：①合同期间的总部管理费超支。②延长期的总部管理费；③融资成本。融资成本一般包括以下几项：①贷款利息；②自有资金利息；③额外担保费用；④利润损失。

4. 不允许索赔的费用

一般情况下，下列费用是不允许索赔的。

（1）承包人的索赔准备费用。毫无疑问，对每项索赔，从预测索赔机会、保持原始记录、提交索赔意向通知、提交索赔账单、进行成本和时间分析，到提交正式索赔报告、进行索赔谈判，直至达成索赔处理协议，承包人都需要花费大量的精力进行认真细致的准备工作。有时，这个索赔的准备和处理过程还会比较长，而且发包人也可能提出许多这样那样的问题，承包人可能需要聘请专门的索赔专家来进行索赔的咨询工作。所以，索赔准备费用可能是承包人的一项不小的开支。但是，除非合同另有规定，通常都不允许承包人对这种费用进行索赔。从理论上说，索赔准备费用是作为现场管理费的一个组成部分得到补偿的。

（2）工程保险费用。由于工程保险费用是按照工程（合同）的最终价值计算和收取的，如果合同变更和索赔的金额较大，就会造成承包人保险费用的增加。与索赔准备费用一样，这种保险费用也是作为现场管理费的一个组成部分得到补偿的，不允许单独索赔。当然，也有的合同会把工程保险费用作为一个单独的工作项目在工程量表中列出。在这种情况下，它就不包括在现场管理费中，可以单独索赔。

（3）因合同变更或索赔事项引起的工程计划调整、分包合同修改等费用。这类费用也是包括在现场管理费中得到补偿的，不允许单独索赔。

（4）因承包人的不适当行为而扩大的损失。如果发生了有关索赔事项，承包人应及时采取适当措施防止损失的扩大，如果没有及时采取措施而导致损失扩大的，承包人无权就扩大的损失要求赔偿。承包人负有采取措施减少损失的义务，这是一般的法律和合同的基本要求。这种措施可能包括保护未完工程、合理及时地重新采购器材、及时取消订货单、重新分配施工力量（人员和材料、设备）等。例如，某单位工程暂时停工时，承包人也许可以将该工程的施工力量调往其他工作项目。如果承包人能够做到而没有做，则他就不能对因此而闲置的人员和设备的费用进行索赔。当然，承包人可以要求发包人对其"采取这种减少损失措施"本身产生的费用给予补偿。

（5）索赔金额在索赔处理期间的利息。索赔的处理总是有一个过程的，有时甚至是一个比较长的过程。一般合同中对索赔的处理时间没有严格的限制，但监理人作为一个公正的合同实施监督者，应该在合理的时间内作出处理，不得有意拖延。在一般情况下，不允许对索赔额计算处理期间的利息，除非有证据证明发包人或监理人恶意地拖延了对索赔的处理。除了上述索赔处理期间的利息外，还有从索赔事项的发生至承包人提出索赔期间的利息问题，以及如果对监理人的处理决定发生争议并提交了仲裁后这一期间的利息问题。实际工作中，对前述的利息是否可以索赔，是发包人（监理人）和承包人之间非常容易发生分歧的领域，要根据适用法律和仲裁规则等来确定。

5. 索赔费用的支付

由于索赔的争议较大，许多索赔项目往往需要经历一段时间才能处理完毕。因此，如果出现整项索赔没有结果的情况，通常可将监理人已经认可的那一部分在中期支付中进行暂定支付，这种支付就是一项持续索赔的临时付款。一旦确定了索赔金额，就应当及时支付给承包人，一般在中期支付证书中将其作为一个支付项目来处理。

（三）工期索赔

承包人依据合同对由于因非自身原因导致的工期延误可以向发包人提出工期顺延要求。

1. 工期索赔中应当注意的问题

（1）划清施工进度拖延的责任。因承包人的原因造成施工进度滞后，属于不可原谅的延期；只有承包人不应承担任何责任的延误，才是可原谅的延期。有时工程延期的原因中可能包含有双方责任，此时监理人应进行详细分析，分清责任比例，只有可原谅延期部分才能批准顺延合同工期。可原谅延期又可细分为可原谅并给予补偿费用的延期和可原谅但不给予补偿费用的延期；后者是指非承包人责任事件的影响并未导致施工成本的额外支出，大多属于发包人应承担风险责任事件的影响，如异常恶劣的气候条件影响的停工等。

(2) 被延误的工作应是处于施工进度计划关键线路上的施工内容。只有位于关键线路上工作内容的滞后，才会影响到竣工日期。但有时也应注意，既要看被延误的工作是否在批准进度计划的关键路线上，又要详细分析这一延误对后续工作的可能影响。因为若对非关键路线工作的影响时间较长，超过了该工作可用于自由支配的时间，也会导致进度计划中非关键路线转化为关键路线，其滞后将影响总工期的拖延。此时，应充分考虑该工作的自由时间，给予相应的工期顺延，并要求承包人修改施工进度计划。

2. 工期索赔的具体依据

承包人向发包人提出工期索赔的具体依据主要包括：

(1) 合同约定或双方认可的施工总进度规划。

(2) 合同双方认可的详细进度计划。

(3) 合同双方认可地对工期的修改文件。

(4) 施工日志、气象资料。

(5) 发包人或监理机构的变更指令。

(6) 影响工期的干扰事件。

(7) 受干扰后的实际工程进度等。

3. 工期索赔的计算方法

(1) 直接法。如果某干扰事件直接发生在关键线路上，造成总工期的延误，可以直接将该干扰事件的实际干扰时间（延误时间）作为工期索赔值。

(2) 比例计算法。如果某干扰事件仅仅影响某单项工程、单位工程或分部分项工程的工期，要分析其对总工期的影响，可以采用比例计算法。

1) 已知受干扰部分工程的延期时间：

$$\text{工期索赔值}=\text{受干扰部分工期拖延时间}\times\frac{\text{受干扰部分工程的合同价格}}{\text{原合同总价}} \tag{5-5}$$

2) 已知额外增加工程量的价格：

$$\text{工期索赔值}=\text{原合同总工期}\times\frac{\text{额外增加的工程量的价格}}{\text{原合同总价}} \tag{5-6}$$

比例计算法虽然简单方便，但有时不符合实际情况，而且比例计算法不适用于变更施工顺序、加速施工、删减工程量等事件的索赔。

(3) 网络图分析法。网络图分析法是利用进度计划的网络图，分析其关键线路。如果延误的工作为关键工作，则延误的时间为索赔的工期；如果延误的工作为非关键工作，当该工作由于延误超过时差限制而成为关键工作时，可以索赔延误时间与时差的差值；若该工作延误后仍为非关键工作，则不存在工期索赔问题。

该方法通过分析干扰事件发生前和发生后网络计划的计算工期之差来计算工期索赔值，可以用于各种干扰事件和多种干扰事件共同作用所引起的工期索赔。

4. 共同延误的处理

在实际施工过程中，工期拖期很少是只由一方造成的，往往是两三种原因同时发生

（或相互作用）而形成的，故称为“共同延误”。在这种情况下，要具体分析哪一种情况延误是有效的，应依据以下原则：

（1）首先判断造成拖期的哪一种原因是最先发生的，即确定“初始延误”者，它应对工程拖期负责。在初始延误发生作用期间，其他并发的延误者不承担拖期责任。

（2）如果初始延误者是发包人原因，则在发包人原因造成的延误期内，承包人既可得到工期补偿，又可得到经济补偿。

（3）如果初始延误者是客观原因，则在客观因素发生影响的延误期内，承包人可以得到工期补偿，但很难得到费用补偿。

（4）如果初始延误者是承包人原因，则在承包人原因造成的延误期内，承包人既不能得到工期补偿，也不能得到费用补偿。

（四）索赔程序

1. 索赔提出

（1）承包人应在知道或应当知道索赔事件发生后 28 天内，向监理人递交索赔意向通知书，并说明发生索赔事件的事由。承包人未在前述 28 天内发出索赔意向通知书的，丧失要求追加付款和（或）延长工期的权利。

（2）承包人应在发出索赔意向通知书后 28 天内，向监理人正式递交索赔通知书。索赔通知书应详细说明索赔理由以及要求追加的付款金额和（或）延长的工期，并附必要的记录和证明材料。

（3）索赔事件具有连续影响的，承包人应按合理时间间隔继续递交延续索赔通知，说明连续影响的实际情况和记录，列出累计的追加付款金额和（或）工期延长天数。

（4）在索赔事件影响结束后的 28 天内，承包人应向监理人递交最终索赔通知书，说明最终要求索赔的追加付款金额和延长的工期，并附必要的记录和证明材料。

2. 索赔处理

（1）监理人收到承包人提交的索赔通知书后，应及时审查索赔通知书的内容、查验承包人的记录和证明材料，必要时监理人可要求承包人提交全部原始记录副本。

（2）监理人应按合同规定商定或确定追加的付款和（或）延长的工期，并在收到上述索赔通知书或有关索赔的进一步证明材料后的 42 天内，将索赔处理结果答复承包人。

（3）承包人接受索赔处理结果的，发包人应在作出索赔处理结果答复后 28 天内完成赔付。承包人不接受索赔处理结果的，按合同争议解决的约定办理。

（4）在紧急情况下，发生危及工程和（或）人身的重大安全事故时，若承包人声明无能力或不愿立即执行监理人的指示进行抢救，此时发包人应按约定，采取紧急措施，雇用其他人员进行抢救工作，以减少损失；但若此类工作属于承包人责任范围内的，则应由承包人承担由此发生的全部费用。

3. 索赔期限

（1）承包人按合同约定接受了完工付款证书后，应被认为已无权再提出在合同工程完工证书颁发前所发生的任何索赔。

（2）承包人按合同约定提交的最终结清申请单中，只限于提出合同工程完工证书颁发后发生的索赔。提出索赔的期限自接受最终结清证书时终止。

(五) 监理工程师对索赔费用的审查

1. 索赔报告中通常存在的问题

发包人和承包人在对待同一索赔事件的态度上是相反的，对索赔事件的处理总希望能对自己有利，任何一份索赔报告，都会存在漏洞和薄弱环节。在索赔报告中常见的问题如下：

(1) 对合同理解的错误。承包人片面地从自己的利益和观点出发解释合同，这是一种正常现象。人们对合同常常不能客观地全面地分析，都作有利于自己的解释，导致索赔要求存在片面性和不客观性。索赔报告中没有贯彻合同精神，或没有正确引用合同的条文，所以索赔理由不足。

(2) 承包人有推卸责任、转移风险的企图。在索赔报告中所列的干扰事件可能全部或部分是承包人管理不善造成的问题，或索赔要求中包括属于合同约定是承包人自己风险范围内的损失。

(3) 扩大事实，夸大干扰事件的影响，或提出一些不真实的干扰事件和没有根据的索赔要求。

(4) 在索赔报告中未能提出支持其索赔的详细资料，无法对索赔要求作出进一步解释，属于索赔证据不足或没有证据。

(5) 索赔值的计算不合理，多估冒算，漫天要价。按照通常的索赔策略，索赔者常常要扩大索赔额，给自己留有充分的余地，以争取有利的解决。例如，将自己因管理不善造成的损失和属于自己风险范围内的损失纳入索赔要求中，扩大干扰事件的影响范围，采用对自己有利而不合理的计算方法等。所以索赔值常常会有虚假成分，甚至可能相差太远。

这些问题在索赔报告中屡见不鲜。如果认可这样的索赔报告，则发包人在经济上要受到损失，而且这种解决也是不合理的、不公平的。所以监理人对承包人的索赔报告必须进行全面、系统的分析、评价、反驳，以找出问题，剔除不合理的部分，为索赔的合理解决提供依据。

2. 索赔证据审查

常见的索赔证据包括（不限于）：

(1) 招标文件、施工合同文本及附件，其他各种签约（如备忘录、修正案等），经认可的工程实施计划、各种工程图纸、技术规格书等。这些索赔的依据可在索赔报告中直接引用。

(2) 双方的往来信件。

(3) 各种会议纪要。在施工合同履行过程中，发包人、监理人和承包人定期或不定期的会谈所做出的决议或决定，是施工合同的补充，应作为施工合同的组成部分，但会议纪要只有经过各方签署后才可作为索赔的依据。

(4) 施工进度计划和具体的施工进度安排。施工进度计划和具体的施工进度安排是工程变更索赔的重要证据。

(5) 施工现场的有关文件，如施工记录、施工备忘录、施工日报、工长或检查员的工作日记、监理人填写的施工记录等。

(6) 工程照片。照片应清楚、直观地反映工程具体情况，照片上应注明日期。

(7) 气象资料。

(8) 工程检查验收报告和各种技术鉴定报告。

(9) 工程中送停电、送停水、航行通告、道路开通和封闭的记录和证明。

(10) 官方的物价指数、工资指数。

(11) 各种会计核算资料。

(12) 建筑材料的采购、订货、运输、进场、使用方面的凭据。

(13) 国家有关法律、法令、政策文件。

3. 索赔审查的途径

(1) 全面、深入、细致地理解和掌握合同条款。在工程施工中，引起施工索赔的原因众多，所涉及的合同条款也多，就需要监理人全面、深入、细致地理解和掌握合同条款，按照合同条款的约定，详细分析施工过程的具体情况及适用的合同条款，对施工索赔做出既满足合同要求，又可以维护合同双方当事人正当权益的处理意见。

(2) 熟悉和掌握施工现场的详细情况。工程施工的现场情况千差万别，要熟悉和掌握施工过程的详细情况，包括气象、水温、地质、地貌等施工条件的现状，结合合同约定来处理施工索赔，即使施工中发生的同一事件，在不同的施工条件下，施工索赔的处理就会不同，要求监理人结合合同条款的约定和现场实际情况，对施工索赔做出合理的处理意见。

(3) 熟悉和掌握施工进展情况和施工进度计划。施工过程中的索赔，往往许多施工索赔是时间索赔和费用索赔同时发生，监理人应详细分析施工进度及影响施工进度的原因，分析计算应补充的工期，然后根据需要补偿的工期，合理确定需补偿的工程费用。

(4) 熟悉和掌握工程经济知识。如前所述，施工索赔发生的原因众多，承包人要求补偿的工程费用项目和数量也多，需要监理人全面熟悉和掌握合同条款，结合施工现场的实际情况，利用工程经济的专业知识和技能，详细分析承包人提出的费用索赔项目是否合理、费用计算是否正确，提出合理的意见。

三、发包人索赔

在以往的合同条款中，通常不规定发包人索赔，因为发包人有支付工程款的主动权，其遭受的损失可从支付给承包人的工程款中扣除，但发包人的扣款可能缺乏经双方协商一致的实际依据。因此，为公平地处理合同双方之间的争议，现在的施工合同规定了发包人与承包人平等的索赔权利与相同的索赔程序。

(一) 承包人违约

承包人违约将导致发包人索赔。在履行合同过程中发生的下列情况属承包人违约：

(1) 承包人私自将合同的全部或部分权利转让给其他人，或私自将合同的全部或部分义务转移给其他人。

(2) 承包人未经监理人批准，私自将已按合同约定进入施工场地的施工设备、临时设施或材料撤离施工场地。

(3) 承包人使用了不合格材料或工程设备，工程质量达不到标准要求，又拒绝清除不合格工程。

(4) 承包人未能按合同进度计划及时完成合同约定的工作，已造成或预期造成工期延误。

(5) 承包人在缺陷责任期（工程质量保修期）内，未能对合同工程完工验收鉴定书所列的缺陷清单的内容或缺陷责任期（工程质量保修期）内发生的缺陷进行修复，而又拒绝按监理人指示再进行修补。

(6) 承包人无法继续履行或明确表示不履行或实质上已停止履行合同。

(7) 承包人不按合同约定履行义务的其他情况。

承包人违约导致合同解除的按本章第十节完工结算和最终结清处理。

(二) 索赔处理

由于承包人不履行或不完全履行合同约定的义务，或由于承包人的行为使发包人受到损失时，发包人可以向承包人提出索赔。一般常见的索赔有以下几种。

1. 工程误期索赔

水利工程的施工原定计划进度及完工日期拖后，可能影响到发包人对该工程的投产计划，给发包人带来了经济损失时，按照合同条款的规定，发包人有权对承包人进行索赔“拖期损失赔偿费”。

水利工程施工进度滞后是常见的现象。关于拖期的原因，应进行具体分析，以确定责任属于合同哪一方承担，这是进行工程拖期索赔或反索赔的前提。如果工程拖期的责任在承包人一方，则发包人有权向承包人提出工程拖期索赔。

承包人未按照合同约定施工，导致实际进度迟于计划进度的，承包人应加快进度，实现合同工期。合同工程发生误期，承包人应赔偿发包人由此造成的损失，并应按照合同约定向发包人支付误期赔偿费。即使承包人支付误期赔偿费，也不能免除承包人按照合同约定应承担的任何责任和应履行的任何义务。如果合同工程完工之前，已对合同工程内某单位工程进行了验收，且该单位工程并未延误，而是合同工程中的其他部分产生了工期延误，则合同工程的误期赔偿费应予以减少，减少的幅度按该单位工程占合同工程价值的比例计算。但这一规定不应该影响误期损失赔偿的限额。

误期损失赔偿的计价方法，可以约定在合同文件中。一般规定，每误期完工 1 天，应赔偿一定款额的损失赔偿费；误期损失赔偿费的总额，一般不能超过该工程项目合同价格的一定比例。

需要注意的是，若发包人要求承包人提前完工，或者承包人提出完工的建议能够给发包人带来效益的，应由监理人和承包人共同协商采取加快工程进度的措施和修订合同进度计划。发包人应承担承包人由此增加的费用，并向承包人支付专用合同条款约定的相应奖金。

2. 施工缺陷索赔

如果承包人施工质量不符合施工技术条款的规定，或使用的设备和材料不符合合同规定，或者在工程缺陷期满以前未完成应进行修补的工程时，发包人有权向承包人追究责任，要求补偿发包人所受的经济损失。如果承包人在规定的期限内仍未完成修补缺陷工作，发包人有权雇佣他人来完成工作，发生的费用由承包人承担。

3. 承包人不履行的保险费用索赔

如果承包人未能按照合同条款指定的项目投保，并保证保险有效，发包人可以投保并保证保险有效，发包人所支付的必要的保险费可在应付给承包人的款项中扣回。

4. 对指定分包人的付款索赔

在工程承包人未能提供已向指定分包人付款的合理证明时，发包人可以直接按照监理人的证明书，将承包人未付给指定分包人的所有款项（扣除工程质量保证金）付给这个分包商，并从应付给承包人的任何款项中如数扣回。

5. 发包人合理终止合同或承包人不正当地放弃工程的索赔

如果发包人合理地终止承包人的承包，或者承包人不合理地放弃工程，则发包人有权从承包人手中收回，由新的承包人完成工程，并扣回所需的工程款与原合同未付部分的差额。

6. 其他损失索赔

（1）承包人运送自己的施工设备和材料时，损坏了沿途公共的公路或桥梁所带来的维修费用开支。

（2）承包人的建筑材料或设备不符合合同要求而要重复检验时，所带来的检测费用开支。

（3）由于承包人的原因造成工程拖期时，在超出计划工期的拖期时段内的监理人服务费用，发包人要求由承包人承担。

（三）索赔程序

（1）发生索赔事件后，监理人应及时书面通知承包人，详细说明发包人有权得到的索赔金额和（或）延长缺陷责任期的细节和依据。发包人提出索赔的期限和要求与承包人提出索赔的期限相同，延长缺陷责任期的通知应在缺陷责任期届满前发出。

（2）监理人按合同条款商定或确定发包人从承包人处得到赔付的金额和（或）缺陷责任期的延长期。承包人应付给发包人的金额可从拟支付给承包人的合同价款中扣除，或由承包人以其他方式支付给发包人。

（3）承包人对监理人发出的索赔书面通知内容持异议时，应在收到书面通知后的 14 天内，将持有异议的书面报告及其证明材料提交监理人。监理人应在收到承包人书面报告后的 14 天内，将异议的处理意见通知承包人，并按约定执行赔付。若承包人不接受监理人的索赔处理意见，可按合同争议解决的规定办理。

（四）索赔款项支付

经双方协商确定的、经调解确定的或仲裁裁定（或法院判决）的发包人应得的索赔款项，发包人可从支付给承包人的当月工程进度款或当期付款计划表的付款中扣减该索赔款项。当支付给承包人的各期工程进度款中不足以抵扣发包人的索赔款项时，承包人应当另行支付。承包人未能支付，可协商支付协议，仍未支付时，发包人可从履约保函中抵扣。如未约定履约保函或履约保函不足以抵扣时，承包人须另行支付该索赔款项，或以双方协商一致的支付协议的期限支付。

若双方对索赔款暂不能达成一致，可在进度款中临时支付。

四、索赔用表

索赔用表参见表 5-20～表 5-22。

表 5－20　　**索赔申请报告（格式）**

（承包［　］赔报　号）

合同名称：　　　　　　　　　　　　　　　　　　　　合同编号：

<table>
<tr><td>致（监理机构）：
根据有关规定和施工合同约定，我方对________________事件，申请□赔偿金额为（大写）__________元（小写_____元）/□索赔工期_____天，请贵方审核。
附件：索赔报告，主要内容包括：
1. 索赔事件简述及索赔要求。
2. 索赔依据。
3. 索赔计算。
4. 索赔证明材料。

承 包 人：（现场机构名称及盖章）
项目经理：（签名）
日　　期：　　年　月　日</td></tr>
<tr><td>监理机构将另行签发审核意见。

监理机构：（名称及盖章）
签 收 人：（签名）
日　　期：　　年　月　日</td></tr>
</table>

说明：本表一式____份，由承包人填写。监理机构签收后，发包人____份、监理机构____份、承包人____份。

表 5－21　　**索赔审核表（格式）**

（监理［　］索赔审　号）

合同名称：　　　　　　　　　　　　　　　　　　　　合同编号：

<table>
<tr><td>致（发包人）：
根据有关规定和施工合同约定，承包人提出的索赔申请报告（承包［　］赔报　号），索赔金额为（大写）_____元（小写_____元），索赔工期_____天，经我方审核：
□不同意此项索赔。
□同意此项索赔，核准索赔金额为（大写）_____元（小写_____元），工期顺延_____天。

附件：索赔审核意见。

监 理 机 构：（名称及盖章）
总监理工程师：（签名）
日　　　期：　　年　月　日</td></tr>
<tr><td>发包人：（名称及盖章）
负责人：（签名）
日　期：　　年　月　日</td></tr>
</table>

说明：本表一式____份，由监理机构填写。发包人签署后，发包人____份、监理机构____份、承包人____份。

表 5-22　　**索赔确认单（格式）**

（监理［　］索赔确　号）

合同名称：　　　　　　　　　　　　　　　　合同编号：

<table>
<tr><td colspan="2">根据有关规定和施工合同约定，经友好协商，发包人、承包人同意________（承包［　］赔报　号）的最终核定索赔金额为（大写）________元（小写________元），顺延工期________天。</td></tr>
<tr><td>发包人：（名称及盖章）
负责人：（签名）
日　期：　年　月　日</td><td>承 包 人：（现场机构名称及盖章）
项目经理：（签名）
日　　期：　年　月　日</td></tr>
<tr><td colspan="2">监 理 机 构：（名称及盖章）
总监理工程师：（签名）
日　　期：　年　月　日</td></tr>
</table>

说明：本表一式____份，由监理机构填写。各方签字后，发包人____份、监理机构____份、承包人____份，办理结算时使用。

第九节　物价波动引起的价格调整

水利工程建设项目的建设周期一般都比较长，在此期间，根据市场经济的特点，在项目招标时应该认真考虑物价波动（通常是上涨）风险的承担问题，并且将物价波动的风险写入合同文件中。

要公正合理地处理好物价波动的风险问题，必须认真掌握影响价格变化的主要因素，以便在工程招标时，能够正确评价承包人的投标报价，在工程结算时能够严格、合理地控制费用的结算。通常引起价格上涨的主要因素有以下几方面：

(1) 由于人工费和材料、设备费用的上涨，引起价格的变化。

(2) 由于动力、燃料费用等的价格上涨，引起价格的变化。

(3) 由于国家或省（自治区、直辖市）政策、法令的改变，引起工程费用的上涨。

(4) 由于外币汇率的变化引起价格的上涨。

(5) 由于运输费的价格上涨引起施工费用上涨。

一般情况下，水利工程建设项目施工期限在一年左右的，以及实行总价合同的，通常都不考虑价格调整的问题。也就是说，人工、设备及材料等的价格以签订合同时的单价和总价为准，物价波动的风险全部由承包人来承担。因此，承包人在投标报价时，应根据现实情况和自己的经验，把物价波动因素考虑进去。施工期限超过一年的水利建设项目，在合同中要明确物价波动后合同价格调整的方式和方法，使投标人知道因物价波动不会使其承担大的风险，从而合理地规避物价波动的风险。

物价波动调整合同价格的方法有：①价格指数法（公式法）；②造价信息法；③市场法。

一、价格指数法（公式法）

采用价格指数法（公式法）计算价差，是物价波动引起的价格调整办法之一。采用价格指数法（公式法）主要是根据完成工程施工所需的人工、材料和机械台时等因子的估计耗用量，在招投标时事先约定各可调因子的变值权重和不可调因子的定值权重，以公平分担价格风险的原则，计算得出支付项目的价格波动价差。其优点是可在进度付款中减少由于调价不及时引起的合同争议。

施工合同一般规定，因人工、材料和设备等价格波动影响合同价格时，根据投标函附录中的价格指数和权重表约定的数据，按以下公式计算差额并调整合同价格。

（一）价格调整公式

价格调整公式为

$$\Delta P = P_0\left[A + \left(B_1 \times \frac{F_{t1}}{F_{01}} + B_2 \times \frac{F_{t2}}{F_{02}} + B_3 \times \frac{F_{t3}}{F_{03}} + \cdots + B_n \times \frac{F_{tn}}{F_{0n}}\right) - 1\right] \quad (5-7)$$

式中 ΔP——需调整的价格差额；

P_0——进度付款、完工结算和最终结清约定的付款证书中承包人应得到的已完成工程量的金额，此项金额应不包括价格调整、不计质量保证金的扣留和支付、预付款的支付和扣回，工程变更及其他金额已按现行价格计价的也不计在内；

A——定值权重（即不调部分的权重）；

B_1，B_2，B_3，…，B_n——各可调因子的变值权重（即可调部分的权重）为各可调因子在投标函投标总报价中所占的比例；

F_{t1}，F_{t2}，F_{t3}，…，F_{tn}——各可调因子的现行价格指数，指进度付款、完工结算和最终结清约定的付款证书相关周期最后一天的前42天的各可调因子的价格指数；

F_{01}，F_{02}，F_{03}，…，F_{0n}——各可调因子的基本价格指数，指基准日期的各可调因子的价格指数，基准日期指投标截止日期前28天。

（二）注意事项

1. 暂时确定调整差额

在计算调整差额时得不到现行价格指数的，可暂用上一次价格指数计算，并在以后的付款中再按实际价格指数进行调整。

2. 权重的调整

按约定的工程变更导致原定合同中的权重不合理时，由监理人与承包人和发包人协商后进行调整。

3. 承包人工期延误后的价格调整

由于承包人原因未在约定的工期内完工的，则对原约定完工日期后继续施工的工程，在使用价格调整公式时，应采用原约定完工日期与实际完工日期的两个价格指数中较低的一个作为现行价格指数。

4. 基础数据来源

价格调整公式中的各可调因子、定值和变值权重，以及基本价格指数及其来源在投标函附录价格指数和权重表中约定。价格指数应首先采用有关部门提供的价格指数，缺乏上述价格指数时，可采用有关部门提供的价格代替。价格指数权重表见表5-23。

表5-23 价格指数权重表

<table>
<tr><th colspan="2" rowspan="2">名称</th><th colspan="2">基本价格指数</th><th colspan="3">权重</th><th rowspan="2">价格指数来源</th></tr>
<tr><th>代号</th><th>指数值</th><th>代号</th><th>允许范围</th><th>投标人建议值</th></tr>
<tr><td colspan="2">定值部分</td><td></td><td></td><td>A</td><td></td><td></td><td></td></tr>
<tr><td rowspan="6">变值部分</td><td>人工费</td><td>F_{01}</td><td></td><td>B_1</td><td>____至____</td><td></td><td></td></tr>
<tr><td>钢材</td><td>F_{02}</td><td></td><td>B_2</td><td>____至____</td><td></td><td></td></tr>
<tr><td>水泥</td><td>F_{03}</td><td></td><td>B_3</td><td>____至____</td><td></td><td></td></tr>
<tr><td>……</td><td>……</td><td></td><td>……</td><td>……</td><td></td><td></td></tr>
<tr><td></td><td></td><td></td><td></td><td></td><td></td><td></td></tr>
<tr><td></td><td></td><td></td><td></td><td></td><td></td><td></td></tr>
<tr><td colspan="6">合计</td><td>1.00</td><td></td></tr>
</table>

（三）基本程序

（1）确定计算物价指数的品种。一般来说，品种不宜太多，只确立那些对项目投资影响较大的因素，如设备、水泥、钢材、木材和人工等。

（2）明确是否设立价格调整机制的启动条件。可调价因子很多，每个因子的价格变化不一，幅度不同。为方便调差，有的合同设立价格调整制启动条件，此时合同应当约定：①基准调价因子名称；②价格允许调整的变化幅度；③采集价格信息的渠道。

也有的合同规定，不单设价格调整机制的启动条件，仅以价格调整公式及价格指数权重表为准，计算各结算期应调差额，按调差额所占原结算额的比例，考虑风险并担原则，分摊相应调差风险。如有的合同规定，在应调金额不超过合同原始价5%时，由承包人自己承担；在5%～20%时，承包人负担10%，发包人负担90%；超过20%时，则必须另签附加条款。

（3）确定每个可调品种的系数和固定系数。可调品种的系数要根据该品种价格对总造价的影响程度而定。各品种系数之和加上固定系数必须等于1。

（4）采集价格指数信息和各结算期合同价款。

（5）按价格调整公式计算各结算期调差额。

（6）根据风险分担原则，确定最终应支付给承包人的调差额。

二、采用造价信息法

施工期内，因人工、材料、设备和机械台班价格波动影响合同价格时，人工、机械使用费按照国家或省（自治区、直辖市）建设行政管理部门、行业建设管理部门或其授权的工程造价管理机构发布的人工成本信息、机械台时单价或机械使用费系数进行调整；需要进行价格调整的材料，其单价和采购数应由监理人复核，监理人确认需调整的材料单价及数量，作为调整工程合同价格差额的依据。

价格调整启动条件、工程造价信息的来源、价格调整的项目和系数在专用合同条款中约定。

（一）人工费的调整

当省级及以上行政主管部门发布的人工费调整时，发承包双方应按省级或行业建设主管部门或其授权的工程造价管理机构发布的人工成本文件调整合同价款。但承包人对人工费人工单价的报价高于发布的除外。

（二）材料、设备费的调整

材料、工程设备价格变化按照表5－24发包人提供的调差材料和工程设备表，由发承包双方约定的风险范围按下列规定调整合同价款：

表5－24　调差材料和工程设备表

（适用于造价信息差额调整法）

工程名称：　　　　标段：　　　　第　页、共　页

序号	名称、规格、型号	单位	数量	风险系数/%	基准单价/元	投标单价/元	备　注

注　1. 此表由招标人填写“基准单价”栏的内容，投标人在投标时自主确定投标单价。

2. 招标人宜优先采用工程造价管理机构发布的单价作为基准单价；未发布的，通过市场调查确定其基准单价。

（1）承包人投标报价中材料单价低于发包人给出的基准单价：施工期间材料单价涨幅

以基准单价为基础超过合同约定的风险幅度值，或材料单价跌幅以投标报价为基础超过合同约定的风险幅度值时，其超过部分按实调整。

(2) 承包人投标报价中材料单价高于发包人给出的基准单价：施工期间材料单价跌幅以基准单价为基础超过合同约定的风险幅度值，或材料单价涨幅以投标报价为基础超过合同约定的风险幅度值时，其超过部分按实调整。

(3) 承包人投标报价中材料单价等于基准单价：施工期间材料单价涨、跌幅以基准单价为基础超过合同约定的风险幅度值时，其超过部分按实调整。

(4) 用以价格调整的材料单价以合同约定的造价信息为准。

(5) 用以价格调整的材料数量，应被监理人确认为用于本合同工程，或采用根据该材料投标单耗计算的该材料耗量。

(三) 施工机械台时单价或施工机械使用费

施工机械台时单价或施工机械使用费发生变化超过省级或行业建设主管部门或其授权的工程造价管理机构规定的范围时，应按其规定调整合同价款。合同另有约定的，从其约定。

三、市场法

其他方法是按市场价格调整价格差额法是采用市场价格调整价差，是一种简易的价差调整办法，多适用设备和材料的价差调整。

(一) 人工费调整

当省级及以上行政主管部门发布的人工费调整时，发承包双方应按省级或行业建设主管部门或其授权的工程造价管理机构发布的人工成本文件调整合同价款，但承包人对人工费人工单价的报价高于发布的除外。省级或行业建设主管部门或其授权的工程造价管理机构发布的人工成本文件缺乏时，可采用经双方确认的市场价格调差。

(二) 材料和设备费调整

材料和工程设备价格变化按照下列规定调整合同价款：

(1) 承包人投标报价中材料和工程设备单价相对于市场单价变幅超过合同约定的幅度值时，其超过部分进行调整。

(2) 用以价格调整的材料数量，应被监理人确认为用于本合同工程，或采用根据该材料投标单耗计算的该材料耗量。

(3) 招标人须在招标文件中约定市场价格的确定方法，如某贸易市场、制造厂，或者经发包人认可的市场采购价。

(三) 施工机械台时单价或施工机械使用费

承包人投标报价中，施工机械台时单价或施工机械使用费变幅相对于市场超过合同约定的幅度值时，应按其规定调整合同价款。合同另有约定的，从其约定。

(四) 计算方法

按市场价格调整价格差额法计算式一般采用下述简易公式：

$$\Delta M=(M-M_0)Q \qquad (5-8)$$

式中 ΔM——应补偿差价；

M——现行市场价格；

M_0——合同文件中规定的投标基本价格；

Q——合同文件中规定允许补差的数量。

M_0 可以在招标文件中规定。对于可调的项目，必须明确调价的基准点，即调差的基本价格或原始价格。材料和设备价格一般以投标截止时间前 28 天的价格水平作为投标报价的依据，以此作为进行价格调整的基准。投标人也以此为基本价格报价。

M 为现行市场价格，即合同约定的某贸易市场、制造厂或者经发包人认可的市场采购价。需要注意的是，由于市场条件复杂，采购的地点和厂家不一，所以同一种产品可能现行价格差别很大。因此，以市场采购价为现行价格的，对承包人提交的发票应认真审核，通常只对经物价部门认可的发票才予承认。为了对承包人的采购进行有效的监督，防止承包人串通供货商抬高采购价格，从发包人处多得到补偿。为此，发包人一般要求承包人在采购前要将采购价格上报发包人同意。

采用市场法计算价差，同样可以设立价格调整启动机制。

采用市场法计算价差时，对调差材料、设备数量的审核极为重要，不能认为承包人采购的所有材料或设备都要调差，因为用于工程不同部位的材料、设备数量的精确计算是很困难的，同时承包人采购数量中还包含着损耗和浪费。另外，由于市场现行价格和合同基本价格之间的差价有时很大，这个差价是由发包人来承担的，这就必须防止有的承包人见有利可图，增加采购数额，转手倒卖，从中牟利，从而损害发包人和国家的利益。因此，通常要在合同文件中规定只对用于主体工程并以图纸或其他容易核实的方法计量的材料、设备才予以价格补差。

第十节　完工结算与最终结清

一、完工结算

完工结算是承包人完成施工合同约定的全部工程内容，发包人依法组织合同项目完工验收前，由发承包双方按照合同约定的条款，进行计量与计价、处理变更、索赔、物价波动等事项确定的最终合同价的过程。完工结算是合同工程完工验收的一个前置条件。合同工程完工验收合格后，监理人按程序审核完工付款申请，发包人完成完工支付。

（一）完工结算的内容

（1）完工结算合同总价。

（2）变更引起的工程价款调整。

（3）索赔引起的工程价款调整。

（4）物价波动引起的工程价款调整。

（5）发包人已支付承包人的工程价款。

（6）发包人应支付的完工付款金额。

(7) 发包人应扣留的质量保证金。

(8) 其他金额。

(二) 完工结算的依据和要求

1. 依据

(1) 相关规范。

(2) 工程合同。

(3) 发承包双方实施过程中已确认的工程量及其结算的合同价款。

(4) 发承包双方实施过程中已确认调整后追加(减)的合同价款。

(5) 工程设计文件及相关资料。

(6) 投标文件。

(7) 其他依据。

2. 要求

(1) 分类分项工程中的单价项目应依据发承包双方确认的工程量与已标价工程量清单的综合单价计算;发生工程变更调整的,应以发承包双方确认调整的综合单价计算。

(2) 措施项目中的总价项目应依据已标价工程量清单的项目和金额计算;发生调整的,应以发承包双方确认调整的金额计算(其中安全生产措施费应按规定计算,进退场费、总承包服务费应依据已标价工程量清单金额计算)。

(3) 计日工应按发包人实际确认的事项计算。

(4) 索赔费用应依据发承包双方确认的索赔事项和金额计算。

(5) 物价波动引起的费用应依据发承包双方确认调差的金额计算。

(6) 暂列金额应减去合同价款调整(包括变更、计日工、索赔、物价波动引起的费用)金额计算,如有余额归发包人。

(7) 暂估价中的材料是招标采购的,其单价按中标价在综合单价中调整;暂估价中的材料为非招标采购的,其单价按发承包双方最终确认的单价在综合单价中调整。暂估价中的专业工程和设备是招标采购的,其金额按中标价计算;暂估价中的专业工程和设备为非招标采购的,其金额按发、承包双方与分包人最终确认的金额计算。

(8) 税金应按增值税规定计算。

(9) 发承包双方在合同工程实施过程中已经确认的工程计量结果和合同价款,在完工结算办理中应直接进入完工结算。

(三) 完工支付

1. 完工付款申请单

(1) 承包人应在合同工程完工证书颁发后28天内,按监理人批准的格式提交竣工付款申请单。提交完工付款申请单的份数在专用合同条款中约定,并提供相关证明材料。除专用合同条款另有约定外,完工付款申请单应包括下列内容:完工结算合同总价(含价款调整金额)、发包人已支付承包人的工程价款、应扣留的质量保证金、应支付的完工付款金额。

(2) 监理人对完工付款申请单有异议的,有权要求承包人进行修正和提供补充资料。经监理人和承包人协商后,由承包人向监理人提交修正后的完工付款申请单。

2. 完工付款证书及支付时间

（1）监理人在收到承包人提交的完工付款申请单后的 14 天内完成核查，提出发包人到期应支付给承包人的价款送发包人审核并抄送承包人。发包人应在收到后 14 天内审核完毕，由监理人向承包人出具经发包人签认的完工付款证书。监理人未在约定时间内核查又未提出具体意见的，视为承包人提交的完工付款申请单已经监理人核查同意；发包人未在约定时间内审核又未提出具体意见的，监理人提出发包人到期应支付给承包人的价款视为已经发包人同意。

（2）发包人应在监理人出具完工付款证书后的 14 天内，将应支付款支付给承包人。发包人不按期支付的，按约定将逾期付款违约金支付给承包人。

（3）承包人对发包人签认的完工付款证书有异议的，发包人可出具完工付款申请单中承包人已同意部分的临时付款证书。存在争议的部分，按约定办理。

（4）完工付款涉及政府投资资金的，按约定办理。

（5）承包人按约定接受了完工付款证书后，应被认为已无权再提出在合同工程完工证书颁发前所发生的任何索赔。

（四）农民工工资支付

《保障农民工工资支付条例》（国务院令第 724 号）已经 2019 年 12 月 4 日国务院第 73 次常务会议通过，自 2020 年 5 月 1 日起施行。完工支付应特别注意农民工工资支付要求。

1. 工资支付形式与周期

（1）农民工工资应当以货币形式，通过银行转账或者现金支付给农民工本人，不得以实物或者有价证券等其他形式替代。

（2）用人单位应当按照与农民工书面约定或者依法制定的规章制度规定的工资支付周期和具体支付日期足额支付工资。

（3）实行月、周、日、小时工资制的，按照月、周、日、小时为周期支付工资；实行计件工资制的，工资支付周期由双方依法约定。

（4）用人单位与农民工书面约定或者依法制定的规章制度规定的具体支付日期，可以在农民工提供劳动的当期或者次期。具体支付日期遇法定节假日或者休息日的，应当在法定节假日或者休息日前支付。

用人单位因不可抗力未能在支付日期支付工资的，应当在不可抗力消除后及时支付。

（5）用人单位应当按照工资支付周期编制书面工资支付台账，并至少保存 3 年。

书面工资支付台账应当包括用人单位名称，支付周期，支付日期，支付对象姓名、身份证号码、联系方式，工作时间，应发工资项目及数额，代扣、代缴、扣除项目和数额，实发工资数额，银行代发工资凭证或者农民工签字等内容。

用人单位向农民工支付工资时，应当提供农民工本人的工资清单。

2. 工程建设领域特别规定

（1）建设单位与施工总承包单位依法订立书面工程施工合同，应当约定工程款计量周期、工程款进度结算办法以及人工费用拨付周期，并按照保障农民工工资按时足额支付的要求约定人工费用。人工费用拨付周期不得超过 1 个月。

建设单位与施工总承包单位应当将工程施工合同保存备查。

(2) 施工总承包单位应当按照有关规定开设农民工工资专用账户，专项用于支付该工程建设项目农民工工资。开设、使用农民工工资专用账户有关资料应当由施工总承包单位妥善保存备查。

(3) 金融机构应当优化农民工工资专用账户开设服务流程，做好农民工工资专用账户的日常管理工作；发现资金未按约定拨付等情况的，及时通知施工总承包单位，由施工总承包单位报告人力资源社会保障行政部门和相关行业工程建设主管部门，并纳入欠薪预警系统。

工程完工且未拖欠农民工工资的，施工总承包单位公示 30 日后，可以申请注销农民工工资专用账户，账户内余额归施工总承包单位所有。

(4) 施工总承包单位或者分包单位应当依法与所招用的农民工订立劳动合同并进行用工实名登记，具备条件的行业应当通过相应的管理服务信息平台进行用工实名登记、管理。未与施工总承包单位或者分包单位订立劳动合同并进行用工实名登记的人员，不得进入项目现场施工。

施工总承包单位应当在工程项目部配备劳资专管员，对分包单位劳动用工实施监督管理，掌握施工现场用工、考勤、工资支付等情况，审核分包单位编制的农民工工资支付表，分包单位应当予以配合。

施工总承包单位、分包单位应当建立用工管理台账，并保存至工程完工且工资全部结清后至少 3 年。

(5) 建设单位应当按照合同约定及时拨付工程款，并将人工费用及时足额拨付至农民工工资专用账户，加强对施工总承包单位按时足额支付农民工工资的监督。

因建设单位未按照合同约定及时拨付工程款导致农民工工资拖欠的，建设单位应当以未结清的工程款为限先行垫付被拖欠的农民工工资。

建设单位应当以项目为单位建立保障农民工工资支付协调机制和工资拖欠预防机制，督促施工总承包单位加强劳动用工管理，妥善处理与农民工工资支付相关的矛盾纠纷。发生农民工集体讨薪事件的，建设单位应当会同施工总承包单位及时处理，并向项目所在地人力资源社会保障行政部门和相关行业工程建设主管部门报告有关情况。

(6) 分包单位对所招用农民工的实名制管理和工资支付负直接责任。

施工总承包单位对分包单位劳动用工和工资发放等情况进行监督。分包单位拖欠农民工工资的，由施工总承包单位先行清偿，再依法进行追偿。工程建设项目转包，拖欠农民工工资的，由施工总承包单位先行清偿，再依法进行追偿。

(7) 工程建设领域推行分包单位农民工工资委托施工总承包单位代发制度。

分包单位应当按月考核农民工工作量并编制工资支付表，经农民工本人签字确认后，与当月工程进度等情况一并交施工总承包单位。

施工总承包单位根据分包单位编制的工资支付表，通过农民工工资专用账户直接将工资支付到农民工本人的银行账户，并向分包单位提供代发工资凭证。

用于支付农民工工资的银行账户所绑定的农民工本人社会保障卡或者银行卡，用人单位或者其他人员不得以任何理由扣押或者变相扣押。

(8) 施工总承包单位应当按照有关规定存储工资保证金，专项用于支付为所承包工程提供劳动的农民工被拖欠的工资。工资保证金实行差异化存储办法，对一定时期内未发生工资拖欠的单位实行减免措施，对发生工资拖欠的单位适当提高存储比例。工资保证金可以用金融机构保函替代。除法律另有规定外，农民工工资专用账户资金和工资保证金不得因支付为本项目提供劳动的农民工工资之外的原因被查封、冻结或者划拨。

(9) 建设单位与施工总承包单位或者承包单位与分包单位因工程数量、质量、造价等产生争议的，建设单位不得因争议不按照规定拨付工程款中的人工费用，施工总承包单位也不得因争议不按照规定代发工资。

(10) 建设单位或者施工总承包单位将建设工程发包或者分包给个人或者不具备合法经营资格的单位，导致拖欠农民工工资的，由建设单位或者施工总承包单位清偿。

施工单位允许其他单位和个人以施工单位的名义对外承揽建设工程，导致拖欠农民工工资的，由施工单位清偿。工程建设项目违反国土空间规划、工程建设等法律法规，导致拖欠农民工工资的，由建设单位清偿。

(五) 中小企业支付

《保障中小企业款项支付条例》(国务院令第 728 号) 规定了保障中小企业款项支付的相关要求。

(1) 中小企业是指在中华人民共和国境内依法设立，依据国务院批准的中小企业划分标准确定的中型企业、小型企业和微型企业。所谓大型企业，是指中小企业以外的企业。中小企业、大型企业依合同订立时的企业规模类型确定。中小企业与机关、事业单位、大型企业订立合同时，应当主动告知其属于中小企业。

(2) 机关、事业单位和大型企业不得要求中小企业接受不合理的付款期限、方式、条件和违约责任等交易条件，不得违约拖欠中小企业的货物、工程、服务款项。中小企业应当依法经营，诚实守信，按照合同约定提供合格的货物、工程和服务。

(3) 机关、事业单位从中小企业采购货物、工程、服务，应当自货物、工程、服务交付之日起 30 日内支付款项；合同另有约定的，付款期限最长不得超过 60 日。

大型企业从中小企业采购货物、工程、服务，应当按照行业规范、交易习惯合理约定付款期限并及时支付款项。

合同约定采取履行进度结算、定期结算等结算方式的，付款期限应当自双方确认结算金额之日起算。

(4) 机关、事业单位和大型企业使用商业汇票等非现金支付方式支付中小企业款项的，应当在合同中作出明确、合理约定，不得强制中小企业接受商业汇票等非现金支付方式，不得利用商业汇票等非现金支付方式变相延长付款期限。

(5) 机关、事业单位和国有大型企业不得强制要求以审计机关的审计结果作为结算依据，但合同另有约定或者法律、行政法规另有规定的除外。

(6) 除依法设立的投标保证金、履约保证金、工程质量保证金、农民工工资保证金外，工程建设中不得收取其他保证金。保证金的收取比例应当符合国家有关规定。

机关、事业单位和大型企业不得将保证金限定为现金。中小企业以金融机构保函提供保证的，机关、事业单位和大型企业应当接受。

(7) 机关、事业单位和大型企业不得以法定代表人或者主要负责人变更、履行内部付款流程，或者在合同未作约定的情况下以等待竣工验收批复、决算审计等为由，拒绝或者迟延支付中小企业款项。

(8) 机关、事业单位和大型企业迟延支付中小企业款项的，应当支付逾期利息。双方对逾期利息的利率有约定的，约定利率不得低于合同订立时1年期贷款市场报价利率；未作约定的，按照每日利率万分之五支付逾期利息。

(六) 完工结算中的工程审计问题

全国人大常委会法工委在回复中国建筑业协会《关于对地方性法规中以审计结果作为政府投资建设项目竣工结算依据有关规定提出的审查建议的复函》(法工备函〔2017〕22号文) 中明确规定，地方性法规中直接以审计结果作为竣工结算依据应当在招标文件中载明或者在合同中约定以审计结果作为竣工结算依据的规定，限制了民事权利，超越了地方立法权限，应当予以纠正。据此，水利工程建设项目不得将工程审计结果作为完工结算的依据，也不得以未完成工程预留超质量保证金额度的工程支付款。

二、最终结清

(一) 缺陷责任期 (工程质量保修期)

1. 起算时间

缺陷责任期 (工程质量保修期) 从工程通过合同工程完工验收后开始计算。除专用合同条款另有约定外，在合同工程完工验收前，已经发包人提前验收的单位工程或部分工程，若未投入使用，其缺陷责任期 (工程质量保修期) 亦从工程通过合同工程完工验收后开始计算；若已投入使用，其缺陷责任期 (工程质量保修期) 从通过单位工程或部分工程投入使用验收后计算。由于承包人原因导致工程无法按规定期限进行合同工程完工验收的，缺陷责任期从实际通过合同工程完工验收之日起计。由于发包人原因导致工程无法按规定期限进行合同工程完工验收的，在承包人提交合同工程完工验收报告90天后，工程自动进入缺陷责任期 (工程质量保修期)。

2. 缺陷责任期终止证书

合同工程完工验收或投入使用验收后，发包人与承包人应办理工程交接手续，承包人应向发包人递交工程质量保修书。

缺陷责任期 (工程质量保修期) 满后30个工作日内，发包人应向承包人颁发工程质量保修责任终止证书，并退还剩余质量保证金，但保修责任范围内的质量缺陷未处理完成的应除外。

水利工程缺陷责任期 (工程质量保修期) 一般为1年，最长不超过2年，河湖疏浚工程无缺陷责任期 (工程质量保修期)。缺陷责任期 (工程质量保修期) 由发、承包双方在合同中约定。

(二) 质量保证金

质量保证金是指发包人与承包人在建设工程承包合同中约定，从应付的工程款中预留，用以保证承包人在缺陷责任期（工程质量保修期）内对水利工程出现的缺陷进行维修的资金。

1. 合同约定

发包人应当在招标文件中明确质量保证金预留、返还等内容，并与承包人在合同条款中对涉及质量保证金的下列事项进行约定：

（1）质量保证金预留、返还方式。

（2）质量保证金预留比例、期限。

（3）质量保证金是否计付利息，如计付利息，利息的计算方式。

（4）缺陷责任期（工程质量保修期）的期限及计算方式。

（5）质量保证金预留、返还及工程维修质量、费用等争议的处理程序。

（6）缺陷责任期内出现缺陷的索赔方式。

（7）逾期返还质量保证金的违约金支付办法及违约责任。

2. 担保

质量保证金推行银行保函制度，承包人可以银行保函替代预留质量保证金。在工程项目完工前，已经缴纳履约保证金的，发包人不得同时预留质量保证金。

采用工程质量保证担保、工程质量保险等其他保证方式的，发包人不得再预留质量保证金。

3. 额度

发包人应按照合同约定方式预留质量保证金，质量保证金总预留比例不得高于工程价款结算总额的3%。合同约定由承包人以银行保函替代预留质量保证金的，保函金额不得高于工程价款结算总额的3%。质量保证金的计算额度不含扣回的预付款。

4. 使用范围

质量保证金担保的期限是缺陷责任期（工程质量保修期）全过程。缺陷责任期（工程质量保修期）内，由承包人原因造成的缺陷，承包人应负责维修，并承担鉴定及维修费用。如承包人不维修也不承担费用，发包人可按合同约定从质量保证金或银行保函中扣除；费用超出质量保证金额的，发包人可按合同约定向承包人进行索赔。承包人维修并承担相应费用后，不免除对工程的损失赔偿责任。

由他人原因造成的缺陷，发包人负责组织维修，承包人不承担费用，且发包人不得从质量保证金中扣除费用。

5. 退还

合同工程完工证书颁发后14天内，发包人将质量保证金总额的一半支付给承包人。在约定的缺陷责任期（工程质量保修期）满时，发包人将在30个工作日内会同承包人按照合同约定的内容核实承包人是否完成保修责任。如无异议，发包人应当在核实后将剩余的质量保证金支付给承包人。在约定的缺陷责任期满时，承包人没有完成缺陷责任的，发包人有权扣留与未履行责任剩余工作所需金额相应的质量保证金余额，并有权根据约定要求延长缺陷责任期（工程质量保修期），直至完成剩余工作为止。

对返还期限没有约定或者约定不明确的，发包人应当在核实后14天内将质量保证金返还承包人，逾期未返还的，依法承担违约责任。发包人在接到承包人返还质量保证金申请后 14 天内不予答复，经催告后 14 天内仍不予答复，视同认可承包人的返还质量保证金申请。

（三）最终结清程序

在工程质量保修期（缺陷责任期）终止后，并且发包人或监理人颁发了工程质量保修责任终止证书，施工合同双方可进行工程的最终结算，其程序如下：

（1）承包人提交最终结清申请单。缺陷责任期（工程质量保修期）终止证书签发后，承包人应按监理人批准的格式提交最终结清申请单。提交最终结清申请单的份数具体应在合同专用合同条款中约定。

发包人（或监理人）对最终结清申请单内容有异议的，有权要求承包人进行修正和提供补充资料，由承包人向监理人提交修正后的最终结清申请单。需要注意的是，承包人按合同约定提交的最终结清申请单中，只限于提出合同工程完工证书颁发后发生的索赔。

（2）监理人和发包人审核。监理人收到承包人提交的最终结清申请单后的 14 天内，提出发包人应支付给承包人的价款送发包人审核并抄送承包人。发包人应在收到后 14 天内审核完毕，由监理人向承包人出具经发包人签认的最终结清证书。监理人未在约定时间内核查，又未提出具体意见的，视为承包人提交的最终结清申请已经监理人核查同意；发包人未在约定时间内审核又未提出具体意见的，监理人提出应支付给承包人的价款视为已经发包人同意。

（3）发包人支付。发包人应在监理人出具最终结清证书后的 14 天内，将应支付款支付给承包人。发包人不按期支付的，按合同约定，将逾期付款违约金支付给承包人。

最终结清后，发包人的支付义务结束。承包人对发包人签认的最终结清证书有异议或最终结清付款涉及政府投资资金的，均应按合同约定办理。

（四）最终结清内容

（1）按合同约定承包人完成的全部合同金额。

（2）尚未结清的名目和金额。

（3）发包人应支付的最终结清金额。

若发包人和承包人双方未能就最终结清的名目和金额取得一致意见，监理人应对双方同意的部分出具临时付款证书，只有在发包人和承包人双方有争议的部分得到解决后方可签发最终结清证书。

三、合同解除的价款结算与支付

（一）无效合同导致的合同解除

根据《中华人民共和国民法典》规定，建设工程合同是承包人进行工程建设，发包人支付价款的合同。国家重大建设工程合同，应当按照国家规定的程序和国家批准的投资计划、可行性研究报告等文件订立。符合必须招标的规模和范围标准的工程建设项目合同必须通过招标投标方式订立。若因为种种原因导致建设工程施工合同无效，但是建设工程经验收合格的，根据七百九十三条规定，可以参照合同关于工程价款的约定折价补偿承包人。建设工程施工合同无效，且建设工程经验收不合格的，按照以下情形处理：

(1) 修复后的建设工程经验收合格的，发包人可以请求承包人承担修复费用。

(2) 修复后的建设工程经验收不合格的，承包人无权请求参照合同关于工程价款的约定折价补偿。

发包人对因建设工程不合格造成的损失有过错的，应当承担相应的责任。

(二) 承包人违约引起的合同解除

《中华人民共和国民法典》第六百零六条规定，承包人将建设工程转包、违法分包的，发包人可以解除合同，合同解除后已经完成的建设工程质量合格的，发包人应当按照合同约定支付相应的工程价款；已经完成的建设工程质量不合格的，参照第七百九十三条的规定处理。

根据《水利水电工程标准施工招标文件》(2009 年版)，承包人无法履行合同或明示不履行或实质上已停止履行合同的，发包人可通知承包人立即解除合同；承包人违约的其他情形（承包人违约情形参见本章第八节工程索赔），监理人发出整改通知 28 天后，承包人仍不纠正违约行为的，发包人可向承包人发出解除合同通知。合同解除后，发包人可派员进驻施工场地，另行组织人员或委托其他承包人施工。发包人因继续完成该工程的需要，有权扣留使用承包人在现场的材料、设备和临时设施。但发包人的这一行为不免除承包人应承担的违约责任，也不影响发包人根据合同约定享有的索赔权利。

因承包人违约造成施工合同解除的，监理人应就合同解除前承包人应得到但未支付的工程价款和费用签发付款证书，但应扣除根据施工合同约定应由承包人承担的违约费用。

1. 处理程序

(1) 因承包人违约造成施工合同解除的，发包人应暂停向承包人支付任何价款。

(2) 发包人应在合同解除后 28 天内核实合同解除时承包人已完成的全部合同价款以及按施工进度计划已运至现场的材料和工程设备货款，按合同约定核算承包人应支付的违约金以及造成损失的索赔金额，并将结果通知承包人。发承包双方应在 28 天内予以确认或提出意见，并办理结算合同价款。如果发包人应扣除的金额超过了应支付的金额，则承包人应在合同解除后的 56 天内将其差额退还给发包人。

(3) 合同双方确认上述往来款项后，出具最终结清付款证书，结清全部合同款项。

(4) 发承包双方不能就解除合同后的结算达成一致的，按照合同约定的争议解决方式处理。

(5) 因承包人违约解除合同后，将由发包人或发包人雇用的其他承包人继续施工。为保证工程能顺利延续施工，承包人应按约定，将在此之前为实施本合同与其他人签订的任何材料、设备和服务协议和利益，通过法律程序转让给发包人。

2. 估价和结算原则

合同解除后，合同双方应尽快进行结算，由监理人通过调查取证后，与发包人和承包人按前述约定进行估价和结算。估价和结算的原则应是：

（1）涉及解除合同前已发生的费用仍按原合同约定结算。

（2）承包人应合理赔偿发包人因更换承包人所造成的损失。

（3）发包人需要使用的原承包人材料、设备和临时设施的费用由监理人与合同双方商定或确定。

（三）发包人违约引起的合同解除

发包人提供的主要建筑材料、建筑构配件和设备不符合强制性标准或者不履行协助义务，致使承包人无法施工，经催告后在合理期限内仍未履行相应义务的，承包人可以解除合同。

根据《水利水电工程标准施工招标文件》（2009 年版），发包人无法继续履行或明确表示不履行或实质上已停止履行合同的，承包人可书面通知发包人解除合同；发包人发生其他违约情形（发包人违约情形参见本章第八节工程索赔），承包人按合同的约定暂停施工 28 天后，发包人仍不纠正违约行为的，承包人可向发包人发出解除合同通知。但承包人的这一行动不免除发包人承担的违约责任，也不影响承包人根据合同约定享有的索赔权利。

因发包人违约解除合同的，监理人应就合同解除前承包人所应得到但未支付的工程价款和费用签发付款证书。发包人应在解除合同后 28 天内向承包人支付下列金额，承包人应在此期限内及时向发包人提交要求支付下列金额的有关资料和凭证：

（1）合同解除日以前所完成工作的价款。

（2）承包人为该工程施工订购并已付款的材料、工程设备和其他物品的金额。发包人付款后，该材料、工程设备和其他物品归发包人所有。

（3）承包人为完成工程所发生的，而发包人未支付的金额。

（4）承包人撤离施工场地以及遣散承包人人员的金额。

（5）由于解除合同应赔偿的承包人损失。

（6）按合同约定在合同解除日前应支付给承包人的其他金额。

发包人应按本项约定支付上述金额并退还质量保证金和履约担保，但有权要求承包人支付应偿还给发包人的各项金额。

因发包人违约而解除合同后，承包人应妥善做好已完工工程和已购材料、设备的保护和移交工作，按发包人要求将承包人设备和人员撤出施工场地。承包人撤出施工场地应遵守合同的约定，发包人应为承包人撤出提供必要条件。

（四）不可抗力引起合同解除

在履行合同过程中，发生不可抗力事件使一方或双方无法继续履行合同时，可解除合同。因不可抗力致使施工合同解除的，监理人应根据施工合同约定，就承包人应得到但未支付的工程价款和费用签发付款证书。

对于不可抗力造成损害的责任，除专用合同条款另有约定外，不可抗力导致的人员伤亡、财产损失、费用增加和（或）工期延误等后果，由合同双方按以下原则承担：

（1）永久工程，包括已运至施工场地的材料和工程设备的损害，以及因工程损害造成的第三者人员伤亡和财产损失由发包人承担。

(2) 承包人设备的损坏由承包人承担。

(3) 发包人和承包人各自承担其人员伤亡和其他财产损失及其相关费用。

(4) 承包人的停工损失由承包人承担，但停工期间应监理人要求照管工程和清理、修复工程的金额由发包人承担。

(5) 不能按期完工的，应合理延长工期，承包人不需支付逾期完工违约金。发包人要求赶工的，承包人应采取赶工措施，赶工费用由发包人承担。

合同一方当事人延迟履行合同，在延迟履行合同期间发生不可抗力的，不免除其责任。不可抗力发生后，发包人和承包人均应采取措施尽量避免和减少损失的扩大，任何一方没有采取有效措施导致损失扩大的，应对扩大的损失承担责任。

合同一方当事人因不可抗力不能履行合同的，应当及时通知对方解除合同。合同解除后，承包人应按照合同约定撤离施工场地。已经订货的材料、设备由订货方负责退货或解除订货合同，不能退还的货款和因退货、解除订货合同发生的费用，由发包人承担，因未及时退货造成的损失由责任方承担。合同解除后的付款，由监理人按照合同的约定，与发包人和承包人商定或确定。

四、合同价款争议的解决

(一) 商定和确定

合同约定总监理工程师应对合同价款进行商定或确定时，总监理工程师应与发承包双方协商，尽量达成一致；不能达成一致的，总监理工程师应在认真研究后审慎确定。发承包双方对总监理工程师的确定有异议的，构成合同价款争议。在争议解决前，发承包双方应暂按总监理工程师的确定执行，按照合同约定对总监理工程师的确定作出修改的，按修改后的结果执行。

(二) 和解

发承包双方可就合同价款争议进行协商，协商达成一致的，双方应签订书面和解协议，和解协议对双方均有约束力。

(三) 调解

发承包双方可就合同价款争议请求行业行政主管部门、行业协会或其他第三方进行调解，调解达成协议的，双方应签订书面调解协议，调解协议对双方均有约束力。

(四) 争议评审

发承包双方在合同中约定采取争议评审方式解决合同价款争议的，可依照合同约定提请争议评审。

(五) 仲裁和诉讼

因合同价款产生的争议，发承包双方可依照合同约定向仲裁委员会申请仲裁或向人民法院提起诉讼、仲裁或诉讼只能选择其一。

五、完工结算与最终结清支付用表

完工结算与最终结清支付用表参见表 5－25～表 5－29。

表 5-25　　完工付款/最终结清申请单（格式）

（承包［　］付结　号）

合同名称：　　　　　　　　　　　　　　　　　　合同编号：

致（监理机构）：

依据施工合同约定，我方已完成合同工程________工程的施工，收到发包人签发的□合同工程完工证书/□缺陷责任期终止证书。现申请该工程的□完工付款/□最终结清/□临时付款。

经核计，我方应获得工程价款合计金额为（大写）________元（小写________元），截至本次申请已得到各项付款金额总计为（大写）________元（小写________元），现申请/□完工付款/□最终结清/□临时付款金额总计为（大写）________元（小写________元），请贵方审核。

附件：计算资料、证明文件等。

承 包 人：（现场机构名称及盖章）
项目经理：（签名）
日　　期：　　年　月　日

监理机构审核后，另行签发意见。

监理机构：（名称及盖章）
签 收 人：（签名）
日　　期：　　年　月　日

说明：本表一式____份，由承包人填写。监理机构签收后，发包人____份、监理机构____份、承包人____份。

表 5-26

质量保证金退还申请表（格式）

（承包［　　］保退　　号）

合同名称：　　　　　　　　　　　　　　　　　　　　合同编号：

<table>
<tr><td colspan="3">致（监理机构）：
根据施工合同约定，我方申请退还质量保证金金额为（大写）________元（小写________元），请贵方审核。</td></tr>
<tr><td>退还质量保证金已具备的条件</td><td colspan="2">□于______年___月___日签发合同工程完工证书
□于______年___月___日签发缺陷责任期终止证书
□……</td></tr>
<tr><td rowspan="4">质量保证金退还金额</td><td>质量保证金总金额</td><td>仟　佰　拾　万　仟　佰　拾　元（小写：　　　元）</td></tr>
<tr><td>已退还金额</td><td>仟　佰　拾　万　仟　佰　拾　元（小写：　　　元）</td></tr>
<tr><td>尚应扣留的金额</td><td>仟　佰　拾　万　仟　佰　拾　元（小写：　　　元）
扣留的原因：
□施工合同约定
□未完工程或缺陷
□……</td></tr>
<tr><td>应退还金额</td><td>仟　佰　拾　万　仟　佰　拾　元（小写：　　　元）</td></tr>
<tr><td colspan="3">承 包 人：（现场机构名称及盖章）
项目经理：（签名）
日　　期：　　年　月　日</td></tr>
<tr><td colspan="3">监理机构审核后将另行签发。

监理机构：（名称及盖章）
签 收 人：（签名）
日　　期：　　年　月　日</td></tr>
</table>

说明：本表一式____份，由承包人填写。监理机构签收后，发包人____份、监理机构____份、承包人____份。

表 5-27

合同解除付款核查报告（格式）

（监理［ ］解付 号）

合同名称： 合同编号：

<table>
<tr><td>致（发包人）：
根据施工合同约定，经核查，合同解除后承包人应获得工程付款总金额为（大写）＿＿＿＿＿元（小写＿＿＿＿＿元），已得到各项付款总金额为（大写）＿＿＿＿＿元（小写＿＿＿＿＿元），现应□支付/□退还的工程款金额为（大写）＿＿＿＿＿元（小写＿＿＿＿＿元）。

附件：1. 合同解除相关文件。
2. 计算资料。
3. 证明文件（含承包人已得到各项付款的证明文件）。

监理机构：（名称及盖章）
总监理工程师：（签名）
日 期： 年 月 日</td></tr>
<tr><td>发包人：（名称及盖章）
负责人：（签名）
日 期： 年 月 日</td></tr>
</table>

说明：本证书一式＿＿份，由监理机构填写。发包人＿＿份、监理机构＿＿份、承包人＿＿份。

表 5-28

完工付款/最终结清证书（格式）

（监理［ ］付结 号）

合同名称： 合同编号：

<table>
<tr><td>致（发包人）：
经审核承包人的□完工付款申请/□最终结清申请/□临时付款申请（承包［ ］付结 号），应支付给承包人的金额共计（大写）＿＿＿＿＿元（小写＿＿＿＿＿元）。
请贵方在收到□完工付款证书/□最终结清证书/□临时付款证书后按合同约定完成审批，并将上述工程价款支付给承包人。
附件：1. 完工付款/最终结清申请单。
2. 审核计算资料。

监理机构：（名称及盖章）
总监理工程师：（签名）
日 期： 年 月 日</td></tr>
<tr><td>发包人审批意见：

发包人：（名称及盖章）
负责人：（签名）
日 期： 年 月 日</td></tr>
</table>

说明：本证书一式＿＿份，由监理机构填写。发包人＿＿份、监理机构＿＿份、承包人＿＿份。

表 5-29 **质量保证金退还证书（格式）**

（监理［ ］保退 号）

合同名称： 合同编号：

<table>
<tr><td colspan="3">致（发包人）：
经审核承包人的质量保证金退还申请表（承包［ ］保退 号），本次应退还给承包人的质量保证金金额为（大写）__________元（小写__________元）。
请贵方在收到该质量保证金退还证书后按合同约定完成审批，并将上述质量保证金退还给承包人。</td></tr>
<tr><td>退还质量保证金已具备的条件</td><td colspan="2">□于________年____月____日签发合同工程完工证书
□于________年____月____日签发缺陷责任期终止证书
□……</td></tr>
<tr><td rowspan="4">质量保证金退还金额</td><td>质量保证金总金额</td><td>仟 佰 拾 万 仟 佰 拾 元（小写： 元）</td></tr>
<tr><td>已退还金额</td><td>仟 佰 拾 万 仟 佰 拾 元（小写： 元）</td></tr>
<tr><td>尚应扣留的金额</td><td>仟 佰 拾 万 仟 佰 拾 元（小写： 元）
扣留的原因：
□施工合同约定
□遗留问题
□……</td></tr>
<tr><td>本次应退还金额</td><td>仟 佰 拾 万 仟 佰 拾 元（小写： 元）</td></tr>
<tr><td colspan="3">监 理 机 构：（名称及盖章）
总监理工程师：（签名）
日 期： 年 月 日</td></tr>
<tr><td colspan="3">发包人审批意见：

发包人：（名称及盖章）
负责人：（签名）
日 期： 年 月 日</td></tr>
</table>

说明：本证书一式____份，由监理机构填写。监理机构、发包人签发后，发包人____份、监理机构____份、承包人____份。

思考题

5-1 常用资金使用计划的编制方法有哪些?

5-2 工程预付款数额如何确定及扣还?

5-3 简述工程计量的一般规定、程序、原则、内容、工作方式及方法。

5-4 简述工程进度付款的程序。

5-5 简述工程变更的范围、内容及程序。如何确定工程变更价格?

5-6 简述工程索赔产生的原因及索赔的程序。

5-7 费用索赔中哪些费用不允许索赔?

5-8 简述工期索赔的具体依据及应当注意的问题。

5-9 物价波动引起合同价格调整的方法有哪些?如何计算价格?

第六章　竣工财务决算和项目后评价

竣工财务决算是工程项目在竣工验收前对工程项目从筹建到竣工投产全过程中所花费的所有费用的汇总，是核定工程项目总造价的重要工作。项目后评价是项目正常投产后项目实际效果和预期收益的综合评价，是对项目前期工作和建设工程的一个综合评价。

第一节　建设项目竣工财务决算

一、竣工财务决算的概念

项目竣工财务决算是正确核定项目资产价值、反映竣工项目建设成果的文件，是确认投资支出、资产价值和结余资金、办理资产移交、产权登记和投资核销的最终依据。

竣工财务决算是反映建设项目实际工程造价的技术经济文件，应包括建设项目的投资使用情况和投资效果，以及项目从筹建到竣工验收的全部费用，即建筑工程费、安装工程费、设备费、临时工程费、独立费用、预备费、建设期融资利息和移民征地补偿费、水土保持费用、环境保护费用。竣工财务决算是竣工验收报告的重要组成部分。竣工财务决算的主要作用包括总结竣工项目设计概算和实际造价的情况；考核投资效益；经审定的竣工财务决算是正确核定新增资产价值、资产移交和投资核销的依据。竣工财务决算的时间段是项目建设的全过程，包括从筹建到竣工验收的全部时间；范围是整个建设项目，包括主体工程、附属工程以及建设项目前期费用和相关的全部费用。

依据国家有关规定，水利部于2001年发布了《水利基本建设项目竣工财务决算编制规程》(SL 19—2001)，在水利工程建设中贯彻执行，并取得了良好的效果。为加强水利基本建设财务管理，考核水利投资效益，核定新增资产价值，反映竣工项目概（预）算执行成果，规范竣工财务决算编制行为，根据国家有关规定，结合水利行业实际情况，重新修订的《水利基本建设项目竣工财务决算编制规程》(SL 19—2014) 明确规定："本标准适用于基本建设投资和财政专项资金安排的水利基本建设项目竣工财务决算的编制。利用外资的项目竣工财务决算的编制除执行本规程外，还应执行国家外资项目管理的有关规定。"也就是说，所有水利基本建设项目，不论其投资来源、投资主体、规模大小，不论是工程项目还是非工程项目，只要列入国家基本建设计划，都应按《水利基本建设项目竣工财务决算编制规程》(SL 19—2014) 执行。水利基本建设项目编制竣工财务决算除应符合本规程外，还应符合国家现行有关标准的规定。

水利基本建设项目竣工财务决算（以下简称："竣工财务决算"）由项目法人或项目责任单位（以下简称："项目法人"）组织编制。项目法人应组织财务、计划、统计工程技术和合同管理等专门人员，组成专门团队或机构共同完成此项工作。参与建设项目的咨询、勘察、设计、监理、施工等有关单位应积极配合，向项目法人提供有关资料。在竣工财务决算批复之前，项目法人已经撤销的，由撤销该项目法人的单位指定有关单位承担相关的责任。

在竣工财务决算审计前，项目法人应将竣工财务决算提交竣工验收主持单位审查。竣工财务决算应作为项目资产形成、资产移交和投资核销的依据。竣工财务决算必须按国家相关要求，整理归档，永久保存。

二、竣工财务决算的编制依据、条件和要求

（一）编制依据

竣工财务决算的编制依据应包括下列内容：

（1）国家有关法律法规等有关规定。

（2）经批准的设计文件，其中工程类项目是指批准的初步设计，非工程类项目是指批复的项目任务书。

（3）年度投资和资金安排文件。

（4）合同（协议）。

（5）会计核算及财务管理资料。

（6）其他资料。

（二）编制条件

编制竣工财务决算应具备下列条件：

（1）经批准的初步设计、项目任务书所确定的内容已完成。

（2）建设资金全部到位。

（3）竣工（完工）结算已完成。

（4）未完工程投资和预留费用不超过规定的比例。

（5）涉及法律诉讼、工程质量、移民安置的事项已处理完毕。

（6）其他影响竣工财务决算编制的重大问题已解决。

（三）编制要求

竣工财务决算应按以下要求编制：

（1）水利基本建设项目竣工财务决算应严格按《水利基本建设项目竣工财务决算编制规程》（SL 19—2014）规定的内容、格式编制。非工程类项目可根据项目实际情况和有关规定适当简化，原则上不得改变编制规程规定的格式，不得减少应编报的内容。

（2）建设项目完成并满足竣工财务决算编制条件后，项目法人应在规定的期限内完成竣工财务决算的编制工作。大中型项目的期限为 3 个月，小型项目的期限为 1 个月。如特殊情况不能在规定期限内完成编制工作的，报经竣工验收主持单位同意后可适当延期。

（3）项目法人应从项目筹建起，指定专人负责竣工财务决算的编制工作，并应明确财务、计划、工程技术等部门的相应职责。竣工财务决算的编制人员应保持相对稳定。

（4）竣工财务决算应区分大中、小型项目，应按项目规模分别编制。项目规模以批复的设计文件为准。设计文件未明确的，非经营性项目投资额在3000万元（含3000万元）以上、经营性项目投资额在5000万元（含5000万元）以上的为大中型项目；其他项目为小型项目。

（5）建设项目包括两个或两个以上独立概算的单项工程的，单项工程竣工时，可编制单项工程竣工财务决算。建设项目全部竣工后，应编制该项目的竣工财务总决算。建设项目是大中型项目而单项工程是小型项目的，应按大中型项目的编制要求编制单项工程竣工财务决算。

三、竣工财务决算的内容

竣工财务决算编制内容应全面反映项目概（预）算及执行、支出和资产形成情况，包括项目从筹建到竣工验收的全部费用。

竣工财务决算由下列4部分组成：①竣工财务决算封面及目录；②竣工工程的平面示意图及主体工程照片；③竣工财务决算说明书；④竣工财务决算报表。

（一）竣工财务决算说明书

竣工财务决算说明书应反映下列主要内容：

（1）项目基本情况。

（2）财务管理情况。

（3）年度投资计划、预算（资金）下达及资金到位情况。

（4）概（预）算执行情况。

（5）招（投）标、政府采购及合同（协议）执行情况。

（6）征地补偿和移民安置情况。

（7）重大设计变更及预备费动用情况。

（8）未完工程投资及预留费用情况。

（9）审计、稽查、财务检查等发现问题及整改落实情况。

（10）其他需说明的事项。

（11）报表编制说明。

（二）竣工财务决算报表

1. 工程类竣工财务决算报表

完整的工程类竣工财务决算报表包括以下8张表格：

（1）水利基本建设项目概况表，反映竣工项目的主要特性、建设过程和建设成果等基本情况。

（2）水利基本建设项目财务决算表，反映竣工项目的财务收支状况。

（3）水利基本建设项目投资分析表，反映竣工项目建设概（预）算执行情况。

（4）水利基本建设项目未完工程投资及预留费用表，反映预计纳入竣工财务决算的未完工程投资及预留费用的明细情况。

（5）水利基本建设项目成本表，反映竣工项目建设成本构成情况。

(6) 水利基本建设项目交付使用资产表，反映竣工项目向不同资产接收单位交付使用资产情况。

(7) 水利基本建设项目待核销基建支出表，反映竣工项目发生的待核销基建支出明细情况。

(8) 水利基本建设项目转出投资表，反映竣工项目发生的转出投资明细情况。

大中型项目应编制全部表格，小型项目应编制“水利基本建设竣工项目概况表”“水利基本建设项目竣工财务决算表”“水利基本建设竣工项目交付使用资产表”和“水利基本建设竣工项目未完工程投资及预留费用表”。在工作中，项目法人可根据项目实际情况增设有关反映重要事项的辅助报表。

2. 非工程类竣工财务决算报表

非工程类竣工财务决算报表包括以下5张表格：

(1) 水利基本建设项目概况表。

(2) 水利基本建设项目财务决算表。

(3) 水利基本建设项目支出表。

(4) 水利基本建设项目技术成果表。

(5) 水利基本建设项目交付使用资产表。

四、竣工财务决算编制方法

(一) 竣工财务决算的程序

竣工财务决算宜遵循下列程序：

(1) 制定竣工财务决算编制方案。

(2) 收集整理与竣工财务决算有关的项目资料。

(3) 确定竣工财务决算基准日期

(4) 竣工财务清理，主要包括合同（协议）清理、债权债务清理、结余资金清理和应移交资产清理。

(5) 编制竣工财务决算报表，主要包括计列未完工程投资及预留费用、概（预）算与核算口径对应分析、分摊待摊投资、确认交付使用资产、分摊建设成本、填列报表、编制竣工财务总决算。

(6) 编写竣工财务决算说明书。

小型工程、非工程类项目可根据实际情况适当简化编制程序。

(二) 竣工财务决算资料收集整理

竣工财务决算应收集与整理以下主要资料：

(1) 会计凭证、账簿和会计报表。

(2) 内部财务管理制度。

(3) 初步设计、设计变更、预备费动用相关资料。

(4) 年度投资计划、预算（资金）文件。

（5）招投标、政府采购及合同（协议）。

（6）工程量和材料消耗统计资料。

（7）征地拆迁、移民安置实施及资金使用情况。

（8）价款结算资料。

（9）项目验收、成果及效益资料。

（10）审计、稽查、财务检查结论性文件及整改资料。

（三）确定竣工财务决算基准日期

竣工财务决算基准日期应根据资金到位、投资完成、竣工财务清理等情况确定，宜确定为月末。竣工财务决算基准日期确定后，凡与项目建设成本、资产价值相关联的会计业务应在竣工财务决算基准日之前入账，关联的会计业务主要包括竣工财务清理、未完工程投资和预留费用及分摊待摊投资的账务处理。

（四）竣工财务清理

竣工财务清理应主要包括下列内容：

（1）合同（协议）清理，主要是在价款结算基础上，根据收集整理的竣工财务决算资料，清理出各合同（协议）的合同金额、结算金额、价款支付金额及预付款、质量保证金、履约保证金等的支付、扣留等数据，确认合同（协议）履约结果，并对尚未执行完毕的合同（协议）确定履约时限和措施。

（2）债权债务清理，主要包括核对结算债权债务、清理坏账和无法支付的应付款项。

（3）结余资金清理，主要是盘点核实构成结余资金的实物清单，确定处理方式，办理处置手续。

（4）应移交资产清理，主要是根据收集整理的竣工财务决算资料编制应移交资产账面清单，实地盘点形成应移交资产盘点清单，分析调整后形成应移交资产清单。

（五）计列未完工程投资及预留费用

未完工程投资及预留费用可预计纳入竣工财务决算。大中型项目应控制在总概算的3%以内，小型项目应控制在5%以内。非工程类项目不宜计列未完工程投资及预留费用。

未完工程投资和预留费用应满足项目实施和管理的需要，以项目概（预）算、合同等为依据合理计列。已签订合同（协议）的，应按相关条款的约定进行测算；尚未签订合同（协议）的，未完工程投资不应突破相应的概（预）算标准。

（六）概（预）算与核算口径对应分析

大型项目应按概（预）算二级项目（相当于单位工程）分析概（预）算执行情况，中型项目应按概（预）算一级项目（相当于单项工程）分析概（预）算执行情况。

概（预）算与核算的口径差异，应依据概（预）算项目划分、工程量清单、会计科目之间的关系，以概（预）算项目划分为基础，调整招标文件的工程量清单和会计核算指标，实现概（预）算与核算的口径对应。

（七）分摊待摊投资

待摊投资应由受益的各项交付使用资产共同负担。能够确定由某项资产负担的待摊费用，应直接计入该资产成本；不能确定负担对象的待摊费用，应分摊计入受益的各项资产成本。

1. 待摊投资的分摊对象

待摊投资的分摊对象应为以下几项内容：

（1）房屋、建筑物。

（2）水、电专用设备。

（3）需要安装的通用设备。

（4）其他分摊对象等。

2. 分摊待摊投资的计算方法

分摊待摊投资应根据项目特点采用合理的方法。常见的方法有按实际数比例分摊和按概算数比例分摊两种，其中实际数比例分摊法多适用于竣工后一次交付使用的建设项目，概算数比例分摊法多适用于单项工程分批交付使用的建设项目。

（1）第一种方法：按实际数的比例分摊，可按式（6-1）和式（6-2）计算：

$$D_F = J_S F_S \tag{6-1}$$

$$F_S = D_S / DX_S \times 100\% \tag{6-2}$$

式中 D_F——某资产应分摊的待摊投资；

J_S——某资产应负担待摊投资部分的实际价值；

F_S——实际分配率；

D_S——上期结转和本期发生的待摊投资合计（扣除可直接计入的待摊投资）；

DX_S——上期结转和本期发生的建筑安装工程投资、安装设备投资和其他投资中应负担待摊费用的合计。

（2）第二种方法：按概算数的比例分摊，可按式（6-3）和式（6-4）计算：

$$D_F = J_S F_Y \tag{6-3}$$

$$F_Y = D_Y / DX_Y \times 100\% \tag{6-4}$$

式中 D_F——某资产应分摊的待摊投资；

J_S——某资产应负担待摊投资部分的实际价值；

F_Y——预定分配率；

D_Y——概算中各项待摊投资项目合计（扣除可直接计入的待摊投资）；

DX_Y——概算中建筑安装工程投资、安装设备投资和其他投资中应负担待摊投资的合计。

（八）确认交付使用资产

交付使用资产应以具有独立使用价值的固定资产、流动资产、无形资产和递延资产作为计算和交付对象。

独立使用价值的确定依据应是具有较完整的使用功能，能够按照设计要求独立发挥作用。

（九）分摊建设成本

具有防洪、发电、灌溉、供水等多种效益的工程，应将建设成本采用枢纽指数系数分摊法在效益之间进行分摊。枢纽指数系数分摊法应采用以下程序进行：

（1）按建设成本与工程效益的关系，确定专用投资、共用投资和间接投资数额。

（2）依据设计文件或实际生产能力计算工程效益之间的库容或用水量比例。

（3）按计算的比例在工程效益之间分摊共用投资。

（4）按已归集的专用投资和共用投资比重分摊间接投资。

（5）确定各工程效益的总成本和单位成本。

（十）编制竣工财务决算报表

按规定格式和内容填列各竣工财务决算报表。

（十一）编制竣工财务总决算

项目投资计划（预算）分别下达至两个或两个以上项目法人实施的，应由各项目法人分别编制竣工财务决算。在项目全部竣工后汇总编制项目竣工财务总决算，汇编单位一般由项目竣工验收主持单位指定。

项目竣工财务总决算按以下流程编制：

（1）明确汇编单位和人员。

（2）审核各项目法人的竣工财务决算。

（3）确定竣工财务总决算项目划分的口径和级次。

（4）统一基准日期并调整各项目法人的竣工财务决算。

（5）分析汇总具体指标。

五、竣工财务决算审查要点

工程咨询、勘察、设计、监理、施工、征地和移民安置实施等单位应配合项目法人的竣工财务决算工作。可通过合同（协议）明确规定配合工作的具体内容。财政部门和项目主管部门是项目竣工财务决算的审核批复部门。财务决算审查重点内容如下：

（1）工程价款结算是否准确，是否按照合同约定和国家有关规定进行，有无多算和重复计算工程量、高估冒算建筑材料价格现象。

（2）待摊费用支出及其分摊是否合理、正确。

（3）项目是否按照批准的概算（预）算内容实施，有无超标准、超规模、超概（预）算建设现象。

（4）项目资金是否全部到位，核算是否规范，资金使用是否合理，有无挤占、挪用现象。

（5）项目形成资产是否得到全面反映，计价是否准确，资产接受单位是否落实。

（6）项目在建设过程中历次检查和审计所提的重大问题是否已经整改落实。

（7）待核销基建支出和转出投资有无依据，是否合理。

（8）竣工财务决算报表所填列的数据是否完整，表间勾稽关系是否清晰、正确。

（9）尾工工程及预留费用是否控制在概算确定的范围内，预留的金额和比例是否合理。

(10) 项目建设是否履行基本建设程序，是否符合国家有关建设管理制度要求等。

(11) 决算的内容和格式是否符合国家有关规定。

(12) 决算资料报送是否完整、决算数据是否存在错误。

(13) 相关主管部门或者第三方专业机构是否出具审核意见。

六、水利基本建设项目竣工财务决算审计

(一) 审计的概念

水利基本建设项目竣工决算审计是指，水利基本建设项目正式竣工验收前，水利审计部门对其竣工决算的真实性、合法性和效益性进行的内部审计监督。

水利基本建设项目竣工决算审计包括水利建设项目竣工财务决算报表审计、水利基本建设项目投资及概算执行情况审计、水利基本建设项目建设支出审计、水利基本建设项目交付使用资产情况审计、水利基本建设项目未完工程及所需资金审计、水利基本建设项目建设收入审计、水利基本建设项目结余资金审计、水利基本建设项目工程和物资招投标执行情况审计。

(二) 水利工程竣工财务决算审计的内容

《中华人民共和国审计法实施条例》规定，审计机关对政府投资和以政府投资为主的建设项目的总预算或者概算的执行情况、年度预算的执行情况和年度决算、单项工程结算、项目竣工决算，依法进行审计监督；进行审计时，可以对直接有关的设计、施工、供货等单位取得建设项目资金的真实性、合法性进行调查。

1. 竣工财务决算报表审计

主要是审计竣工财务决算说明书的真实性、准确性及完整性以及“水利基本建设竣工项目概况表”等8张竣工财务决算报表的编制的真实性、完整性和合法性。

2. 投资及概算执行情况审计

主要审计内容包括：

(1) 各种资金渠道投入的实际金额，资金不到位的数额及原因。

(2) 实际投资完成额。

(3) 概算审批、执行的真实性和合法性。

(4) 概算调整的真实性和合法性。包括概算调整的原则、各种调整系数、设计变更和估算增加的费用等。

(5) 核实建设项目超概算的金额，分析原因，并审查扩大规模、提高标准和计划外投资的情况；审查弥补资金缺口的来源，有无挤占、挪用其他基建资金和专项资金的情况。

3. 建设支出审计

主要是审计建筑安装工程支出、设备投资支出、待摊投资支出、其他投资支出、待核销基建支出和转出投资列支的内容和费用摊提的真实性、合法性和效益性。

4. 交付使用资产情况审计

主要是审计交付使用的固定资产、流动资产是否真实，手续是否完备；交付使用的无

形资产的计价依据；交付使用的递延资产的情况。

5. 未完工程及所需资金审计

主要是审计水利基本建设项目未完工程量及所需要的投资情况，所需资金和额度的留存及有无新增工程内容等情况。

6. 建设收入审计

主要是审计水利基本建设项目建设收入的来源、分配、上缴和留成使用情况的真实性和合法性。

7. 结余资金审计

主要审计内容包括：

(1) 银行存款、现金和其他货币资金的情况。

(2) 尚未使用的财政直接支付和授权支付额度情况。

(3) 库存物资实存量的真实性、有无积压、隐瞒、转移、挪用等问题。

(4) 各项债权债务的真实性，有无转移、挪用建设资金和债权债务清理不及时等问题，呆账坏账的处理情况等。

(5) 按照有关规定，计提的投资包干节余数额是否准确，是否合理合法。

8. 工程和物资招投标执行情况审计

主要审计内容包括：

(1) 工程勘测、设计、施工及物资采购是否按照规定进行了招标。

(2) 所订合同或协议的相关条款是否完备，是否全面履行。

(3) 合同变更、解除是否按规定履行了必要的手续。

(4) 对违约者是否依照有关条款追究责任等。

(三) 决算审计与工程竣工结算

近年来，曾发生多个地区先后出台了地方性审计条例或审计监督条例，规定政府投资和以政府投资为主的建设项目“以审计结果作为工程竣工结算依据”的情况。

针对这种混淆行政法律关系与民事法律关系界限、缺乏工程参建单位相应的行政复议救济途径、降低工程建设效率、影响工程决算准确性、极易导致合同纠纷等的情况，2017年2月，全国人大常委会法工委印发《对地方性法规中以审计结果作为政府投资建设项目竣工结算依据有关规定的研究意见》，要求各省（自治区、直辖市）人大常委会对所制定或者批准的与审计相关的地方性法规开展自查，对有关条款进行清理纠正。

2017年9月，审计署印发了《关于进一步完善和规范投资审计工作的意见》等一系列文件和规定，文件明确“对平等民事主体在合同中约定采用审计结果作为竣工结算依据的，审计机关应依照合同法等有关规定，尊重双方意愿。”2020年10月，审计署、国家发展改革委、财政部、住房和城乡建设部、国家市场监督管理总局等五部委联合发文废止了《建设项目审计处理暂行规定》。2021年6月审计署、国家发展改革委联合发文废止了施行多年的《基本建设项目竣工决算审计试行办法》，各省市同时对出台的地方性审计（监督）条例或办法进行了清理，对政府投资建设项目中“以审代结”等问题进行了纠正。

第二节 项目后评价

项目后评价是指在项目竣工验收并投入使用或运营一定时间后，运用规范、科学、系统的评价方法与指标，将项目建成后所达到的实际效果与项目的可行性研究报告、初步设计（含概算）文件及其审批文件的主要内容进行对比分析，找出差距及原因，总结经验教训、提出相应对策建议，并反馈到项目参与各方，形成良性项目决策机制。项目后评价是基本建设程序之一。水利部《水利建设项目后评价管理办法（试行）》（水规计〔2010〕51号）中明确水利建设项目后评价是水利建设投资管理程序的重要环节，是在项目竣工验收且投入使用后，或未进行竣工验收但主体工程已建成投产多年后，对照项目立项及建设相关文件资料，与项目建成后所达到的实际效果进行对比分析，总结经验教训，提出对策建议。水利工程建设项目后评价（以下简称："项目后评价"）应当遵照国家和水利部的有关规定以及遵循独立、公正、客观、科学的原则进行。

一、项目后评价的目的

为健全政府投资项目后评价制度，规范项目后评价工作，提高政府投资决策水平和投资效益，加强中央政府投资项目全过程管理，国家发展改革委根据《国务院关于投资体制改革的决定》的要求，于2008年11月7日制定了《中央政府投资项目后评价管理办法（试行）》（发改投资〔2008〕2959号），并于2014年9月21日制定了《中央政府投资项目后评价管理办法（试行）》（发改投资〔2014〕2129号），要求国务院各部门、直属机构，各中央管理企业按照执行。为了贯彻国家发展改革委《中央政府投资项目后评价管理办法》精神，进一步推动水利建设项目后评价工作，水利部印发了《水利建设项目后评价管理办法（试行）》（水规计〔2010〕51号），并要求凡是中央政府投资建设的水利建设项目，包括防洪、排涝、水力发电、引（供）水、滩涂治理、水土保持、水资源保护等方面有中央投资或中央补助投资的项目，均应按照本办法进行项目后评价，其他投资来源的水利建设项目可参照执行。

项目后评价是基本建设程序的一个重要阶段和加强建设项目管理的重要环节，也是改进投资决策水平、提高投资效益的重要手段。水利建设项目竣工验收并投入使用后，运用规范、科学、系统的方法，对项目决策、建设实施和运行管理等各阶段及工程建成后的效益、作用和影响进行综合评价，以达到总结经验，汲取教训，不断提高项目决策和建设管理水平的目的。

开展项目后评价工作，可以为改进建设项目的决策、设计、施工、管理等工作创造条件，为改进建设投资管理的信息反馈机制、建立和完善政府投资监管体系和责任追究制度奠定基础。

二、项目后评价的组织和项目选择

（一）后评价项目组织

水利部负责组织开展中央政府投资水利建设项目的后评价工作，指导全国水利建设项目后评价工作。《水利建设项目后评价管理办法（试行）》（水规计〔2010〕51号）指出：水利部每年研究确定需要开展后评价工作的项目名单，制定项目后评价年度计划，印送有关项目主管部门和项目管理单位。水利工程建设项目后评价由水利部委托具有相应能力和资格的工程咨询机构进行。

（二）后评价项目选择

水利部组织开展水利建设项目后评价工作，主要从以下项目中选择：

（1）对行业和地区社会经济发展有重大指导意义的项目。

（2）对资源、环境有重大影响的项目。

（3）对优化水资源配置、保障防洪安全、供水安全有重要作用的项目。

（4）建设规模大、条件复杂、工期长、投资多，以及项目建设过程中发生重大方案调整的项目。

（5）征地、拆迁、移民安置规模大的项目。

（6）采用新技术、新材料、新型投融资和建设管理模式，以及其他有示范意义的项目。

（7）单项投资比较小但数量多、受益面广、投资周期长、关系社会民生的项目。

（8）社会影响大、舆论普遍关注的项目。

三、项目自我总结评价

水利部每年确定项目后评价年度计划后，项目管理单位应在后评价年度计划下达后3个月内，开展项目自我总结评价工作，完成自我总结评价报告，报告主管部门，并报送水利部。

项目单位可委托具有相应资格的工程咨询机构编写自我总结评价报告。项目单位对自我总结评价报告及相关附件的真实性负责。自我总结评价报告的主要内容如下：

（1）项目概况，包括项目目标、建设内容、投资估算、审批情况、资金来源及到位情况、实施进度、批准概算及执行情况等。

（2）项目实施过程总结，包括前期准备、建设实施、项目运行等。

（3）项目效果评价，包括技术水平、财务及经济效益、移民安置情况、社会影响、环境影响、水土保持等。

（4）项目目标和可持续性评价，包括目标实现程度、差距及原因、可持续能力等。

（5）项目总结，包括项目建设存在的主要问题、经验与教训和相关建议。

四、项目后评价的依据、方法和要求

（一）项目后评价的依据

按《水利建设项目后评价管理办法（试行）》（水规计〔2010〕51号）、《水利工程建设项目后评价报告编制规程》（SL 489—2010）规定，项目后评价的主要依据有以下几个方面：

（1）国家和行业的有关法律、法规及技术标准。

（2）流域或区域的相关规划。

（3）批准的项目立项、投资计划、建设实施及运行管理有关文件资料。

（4）水利建设投资统计有关资料等。

（二）项目后评价的方法

项目后评价应采用定性和定量相结合的方法，主要包括：逻辑框架法、调查法、对比法、专家打分法、综合指标体系评价法、项目成功度评价法。具体项目的后评价方法应根据项目特点和后评价的要求，选择一种或多种方法对项目进行综合评价。

（三）项目后评价的基本要求

受委托的项目后评价机构应按以下要求完成后评价工作：

（1）项目后评价机构应按照委托要求，对照批准的项目立项及建设相关文件资料，参考项目自我总结评价报告，全面收集调查有关资料和数据，按照有关技术要求开展后评价工作，编制后评价报告。

（2）项目后评价机构在开展项目后评价的过程中，应当采取适当方式听取社会公众和行业专家的意见，并在后评价报告中设立独立篇章予以客观反映。

（3）项目后评价机构应对项目后评价相关结论负责，并履行对国家秘密、商业秘密等的保密义务。

（4）参与同一项目前期咨询、设计、审查、评估或建设实施的单位和个人，不得从事该项目的后评价工作。

（5）项目后评价机构在项目后评价过程中，若发现项目存在重大问题，应及时向水利部报告。

（6）项目后评价机构在开展项目后评价工作中，如有弄虚作假行为或评价结论严重失实等情形时，视情节和后果，依法追究相关单位和人员的法律责任。

（7）项目后评价机构及其人员，不得收受水利部支付项目后评价经费之外的其他任何费用。

项目管理单位应向项目后评价机构真实、完整、准确地提供项目前期、建设实施及运行阶段的各项正式文件、技术经济资料和数据，如有虚报、瞒报等弄虚作假行为，视情节和后果，依法追究相关单位和人员的法律责任。任何单位和个人不得妨碍或干预后评价机构独立作出评价意见。

五、项目后评价的内容

我国目前推行的项目后评价是包括过程评价、经济评价、环境影响评价、水土保持评价、移民安置评价、社会影响评价、目标和可持续性评价及综合评价等方面内容的全过程后评价。实际工作中可根据需要或在某些特定条件下，进行阶段性评价或专项评价，如勘测设计和立项决策评价、施工监理评价、生产经营评价、经济后评价、管理后评价、防洪后评价、灌溉后评价、发电后评价、资金筹措使用和还贷情况后评价等。

（一）过程评价

过程评价是对项目全过程进行评价，包括前期工作评价、建设实施评价、运行管理评价三部分。

1. 前期工作评价

（1）项目建设的必要性和立项依据评价。前期工作评价应从流域或区域的社会经济、资源和工程现状等情况出发，考虑未来流域或区域国民经济发展要求，对提出的项目修建的必要性和合理性进行评价，并评价项目立项的正确性。

（2）前期工作各阶段主要工作内容评价。分析比较项目建议书、可行性研究报告和初步设计等各阶段的工程任务与规模、工程总体布置方案、主要建筑物结构型式、建设征地范围、投资等技术经济指标及其重大变化，结合工程运行情况，评价前期工作各阶段的工作深度、质量是否满足要求。

1）根据项目建议书的编制依据、编制原则、工程建设条件、工程任务与规模和作用，评价工程立项决策的理由是否充分；建设条件和勘测工作深度是否满足要求；选定的工程建设地点和建设时间是否合适；对工程主要技术指标与规划阶段进行比较，评价项目建设的必要性和合理性。

2）重点评价可行性研究报告的编制基础，编制工作内容的深度。对项目建议书审查和评估意见所提出的问题是否进行复核和修改，对项目方案是否进行优化比选。将可行性研究阶段与项目建议书阶段的主要技术经济指标进行比较，对比较结果和推荐方案的技术可行性进行评价。

3）初步设计阶段是否进一步到现场进行调查补充勘察和试验研究工作；对取得的基本资料可靠性进行分析；对可行性研究报告的审查和评价意见是否进行深入分析和比较论证；对工程布置、工程结构、设备、材料、施工工艺等是否进行优化比选；对新技术、新工艺、新材料、新设备采用的可靠性、经济件进行比选。对以上分析及比选结果进行评价。

（3）前期各阶段工作过程的评价。评价前期工作程序是否符合国家有关法律法规、部门规章，是否符合基本建设程序，是否按照国家现行的项目建议书、可行性研究、初步设计编制技术标准要求开展工作。根据对前期工作各阶段基本情况掌握的基础上，依据行业的有关法律法规和规程规范，对前期工作程序、勘察设计单位的资质等级及业务范围、勘察设计成果质量和深度进行全面评价。主要评价前期工作各阶段程序是否符合水利部水利工程建设有关程序管理规定的要求；勘察设计单位的资质等级及业务范围，是否严格按照建设部颁发的有关管理办法中水利行业承担工程勘察设计项目规模分级规定执行；前期工作各阶段勘察设计产品的质量情况。

对前期工作各阶段勘察设计产品的质量可从勘察设计产品的内容深度、工程总体方案论证、勘察设计依据的可靠性、基本资料的完整准确性和勘测设计文件审批手续是否健全以及归档情况等方面进行综合评价。其中，规划阶段重点评价规划方案的合理性和立项依据，项目建议书阶段重点评价工程建设的必要性和可行性，可行性研究阶段重点评价工程总布置方案的合理性和技术可行性，初步设计阶段重点评价工程建筑物的优化设计、新技术、新材料、新工艺和科研成果的采用及工程项目经济可行性。勘测设计产品的质量情况具体包括以下内容：

1）勘察设计产品是否符合国家、水利行业建设法规、勘察设计规程规范以及有关合同规定，是否达到相应阶段规定的内容、深度和要求。

2）工程总体方案论证是否充分，布置是否合理，是否有利于节约土地和投资、有利于环境保护和维护生态平衡及方便施工等。

3）勘察设计依据是否充分可靠，基本资料是否完整、准确，勘测设计文件的审核、会签、批准等手续是否健全等。

4）各阶段勘测设计完成后，是否按照有关规定进行档案资料整理并及时归档。

2.建设实施评价

项目建设实施评价主要包括以下内容：

（1）施工准备评价。建设项目实施准备阶段的评价重点是评价项目建设管理体制（包括项目法人或其代理机构分级管理权限、机构设置、管理制度等）的建立及运行情况；评价水利建设工程建设征地和移民征地、“四通一平”、设备设施准备等情况；评价施工准备阶段其他工作。施工准备阶段，在项目法人或其代理机构的工作内容中，筹集资金、建设征地、招标及合同是重点。

（2）项目建设实施评价。建设实施评价主要包括以下内容：

1）根据实施情况，评价项目采购招标和合同管理工作。重点是评价项目采购招标和合同管理效果，其内容包括组织招标设计、咨询、设备、物资采购等服务，组织招标并选定建设监理单位和施工承包队伍，根据工程实施效果评价其适宜性。

2）对比施工进度计划，评价工期控制情况。评价工程项目的进度控制、投资控制等，并与批复的初步设计施工进度计划、概算，与合同约定的进度、合同资金等进行对比分析和评价；对初步设计、调整概算等各阶段批准的投资和竣工决算的投资进行分析比较，分析超支或节余的原因，评价项目的投资控制情况。对于多种资金来源的工程，要分别评价不同资金的管理和使用情况。

3）根据工程验收、工程质量缺陷备案、工程质量事故处理以及工程遗留问题等情况，分析评价质量控制情况。评价目标质量、质量控制及工程建设标准执行情况、分析重大设计变更等情况。

4）分析工程建设资金筹措方式、到位和使用情况，与经批准的概算进行对比分析，评价项目的投资控制情况。

5）分析项目建设中的新技术、新工艺、新材料、新设备的应用情况，评价其对技术进步的影响。

（3）生产准备评价。根据项目运行管理机构的筹建和生产准备工作情况，以及工程运行状况，分析评价生产准备工作。重点对项目运行管理机构筹建和生产准备情况进行评价。生产准备包括生产组织准备、招收和培训人员、生产技术准备、生产的物资准备、正常的生活福利设施准备等内容。

（4）验收工作评价。分析阶段验收、专项验收、完工验收、竣工验收情况及主要结论，评价验收工作及有关遗留问题的处理情况。重点评价项目各项验收工作是否及时、验收条件是否具备、验收人员组成是否符合规定、验收程序是否规范、验收资料是否齐全、验收结论是否明确等。对于大型工程，可根据具体情况将先期进行的单项工程验收材料作为附件。要尽可能全面地收集各项验收的资料，如阶段验收、完工验收、专项验收、竣工验收的各种报告，技术总结及工程质量检验与评定资料等，进行系统分析整理，提出评价意见。

以上验收工作评价可从工程建设项目是否按照批准的设计建设，已完工程在设计、施工、设备制造、设备安装等方面的质量是否满足要求，各单位工程能否正常运行，历次验收发现的问题和处理情况，工程建设征地及移民安置等问题是否已处理完毕，以及是否有遗留问题等方面进行评价。

3. 运行管理评价

（1）评价工程运行管理体制的建立及运行情况对项目投入运行后的总体运行状况（如管理体制、机构设置、职工数量及素质、规章制度建设及执行情况等方面）作出评价，也可以针对发现的问题提出改进的措施和科学合理的建议。

（2）分析评价工程管理范围和工程保护范围，生产、生活设施等能否满足有关技术规定和工程安全运行的需要。工程管理范围和工程保护范围是否按有关规定确权划界，生产、生活设施能否满足工程安全运行管理的要求，若发现问题则提出改进的建议。工程管理范围是指水利工程设施本身占地、有关管理和观测设施占地、管理单位本身建设占地的总面积。工程保护范围是指为了确保水利工程正常运行，需要禁止其他单位和个人进行有碍工程设施安全的活动的限制范围。

（3）根据工程运行、维修养护情况和安全监测资料，评价工程运行情况。对项目投入运行后的维护、管理、运营、安全监测、项目功能实现程度等进行系统的评价，并针对具体问题提出评价和建议。同时还要对工程运行效果进行评价，特别应重视对工程运行期安全监测资料的整编分析，并与设计的参数进行对比分析，以判断工程安全运行状况。

（二）经济评价

经济评价主要包括财务评价和国民经济评价。经济评价应说明经济评价的基本依据、基本原则和选取的基本参数。

1. 财务评价

（1）投资和费用计算。财务投资和费用应按实际发生值计列，但对于建设时间较早的工程项目，应考虑采用物价指数进行调整，以反映项目的实际财务状况。投资和费用计算应包括说明项目的实际投资及现有资产价值情况；根据选定的基准年，分别按实际运行期和预测运行期，提出项目总成本费用及流动资金、税金等其他有关费用，并说明预测值的计算方法和参数；对综合利用工程，提出财务投资和年运行费分摊的原则、方法和数额。

（2）效益计算。分析项目的财务收入，根据选定的基准年，分别按实际运行期和预测运行期提出实际发生值和预测值，并说明预测值的计算方法和参数。

（3）分析评价。根据财务评价指标，分析项目的财务可行性。说明财务评价指标计算的方法，根据选定的基准年计算财务评价指标，说明财务盈利能力、清偿能力，提出财务不确定性分析成果和财务评价结论。评价项目财务可行性，将后评价中有关财务评价的指标和结论与初步设计阶段按预测数据进行财务评价的指标和结论相比较，并针对指标前后发生的变化分析其差别和成因。针对项目在运行、还贷、收费等其他方面存在的问题，提出相应改进措施和建议。

对有贷款的项目，要依据财务评价分析结论对项目的资本金和贷款（债务）的比例是否合适进行评价；没有贷款的项目可不做分析。

2. 国民经济评价

（1）投资和费用计算。说明项目的国民经济投资和流动资金情况。根据选定的基准年，分别按实际运行期和预测运行期提出项目年运行费用，并说明预测值的计算方法和参数。对于综合利用工程，提出投资和年运行费用分摊的原则、方法和分摊方案。项目的投资是指竣工决算的实际投资值及实际分年度使用情况。对于建设时间较早的工程项目，其投资价值应采用重置成本法或其他固定资产评估方法重新计算，以反映项目评价时的实际价值。调整计算时，应注意采用与财务评价相同的价格水平年。根据经济评价的性质，项目投资应注意按影子价格进行调整，并剔除价差预备费和属于国民经济内部转移的支付。年运行管理费用采用分段计算的办法，实际运行期按实际发生值计算，预测运行期按合适的预测方法提出预测值。

（2）效益计算。分析项目的国民经济效益，根据选定的基准年，分别按实际运行期和预测运行期提出项目的总经济效益、分部门效益和分年效益流程的实际值和预测值，并说明预测值的计算方法和参数。效益应与年运行管理费用一致，采用分段计算的方法，实际运行期按实际发生值计算，预测运行期按一定的预测方法提出预测值并按影子价格进行调整，与投资、费用采取相同的价格水平年。

（3）分析评价。国民经济评价时，应根据需要，注意同时计算阶段性评价指标和全期评价指标，以尽量准确地反映项目整个运营期的经济状况。根据选定的基准年，说明国民经济评价指标的计算方法，计算国民经济评价指标，提出国民经济不确定性分析成果，提出国民经济评价结论。

阶段性评价指标是指依据基本计算系列计算出的相应经济指标。基本计算系列指自建设起始年至评价年的实际发生系列，但这个系列仅包括相对于设计运行期很短的一段前期运行期，而且这段运行期的工程效益通常又相对较小，可是固定资产投资却是针对整个设计运行期的，因此阶段性指标不足以代表整个工程的经济特性，尚需设定更能相对正确表达整个工程经济特性的指标，即全期评价指标，它是针对整个运行期进行评价所得出的经济指标。将后评价中有关国民经济评价的指标和结论与初步设计阶段按预测数据进行国民经济评价的指标和结论相比较，并针对指标的前后变化分析其差别和成因。

综合评价可用附图和附表来辅助说明评价成果。附图指用图来表示的经济指标发展趋势，可根据需要选择；附表一般包括国民经济效益费用流量表、财务现金流量表、损益表、资金来源与运用表、资产负债表、总成本费用表、借款还本付息计算表等，可根据项目具体情况删减或增加。

（三）环境影响评价

环境影响评价应主要阐述工程建成后已经显现或今后可能带来的环境影响，并与项目前评估时的评价结论进行对比，提出进一步减免或消除不利影响的措施。

(1) 根据工程影响区的主要环境特征、环境敏感目标及其与工程建设的关系，说明工程影响区存在的与本工程建设相关的主要环境问题。环境敏感目标是指依法设立的各级各类自然、文化保护地，以及对建设项目的某类污染因子或者生态影响因子特别敏感的区域，主要包括以下区域：

1) 自然保护区、风景名胜区、世界文化和自然遗产地、饮用水水源保护区。

2) 基本农田保护区、基本草原、森林公园、地质公园、重要湿地、天然林、珍稀濒危野生动植物天然集中分布区、重要水生生物的自然产卵场及索饵场、越冬场和洄游通道、天然渔场、资源性缺水地区、水土流失重点防治区、沙化土地封禁保护区、封闭及半封闭海域、富营养化水域。

3) 以居住、医疗卫生、文化教育、科研、行政办公等为主要功能的区域，文物保护单位，具有特殊历史、文化、科学、民族意义的保护地。

(2) 评价工程建设与运行管理过程中有关环境保护法律、法规方面的执行情况。环境保护执行情况评价的内容应包括：

1) 工程环境影响评价工作的开展、审查及批复情况，环评过程中有无引起争论的重大环境问题。

2) 环评及其批复中提出的环境保护措施，已实施的环境保护措施。

3) 环评及批复中提出的环境监测、管理等措施及其执行情况。

4) 针对工程环境影响及环境保护措施进行公众意见调查。

(3) 分析工程建设与运行引起的自然环境、社会环境、生态环境和其他方面的变化，评价项目对环境产生的主要有利影响和不利影响，并预测其发展趋势。对照项目环境影响评价文件，分析其与环境影响调查结果的差别及变化的原因。

自然环境应包括水文、泥沙情势，局地气候，水温，水质，环境地质，土壤环境与土地利用等；生态环境应包括陆生生物、水生生物、景观生态、区域生态变化趋势等；社会环境应包括社会经济发展、人群健康、景观与文物古迹等；其他方面应包括自然保护区、风景名胜区、重要政治文化设施等。

(4) 评价环境保护措施、环境管理措施和环境监测方案的实施情况及其效果。对项目引起的各环境因子的变化和新出现的环境问题，应分析其产生的原因并提出减缓不利影响的补充措施和监测方案。对策和措施应具有针对性，根据工程造成不利影响的对象、范围、历时、程度、要求达到的保护目标等，提出相应的预防、减缓、恢复、补偿、管理、监测等措施。

(5) 提出环境影响评价结论。提出项目运行管理中应关注的重点环境问题和需要采取的措施。评价结论应包括以下主要内容：

1) 工程主要环境影响因素及影响源。

2) 工程影响区域环境本底状况及存在的主要环境问题。

3) 工程环境保护工作执行情况评价结论。

4) 工程环境保护措施实施情况及其实施效果。

5) 工程环境影响评价结论。

6）工程环境保护措施、环境管理和环境监测措施评价结论。

（四）水土保持评价

水土保持是指对自然因素和人为活动造成水土流失所采取的预防和治理措施。依据《中华人民共和国水土保持法》的规定，在山区、丘陵区、风沙区修建铁路、公路、水利工程，开办矿山企业、电力企业和其他大中型工业企业，在建设项目环境影响报告书中，必须有水行政主管部门同意的水土保持方案；建设项目中的水土保持设施，必须与主体工程同时设计、同时施工、同时投产使用；建设工程竣工验收时，应当同时验收水土保持设施，并有水行政主管部门参加。

水土保持评价应主要阐述在水土保持方案实施后，已经产生或今后可能产生的影响，并对照项目前评估时的结论进行对比评价，提出改进措施和建议。

（1）根据工程影响区水土流失特征和成因，说明工程建设与运行管理中的主要水土流失问题。项目区自然状况调查及评价中，应将调查及评价的重点放在项目建设征占地范围和建设活动扰动范围，着重调查具体扰动区域的地形、地貌、地面坡度、土地利用情况、土壤结构、植被类型及覆盖度、水系分布状况等。

（2）评价工程建设与运行管理过程中水土保持法律、法规的执行情况。调查评价内容应包含水土保持方案编制情况、水土保持措施执行情况、水土保持监测措施执行情况等。

（3）分析工程建设与运行引起的地貌、植被、土壤等的变化情况，对照批准的水土保持方案，评价水土保持措施的实施情况及其效果。对后评价中发现的新的水土流失问题，应分析其产生的原因并提出有针对性的水土保持措施，水土保持措施应具有针对性。

（4）提出水土保持评价结论。对水土保持管理和监测提出建议和意见。评价结论应包括以下主要内容：

1）工程区自然条件及水土流失特征。

2）水土保持执行情况评价结论。

3）新增水土流失的重点部位和重点时段。

4）水土保持措施实施情况及实施效果。

5）水土保持监测方案评价结论。

6）水土保持管理评价结论。

7）水土保持效益分析结论。

（五）移民安置评价

移民安置评价的主要内容如下：

（1）分析移民安置规划实施前后实物指标的变化情况，评价移民安置总体规划、农村移民安置规划、城市集镇迁建规划、专业项目规划等实施情况，评价移民安置规划的合理性。

水利工程移民安置规划是水利工程项目设计的重要组成部分，移民安置规划评价主要内容包括：评价工程影响实物指标的特点，对实物指标调查成果同实施时的实物指标进行对比分析，得出差距形成的原因；评价移民安置规划目标和安置标准确定的合理性；评价生产安置标准和搬迁安置标准的合理性；评价移民工程建设规模和标准的合理性；评价农村移民安置规划原则和移民居民点选址的合理性；评价农村移民安置人口计算的合理性；

评价农村移民环境容量分析的合理性；评价农村移民安置规划中对少数民族的生产生活方式和风俗习惯的处理方式；评价农村移民安置方案的合理性；评价农村移民生产安置规划的合理性；评价城市集镇迁建选址和迁建规模和标准的合理性；评价专业项目处理的铁路、公路、水运、电力、电信、广播电视等专业项目处理方式以及处理的规模标准的合理性；评价库底清理规划的合理性；评价建设征地移民安置补偿费用的合理性。

(2) 根据移民安置组织机构设置、制度建设、人员配备情况，评价其适宜性和职能的履行情况。主要是对移民安置组织机构的评价，包括：评价各级移民机构的设置及职责；评价各级移民实施机构之间的协调性；评价移民实施机构人员配置及素质情况与所承担的工作的适应性；评价移民安置的管理体制。

(3) 评价各级政府所制定的移民安置政策及其实施效果，总结实施过程中的成功经验和存在的主要问题。国家提倡和支持采取开发性移民方针，对移民实施前期补偿、补助后期生产扶持的办法为移民创造新的就业机会和生产、生活条件，恢复并提高移民的社会经济生活，使移民和安置区居民逐步达到并超过原有的生产生活水平。地方政府为了做好征地及移民安置工作，根据移民工作的法律、法规、政策、规定和本行政区的实际情况，因地制宜地制定出符合本行政区实际的征地和移民安置政策，以满足移民安置实施工作的需要。评价地方政府制定的建设征地移民安置政策是否符合当地的实际情况；评价建设征地移民安置政策的效果。

(4) 评价农村移民安置、城市集镇的迁建、移民专业项目在管理体制、采购招标、计划管理、资金管理、质量管理、验收、公众参与等方面的实施情况和效果，总结实施过程中的成功经验和存在的主要问题。移民安置工作评价主要包括以下方面：

1) 农村移民安置。评价农村移民生产安置人口、搬迁安置人口的合适性；对生产安置进行评价；评价土地开发整理的效果；评价第二产业安置、第三产业安置和其他途径安置的效果与经验教训；评价农村移民搬迁安置的新址选择及居民点建设的适宜性；评价农村移民土地调整的方式及其适宜性；评价农村移民安置实施的参与性。

2) 城市集镇的迁建评价对城市集镇迁建规模和标准进行评价；评价城市集镇的用地规模、道路标准、给排水标准、电力、电信、广播电视标准、环境保护标准及其他标准的适宜性；评价城市集镇选址的适宜性；评价城市集镇规划实施效果；调查城市集镇规模及设施、对外交通、防洪等功能恢复情况，评价城市集镇各项功能在区域经济中所发挥的作用；总结城市集镇迁建的经验教训。

3) 移民专业项目评价。依据国家有关政策规定，结合农村移民安置、城市集镇迁建，对水利工程建设征地影响和移民安置新增专业项目交通运输工程（铁路、公路、厂矿道路、林区公路、乡村道路、水运设施等）、水利工程、电力工程、电信、广播电视工程、企业事业单位的处理方式、规模和标准、处理后的效益进行评价；对防护工程的标准、规模以及实施防护后的效益进行评价；对文物、古迹的发掘和保护工作进行评价；评价专项工程功能的发挥对库区社会经济的恢复与发展所发挥的作用；总结专项工程恢复重建的经验教训。

4) 移民安置验收。评价移民项目的验收依据、验收程序和组织形式；评价验收项目及内容，验收评定标准。

5）评价移民安置效果：①应对移民安置工程的招标过程的公平、公正、公开性，中标单位的资质等级、法人资格和分包转包情况以及招投标的时机和过程及合同签订情况进行评价；②应对移民安置的管理体制、资金管理、计划管理、进度管理等进行评价；③对移民安置监理和监督评估的方法及效果进行评价；④对移民安置实施过程中的公众参与、协商活动及其效果、移民抱怨和申诉的渠道程序及主要抱怨事项和处理情况进行评价。

（5）分析移民搬迁安置前后生产生活水平的变化情况，评价移民安置活动对区域经济所产生的影响，并预测其发展趋势。移民收入是衡量移民安置效果的一项重要指标，可设计抽样调查的方案，调查移民现状生产生活水平，对移民的生产生活水平进行综合评价，并与移民安置规划目标值相比较，评价移民收入的恢复情况。对移民安置活动对区域经济所产生的影响进行评价。

（6）评价移民后期扶持的实施效果。移民后期扶持规划是在移民安置实施完毕后，按照国家“前期补偿补助，后期生产扶持”的政策规定，对移民安置实施工作遗留的问题进行处理的一项工作，是对移民安置实施工作不足部分的补充。评价移民后期生产扶持的资金的来源；评价移民后期扶持的实施效果；总结后期扶持在资金管理、项目管理、移民生产发展、脱贫致富等方面取得的经验。

（六）社会影响评价

社会影响评价的目标是趋利避害，规避社会风险，寻求发展机遇。社会影响评价可采用有无项目前后指标对比的方法。

（1）说明项目已经或可能涉及的直接、间接受益者群体和受损者群体及其所受到的影响。评价受影响人的参与程度。重点应分析谁是真正的受益者和受损者群体（社会组织、集团、个人），受益者的受益程度如何，受益者范围是否合理，分析利益相关者的利益构成，对照原定的受益者目标进行对比分析。参与指标包括：参与项目的贫困家庭的百分比；参与项目的妇女百分比；参与项目的受项目影响人口与当地人口的百分比；参与项目的少数民族家庭的百分比。

（2）分析项目对所在流域或区域自然资源、防灾减灾、土地利用、产业结构调整、生产力布局改变等方面的影响。水利建设项目的社会影响评价应注重分析项目对项目区调整产业结构、增加农业产值和农民收入方面的影响，分析对发电、交通、旅游等与项目直接相关的产业发展的影响。

（3）分析项目对所在流域或区域社会经济发展所带来的影响。针对项目社会影响的特点，在行业发展、投资环境、旅游、主要社会经济指标、当地人民生活质量、人口素质、直接和间接就业机会、专业人才培养、贫困人口扶持、少数民族发展、社会公平建设等方面进行有选择性的评价。水利建设项目产生的社会影响因项目的特点不同而不同，项目产生社会影响的主要内容在社会影响后评价时可据项目的特点选择评价。评价项目前后受影响人群的收入变化（包括收入来源、收入水平、储蓄、信贷等）。

1）对目标人群的评价指标包括以下方面：①为项目工作的当地人口的总数和总工作天数；②为项目工作的贫困线以下家庭的比例和工作天数；③在与项目有关产业工作的当

地人口的总数和总工作天数。

2）项目社会业绩指标包括以下方面：①家庭人口和构成；②受教育程度、识字率和目前学校出勤情况（分性别）；③获得医疗服务的情况；④使用安全饮用水情况；⑤使用电话和邮政通信情况，使用互联网的情况；⑥居民中所有有收入成员的收入来源；⑦家庭成员收入情况；家庭成员在外工作的人数；⑧家庭主要支出（食品、医疗、教育等）；⑨农业家庭的耕地面积、主要农产品生产和销售价格和数量；⑩所拥有的耐用品情况（如电冰箱、电视、电脑等）。

（4）提出社会影响评价的结论。提出扩大社会正面影响、减小社会负面影响的政策建议。在分析项目对社会的各种正负影响的基础上，得出社会影响评价结论。运用或设计社会政策，提出增加项目的正面社会效益政策建议，提出减轻（或避免）项目对社会产生的负面影响的措施。

（七）目标和可持续性评价

1. 目标评价

（1）对照项目建设目标，分析评价目标实现程度，与原定目标的偏离程度，并分析原因。项目目标主要指初步设计时所拟定的近期和远期建设目标。

（2）综合分析项目目标的确定、评价项目实现过程和目标实现程度等因素，评价目标确定的正确程度。

2. 可持续性评价

项目可持续性评价是对项目能否持续运转和怎样实现持续运转提出评价，具体是指项目建成投入运行后，项目的既定目标是否还能继续，项目法人是否愿意和可能依靠自身的力量去继续实现项目的目标，项目是否有可重复性（即可以推广到其他地区和项目）等。项目可持续性评价一般从外部条件和内部条件两方面进行分析评价。

（1）外部条件评价。水利建设项目具有社会性，其功能服务于社会、影响于社会，而社会中许多因素又是水利建设项目的外部条件，反过来影响项目的运转，所以，研究水利建设项目的持续性，就应考察其所需的外部条件是否得到满足。主要应分析相关政策、法律法规、社会经济发展、资源优化调配、生态环境保护要求等外部条件对项目可持续性的影响。外部条件一般包括自然环境因素、社会经济发展、政策法规及宏观调控、资源调配情况、生态环境保护要求、水土流失控制、当地管理体制及部门协作情况等。

（2）内部条件评价。内部条件是指当项目持续运转时，在项目本身的功能和运营管理方面所需具备的条件和具备程度。主要分析组织机构建设、人员素质及技术水平、内部管理制度建设及执行情况、财务能力等内部条件对项目可持续性的影响。内部条件一般包括组织机构、技术水平及人员素质、内部管理制度及运行状况、财务运营能力、服务情况等。

根据对项目内部、外部条件的分析以及对项目可持续性发展的影响，提出项目可持续发展的分析评价结论，并根据需要提出应采取的措施。

六、项目后评价报告

受委托的后评价机构应按照有关规定和要求完成项目后评价工作，并按国家现行的有关标准和规定，依据水利部颁发的《水利工程建设项目后评价报告编制规程》（SL 489—2010）编制项目后评价报告。项目后评价报告应反馈至项目投资决策部门、项目主管部门和各阶段参与该工程项目的各单位，以使项目的各参建单位总结经验教训，不断提高项目决策和管理的水平。

项目后评价报告的内容主要包括项目的过程评价、经济评价、环境影响评价、水土保持评价、移民安置评价、社会影响评价、目标和可持续性评价等方面。项目后评价报告的主报告应按《水利工程建设项目后评价报告编制规程》（SL 489—2010）的要求进行编制。对于需要专题调研、专题论证的内容，可根据需要单独成册。附件的内容可根据项目的具体情况确定。项目后评价报告主要包括以下内容：

第1章：概述。包括：①项目概况，简要介绍项目在地区国民经济和社会发展，及流域、区域规划的地位和作用，说明项目建设目标、规模及主要技术经济指标，并附工程特征表和工程位置图等相关图表，简述项目建议书等项目建设各阶段工作情况；②后评价工作简述，主要简述项目后评价工作的委托单位、承担单位、协作单位等，简述后评价的目的、原则、内容和主要工作过程等。

第2章：过程评价。项目全过程评价包括：①前期工作评价；②建设实施评价；③运行管理评价。

第3章：经济评价。包括：项目经济评价依据的规程、规范和有关文件，基本原则；经济评价选取的基本参数；作出财务评价和国民经济评价。

第4章：环境影响评价。评价工程建设与运行管理过程中环境保护法律、法规的执行情况。分析工程建设与运行引起的自然环境、社会环境、生态环境和其他方面的变化，评价项目对环境产生的主要有利影响和不利影响，并预测其发展趋势；评价环境保护措施、环境管理措施和环境监测方案的实施情况及其效果；提出环境影响评价结论。

第5章：水土保持评价。简述工程影响区水土流失特征和成因，说明工程建设与运行管理中的主要水土流失问题；评价工程建设与运行管理过程中水土保持法律、法规的执行情况；分析工程建设与运行引起的地貌、植被、土壤等的变化情况；对照批准的水土保持方案，评价水土保持措施的实施情况及其效果；提出水土保持评价结论；对水土保持管理和监测提出建议和意见。

第6章：移民安置评价。分析移民安置规划实施前后实物指标的变化情况，评价移民安置规划的合理性；评价移民安置政策及其实施效果，总结实施过程中的成功经验和存在的主要问题；分析移民搬迁安置前后生产生活水平的变化情况，评价移民安置活动对区域经济所产生的影响，并预测其发展趋势；评价移民后期扶持的实施效果。

第7章：社会影响评价。说明项目已经或可能涉及的直接、间接受益者群体和受损者群体及其所受到的影响；分析项目对所在流域或区域自然资源、防灾减灾、土地利用、产业结构调整、生产力布局改变等方面的影响；分析项目对所在流域或区域社会经济发展所带来的影响。提出社会影响评价的结论；提出扩大社会正面影响、减小社会负面影响的政策建议。

第8章：目标和可持续性评价。分析评价目标实现程度，与原定目标的偏离程度并分析偏离原因；分析外部条件和内外部条件对项目可持续性的影响，提出项目可持续发展的分析评价结论，并根据需要提出应采取的措施。

第 9 章：结论与建议。从前期工作、建设实施、运行管理、财务经济、环境影响、水土保持、移民安置、社会影响、目标和可持续性几个方面进行综合评价，应高度概括并归纳项目在技术、经济、管理等多方面的主要成功经验。提出项目后评价主要结论，总结项目的主要成功经验，分析项目存在的主要问题，提出建议和需要采取的措施。

附件。项目后评价报告附件的内容可根据项目的具体情况确定，一般应包括各专题报告、项目综合特性表及其他有关内容。专题报告可根据项目的特点对与项目相关的专题内容如环境、可持续性、水土保持、移民、施工监理、生产经营等进行专题评价。

思 考 题

6-1　简述竣工财务决算的主要内容。

6-2　简述竣工财务决算的编制方法。

6-3　简述水利工程竣工财务决算审计的主要内容。

6-4　简述项目后评价的目的。

6-5　简述项目后评价的内容。

6-6　简述水利工程建设项目后评价报告的主要内容。

参 考 文 献

[1] 中国水利工程协会，北京海策工程咨询有限公司. 水利工程施工技术与计量[M]. 北京：中国水利水电出版社，2019.

[2] 住房和城乡建设部，国家质量监督检验检疫总局. 建设工程监理规范：GB/T 50319—2013 [S]. 北京：中国建筑工业出版社，2013.

[3] 全国二级造价工程师职业资格（安徽省）考试培训教材编写委员会. 建设工程计量与计价实务（水利工程）[M]. 郑州：黄河水利出版社，2019.

[4] 中国水利水电勘测设计协会. 建设工程技术与计量（水利工程）[M]. 郑州：黄河水利出版社，2019.

[5] 中国水利工程协会. 建设工程投资控制（水利工程）[M]. 北京：中国水利水电出版社，2020.

[6] 中国水利水电勘测设计协会. 建设工程造价案例分析（水利工程）[M]. 郑州：黄河水利出版社，2019.

[7] 全国造价工程师职业资格考试培训教材编审委员会. 建设工程造价管理 [M]. 北京：中国计划出版社，2021.

[8] 水利部. 水利工程施工监理规范：SL 288—2014 [S]. 北京：中国水利水电出版社，2014.

[9] 国家经济贸易委员会. 水电水利工程施工监理规范：DL/T 5111—2000 [S]. 北京：中国电力出版社，2001.

[10] 水利部. 水利水电工程设计工程量计算规定：SL 328—2005 [S]. 北京：中国水利水电出版社，2005.

[11] 中国水利学会水利工程造价管理专业委员会. 水利水电工程造价管理 [M]. 北京：中国科学技术出版社，1998.

[12] 全国一级建造师执业资格考试辅导编写委员会. 水利水电工程管理与实务复习题集 [M]. 北京：中国建筑工业出版社，中国城市出版社，2021.

[13] 交通运输部职业资格中心. 交通运输工程目标控制（公路工程专业知识篇）[M]. 北京：人民交通出版社股份有限公司，2021.

[14] 交通运输部职业资格中心. 交通运输工程目标控制（基础知识篇）[M]. 北京：人民交通出版社股份有限公司，2021.

[15] 交通运输部职业资格中心. 交通运输工程监理案例分析（公路工程专业篇）[M]. 北京：人民交通出版社股份有限公司，2021.

[16] 中国水利工程协会，北京海策工程咨询有限公司. 水利工程造价案例分析 [M]. 北京：中国水利水电出版社，2019.

［17］ 全国造价工程师职业资格考试培训教材编审委员会．建设工程计价［M］．北京：中国计划出版社，2021.
［18］ 中国建设监理协会．建设工程投资控制（土木建筑工程）［M］．北京：中国建筑工业出版社，2021.
［19］ 全国一级建造师执业资格考试用书编写委员会．水利水电工程管理与实务［M］．北京：中国建筑工业出版社，2021.
［20］ 本书编写组．中华人民共和国2007年版标准施工招标文件使用指南［M］．北京：中国计划出版社，2008.
［21］ 中华人民共和国民法典［S］．北京：法律出版社，2020.
［22］ 国家发展改革委，建设部．建设项目经济评价方法与参数：3版［M］．北京：中国计划出版社，2006.
［23］ 水利部．水利水电工程项目建议书编制规程：SL/T 617—2021［S］．北京：中国水利水电出版社，2021.
［24］ 水利部．水利水电工程可行性研究报告编制规程：SL/T 618—2021［S］．北京：中国水利水电出版社，2021.
［25］ 水利部．水利水电工程初步设计报告编制规程：SL/T 619—2021［S］．北京：中国水利水电出版社，2021.
［26］ 水利部．水利水电工程标准施工招标文件：2009年版［M］．北京：中国水利水电出版社，2009
［27］ 水利部．水利基本建设项目竣工财务决算编制规程：SL 19—2014［S］．北京：中国水利水电出版社，2014.
［28］ 水利部．水利工程量清单计价规范：GB 50501—2017［S］．北京：中国计划出版社，2007.
［29］ 水利部水利建设经济定额站．水利工程设计概算编制规定［M］．郑州：黄河水利出版社，2002.
［30］ 水利部水利建设经济定额站．水利水电设备安装工程预算定额［M］．郑州：黄河水利出版社，2002.
［31］ 水利部水利建设经济定额站，北京峡光经济技术咨询有限公司．水利水电设备安装工程概算定额［M］．郑州：黄河水利出版社，2002.
［32］ 水利部天津水利水电勘测设计研究院．水土保持工程概算定额［M］．郑州：黄河水利出版社，2003.
［33］ 黄河水文勘测设计院．水利工程概算补充概算（水文设施工程专项）［M］．郑州：黄河水利出版社，2006.
［34］ 水利部水利水电规划设计总院．水土保持工程概（估）算编制规定［M］．郑州：黄河水利出版社，2003.
［35］ 水利部水利建设经济定额站．水利工程设计概（估）算编制规定［M］．郑州：黄河水利出版社，2015.
［36］ 水利部水利建设经济定额站．水利建筑工程概算定额［M］．郑州：黄河水利出版

社，2002.

[37] 水利部水利建设经济定额站. 水利建筑工程预算定额 [M]. 郑州：黄河水利出版社，2002.

[38] 水利部水利建设与管理总站. 水利工程建设项目程序管理 [M]. 北京：北京中国计划出版社，2005.

[39] 住房和城乡建设部，国家质量监督检验检疫总局. 建设工程工程量清单计价规范：GB 50500—2013 [S]. 北京：中国计划出版社，2013.

[40] 刘秋常. 建设项目投资控制 [M]. 2版. 北京：中国水利水电出版社，1998.

[41] 刘家明，陈勇强，戚国胜. 项目管理承包 PMC 理论与实践 [M]. 北京：人民邮电出版社，2005.